"博学而笃志，切问而近思。"
（《论语》）

博晓古今，可立一家之说；
学贯中西，或成经国之才。

主编简介

付亚和，中国人民大学劳动人事学院教授，曾任中国人民大学劳动人事学院副院长、人力资源开发与评价中心主任，是我国人力资源管理咨询领域的创始学者之一。曾主持国家211工程和国家教育部人力资源管理学科体系建设等重大科研项目，曾出版《企业管理咨询》《工商人事管理》《企业人力资源管理》《管理技能评价与开发》《中小企业人力资源管理》《绩效考核与绩效管理》等著作，同时发表论文数十篇。自1988年至今，主持、参与和指导专家组为四通集团等数十家企业提供组织设计、薪酬设计、绩效考核与绩效管理、人力资源战略与规划、企业人力资源管理系统平台建设、企业文化建设等专业咨询服务，并担任山东绿叶制药集团、江门大长江摩托、东莞三正集团、深圳三和国际、深圳瑞德丰农药、深圳芭田复合肥等公司的高级管理顾问。

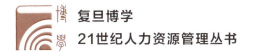

复旦博学
21世纪人力资源管理丛书

工作分析

（第三版）

付亚和　主　编
宋洪峰　副主编

本丛书荣获
第六届高等教育
国家级教学成果奖

复旦大学 出版社

内容提要

本书是一本系统介绍人力资源管理的基础工具——工作分析的教材。全书包括工作分析及其历史沿革、工作分析在人力资源管理系统和工作系统中的地位与作用、职务分析问卷（PAQ）、工作要素法（JEM）、临界特质分析系统（TTAS）、职能工作分析方法（FJA）、任务清单分析系统（TIA）、关键事件法（CIT）、管理人员职务描述问卷（MPDQ）、团队工作分析、整合的工作分析方法、O*NET系统介绍、工作分析系统的比较评估、工作分析流程、工作分析与劳动合同法这15章内容。

本书通过对工作分析概念、流程和应用的全面介绍，以及对以工作为导向和以人员为导向的多种工作分析系统的详细介绍和分析，帮助读者对工作分析形成全面而系统的认识，进而指导在具体的人力资源管理实践中对工作分析的应用。全书系统全面、分析透彻，每章末均配有案例研究、思考题以及课后练习，有些章还设置了拓展阅读。

这是一本理论与实践紧密结合的教材，适合各大专院校人力资源管理专业及相关经济管理专业师生作为教材使用，也可作为企业人力资源主管的参考书。

丛书编辑委员会

主　任　曾湘泉

委　员（按姓氏笔画排序）

文跃然　孙健敏　刘子馨　刘尔铎　萧鸣政
苏荣刚　郑功成　徐惠平　彭剑锋

总策划

文跃然　苏荣刚

前　言

　　工作分析是现代人力资源管理的基础。真正理解工作分析对组织能力提升的意义和价值，了解工作分析的理论、方法和技术，是提升人力资源管理专业价值的客观要求。工作分析是全面了解工作并系统提取有关工作信息的基础性管理活动，包括一系列工作信息搜集、分析和综合的过程。尽管工作分析的不同方法和技术有其独特的情境适用性，需要根据管理的具体需要和情境的相似性加以分析、选择，但通过对工作的标准化，不断降低对稀缺资源（包括人）的依赖性，不断优化工作流程和提升作业效率的思维方式，始终贯穿工作分析的不同阶段和各个环节。

　　工作分析是一个系统反思的过程，是一个聚焦问题、凝练共识、聚力执行的提升过程，其核心价值就在于通过尽可能应对混乱、低效率和不确定性以降低绩效风险、提升组织效能。尽管工作分析在组织发展的不同阶段其扮演的角色和发挥的功能存在很大差异，但工作分析始终要聚焦组织绩效的提升，其分析对象包括组织视角下的架构、职位、职责、权限、流程、标准、控制点，也包括工作对人的资格要求、绩优工作特征对应的能力素质要求，甚至在一定程度上还包括从传统工作分析进化到工作研究的绩效结构分析等，涉及组织发展的方方面面。工作分析贯通人力资源管理各功能模块，是支持人力资源管理实践创新的平台基础。将工作分析等同于分析工作的技术，甚至直接将工作分析与工作说明书划等号，无疑是非常片面的。

　　需要注意的是，移动互联、云计算、大数据、人工智能、社交技术等正在以颠覆的力量快速改变人们的工作和生活方式。随着组织文化和员工体验的价值日益提升，工作分析关注的重点正逐步从工作的职责与任职资格要求，逐步过渡到关注组织所期望的员工行为，以及设计相应的工作环境去促发这些行为。工作分析的重心也逐步从工作对人的要求，逐步过渡到组织对人的要求、组织和人对工作特征与行为特征的要求。各级管理人员面临的新挑战，是如何精准定位员工的需求和动机，在此基础上进行工作设计和再设计，进而通过提供创新的人力资源服务和产品，来引导、塑造员工行为，以期获得预期的绩优表现。

唯变不变的时代，以工作分析为核心的管理平台建设仍是组织绩效提升的必要条件，但只有真正赋能人才发展、助力提升组织绩效，工作分析的价值才能凸显。全球化、技术进步和劳动力特征变化的巨大影响，倒逼工作分析也要与时俱进，积极拥抱技术变革，特别是要在信息来源、数据搜集、分析单元和结果应用等方面不断改进和创新，使之更好适应VUCA背景下知识型组织创变管理的新需求。这是一个已然到来的管理挑战，同时也蕴涵着管理创新的巨大机遇。

本书系统介绍了工作分析的思想、理论、方法和技术，希望能够帮助读者正确理解工作分析在人力资源管理体系建设中的基础作用，并能根据自己的管理需要，充分吸收、借鉴工作分析的管理思想，选择适用的工作分析工具，助力组织发展和人力资源管理优化。

特别感谢复旦大学出版社宋朝阳先生和张美芳编辑，他们为本书的出版给予了很多的支持和帮助。本书在编写的过程中，还参阅了国内外大量的著作和文章，也谨在此向有关的作者表示深深的谢意。

付亚和　宋洪峰
2019年7月于中国人民大学

目 录

001 前言

001 第一部分 工作分析概述

003 第一章 工作分析及其历史沿革
003 第一节 工作分析概述
019 第二节 工作分析的历史沿革
031 第三节 工作分析研究应用的现状与未来
043 本章小结
043 案例研究一 "数据处理操作监督员"工作描述
044 案例研究二 集团总部财务副总裁工作描述
046 案例研究三 某岗位任职资格1
046 案例研究四 某岗位任职资格2
046 思考题
047 课后练习

049 第二章 工作分析在人力资源管理系统和工作系统中的地位与作用
049 第一节 工作分析在人力资源管理系统中的地位与作用
066 第二节 工作分析在工作系统中的地位和作用
076 本章小结
076 案例研究 车架冲压主管工程师工作说明书
079 思考题
079 课后练习

083 第二部分 人员导向性的工作分析系统

085 第三章 职务分析问卷(PAQ)
085 第一节 职务分析问卷概述

088	第二节	职务分析问卷的操作过程与关键控制点
094	第三节	职务分析问卷的应用
097	第四节	职务分析问卷的优缺点
098	本章小结	
098	拓展阅读	
099	附录	职务分析问卷(样式A节选)
105	思考题	
105	课后练习	

108	第四章	工作要素法(JEM)
108	第一节	工作要素法简介
109	第二节	工作要素法的实施步骤与关键控制点
115	第三节	工作要素法的优缺点
116	本章小结	
117	案例研究	A高校教师的工作要素清单
120	思考题	
120	课后练习	

123	第五章	临界特质分析系统(TTAS)
123	第一节	临界特质分析系统介绍
126	第二节	临界特质分析系统的实施步骤
131	第三节	临界特质分析系统的应用
132	本章小结	
133	案例研究	B公司电力生产部门技师的临界特质分析
137	思考题	
137	课后练习	

141　第三部分　工作导向性的工作分析系统

143	第六章	职能工作分析方法(FJA)
143	第一节	职能工作分析方法介绍
151	第二节	职能工作分析方法的程序
153	第三节	职能工作分析方法的应用
154	第四节	职能工作分析方法的优劣势
155	本章小结	

155	拓展阅读　基于职能工作分析方法的工作评价与应用
157	案例研究　S市交通运输执法队公共职位列表
162	思考题
163	课后练习

165	**第七章　任务清单分析系统（TIA）**
165	第一节　任务清单分析系统简介
166	第二节　任务清单分析系统的实施步骤
182	第三节　任务清单分析系统的应用
183	第四节　任务清单分析系统的优缺点
184	本章小结
184	附录　任务清单搜集表
185	案例研究　A公司任务清单分析系统
187	思考题
187	课后练习

190	**第八章　关键事件法（CIT）**
190	第一节　关键事件法概述
190	第二节　关键事件法的实施步骤与关键控制点
197	第三节　关键事件法的应用
199	第四节　CIT的优劣势
200	本章小结
200	案例研究　CIT在服务研究领域的应用
203	思考题
204	课后练习

207　第四部分　工作分析的新发展

209	**第九章　管理人员职务描述问卷（MPDQ）**
209	第一节　管理人员职务描述问卷介绍
210	第二节　管理人员职务描述问卷的系统模型
216	第三节　管理人员职务描述问卷的应用
218	本章小结
218	拓展阅读　基于胜任力模型的管理人员工作分析
219	案例研究　三个典型的信息分析报告

223 思考题
223 课后练习

225 **第十章 团队工作分析**
225 第一节 团队工作
231 第二节 基于MAP系统进行团队工作分析
236 本章小结
236 拓展阅读 团队工作模式下角色模型的构建初探
240 思考题
240 课后练习

242 **第十一章 整合的工作分析方法**
242 第一节 整合性工作分析法（C-JAM）
250 第二节 多元工作设计问卷
256 本章小结
257 附录 工作评价表
258 思考题
258 课后练习

261 **第十二章 O∗NET系统介绍**
261 第一节 O∗NET的发展历史
263 第二节 O∗NET内容模型
275 第三节 O∗NET的数据搜集
276 本章小结
277 案例研究 O∗NET的具体应用：美国职业信息网
281 思考题
281 课后练习

285　第五部分　工作分析的操作实务

287 **第十三章 工作分析系统的比较评估**
288 第一节 信度比较
290 第二节 效度比较
294 第三节 应用性比较
298 第四节 实用性比较

300	本章小结
301	拓展阅读　探讨工作分析结果可靠性的两种视角
303	思考题
303	课后练习

305	**第十四章　工作分析流程**
305	第一节　工作分析的流程
325	第二节　搜集工作信息的方法
325	本章小结
333	案例研究　××企业工作分析指南（部分）
336	思考题
336	课后练习

338	**第十五章　工作分析与劳动合同法**
338	第一节　劳动合同法带来的新挑战
340	第二节　工作分析如何帮助企业满足法律要求
347	本章小结
348	附录　中华人民共和国劳动合同法
352	案例研究一　某建筑公司农民合同制工人的维权之路
353	案例研究二　有关竞业限制的劳动合同纠纷
354	思考题
354	课后练习

357　参考文献

第一部分　工作分析概述

第一章　工作分析及其历史沿革

工作分析是现代人力资源管理的基石。近年来，随着人力资源管理的重要性日益凸显，以工作分析为核心的管理平台建设越来越受到组织的重视。但是，人们对工作分析的认识却远远没有到位，至今仍有人把工作分析、工作评价、绩效考核混为一谈。也有不少管理者把工作分析看作一种负担，甚至看作可有可无的或者是过时的。

随着人工智能、大数据、云计算、物联网等新技术的兴起，人力资源管理面临新的机遇和挑战。人力资源管理的战略价值在不断凸显，但其管理重心却不断下移；人力资源管理的技术门槛和专业壁垒在不断降低和削弱，但对其理论背景和情境适用性的分析却越发重要。工作分析是提升组织与工作系统效率以及员工满意度的基础性工作。尽管工作分析的不同方法和技术有其独特的情境适用性，需要根据管理的具体需要和情境的相似性加以分析、选择，但通过标准化不断降低对稀缺资源（包括人）的依赖性、不断优化工作流程和提升作业效率的思维方式，始终贯穿工作分析的不同阶段和各个环节。

第一节　工作分析概述

一、工作分析的概念介绍

（一）工作

有很多对于"工作"（Job）的定义。狭义的工作是指在一段时间内为达到某一目的而进行的活动，即任务（Task）；在另外的用途中，如在工作描述中，工作是个人所从事的一系列专门任务的总和。在广义的定义中，工作是指个人在组织里所承担的全部角色的总和，包括其职业发展通道。在此，我们往往以广义的工作作为基本命题的出发点。

从组织的角度看，工作有如下定义。

（1）工作是组织最基本的活动单元。一座大厦是由一砖一瓦砌成的，一个组织也是由一个个工作构成的。工作是组织最基本也是最小的结构单元，它是组织中最小的相对独立体（当然，组织中最小单元受组织的技术结构、分工结构和管理结构的影响）。每一个工作，从本质上说是不同的，具有支撑组织有效达成目标的不同功能。

（2）工作是相对独立的责-权统一体。工作不仅仅是一系列相互联系的任务组合，同时它也是一个相对独立的责任与权利的集合体。责任和权利来自组织的授予，而这种授予是顺利履行工作所必需的。因此我们说，工作是任务、责任和权利的统一体，完成任务是履行组织所赋予的职责，而权利是履行职责的组织保障。

（3）工作是同类岗位（职位）的总称。严格地讲，工作相当于职务，岗位相当于职位。但是在我国，工作与岗位、职务与职位往往纠缠在一起分不清楚。工作（或职务）是同种岗位（或职位）的总称。或者举例说，企业有五个打字员，即打字员是一个工作，提供了五个打字的岗位。工作是组织中分解出来的，是理性设计的结果。一般来说，工作的设计是逻辑分组和同类性分组的产物，因此，在组织中没有相同的工作。但是，工作存在类似的状态。如果一个组织结构复杂而且庞大，分工的细化程度就高，工作的类似性就越高；然而在一个小型的（或者组织边界不清晰）组织中，工作的类似性就低。为了便于管理，我们常把相似性工作作为一个族来进行管理。

（4）工作是部门、业务组成和组织划分的信息基础。组织的划分与部门业务的分割往往是以工作的信息为基础的。严格地说，工作是从组织中分解出来的，它一旦分解出来，便成为组织管理的基础。部门的职责是由具体的工作所支持的，业务的划分也是以流程的逻辑相关性或活动的同类性为基础的。所以，工作分析所提取的信息，不仅是管理工作的重要基础，也是管理组织的重要基础。

（5）工作是人进入组织的中介。由于工业化的发展，人们脱离了生产资料，因而导致人不再具有与生俱来的就业权利。人是通过工作的中介进入组织的，这就是我们经常说的：为事求人而不是因人设事。在传统产业，人进入组织是为了履行工作职责，因此对进入组织的人是有要求的。这些要求（即能力与经验）是履行工作职责所产生的。当然，这种工业化的思考就是标准化，以其不变的工作来管理变化的人（具有市场化、流动的人）。

（6）工作与组织的相互支持。组织目标是工作分解的基础，工作是构成组织的最小单元。当组织发生变革的时候，工作的分配也将发生改变；同时，随着工作过程的改变、工艺流程的改变、工作熟练程度的提升等，工作的内涵和外延都会发生变化，而这种变化最终导致组织分工方式和管理方式的改变。

（二）工作分析

关于工作分析的定义，在近一个世纪时间内，国外学者随着工作分析的发展给出了许多种定义。蒂芬和麦考密克（Tiffin & McCormick）在1965年给出定义为："从广义上说，是针对某种目的，通过某种手段来搜集和分析与工作相关的各种信息的过程。"1980年，戈培德和艾奇逊（Ghorpade & Atchison）指出：工作分析是组织的一项管理活动，它旨在通过搜集、分析、综合整理有关工作方面的信息，为组织计划、组织设计、人力资源管理和其他管理职能提供基础性服务。另外一个比较通用的工作分析定义是从工作分析具体目的的角度提出的，"工作分析就是与此相关的一道程序，通过这一程序，我们可以确定某一工作的任务和性质是什么，以及哪些类型的人（从技能和经验的角度）适合被雇佣来从事这一工作"（Gary Dessler, 1996）。

国内学者对于工作分析也给出了定义，如"工作分析实质上是全面了解工作并提取有关工作全面信息的基础性管理活动"（付亚和、孙健敏，《企业人力资源管理》）；"工作分析也叫职务分析（Job Analysis）是指采用科学的方法或技术全面了解一项工作或提取关于一项工作的全面信息的活动"；"所谓工作分析即分析者采用科学的手段与技术，对每个同类岗位工作的结构因素及其相互关系，进行分解、比较与综合，确定该岗位的工作要素特点、性质与要求的过程"（萧鸣政，《工作分析的理论与方法》）。

总的来说，工作分析是工作信息提取的情报手段，通过工作分析，提供有关工作的全面信息，以便对组织进行有效的管理。

从组织角度来说，工作分析是为一系列组织和管理职能提供信息基础的一个工具。工作是组织中的最小组成单元，它是将员工联系在组织中的纽带。工作分析应该是一个在组织中持续进行的组织行为，以分析、综合并传播组织设计、人力资源管理以及其他管理工作相关的工作信息，维系和发展组织系统。这里应当注意的是，各种分析是维持和发展组织的管理活动的基础，从这个意义上看，工作分析具有战略管理的价值。

从人力资源管理的角度来说，工作分析为组织的人员甄选、员工培训与开发、薪酬设计、劳工关系、工作设计等一系列基础职能活动提供支持。工作分析识别出哪些能力要求对于员工成功完成工作任务是有价值的，另外识别出激励员工的报酬因素，并满足重要员工的需求。

二、工作分析关注的对象

（1）工作的输出特征，即一项工作的最终结果表现形式，如产品、劳务等。它可以是为顾客提供的最终产品或服务，也可能是组织内其他工作的输入，即流程中的一个片段，也可能就是一个时间或空间阶段的划分。

（2）工作的输入特征，指为了获得上述结果，应当输入的所有影响工作完成的内容，包括物质、信息、规范和条件等。换言之，工作的输入是产生输出结果除人以外的必备条件。有时候，企业把人的任职资格特征也视为工作的输入特征。在这时候，他们是把人力作为一种生产资源与物的资源和其他非物资源（如信息）等同起来。

（3）工作的转换特征，指一项工作的输入是如何转换为输出的，其转换的程序、技术和方法是怎样的，在转换过程中，人的活动、行为和联系有哪些。转换特征是界定工作方式的基础。研究转换特征对提高组织运行效率具有非常重要的意义，特别是进入现代社会以来，工作转换特征的改变持续不断地为社会带来爆炸性的效果。

（4）工作的关联特征，指该工作在组织中的位置、工作的责任和权利是什么，对人的体力和智力有什么要求。关联特征是界定工作关系和任职资格的基础。

三、工作分析系统的类别

麦考密克在1976年提出了几个区分不同类别工作分析的维度：描述工作的语言或要素、工作信息提取和获得的形式、工作信息的来源、搜集数据的方法。其中，根据工作分析的描述语言或要素这个维度，可以把工作分析系统区分为工作（任务）导向性的工作分析系统和人员（工作者）导向性的工作分析系统。尽管各种工作分析系统都会或多或少地涉及工作内容和工作人员两个方面的特征，但是根据各自侧重点都可以纳入以上两类工作分析系统。

工作分析的最基本单位是工作。工作导向性的工作分析系统，如职能工作分析方法（FJA）、任务清单/综合职业数据分析系统（TI/CODAP）、医疗人员分析系统（HSMS）、管理人员职务描述问卷调查法（MPDQ）、工作执行调查系统（WPSS）、职业测定系统（OMS）等，把工作分析的目的直接对准工作目标、任务和其他有关工作实质性特征的事项，即以工作本身作为工作分析的出发点和落脚点。该类工作分析系统主要适用于那些劳动过程是常规的、可见的，劳动结果易于衡量的工作。

人员导向性工作分析系统，如职务分析问卷（PAQ）、工作要素法（JEM）、业务持续管理（BCM）、临界特质分析系统（TTAS）、能力分析量表（ARS）等，以任职者为工作分析的出发点，即通过了解任职者的潜质、能力和执行工作中表现出来的人格性向特点来了解工作。该类工作分析系统主要适用于那些需要创造性、开拓性，工作弹性大，工作规律性小，不易从外面分析把握的工作，研究对象是大量同类工作或有相同工作背景的人。由于知识经济时代的来临，知识型工作、知识型人才的比例将大增，这就为人员导向性工作分析系统提供了更广阔的应用天地。在如今的管理实践中，对人的关注逐渐成为企业管理研究的重点之一，关于人员导向性的工作分析应用研究逐渐成为新的热点。

麦考密克指出，一般来说，工作导向性工作分析系统侧重于分析提供产品和服务所需要的任务和行为，而人员导向性的工作分析系统则强调成功完成工作任务和行为所需的个体工作者的知识、经验、技能、能力、天赋和性格特征等。两者在本质上是不同的，其选用第一取决于工作的结构性。当组织内的工作是高结构性的时候，采用工作导向性分析系统往往是有效的；而当工作的结构性低的时候，人员导向性工作分析系统就具有优势。第二，工作分析系统的选择与产业的类型相关。传统产业的分工是非常细化的，标准化和程序化程度高，组织机构庞大而复杂，其产品和生产工艺相对固定，对外在环境的变化不敏感。因此，采用工作导向性分析系统。而对于知识性产业，要求对外部环境的变化快速适应，工作的内容和方法始终处于变化之中。由于知识性产业的这种特征，我们无法清楚界定始终处于变化中的工作特征，因此多采用人员导向性的工作分析系统。第三，工作的结果和过程特征也影响工作分析技术的选择。当一个组织输出的结果是大量的和一致性的时候，输入向输出的转化一定是标准化的，可以采用工作导向性工作分析系统。当一个组织输出的结果是充分个性化的时候，输入向输出的转化就是多样化的，致使这种转化更多地依靠工作执行人员的智慧和努力，采取人员导向性工作分析系统几乎是唯一的选择。第四，工作分析系统的选择取决于企业价值观中对人的假设。当我们把人视为被动的时候，为了便于监督和控制，组织采取了规范化的管理方式，因此往往适合采取工作导向性工作分析系统。当我们假设人是主动性的时候（特别当工作结果的评估困难的时候），只要人是有能力而且又是愿意承担责任的时候，工作的结果就是可靠的，此时，人员导向性工作分析系统是有效的。此外，工作关系的相关性是用制度、流程来协调还是用人来协调效果好，工作的创造性价值高还是工作的服从性价值高等，都对工作分析系统的选择有重大影响。特别需要指出的是，当我们对某类特定人员进行研究的时候（如销售人员、交通警察、税务人员、会计等），采取人员导向性工作分析系统是首选。

四、工作分析的信息来源

工作分析相关信息的来源可以被分为以下三种类型。

（1）职位分类资料：通用职位描述、职业数据，以及其他的政府与行业的公开资料。如美国劳工组织发布的数版职位分类大典（The Dictionary of Occupational Titles，DOT）是最为著名的通用工作数据来源。

（2）公司文件：企业规章和制度、已有的工作描述、工作合同，以及其他的书面材料。

（3）人员信息：目标岗位的直接上级、同事、客户，以及在组织中相关的其他人员都是工作分析信息的重要来源。

信息来源的渠道非常多，在选取信息来源的时候，其原则是信息的客观性和可靠性。也就是说，信息的提取不能选自利益的直接相关者，否则不可靠。例如，我们不能向具体的工作执行人员提取劳动负荷方面的信息，因为他们有夸大自己劳动负荷的动机。就像我们不能向销售人员询问顾客满意度一样。我们不否认他们提供信息具有客观性和真实性，但是他们出自对自身利益的影响，有保护自己利益而歪曲信息的动机存在。

五、工作分析的信息内容

工作分析所形成的职位说明书或工作信息数据库是人力资源管理，乃至组织和工作系统的基础性管理工作。因此，理论上，工作分析所搜集的信息应该包含所有管理需要的工作信息。如美国劳工部规定搜集如下信息：工作内容、工作的职责、有关工作的知识及精神方面的技能、灵巧程度、经验、适应年龄、所需的教育程度、技能的培养要求、学徒（见习）要求、与其他工作的关系、作业身体姿态、作业环境、作业对身体的影响、劳动强度、特殊心理品质要求等。一般来说，工作分析的信息内容包括工作描述、任职资格分析两大部分。

（一）工作描述

1. 工作描述概述

工作行为研究的结果常常表现为有关工作流程与行为的工作描述。当分析的重点是任务的时候，工作分析的结果常常是工作任务描述。一位雇员每日的工作会被总结归纳，一组任务的集合就是一个工作，而对于这些任务组合应该被如何完成的描述就是工作描述。组织中有多少个工作就有多少份工作描述。组织中主要责任类似的一组职位被称为职务（或工作），对职务的信息描述通常包括工作条件、工具与仪器，以及与其他职务和职位的关系等。

对于行动要素与任务的研究通常带来的是有关工作完成的简单描述型句子，而非对于工作的整体描述。这种以任务清单形式进行的工作分析可以被称为是任务性工作描述，也就是通常意义上的工作描述。对于工作任务的研究与描述导致了结构化问卷的产生，如职位分析问卷（Position Analysis Questionnaire）与职位描述问卷（Position Description Questionnaire），但它们并非通常意义上的工作描述。

总的来说，工作描述包括工作标志、工作名称、工作概要、工作内容总结，以及为了达到工作目标所需的行为。在大多数情况下，工作描述还包括完成工作所需的个人特征，包括技能、能力，以及必需的教育背景。另外，还需要系统分析所有搜集的工作信息，用使用者能理解的、清楚的语言表示出来。

工作描述（Job Description）与岗位描述（Position Description）常常被同时使用。岗位描述通常是针对豁免员工，如公司的中高层经理职位以及专业人员，他们通常通过其技能、能力与工作的专业性塑造自己的工作；日常性工作（Daily Work）员工更多的是使用工作描述。工作描述与岗位描述的格式往往是相同的，两者的区别在于工作性质不同、责权范围不同，以及工作结果衡量周期不同。特别的，工作描述关心的是基于具体工作行为完成的报酬计算；岗位描述关心的是基于计划、责任及等级制度关系的报酬计算。

2. 工作描述内容

工作描述的格式有很多种，人们根据自己不同的喜好来选择工作描述的格式。但是主要内容一般包括以下几个方面：工作识别项目、工作概要、工作职责、工作输出（目标）、工作权限与相互关系、工作环境，如表1-1所示。

表1-1 工作描述的内容

工作识别项目	工作名称、工作地点、工作代码、直接上级岗位、直接下级岗位、所辖管理人数、所属部门或地区、薪资等级、薪酬水平、撰写人、审核人
工作概要	
工作职责	
工作输出	
工作权限与相互关系	
工作环境	

（1）工作识别项目。工作识别项目是用以区分该工作与组织中其他工作的。包括工作名称、工作地点、工作关系，以及其他识别标志。

① 工作名称。工作名称是工作识别项目中最重要的项目，指一组在重要职责上相同的职位总称。它用几个词来对工作进行定义，这个定义要指出工作大致领域和工作性质，以把一项工作与其他工作区分开来。

在工作名称确定时，有以下几点需要注意。

一是工作名称应该较准确地反映其主要工作职责。如"保健品设备管理专员""动力机修班长""安全生产主管""电子发配员"等。这样的名称明确指出了这些工作的职责。但是，在实际工作中，常常有名称与工作职责不符的情况。有这样一个故事，曾经有一名毕业生应聘的工作名称是一家主营橡胶轮胎企业的地区服务经理助理，可是他的工作职责不过是把轮胎从卡车上卸下来，检查轮胎表面是否磨损，再把轮胎装到货车上，因此更合适的工作名称应该是轮胎检查搬运员。

二是工作名称应该指明其在组织中的相关等级位置。例如，"高级项目经理"名称就高于"项目经理"。另外一些表示等级的工作名称还有"实验助理""二分厂助理"等。

三是工作名称的确会影响任职者的心理状态，一个合适的、经过艺术化处理的名称如"环卫保洁员"就比未经处理的"卫生工"好听，"形象设计专家"比"理发师"好听，而"家庭理财顾问"比"保险代理"好听。因此，工作名称的美化不仅会增加工作的社会声望，而且可能提高员工对工作的满意度。

② 工作地点（或场所）。工作地点是指工作所在的实际位置。对于一般的公司，可以用工作所在的部门、分部门、工作小组的名称来定义；但对于一些特定的岗位，如地区销售专员、快递公司服务派送员，以及不同路线的巡逻警则需要找出其在组织中的工作地点特征标志。

工作地点有时是非常重要的工作信息，工作执行人员往往会把工作地点作为与待遇或工作满意度相关的重要因素来考虑。尽管我们在工作评价中对工作地点没有予以充分的考虑，但是我们常常对特殊工作地点工作的员工提供特别津贴。在实践中，也不乏因为工作地点缺乏吸引力而迁址的例子。

③ 工作关系。工作关系表明组织中的权力（指挥）链，如"所属的工作部门""直接上级岗位""直接下级岗位""所辖人数"等。工作关系不仅仅表示了权力关系，即指令与汇报关系，而且也是员工职业发展的重要指示器，暗含着员工可能的职位晋升路线。

④ 其他识别标志。除了以上列出的几项之外，工作识别项目还包括其他的识别标志，如工作在组织中的编码、"撰写人""审核人""薪资等级"。这类标志主要是为了便于管理和提供特殊的类属信息。

其他识别标志里还包括由传统习惯形成的副标题和替换名称、在《职业名称辞典》中的编号、是否是豁免员工等。

（2）工作概要。工作概要是对工作内容的简单概括，通常是一句话，对工作内容和工作目的进行归纳。工作概要能够使读者将该工作与其他工作区分开来。

工作概要一般是用动词开头来描述最主要工作任务，并且只需包括最关键的工作任务即可，同时，应该避免将绩效预期、紧急情况下的责任、时间限制等超出工作目的之外的细节囊括进来。表1-2列举了加拿大"上门推销员监理"和"渔业检查员"的工作概要，以作参考。

表1-2 《加拿大职位分类大典》中的编号和工作概要

工作编号：5130-126　　　　　　　　工作名称：上门推销员监理
（SUPERVISOR, DOOR-TO-DOOR SALESMEN）
所属行业：（零售业）　　　　　　　　DPT：138
工作概要：监督和协调上门推销人员的活动（细类5141）。
工作编号：1116-162　　　　　　　　工作名称：渔业检查员
（FISHERIES INSPECTOR）
所属行业：（政府服务）　　　　　　　DPT：267
工作概要：实施有关捕鱼作业、设备安全及产品质量的法律和条例，履行以下任何职责：
（略）

美国劳工部出版的工作概要是与职能工作分析系统（FJA）相联系的。它在资料、人、事物的框架中表明工作是什么（What）、为什么要做（Why）。概要中使用的措辞便于我们掌握工作人员与三种工作职能（资料、人、事物）之间的联系。这些联系及其相应的层级水平都在每项概要的结尾括弧中给出。

（3）工作职责。在这里包括了工作的职能和责任，与工作概要相比，它提供的是关于工作职责的细节描述，应该包括所有主要职能及其要求。每项职责用一句话或者一些词组描述。包括：

① 日常工作，包括那些经常性的、周期稳定的或常常发生的；
② 上级分配任务的质量和数量；
③ 与组织内、外部人员的关系，包括建议、培训等；
④ 对于经营记录、利润等的责任；
⑤ 与上级和下级的权责关系；
⑥ 所要使用的设备与机器。

在一些工作职责中，甚至还包括每项工作所占用的时间百分比记录。

所有关于工作职责描述的句子应该经过逻辑整理，具有一定的顺序与关联性。

工作职责描述常常用动词开头，经过多年的研究，形成了一套规范化的动词。下面是美国工作分析常用动词库，如表1-3所示。

表 1-3　美国工作分析常用动词库

常　用　动　词		
study：研究	coordinate：协调、调整	cooperate：合作、协作
maintain：保持	compose：组成	submit：提交
formulate：阐明	monitor：监督、监测、监控	lead：带领
assist：协助、帮助	administers：管理、执行	test：测试
determine：决定	conceptualize：概念化	make：制作
locate：定位、查找	gain：获得	forecast：预测
arrange：排列、安排、协商	design：设计	use：应用
plan：计划	calibrate：校准	conduct：引导、传导
identify：确认	write：写、起草、执笔	organize：组织
take charge：主持	resale：转售	identify：识别
connect：联络	delete：删除	prevent：防止
evaluate：评价	collect：收集	dispute：争论、辩论
modify：修改	read：读	cash：兑现
oversee：监视	perform：执行	keep：保持、维持
compare：比较	inspect：检查	rotate：旋转
observe：遵守	interpret：解释	enter：进入、输入
schedule：计划、指定进度	receive：接收、接待	negotiate：商议、谈判
operate：操作	count：计算	evaluate：评价
patrol：巡逻	repair：修理、修正、修订	examine：检查
handle：处置	support：支持	authorize：批准
recommend：推荐、建议、介绍	work with：共同工作	participate：参加
pay：支付	confer：赠予	greet：问候
construct：建造、构造、创立	verify：核对	check：检查、核对
undertake：从事、承担	interview：面谈	direct：指导
attend：参加	reject：拒绝	build：建造
review：评论	adapt：采用	establish：建立
discuss：讨论	develop：开发、发展	predict：预测
post：张贴、布置、邮寄	provide：提供	control：控制
permit：批准	analysis：分析	ensure：保证
product：生产	route：发送	resolve：解决
establish：建立	file：文件处理	research：研究、调查
supervisor：监督、主管	report to：报告	
prepare：准备	manage：管理、设法达成、执行	

（4）工作输出。工作职责的定义中常常包括这些职责所对应的结果和完成程度的定义，也就是主要的工作输出，如用来衡量工作输出的量化与非量化的绩效标准。基本职责业绩指标也常常被包括到工作输出中来，我们以客户服务部经理及网络信息部经理为例来作具体说明（如表 1-4、表 1-5 所示）。

表 1-4 客户服务部经理基本职责关键业绩指标考核表（例）

关键业绩指标	要求目标				绩效	远超目标（100~90 分）	超过目标（90~70 分）	达到目标（70~60 分）	未达目标（60~0 分）	权重	得分
	月度	季度	半年	年度							
服务费用率	0.92%	0.92%	0.92%	0.92%						20%	
保修期服务平均次数	3 次/台	3 次/台	3 次/台	3 次/台						15%	
报修处理及时率	95%	95%	95%	95%						15%	
调试及时率		98%	98%	98%						5%	
零配件销售及时率	95%	95%	95%	95%						8%	
发货差错率	100%	100%	100%	100%						8%	
安装、调试、维修满意率	99%	99%	99%	99%						10%	
客户拜访完成率		80%	80%	80%						6%	
客户投诉量	0	0	1	2						6%	
投诉处理满意率	100%	100%	100%	100%						5%	
报表上交及时准确率	100%	100%	100%	100%						2%	

表 1-5 某公司网络信息部经理的工作内容与绩效标准（例）

工作内容	绩效标准
1. 主持拟定公司网络建设规划和年度计划，提出建议提交总裁 2. 主持信息技术开发方案的可行性分析，并向总裁提交分析报告 3. 组织安排公司计算机信息网络的建立和推行	● 规划的可行性 ● 规划完成的时间 ● 内部客户满意度
4. 在专业领域内，负责对重大经营活动提出建议和咨询意见，并提交总裁 5. 审定下属部门年度工作计划，定期向总裁汇报下属部门的工作情况，提交工作报告	● 建议和咨询的数目和质量 ● 下属部门满意度 ● 下属部门工作绩效 ● 领导满意度 ● 所受指导、管理人员的工作绩效

（5）工作权限与相互关系。工作权限与相互关系表示的是在一个组织中，每项工作内容完成时各岗位相互之间的权责分配情况及各部门之间的相互合作与通知关系。

一项工作内容的完成在不同的岗位间存在承办、审核、复核、批准等不同权限，并且往往需要部门之间进行协作。权限与相互关系的界定有助于组织内部责权分明，能够找到具体工作的责任人。

权限主要有：提案、承办、协办、审核、复核、批准、呈报等。

相互关系主要有：协作、通知、备案等。

（6）工作环境。工作环境是指工作的物理环境和心理环境。在一般情况下，我们所讨论的工作环境主要指工作的物理环境。

工作物理环境是指对工作所处环境的测定结果，通过工作环境测定而确定。工作环境测定又称劳动环境测定，通常情况下我们重点关注的是对劳动环境中各种有害因素和不良环境条件的测定。这些有害因素和不良环境条件的测定对于我们分析工作对人体造成的危害与不舒适的研究具有决定性作用，也是劳动安全保障的重要依据。

工作的物理环境所包含的工作对人体有毒有害物质或其他因素包括：温度、湿度、噪声、粉尘、异味、污秽、放射、腐蚀等有害物质和高空、野外、水下等特殊工作环境。

劳动环境中有害因素的危害程度，主要取决于劳动者在劳动过程中接触有害因素的时间和有害因素的强度（浓度）。因此，对劳动环境中有害因素的测定的基本方法是：测定劳动者接触有害因素的时间和有害因素的强度（浓度），根据有害因素的种类，按照相应的国家标准、部颁标准和岗位劳动评价标准定量分级，作出评价。

（二）任职资格分析

1. 任职资格概述

任职资格又被称为工作者说明书，常常与工作描述文件合并在一起。纯粹的工作描述文件是对工作自身的结构化的叙述，很多人认为不应该涉及工作人员的个性或与工作相关的工作人员的名字或个人的工作内容。而任职资格常常被认为应该从工作描述文件中提取出来，单独成为工作任职资格说明书，或者与工作描述文件合并成为职位说明书和工作说明书。

任职资格是对于任职者或者应聘者应该具有的个人特质要求，其中包括特定的技能（如焊接技术等）、能力（如逻辑思维能力、书面表达能力、口头表达能力等）、知识（如货币银行相关知识等）要求；身体素质要求（嗅觉、身体灵活性等）；教育背景（如本科等）、工作经验（如从事儿童教育工作一年以上等）、个人品格与行为态度（如工作积极性、责任感、忍耐力、成就动机等）要求，等等。任职资格与工作描述其他方面内容有很大不同，它独立性较强，它关注的是完成工作内容所需的人的特质。因此，它对于人员招聘、甄选、调动与安置和对员工进行绩效管理都具有重大作用。图1-1表明了人员任职的个性特征对组织绩效可能的影响，而表1-6则列举了人的16种人格特质。

霍兰德的职业人格性向量表，包括160个职业项目，让回答者回答自己是否喜欢这些职业，以这些数据为基础，建构人格剖面图。研究结果有力支持了霍兰德的六边模型，即，人格剖面图越是接近六边模型项目，越是说明其适合该类工作。霍兰德的人格类型与职业范例如表1-7所示。

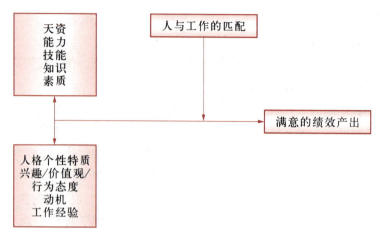

图 1-1　两类个人特质与工作输出

资料来源：Jai Ghorpade，*Job Analysis: a Handbook for the Human Resource Director*，Prentice Hall，1988，p. 137.

表 1-6　人的 16 种主要特质

1. 孤独	对	外向
2. 迟钝	对	聪慧
3. 情绪激动	对	情绪稳定
4. 顺从	对	支配
5. 严肃	对	乐天
6. 敷衍了事	对	谨慎负责
7. 胆怯	对	冒险
8. 理智	对	敏感
9. 信赖	对	怀疑
10. 现实	对	幻想
11. 直率	对	世故
12. 自信	对	忧虑
13. 保守	对	激进
14. 随群	对	自立
15. 不拘小节	对	自律严谨
16. 心平气和	对	紧张困扰

表 1-7　霍兰德的人格类型与职业范例

类　　型	人格特点	职业范例
现实型偏好需要技能、力量、协调性的体力活动	害羞、真诚、持久、稳定、顺从、实际	机械师、钻井操作工、装配线工人、农场主
研究性偏好需要思考、组织和理解的活动	分析、创造、好奇、独立	生物学家、经济学家、数学家、新闻记者
社会型偏好能够帮助和提高别人的活动	社会、友好、合作、理解	社会工作者、教师、议员、临床心理学家

（续表）

类　　型	人　格　特　点	职　业　范　例
企业型偏好那些能够影响他人和获得权力的言语活动	自信、进取、精力充沛、盛气凌人	法官、房地产经纪人、公共关系专家、小企业主
艺术型偏好那些需要创造性表达的模糊的且无规律可循的活动	富于想象力、无序、杂乱、理想、情绪化、不实际	画家、音乐家、作家、室内装饰家
传统型偏好规范、有序、清楚明确的活动	顺从、高效、实际、缺乏想象力、缺乏灵活性	会计、业务经理、银行出纳员、档案管理员

任职资格常常需要分两个层级，第一个层级是较为概括的分类（如技能、经验等），需要用二级项目进行细化。例如，工作努力程度可以分为体力付出与脑力付出两个子类。

研究者还发现，员工的绩效除了与履行工作职责的知识、经验、技能和人格相关以外，人的兴趣、价值观和由此所产生的工作态度对组织绩效的影响也是不容忽略的，这即是任职资格分析的第二个层级。图 1-2 是兴趣、价值观与态度测量的工具片段。

> **兴趣**是对特别行为的偏好，例如：
> 1. 我宁愿修钟表也不愿意写书信
> 2. 我喜欢指导他人工作
> 3. 我喜欢集邮
> 4. 我喜欢户外工作多过办公室
>
> **价值观**是与"生活目标"和"生活方式"相关的偏好，例如：
> 1. 我认为让别人尊重我比让别人喜爱我更重要
> 2. 一个人的家庭责任重于社会责任
> 3. 我认为贫富悬殊是不应该的
> 4. 对我来说，为他人服务是我的个人目标
>
> **态度**是对关于客观事物、人和事件的评价性陈述，反映了一个人对某些事物的感受，例如：
> 1. 我喜欢我的工作
> 2. 我不喜欢刘，因为他歧视少数民族
> 3. 我觉得弹性工作制并不是像人们说的那样好

图 1-2　兴趣、价值观、态度

任职资格应涵盖工作要求的各个方面，并提取出更多的有关工作行为的要求。工作职责关注的是工作实际上在做什么，而任职资格是从另外一个角度对工作进行定义。

任职资格包含着大量重要的报酬要素，如学历或教育程度、经验的多样性、知识的深度和广度等，以此为薪酬要素的提取提供支持，从而使薪酬制定具有客观并且可衡量的依据。

在任职资格确定中，有两个关键点是值得关注的。

其一，任职资格关注的应该是工作或者是岗位，而非任职者本身。例如："能够经常举起 100 磅以上的重物"而非"必须很强壮"。资格要求本身要符合工作的实际要求，不能夸大或者降低，这对于能否将合适该工作的人配置到岗位上是很重要的。

其二，任职资格水平的确定是履行工作职责的最低要求，而不是理想要求或期望要求。这是因为对工作绩效的确定以及工资等级的确定，是依据该工作在组织中的相对功能和相对价值基础点，而不是理想点或期望点。理想和期望是一个无法一致化的变量，每个人的期望点和理想点是不同的。如果以理想或期望角度出发，就等于没有标准或不确定标准，因而可能失去了管理的客观性和公平性。

2. 任职资格的确定与工作规范

任职资格的确定方法与技术有很多种。总的来说，现有的任职资格确定方法可以分为两个大类：工作导向性工作分析系统的任职资格确定和人员导向性工作分析系统的任职资格确定。

两类工作分析系统都假设工作规范的确定可以划分为稳定的维度。同样地，两种分析系统都依赖主题专家小组（Subject Matter Experts，SMEs）。但是，两类系统在对SMEs小组的操作要求上、工具和技术上，都有很大不同。

（1）工作导向性工作分析系统。工作导向性工作分析系统依赖详细的、对工作本身的描述来获得对员工的要求。在这类方法中，出发点是工作描述的结构。工作描述是理解工作条件所要求的任职资格的基础。主题专家小组担任评判员从工作描述中找出对员工的要求，如图1-3所示。

图1-3　工作导向性工作分析系统任职资格确认

目前常用的工作导向性工作分析系统主要包括：职能工作分析（Functional Job Analysis，FJA）、任务清单分析（Task Inventory Analysis，TIA）、医疗人员分析系统（Health Services Mobility Study，HSMS）等。

（2）人员导向性工作分析系统。人员导向性工作分析系统通常建立在对人员特征与工作要素的相互关系的假设的基础上，根据Prien（1979）的理论，大部分人员导向性工作分析系统都假设存在一系列稳定的维度——性格、能力或其他特征——来描述工作并且用来解释工作绩效。图1-4表明了人员导向性工作分析系统任职资格的确认。

常用的人员导向性工作分析系统包括职位分类问卷（Position Analysis Questionnaire，PAQ）、关键事件技术（Critical Incidents Technique，CIT）、工作要素法（Job Elements Method，JEM）、能力要求量表（Ability Requirements Scales，ARS）等。

对于上述两类方法在任职资格方面的具体使用，本书将在后半部分作详细介绍。

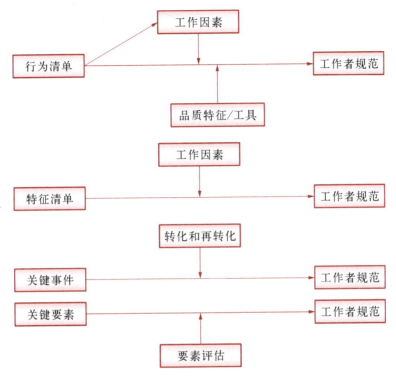

图 1-4 人员导向性工作分析系统任职资格确认

六、工作分析的应用

工作分析可以作为重要材料为人力资源管理体系提供支持,图 1-5 列出了工作分析在人力资源工作中的部分应用。因此,工作分析形成的职位说明书是整个人力资源管理的基础文件。

为中高层和为基层工作准备的工作分析在应用上也有一些不同。为中高层准备的工作

图 1-5 工作分析的应用方面

分析强调的是责权关系与工作间的相互关系，已会被更多地应用到组织设计、人力资源规划、管理能力发展计划中。而为基层员工准备的工作分析重点在日常工作，并服务于人事管理职能，如招聘甄选、培训需求确认、周薪与月薪管理等。

工作分析的应用可以归纳为以下 12 个方面。

（一）员工就业

一份清晰详尽的工作说明书可以用于人员招聘、甄选、雇佣、配置等员工就业的各个方面。工作说明书可以为应聘者提供关于他并不熟悉的工作的介绍，从而确定自己是否对其感兴趣及是否能够胜任。招聘人员可以根据工作说明书与任职资格里面的技能、能力与工作经验等要求来确定测试题内容。这些工作要求的信息同样也适用于人员配置工作。对那些新设计的工作，任职者可以根据清晰的工作说明书来指导自己的行为。

（二）培训与员工发展

一份高质量的工作说明书能够列出工作所需的知识、技能、能力与行为态度，以及与提高绩效相关的关键工作行为。这些为培训需求的确定提供重要根据。由于知识、技能、能力与行为态度的不足导致的实际绩效水平与预期绩效水平间的差距，尤其是那些在关键工作绩效范围中的差距，为培训需求确定提供最基础的信息。工作说明书以员工提供的工作之间的关系为员工轮岗计划与岗位调动提供依据。

（三）人力资源规划

员工调动与职位变化通常需要一个预期和计划的过程，因此，工作说明书对于员工升迁路线、组织发展路线，以及职位空缺通过外部劳动力市场补充还是内部升迁补充都有重要应用价值；工作说明书帮助确认工作之间的关系与责权分派是否有漏洞（如果是这样，如何弥合漏洞），等等。

（四）绩效评估

工作说明书在绩效评估中的应用最直接的是绩效标准的确认。通过工作说明书，我们可以知道任职者是否完成了工作规定的工作内容，是否达到应该达到的标准。经理人员可以更多地依赖工作输出信息，而非个人主观判断。在绩效反馈与绩效指导中，工作说明书也有很多应用。

（五）工作评价与薪酬管理

工作说明书中获得的信息是工作评价与薪酬管理的重要依据。薪酬体系的制定需要对工作进行分类、比较职位间的相对价值，并与劳动力市场进行对比，从而保证薪酬水平的内部公平与外部公平，工作说明书在其间起着重要作用。工作说明书还为各种工作评价方法提供基础信息，从不同工作要求中抽象出的相关可比较要素是工作评价的依据。

（六）职业生涯设计

在职业生涯设计中，员工的升迁道路设计过程必须考虑到在从基层工作向更高层职位转变过程中对工作要求的变化。工作说明书与任职资格可以提取出不同层级的职位之间在教育、技能、能力，以及工作经验方面的相似性和联系，从而制定出职业发展路线，也可以为选拔提供依据。另外,职业顾问、管理者和培训者可以借助工作说明书向员工提供有关晋级与升迁机会和计划的建议。

(七)工作设计

随着社会发展,新的工作不断出现,这些工作很少是全新的,更多的是过去一些工作的重组和发展。企业工程师和工作设计人员使用工作说明书来核对工作设计流程,确认角色分派、工作设计流程与工作系统的优化程度;同时,可以通过相关的已有工作来确认工作任务环境和社会环境,使其更好地融入工作流程。

(八)员工安全

保障安全与卫生、减少危害是许多工作中必须高度重视的,工作说明书中将危险有害的工作条件标志出来,并且制定了相关的安全标准。这将有利于对员工进行安全培训,减少事故和危害发生概率,并随时提醒操作人员的注意。

(九)组织结构设计

企业运用清楚完备的工作说明书来作为组织结构变革重组的辅助工具。随着组织发展,一些工作职责变得更加重要,而另外一些的重要性则慢慢减退。组织功能和职责不断进行重新分配,在这其中,工作说明书可以帮助确定最佳变革方案,并对定岗定员以及中高层管理幅度确定进行支持。

(十)权限责任与相互关系界定

详尽的工作说明书实际上已经界定了责权范围以及工作的基本目标,包括谁向其作报告、他向谁负责等。同时,工作说明书也对分析组织内部关系,如何进行内部合作进行了确定。

(十一)操作备忘录

当新员工进入组织,可以借助工作说明书更快地熟悉岗位规则与操作流程,并随时检查自己的行为与规范是否相符。如果该岗位原有任职者已经不在企业,则工作说明书就成为一份操作备忘录。

(十二)劳工关系

工作说明书可以作为管理层与员工之间对于工作的一个基本契约,客观的工作说明书可以帮助企业人力资源管理人员处理任职者在报酬福利、选拔任用上的抱怨、纠缠和咨询工作。

第二节 工作分析的历史沿革

一、工作分析思想的渊源

西方工作分析的思想由来已久,甚至可以追溯到公元前 5 世纪的苏格拉底(Socrates)。他在对理想社会的设想中指出社会的需求是多种多样的,每个人只能通过社会分工的方法,从事自己力所能及的工作,才能为社会做出较大的贡献。

他认为，一个公平（Just）的社会应当承认：

（1）工作才能具有个体差异；

（2）不同的工作有其特殊的要求；

（3）让人们从事其最适合的工作以获得最高的工作效率是很重要的；

（4）建立一种能将上述三种观点付诸实践的学说的必要性。

仅仅知道工作和人的特点是不够的，更重要的是为何种目的来了解他们。对于苏格拉底来说，这种目的是与一种价值观相联系，这种价值观成为西方社会文明的基石之一。

2 400多年前苏格拉底的思想为后来的工作分析奠定了基础。了解各种不同的工作及工作对人的要求，以让合适的人从事合适的工作成为日后工作分析及整个人力资源关注的基本问题。

二、工作分析的早期发展（18世纪至第一次世界大战爆发前）

（一）18世纪百科全书编撰者狄德罗与最初的大规模工作分析

18世纪，一位百科全书撰写人狄德罗（Denis Diderot）策划进行了第一次大规模的工作分析。1747年，狄德罗为法国一家翻译协会编撰一本百科全书。对狄德罗来说，协会提供的很多资料，尤其是与贸易、艺术及手工业有关的资料对其程式化的结构来说并不完全和充分。经过慎重考虑，他决定对此进行重新调查。为了得到所需的资料，他绘制了至少600张图片，并将在贸易方面的事实资料列出在一至两张图表周围。他不仅通过观察了解工作的信息，更试着自己进行机器操作，并绘制机器图板和说明书。当现场观察操作不能满足需要时，他向各地的技师与制造商请教。

狄德罗简化了他的工作流程中的环节，借助贸易界的老板将搜集到的信息系统化。他发现，信息的精确程度和操作流程与目的有关。这些工作使他达到了目的：为其百科全书中有关贸易过程的章节准备了全面、系统的资料。

（二）民事服务改革与工作分析（1860—1900）

19世纪出现了根据研究目的、工作需要搜集有关工作实际情况的调查研究。在美国林肯总统时期，为了改变政府部门办事效率低下的状况，美国政府组建了内政改革委员会，开始对政府机构的职位进行调查研究。当时的职位调查研究的主要目的在于明确职位任职者所应具备的技能。调查研究者主要通过观察、面谈、问卷的方式搜集信息，来研究哪些技能与职位的关系最为密切。这项调查研究在全国很大范围内进行，取得了很好的效果，降低了生产成本，提高了劳动生产率。美国内政改革委员会所进行的职位调查研究，实质上是通过研究任职者所应具备的能力和技术来了解工作，属于人员导向性的工作分析，对工作分析的创立和发展起到了巨大推动作用。

（三）泰勒科学管理理论与工作分析的发展

工业革命之后，随着人类社会的发展，对组织进行科学管理变得越来越重要。随着生产规模的扩大，一些工业生产中的问题逐渐暴露，如生产标准的缺乏与对人的关注不够引起的生产效率低下。科学管理理论就在这个时候成为工作分析的一个巨大推动力量。"科学管理之父"泰勒（F. W. Taylor）在1903年出版的《工厂管理》（*Shop Management*）一书中详细地介绍了由于把工作分成若干部分并进行计时而提高了劳动效率的事实。1911年出版的《科学管理原理》（*The Principle Of Scientific*）中，泰勒认为要对组织进行科学的管理，就必须对组织中的每一份工作进行研究，从而科学地挑选、培训工人。泰勒协会成立以后曾正式提出科学管理的13项目标，其中第7项就是"通过用科学方法对工作进行分析，对工人进行选择、训练、安排、调动和提升，保证每个人都能最充分地发挥其能力"（克劳德·小乔治，《管理思想史》）。泰勒所倡导的以科学管理代替经验管理的伟大思想和为提高劳动生产率而对工作各个方面所进行的调查研究，对工作分析理论与方法的创立和发展起到了巨大的推动作用。而且，科学管理的其他原则，如"科学地选拔并培训工人""工作定额原理""标准化原理""通过内在和外在两种报酬方式激励工人努力工作""工作的重新设计"等，客观上都要求对工作进行分析研究，从而使工作分析成为科学管理的现实要求。

科学管理运动以后，越来越多的人对工作分析的重要性达成了共识，很多大公司的老板已经开始认真考虑如何利用工作分析招聘合格的雇员、如何利用工作分析提高劳动生产率等。

（四）穆斯特博格与吉尔布莱斯夫妇

穆斯特博格（Munsterberg）作为工业心理学之父设计出了有关验证结果有效性的研究方法，因为他认为工作分析只是关于工作分析的一种研究假设，是可以被验证的。但是，他发现，一个心理学家只能作为一个门外汉来研究工作，而该工作的从业人员或者领导却能够更精确地分析工作相关的心理因素。

弗兰克·吉尔布莱斯夫妇（Frank & Lilian Gilbreth）的婚姻是一位工程师与一位心理学家的结合。丈夫弗兰克·吉尔布莱斯设计了一种实验室条件下的程序来分析工作，减少多余动作与提高劳动生产率。弗兰克的理论特点是，工作分析研究的出发点应该是工人本身，而不是非人为因素。他的妻子丽莲·吉尔布莱斯进一步发展完善了弗兰克的理论。她认为，社会科学中的有关理论应该运用到工业管理中。在生产安排、设备配给、员工培训的基础上进行恰当的人员配置，实现人尽其才。吉尔布莱斯夫妇进而认为，对不同特点的工人在从事同样工作的时候应该采取不同的工作方法以达到提高劳动生产率的目的。这成为日后工作分析的一项重要内容。

（五）第一次世界大战前夕军队中的工作分析应用发展

据1910年出版的《大英百科全书》第11版记载，早在公元前1115年，古代中国开始运用考试来选拔行政官员，并对已进入仕途的官员进行定期考核。这可能是工作分析在政府里最早的运用。

第一次世界大战前夕美国在大规模征兵过程中利用工作分析为人员测评选拔服务，也促进了工作分析的发展。

在工作分析的历史上，它更多的是作为人员甄选的工具出现的，包括体力与脑力的测试、面试等，帮助人们区分能够很好完成工作的人和不能很好完成工作的人。在甄选过程中，人们关注的是通过工作分析的技术与工具识别出与完成工作相关的任务、知识、技能，或者是能力。在军队系统里，这显得尤其重要，因为在第一次世界大战前，军队里的关键岗位并没有可以参考的标准，我们并不能清楚地知道，一个坦克驾驶员和一个投弹手之间的要求是什么？怎样去定义关键岗位的人员要求？何种信息对于分析此类工作是必要的？

第一次世界大战前夕，"工业心理学之父"穆斯特博格等进行了首次工作要求与甄选的系统研究。他认为，经理和直线管理人员是工作信息提供的最佳人选。他在一份研究报告中写道，一个打字员的工作效率取决于她手指的灵活程度。但是曾经从事该工作的经理人员却认为，打字速度的关键在于是否具有大量单词的瞬间记忆能力。因此，最早的对于工作要求的分析是从对个人能力的分析开始的。对人员特质的研究大大推进了第一次世界大战前美国海军面对大量人员征兵时的人员动员和有效使用工作。

三、第二次世界大战期间工作分析的发展

战争的爆发极大地推动了工业心理学的发展，尤其是促进了心理学在人员分类和甄选、配置上的应用。为了增强军事人员的管理水平，提高测评选拔、培训、工作分工的效果，工业心理学家展开了空前的分析研究活动，取得了一系列工作分析及其应用的成果。

（1）编制《职业大辞典》（Dictionary of Occupational Titles，DOT）。DOT以通过标准化工作分析程序搜集的事实资料为基础，对国民经济中的各类工作予以准确阐释，为实现合理的工作配置提供重要的参考工具。

（2）对"职业""工作""任务""职责"等基本工作分析概念作了明确的定义，力求工作分析用语的规范化。

（3）明确了需要把系统地搜集有关任职者特性要求的信息作为整个工作分析过程的有机组成部分，以便把工作行为特征与工作要求联系起来。

（4）研究与应用"人员配置表"（Manning Tables or Staffing Lists）。人员配置表可以反映某一工作所需的技能和经验以及工作所需的职位数量，为人员安置和工作设计提供了方便。

（5）工作分析开始作为一种基础的管理工具在企业界得到广泛应用。1920年美国人事管理协会（ASPA），即现在的人力资源管理协会（SHRM）规定，工作分析应作为"提取工作要素和人员任职条件情报"的方式之一。1930年，美国采用工作分析的工商企业占企业总数的比重已达39%，1940年这一比例已高达75%。工作分析的信息被广泛应用于人员录用、薪资管理、培训开发、工作指导、绩效考核等方面。

在这一时期，较为著名的学者与研究机构有宾汉（W. V. Bingham）、斯考特

(W. D. Scott)、巴鲁斯（Ismar Baruch）、美国社会科学研究会（Social Science Research Council）、美国国家研究会（National Research Council）、美国国家就业局职位研究委员会（Occupational Research Program of the United States Employments Service）等。

（一）宾汉与大规模工作分析项目发展

宾汉在卡耐基工学院创建了第一个应用心理学系，在两次世界大战期间，宾汉不仅在应用心理学上创造了不少研究成果，更推动了大规模的工作分析项目的发展。

第一次世界大战期间，宾汉进行了对以解决人员配置为目的的工作分析方法论的研究。后来，宾汉又与其他专家组建研究所，通过搜集各类数据资料来指导职业介绍和培训课程。20年代后期，美国国家教委接受他的建议，开展旨在设计一份优秀职员的资格说明书的项目。曼恩（C. R. Mann）作为该项目的负责人，提出一种新的观点，即在记述某项工作时，只需包括工作所需的知识和技能，而不必考虑与深究工作所需的学历证书和培训过程。这种记录曼恩称之为"用途记录"，即每项记录均以一个行为动词开头，后面是完成这一行为的条件以及行为完成的质量和效果。曼恩的这项研究可以说是早期探讨任职资格只重技能而不看其他方面的一个典型例子，该方法的好处是减少直觉误差。

1931年，宾汉推动社会科学研究会与国家研究会进行了为大众就业服务而开展的工作分析大型项目。虽然项目组的许多成员想要加入军队，宾汉还是将项目重点确认为美国国家就业局的职业调查项目。该项目成为今后的工作分析计划的基础。

第二次世界大战开始，宾汉成为美国国防部军队人事职位分类所主席与首席心理学家，继续其在工作分析方面的突出影响。

（二）斯考特与克劳斯勒对军队的研究

1916年，斯考特在卡耐基工学院由其领导的"推销员研究所"里进行的一项早期研究制定了销售员工作绩效标准。该标准把注意力更多地与诸如"办事能力"等个性特征相联系，而非具体的工作内容标准。

斯考特将这些"个性特征"重新修订并制作了一份新的标准，这套标准是专门针对军队的，并提供给纽约州军官训练营地参考和使用。斯考特的个性特征描述是从心理学角度进行的对"办事能力"等个性特征的详尽描述，但没有对某一个特定的职位进行过专门的工作分析，因而其理论缺乏普遍应用的价值，所以没有得到广泛的推广。

斯考特经过修正其观点，将注意力转移到对人的标准研究上，将研究重点从预测理论转移到工作表现的内在质量标准研究。在其研究中，同等级的军官将按照工作中所表现出来的能力进行排列，对每个级别的军衔资格条件进行分析。斯考特的工作内在质量标准研究得到了军队首长与大多数军官的欢迎。

斯考特对工作内在质量标准的研究使其获得了军队的承认，并在1917年成为军队组建人员评测委员会主席，另一位著名的学者宾汉任常务副主席。

该委员会的主要任务之一是士兵招募，为了提高招募工作的质量，提出了将"工作分析服务于前线需要"的要求。军队为委员会提供了招募人员所需要的专有技术，却收不到满意的结果。为彻底解决这一问题，委员会首先要求部队在制定对所招募的士兵标准时应对具体工作进行描述，包括工作任务和所需资格。另外，委员会还在各地设立人事专管员，其任务是结合当地实际问题进行工作分析和调查研究。最后，委员会根据专管员的报告制定了一份"特定军官的任职技能说明书"。

军队组建人员评测委员会的另一项工作，是成功地设计了"申请表"和"人员调查表"，从而入伍新兵分类工作的效率大大提高了。该项工作主要负责人约翰·沃斯顿认为，对技术熟练工进行行为分析就能发现这项工作所需要的工作技能。例如，管理者观察发现通过观察熟练工的操作过程可以大致了解这项工作所需要的技能。约翰·沃斯顿通过这项工作设计了在军队的范围之外使用的"人员申请表"和"人员调查表"。

心理学家罗宾逊对工作分析下过这样的定义：只有观察从事这一工作的人员的工作行为，才能发现工作所需求的技能，从而搜集到有关一项工作所需要的信息，这就是工作分析。面试考核是行为分析在军队中的应用表现，该项考核是核查士兵对自己技能的陈述是否属实的唯一方法，因此，这项工作对于军队人员的安置显得至关重要。但大多数的面试考核由于缺乏工作分析作为基础，收效甚微。委员会中的图曼·凯利强调说："在设计符合军队需要的考核方法之前必须进行工作分析。"于是，军队中大多数心理学家转入作为基础工作的"工作分析"的研究当中。

军队中的研究成果在工业生产经营中的转移应用在斯考特与克劳斯勒合著的《人事管理》一书中有详尽介绍，该书由两位合作创办的"斯考特公司"（The Scott Company）出版。该书介绍了克劳斯勒撰写的将工作分析应用于联邦政府公职人员的职业介绍实例。1922年，美国内政改革委员会派克劳斯勒到俄亥俄州的迪顿市对1 200余名工人从事的237种工作进行分析。其成果主要有以下几个方面。

（1）工作任务的描述重点：工作分析着重描述的是工作的作用和管理者的作用，而不是具体的操作细节，因为这些细节经常对人们产生误导作用。

（2）工作分析本身的介绍：为获得客观的分析资料，工作分析人员需要向被调查者详尽解释工作分析目的，并提出一些操作原则。

（3）多次访谈：为了获取最佳信息，工作分析人员需要对管理者和职员进行多次反复访谈分析。

（三）巴鲁斯与公职人员薪资等级划分

1919年，美国国家内政改革委员会派巴鲁斯参加国会薪资等级划分联合委员会。巴鲁斯对104 000名公职人员进行了问卷调查，以搜集有关政府职位任务的事实资料。从1853年到1923年，按美国联邦法律规定，政府公职人员的工资划分为四个等级。但工资的高低与工作任务却是相互独立的，只要政府的工资支出总量不变，政府中各级主管人员就可以随便调整职员的工资。早在1902年内政改革委员会就敦促政府应以工作任务为基础来划分各级职员的工资。这期间，格黎佛海根通过问卷调查、面试访谈等方法搜集了大量的事实资料，并用工作分析方法设计出不同工作的相对工薪。经过多方努力，直到1909年，格黎佛海根的"工资设计"才为市政府和私营企业采用。1912年，社会公用事业部门也采纳了这种工资划分法。

通过分类与等级划分，巴鲁斯的分析结果作为国会的依据于1923年通过了"工薪等级"法案，并批准在华盛顿特区试行。巴鲁斯的研究是重点关注影响每一工作的普遍因素，而那些偶然的个别因素则不在考虑范围内。例如，某个工人用三角学原理测出一条线的长度，而实际上大多数工人利用现成表格即可达到同样目的。这样，巴鲁斯认为在评定此项工作的等级与相应的工资水平时就不应将三角学原理作为一项工作技能来考虑，而应以全体工人的通用技能为标准。

（四）美国社会科学研究会与工作技能标准

1931年，美国社会科学研究会（SSRC）设立了事业问题委员会，以研究当时经济大萧条对就业的影响。委员会中包括离开斯考特研究小组后回到西屋电气公司的迪艾兹、美国国家内政改革委员会委员巴鲁斯和明尼苏达大学就业研究所的史蒂芬斯等。这些心理学专家以前就曾从不同的视角注意到工作分析在军队管理、工业生产、政府工作、稳定就业等方面给人们带来的益处。委员会的一项重要任务，是制定出各种工作所需要的工作技能标准，供公共就业交流中心参考使用。值得一提的是，委员会还着手研究各种工作中的"共有部分"，以方便工人在各项工作中的相互过渡和更好地发挥各自技能。但是对"共有部分"的理解在委员会中产生了分歧：巴鲁斯认为工作技能应是不同工作的共有部分；也有不少人支持曼尔"用途记录"中标明的工作技能；此外，明尼苏达大学工程学院的科佩克提出了另一观点，他在对大量事实资料分析的基础上，指出"力量、灵活性、精确性、方案应用力"等工作的具体要求才是正确答案。

（五）美国国家研究会与工作能力指标

1920年前后，美国国家研究会（National Research Council）也致力于通过工作分析的应用来减轻失业造成的社会压力。研究会的成员之一摩里斯·威斯立（Moris Wilsley）在借鉴前人的能力指标后，于1922年提出了另一套有关工作能力的指标体系，表述如下。

体能：不同工作对体能的要求也不同，但体能是完成工作的基本能力之一。摩里斯·威斯立将体能划分为5个等级。重体力劳动所要求的体能是最高的五级，轻体力劳动者所要求体能是最低的一级。

能量消耗速度：不同的工作导致不同的能量消耗速度。有的工作，对体能的需求不大，但快节奏的工作速度使能量消耗很快。经过大量的实地采访，摩里斯·威斯立将各项能力指标都划分为1~5个等级，并将其概括为一个工作心理素质图，最高级别的能力也意味着工作所需要的关键能力。

（六）美国国家就业局职位研究委员会

1934年2月，罗斯福总统授权美国国家就业局设立一个专门委员会以研究当时严重的失业问题。心理学家宾汉抓住这一历史机遇，将美国社会科学研究会、美国国家研究会等三个组织统一合并改组为美国国家就业局职位研究委员会（简称ORP）。1937年7月，该组织正式成为美国国家就业局下属的职位分析调查司。该委员会在这一阶段主要进行了以下几个方面的研究调查。

1. 就业指导辞典与职位编码表

这本辞典是以当时各种工作所需的共同技能为主要内容。就业指导辞典编辑中的重要工具就是"员工行为特点表",实际上是心理图表的改进形式,图表的完成标志着确立了各项工作的共同技能。ORP 的分析方法是通过有计划的工作分析来搜集多达千余种工作的事实资料,但并不拘泥于某一种理论框架。ORP 虽然搜集了大量资料,但由于理论框架的缺乏,最终没有达到预期的目标,辞典的编辑并没有完成。

职业工作分析研究在这个时期并没有建立基于对各种职业的共同的工作特征为基础的职位分类体系,因此,职业研究委员会开始了《职业编码表》的编制。编码表首先对工作特征进行研究,将工作特征要求进行编号,再以人员的就业资格为基础排列另一组次序,两组次序是自然关联的。该项研究由于研究者的重点放在了工作所需技术上,对工人的任职资格重视不够,因此《职业编码表》也存在着一定的缺陷。但是,该编码表是著名的《职业大辞典》的前身,并且该编码表明确提出了将工作特征和工作对人的要求结合对应起来的思想。

2. 职业大辞典

1936 年,职位研究委员会的研究小组以职位编码表为基础,通过系统的工作分析搜集了大量样本资料,最终完成了著名的《职业大辞典》(DOT)的编辑。辞典以对工人的知识、技能等基本要求为标准划分各项职位等级,成为第一个受到各个国家普遍好评的职位分类大典,并且在第二次世界大战中为美国征兵工作提供了极大方便。

3. 人员配置表

职业大辞典完成后,该研究小组认为,工作分析应该有进一步的发展,第一是加强对制造行业的工作分析;第二是根据工作的要求设计更完善的培训计划。基于这种考虑,1941 年该研究小组完成了"人员配置表"的设计工作。

"人员配置表"可以反映某一工作所需的工作经验、员工知识量以及在岗职员经验,为人事部门编写退伍人员的择业方案提供支持。

通过职位研究委员会(即后来的职位分析司)的工作,大量的工作分析、人事管理专业的人才被培养出来,这些人员对之后的工作分析发展起到了很大的推动作用,也促进了人力资源管理体系的系统化。

四、第二次世界大战后工作分析的进一步发展

第二次世界大战以后,工作分析的理论和方法日趋成熟完善,工作分析作为人力资源管理基础的地位逐步确立。在 20 世纪 70 年代,工作分析已被西方发达国家作为人力资源管理现代化的标志之一,并被人力资源管理专家视为人力资源管理的最基本的职能。

在这一阶段,各种工作分析系统纷纷建立,工作分析方法逐渐多样化、系统化。工作

分析系统的研究开发始于 20 世纪四五十年代，在 20 世纪七八十年代趋于成熟，获得了广泛应用。如职位分析问卷（PAQ）、任务清单/综合职业数据分析系统（TI/CODAP）、能力需求尺度分析（ARS）、行为一致性分析方法（BCM）、职能工作分析（FJA）、健康委员会动机研究（HSMS）、工作要素法（JEM）、临界特质分析（TTA）、综合性工作分析系统（VERJAS）、工作执行调查系统（WPSS）、职业测定系统（OMS）等工作分析系统都是在 20 世纪七八十年代开发成功的，其中 PAQ 的开发花费了 10 年时间。

一方面，法律因素是促进工作分析的发展的重要因素之一。20 世纪 60 年代以后，立法对工作分析的发展产生了意义深远的影响。1964 年，美国《民权法》出台以后，"均等就业机会"成为人力资源管理必须面对的法律问题，否则就可能被指控违反公平就业法律。《员工选择程序统一指南》（*Uniform Guidelines on Employee Selection Procedures*）明确规定：工作分析应作为效度研究的基础，雇主组织必须对工作行为和其他与工作相关的信息作出详细说明。此外，公平劳动标准法、同工同酬法、职业安全与健康法等法律都客观上要求组织进行有效的工作分析。完整的科学的工作分析对支持人力资源管理实践的合法性非常重要。例如，组织需要工作分析信息为人员选聘录用、报酬给付、绩效考核、人事调整等工作提供依据，保证管理符合法律规定。因此，为了避免法律纠纷，各组织比以前更加重视工作分析的研究与应用，使工作分析获取了更大的推动力。

另一方面，残疾人就业问题和人体工程学都促进了工作分析方法的发展。工作的设计、工具和设备设计、工作方法设计、工作流程设计等领域的问题既依赖于工作分析，同时也促进了工作分析的发展。

第二次世界大战后，部分研究者对美国职业研究委员会的研究成果作了修改和补充，其中一些人的理论对工作分析的发展与完善做出了很大的贡献；另一些人以本人的工作经历为研究基础进行了方法探讨；还有一些人以某些部门的特定需要为出发点，设计新的工作分析方法。

（一）职位分析问卷（PAQ）

职位分析问卷是麦考密克（McCormick）在 20 世纪 50 年代末期开始发展的。职务分析问卷是一种工作分析问卷，它包括在实质上以工人为中心的工作要素，和以工作为中心的工作要素相对照（麦考密克，1959）。这样一来，大多数要素倾向于以人类行为而不是在技术意义上所表述的活动或严格的工作术语为特征（或者是根据人类行为有合理充分含义的工作活动）。此外，职务分析问卷包括以工作的背景或情景因素为特征的工作要素，并且假定工人是必须适应的；根据工作要求，这些变量的一部分有潜在意义，并且在工人方面，个人变量是可预期的（例如，个性特征、兴趣、个人价值观等）。麦考密克最初的问卷是用于各种文秘工作、手工工作的"核对清单"，通过十年研究，完成了包括 195 项具体内容的"职位分析问卷"（Position Analysis Questionnaire，PAQ），并被公认为一种标准的工作分析工具。PAQ 的特点是同时考虑工人与工作两个变量因素，并将各种工作所需的基础技能与基础行为以一种标准化的形式罗列出来。

职位分析问卷的开发是为了能够实现一般性的且量化的方法以便准确确定工作的任职资格（用这种方法代替传统的测试程序），并通过这种量化的方法，估计各个工作的价值，为薪酬的确定提供依据（以补充传统的、以主观判断为主的工作评价方法）。经过不断的开发与应用，人们发现 PAQ 不仅仅能为上述两个目标服务，还有助于许多其他人力资源管理职能的实现，如工作分类、职业生涯设计、培训、工作设计等。

由于职位分析问卷的广泛适用性，之后的研究者对 PAQ 进行了不断的研究与改进，当前人们所使用的 PAQ 问卷是经过几十年的实验、无数个版本的更新与修订发展而成的。

（二）职能工作分析（FJA）

赛尼·凡（Sindey A. Fine）1950 年提出了关于"职能职业分类计划"理论（简称 FOCP），该理论与 ORP 早期致力研究的工人定向分类研究有相似之处。

在职能职业分类计划理论提出后，赛尼·凡进一步研究出了职能工作分析方法（Functional Job Analysis，FJA）。FJA 非常清楚地阐述了组织内部关于工作与人的一些理论：必须对工作者"做了什么"和"需要做什么"作基本的区分。工作者在工作范围内所做的主要是处理与信息、人和物之间的关系，对应这三种基本关系，工作者的职能体现在不同方面：处理与物的关系，工作者主要是利用身体方面的能力；处理信息，工作者主要运用智力因素；而处理与人的关系主要使用交际能力。所有的工作都在一定程度上要求工作者处理这些基本的关系。尽管工作者的行为或任务可以用无限种方法来描述，但在本质上，每个职能对工作者特征和资格的要求种类和程度都落在一些比较狭窄和具体的范围内，与处理各种关系相适应的职能都遵从由易到难的等级和顺序，三个等级序列提供复杂性水平和参与比例两个衡量指标。职能等级反映了工作者处理各种关系时的自主决策空间的大小，工作者的绩效取决于调节性技能、功能性技能和具体执行技能三种技能。

FJA 的理论存在三个假设前提。

（1）对任务中的人的关注：每项任务都应包括工作者在处理事务、数据、人际关系时需要的生理、心理和个性行为水平。

（2）技能划分：任务绩效中都包括一般技能、专业技能和特殊技能水平三种技能划分。

（3）任务的系统性：每个任务都是一个将工作、工人和工作结果结合一体的标准化系统。

（三）关键事件分析技术（CIT）

关键事件分析技术（Critical Incidents Technique，CIT），最早是由军队系统的心理学家约翰·C. 弗莱内根着手进行的。当时，军队方面需要心理专家分析与查找飞行员绩效低的原因。弗莱内根通过研究和调查，列举出了绩效低的诸种原因，并称之为"关键事件"。后来，弗莱内根的研究领域由军队转移到工业生产中。在新的领域，他做了进一步的研究。分析时，他同时查找绩效高和绩效低的原因，并将这些原理与"工作要素"理论结合应用于人员的甄选、培训发展、绩效考评。可以说，关键事件是为工业分析提供最为真实的、客观与定性的资料的唯一方法。关键事件分析现在已经在大量的结构化的工作分析中应用。

（四）任务清单/综合职业数据分析系统（TI/CODAP）

任务清单/综合职业数据分析系统（TI/CODAP）也是二战后被广泛应用的工作分析技术。

TI/CODAP 是由"美国空军（USAF）人力资源研究室"Raymond E. Christal 及其助手开发成功的。TI/CODAP 的研究始于 20 世纪 50 年代，大约从 10 万名以上雇员那里搜集过试验性数据，前后经历了 20 年时间才趋于成熟完善。

TI/CODAP 系统由两部分构成：① 任务清单（TI）；② 综合职业数据分析系统（CODAP）。任务清单由基本的数据搜集工具组成。清单的内容包括某些职业群或工作族的任务项目。CODAP 中包括一系列相互作用的用于对任务清单所搜集的数据进行分析、组织、报告的计算机应用程序。

在 TI/CODAP 系统中，"任务"被定义为"工作任职者能够清晰辨别的一项有意义的工作单元"。在编排任务项目之前，要先准备一份职责（Duties）清单，然后再把"任务"分配给各个职责。清单的信息可以来自另外的任务清单或借助于主题专家（Subject Matter Experts，SMEs）提供的新的任务陈述，对每个任务都要作"相对时间花费"评价，评价标尺一般是 5、7、9 或 11 级。"相对时间花费"评价再转化为"时间花费百分比"评价，作为评价工作的基础。也可以再加上其他评价维度，但"相对时间花费"维度是系统所必需的。

TI/CODAP 被美国空军用来从分散在各地的大量工作者那里搜集工作信息，然后再加以分析、综合，为培训开发、工作分类、工作评价、工作设计等管理职能服务。

五、21 世纪以来工作分析发展前瞻

（一）时代背景

进入 21 世纪，人类社会进入知识经济发展的新时代，人将成为经济社会发展的核心资源和动力。在这种新的时代背景下，"互联网+"、大数据、人工智能（AI）成为经济发展和管理变革的新亮点。

随着互联网技术的飞速发展，"互联网+"的理念将传统的产业、管理方式、生活方式与通信技术和互联网平台相融合，重塑了经济社会发展的新形态。互联网时代催生了新的人才革命，而"互联网+人力资源管理"实现了个体与整体的和谐交融，给传统的人力资源管理方式带来了新的挑战和发展机遇。

在信息社会下，数据已经渗透到各个行业和业务职能中。对于"大数据"（Big data）研究机构 Gartner 给出了定义，"大数据"是需要新处理模式才能具有更强的决策力、洞察发现力和流程优化能力的海量、高增长率和多样化的信息资产。在数据爆炸的时代，人力资源管理也将实现由点到面的全面变革。

人工智能（AI）是一种新的智能种类和思维方式，它从具体技术层面改变了当今社会的生产生活方式，极大地提高了社会效率。而在人工智能与传统人力的矛盾下，如何实现技术进步的软变革也对当下的管理提出了挑战。

同时，随着社会化程度的提高，不断复杂的劳动关系促进了劳动和社会保障相关法律的不断完善。在此背景下，劳动者的合法权益将受到更多的重视，人力资源管理也将不断走向规范。

（二）新的时代背景对工作分析的新要求

在新的时代背景下，人力资源管理职能发生着重大的转变，这对工作分析也提出了新的要求和挑战。系统化、灵活化、前瞻化、多元化、多样化、战略化以及以人为核心将是工作分析发展的新趋势。

在一个知识经济时代，知识在社会生产要素里的地位越来越高，也成为最受关注和最为活跃的部分。简单重复的工作已经很难适应现有的时代发展，更加依赖创新的工作将逐渐占据主导地位。工作的职责和内容在很大程度上可以重叠和交叉，个体的人员在组织中作为基本单位的作用越来越多地被团队替代。由于知识型员工的工作任务和工作成果不易以一种量化的方式进行衡量，未来工作分析的发展趋势将会更加注重将多种形式相结合，使得整个工作分析体系更加丰富多元的同时也不失针对性和专项性。多元化的工作分析会对不易被监督和不易被评价的知识型劳动成果和人员进行更为合理的分析。

在"互联网+"的背景下，工作分析需要更多地关注人格特征。网络平台不仅提高了信息共享程度，也在组织中提供了平等、共享、合作共赢的沟通方式和沟通理念。在此基础上，人的需求也将呈现出多元化和个性化的特点，这就要求在具体的工作分析中重新审视"人"这一核心资源。目前有关人格个性方向的心理学研究逐渐深入和成熟，这方面研究的成果也在不断地应用于人力资源管理的相关工作之中。员工是组织发展的重要战略资源，涉及人格特征的工作分析技术将会逐渐发展起来，人性化的工作分析将日趋成熟。

当代最为鲜明的技术时代特点就是大数据的广泛应用。人们可以通过计算机对工作中产生的大数据进行分析，建立模型并对工作的可能变化方向和形势进行预测。这种预测得到的结果将成为预测性工作分析的重要数字依据。计算机技术和网络信息技术的发展和应用让各方面的信息获取变得更加方便和高效，在工作成本降低的同时，工作分析的准确性和客观性得到了信息和技术上的保障。虽然目前大数据化的工作分析并没有得到充分发展和广泛应用，但随着信息技术的不断发展和社会需求的不断变化，基于大数据模型预测的工作分析必将在未来的人力资源管理中起到越来越大的作用。

人工智能（AI）的不断推广将不断提高管理工作的效率和效果，也将对工作分析产生重要的影响。智能决策支持系统（IDSS）是 DSS 和 AI 相结合的产物，可在全面考虑人力资源管理面临的各种问题的基础上，通过工作分析模块明确员工职责，有效避免人力资源和物质资源的浪费与重复建设。如百分比和百分比分布、集中趋势分析、离散程度分析、关系分析、重叠统计方法，这五种基本的描述性统计方法只需程序化后，便可在 IDSS 系统中发挥作用了。对于现有工作分析结果，只需系统输出模型库现存的模型，而系统中没有的职位分析，则需专家系统借助人机交互部件获取信息进行相应的数据库、知识库及模型库分析。

法律制度的完善创新为工作分析提供了制度要求和保障。随着《劳动法》《劳动合同法》《安全生产法》《社会保险法》等劳动与社会保障法律制度趋于完善，人力资源管理的规范性要求也越来越高，人力资源管理的难度和成本也随之提高。工作分析方法的研发与运用更需要注意满足法律规范的变化带来的分析信度和效度的要求，在"人"与"事"的分析中，特别是在工作职责描述、任职资格界定和工作环境等方面体现法制性和规范性。

第三节　工作分析研究应用的现状与未来

一、工作分析研究的现状与未来

在《知识经济》一书中，达尔·尼夫（Dale Neef）认为现在以知识为基础的工作与传统工作不同，"常常是无形的（不能由可确定的量或价格度量），但在现代经济中逐渐成为财富创造和就业的主体""知识及其效果并不容易衡量""以知识为基础的经济，意味着从严格支配雇员做简单劳动的复杂组织，逐渐向高度信任个人做复杂工作的简单组织转变"。由于产品和科技更新换代的加速，服务型社会和知识经济时代的来临，加之其他很多政治、经济、社会、文化因素的变化，企业必须提高自身的快速反应能力，增强在全球市场的竞争力，因此，企业的组织和管理随之经历诸多变革。"组织结构扁平化""团队合作""无界线组织""无界线工作"，甚至"没有'工作'的世界"等概念纷纷上市，并且有些已经从预想变为现实，大有方兴未艾之势。那么，在当前作为人力资源管理基础职能，应用广泛的基本管理技术——工作分析，未来的前景又将如何呢？

工作分析面临新的挑战，需要在未来继续进行发展创新，仍然拥有强大的生命力，尤其在中国更需要推广与创新。这种判断主要基于以下分析。

（一）工作分析方法及其适应性的改变

当今以及未来的组织与管理处于越来越复杂、变化越来越快的环境之中，组织必须适应新的环境才能获得新的发展。在不久的将来，中国会有一批企业达到世界先进管理水平。而建立在传统工业化高度分工原理基础上的工作分析技术也随之发生了改变，这些改变适应了组织发展，从而焕发了新的生命力。

工作分析是一个多层次、多种类、适应面非常广泛的管理技术。工作分析的传统方法，也是最基本的方法有观察法、访谈法、问卷调查法、工作日志法、典型事例法、工作实践法等。这些方法都有各自的优缺点和各自的主要适用对象和范围。但如果把两种或两种以上方法综合使用，优势互补，适用面就可以非常宽泛了。而且这些基本的工作分析方法再加上各种各类的工作分析系统方法，其适应性是非常强大的。

前面已经提及，工作分析系统分为工作导向性工作分析系统和人员导向性工作分析系统。对于工作导向性工作分析系统来说，在未来的社会里，一般情况下，部门、职责、工作的划分仍然是必要的，日常例行的有规律的工作仍然大量存在。只要还存在着例行的常规的工作，还存在着需要人们遵守的规则和程序，工作导向性工作分析系统就会大有用武之地。而人员导向性工作分析系统更加具有广阔的应用天地。随着知识经济的来临，现代企业的运作模式已逐渐从传统的生产、非知识产品为主转向以人力资本、智力资源为主。"信息革命改变着人类社会，同时也改变着企业的组织和机制"（杜拉克）。在现在管理实践中，对人的关注逐渐成为企业管理研究的重点之一，关于人员导向性的工作分析应用研究逐渐成为新的热点。而人员导向性的工作分析技术，经过几十年的研究与应用，其理论与方法技术可以为对人的分析与研究提供强有力的支持。工作分析的理论与方法技术已经相当成熟。但没有一种工作分析方法可以适用于所有的组织管理目的，也没有一种工作分析方法是无可挑剔的。在管理实践中，关键是要根据工作分析信息的使用目的，选择一种或几种最适合的工作分析方法，而不要求全责备，更不要由于选择的方法不当就贸然否定工作分析本身。在未来社会里，只要目的明确、方法得当，工作分析仍然可以帮助解决许多管理问题。另外，工作分析自身也会在实践中不断创新发展，为管理实践做出新的更大的贡献。

（二）组织形态变化与工作分析

组织形态随着社会的发展发生了很大变化，扁平化与团队合作的工作组织方式已经被广为接受，甚至出现了"无界线（边界）工作""无界线（边界）组织"以及"没有'工作'的世界"。

但是，团队只是"集体与个体"的一端，承认团队并不等于否认个人工作的独立性和个人对组织的贡献，对个人的工作进行研究仍然是必要的。团队合作的方式建立在特定的分工与特定的程序基础上，因此必定还需要对工作进行分析研究。在实践中，一些以团队合作方式运作的企业，正是由于对流程与相互之间的合作关系界定模糊所带来的很多沟通合作方面的问题，影响其绩效水平。

"无界线（边界）工作""无界线（边界）组织"以及"没有'工作'的世界"产生的原因在于组织内的工作已经高度职业化了。在一些组织里，某些工作如销售经理、人力资源经理、医药代表、广告代理人、专利代理人等，表面上不再需要工作分析和工作说明书作指导了，恰恰表明工作分析与工作说明书的有效性，因为正是工作分析与工作说明书的长期运用，培养造就了这些职业的工作人。

而且，工作分析的理论依据，工作信息的搜集方法、分析方法、综合整理方法以及工作分析信息的应用都会随着组织与管理的变革而不断改革创新，在总结实践经验的基础上，再提升一个高度，更好地指导和服务于管理的实践。如现今已经出现的用弹性工作说明书取代传统的工作说明书，用 KSAs 矩阵取代传统的工作说明书等。工作分析具有很强的适应性和发展潜力，前景是光明的。

（三）工作分析与现代人力资源管理

有效地进行工作分析，能够帮助准确地获取工作信息、准确地预测能够胜任的人员类型，实现对人力资源各项职能活动的有效支持。

从一定意义上讲，搜集、分析、整理有关工作方面的信息是管理本身内在的、必然的要求。没有有关工作方面的信息，管理者无法实现人与工作的有效配置，无法来评价工作，也无法来评价工作绩效，管理者的其他许多职责也无法履行。工作分析就是为管理者提供管理工作所必需的系统的科学的信息，是管理的基础。没有有效的工作分析，管理者就只能依据片面的，甚至错误的工作信息来履行各种职能，其结果就可想而知了。

人力资源管理是一个有机的系统，它的各种职能，如人员选聘录用、报酬管理、绩效管理、培训开发、工作设计、工作分类、员工关系管理、职业生涯管理等，应该是相互联结、彼此协调的。而这些职能各自的运作都需要有关工作的科学的、系统的、完整的信息，并且这些职能的运作只有建立在有效的工作分析基础之上，才能更好地实现彼此的协调。工作分析对于维持和发展人力资源管理系统是不可缺少的。

人力资源管理是所有管理者都必须从事的职能工作，但伴随着人力资源管理工作范围的扩大和复杂程度的增加，其中很多职责，如人员招募甄选、报酬管理等工作，需要由专门的部门来负责，人力资源部逐渐独立出来，并且地位日趋重要。人力资源部的工作人员要负责人力资源管理的日常行政工作和维持与发展组织系统的基础性或战略性工作，但是人力资源部门的工作人员除了对本部门的日常行政工作熟悉以外，对其他部门工作的了解往往是表面的。因此，必须通过工作分析来获取必要的信息，否则，人力资源部的工作有效性就缺乏基础性的保障。

此外，有效的工作分析也是支持人力资源管理合法性的必要工具。公平就业机会、同工同酬、公平考核、公平晋升等管理问题都可能引起法律纠纷，而客观的、有效的工作分析将给组织提供强有力的证据支持。

根据罗纳德·阿什（Ronald A. Ash）的研究，"工作分析仍将在人力资源管理的各项活动中扮演中心角色，这是毫无疑问的！"怀勒·卡塞欧（Wayne F. Cascio）也曾断言："工作分析对于人事专家而言，就像钳子对于管道修理工那样重要。"工作分析作为人力资源管理基础这一地位在以后不会动摇。

二、工作分析在中国

中国经济处于一个多元化的时期，虽然面临知识经济的挑战，但总体上还没有完成工业化的过程，而且这种转化并非短时期能够完成的。除了一些管理水平较为先进的企业之外，中国的企业管理还远未达到规范化、科学化的水平。西方发达国家在 20 世纪 70 年代把工作分析作为人力资源管理现代化的标志之一，而且即使是今天的美国，70% 的企业仍然一如既往地重视和运用工作分析。

工作分析除了对企业管理起基础的支持作用外，还具有其他一些社会意义，如培养职业化的工作人。工作分析所确定的工作职责和工作规范，是培养大量忠于职业并且具备特定职业素质的工作人的基础。对于我国来说，社会主义市场经济很不发达，社会分工程度不高，因而难以形成职业化的人群。工作分析的广泛应用将有力促进社会分工体系的合理发展，培养和造就职业化的人群，极大地推动生产力的发展和人民素质的提高。

中国各个地区各个行业发展水平差异巨大，各种类型、各种管理水平的企业同聚一堂，中国企业应该区分自己所处的不同阶段和选择现阶段下适应自身特定的管理方法，工作分析也是一样。从最简单的工作分析方法到最近的新发展方向，都有着广阔的应用空间。很多管理基础薄弱的企业需要从最基本的工作做起，应用工作分析的各种基本方法，构建管理平台，提高管理的规范化、科学化水平。有一定管理基础的企业可以开发利用现代工作分析系统方法，提高工作分析的效率。理论工作人员应加强对工作分析理论与方法的研究，研究开发属于中国人的工作分析系统，使工作分析的理论与方法中国化，更适合中国的管理文化和管理实践。

三、工作分析的未来发展趋势

如前所述，工作分析作为人力资源管理体系、组织和工作系统的基础性管理环节，在未来仍然有巨大的发展潜力和不可替代的重要性，尤其对中国而言，更是如此。然而，社会、商业环境和科学技术水平都在发生重大变化，这些变化在深刻影响着管理思想和管理实践，其对工作分析提出的挑战不容小觑。只有积极应对这些挑战，适应环境提出的新要求，工作分析才能持续保持强大的生命力。

未来的管理最突出的特点在于，至少一部分工作将越来越灵活，工作与工作之间的边界将更加模糊，更具动态性。学界对工作分析的批评往往来源于认为工作分析旨在增加工作之间的界限，而非减少这种界限（Drucker, 1987; Olian & Rynes, 1991; Young, 1992）。而一些观点认为，增加工作界限的原因不在于工作分析本身，而在于工作分析的目的，即狭隘的工作描述（Sanchez & Levine, 1999）。也有学者认为应该用团队工作分析取代传统的工作分析（Sanchez, 1994; Sanchez & Levine, 1999）。

社会、商业环境和科学技术的变化将为工作分析带来怎样的挑战？毫无疑问，首先，工作分析需要提供更多的工作相关信息，以使人力资源管理更好地为企业的成功做出贡献；其次，技术方面的变化为工作分析分析和更新信息带来新的机会。下面从描述项种类、信息来源、信息搜集的方法以及分析单位等方面剖析工作分析可能的发展。

（一）描述项

描述项是指在工作分析过程中关注的工作特征。通常，我们关注工作中人的特征以及对工作本身的描述。在工作变得越来越灵活、复杂、团队导向，并且与新技术相融合的时候，工作分析应该关注哪些特征才能抓住工作的本质？

1. 灵活性

未来的工作界限将在员工和管理者之间、不同专业领域之间，以及组织职能之间进一步缩小。员工的工作职责会经常发生变化，而工作分析要以各种方式应对这些变化。首先，可以把工作定义得尽量宽泛，包含员工在一段时期内可能接触到的所有工作职责。例如，为了减少员工的倦怠感，许多公司为员工提供工作轮换的机会。工作分析手册（美国劳工部，1972）建议把所有此类可轮换工作作为一个工作来看待，此工作有若干构成部分。这个方法除了要求一个更全面的观点外，不需要工作分析作出任何革新。

但是更可能的情况是，工作职责的变化不仅迅速，而且不可预测。这时，编写一份有意义的职位说明书几乎是不可能的。当然，一份工作中只有一部分工作职责有变化的可能，否则也是不现实的，例如，一个伐木工人不可能在短期内变为吹玻璃工，心理学家和生理学家之间也不可能轻易转换。但是，如果不能预测工作职责是什么，如何进行工作分析？

一个可能的解决方案是，把分析建立在职位本身所需的宽泛特征上，而不是某些工作职责所需的特定特征上（Cunningham，1996）。无论员工履行的具体职责是什么，这些宽泛特征都是重要的，如认真负责。从极端情况来看，在仅有某个职位的设置目的，但是完全不了解做哪些事情能够达成怎样的目的时，工作分析能做的就是关注一般性的工作特征和工作者特征。假设一份工作是以旅行代理人或者大巴司机的身份确保一个旅行团顺利地从湖南株洲到四川九寨沟，那么工作分析的任务就是找出旅行代理人或大巴司机需要具备什么素质以达成此目标。当然，在多数情况下，工作达成手段的信息并非完全缺乏，只是不够完整，此时工作分析仍可以一定程度上依照常规进行。

2. 性格特征

有一类描述项对于灵活性高的工作来说很有意义，即性格特征。最近，有研究开始将大五人格作为确定工作者性格要求的理论基础。大五人格理论把大量人格特征整合为五个维度，分别是经验开放性（好奇的、冒险的）、责任心（尽责的、遵从的）、外倾性（合群的、支配的）、宜人性（团队成员、合作的）以及情绪稳定性（焦虑的、消极的）。研究发现，艺术家需要较少的责任心；宜人性高的人能够更好地胜任团队工作；而情绪稳定性低的人不适宜做团队成员工作；经验开放性对于某些职位特别重要，如旅行代理人；而外倾性对销售类职位非常有用，等等。

雷马克、施米特和盖恩（Raymark，Schmit & Guion，1997）开发了职位的相关人格要求量表（PPRF），可以根据大五维度确定工作的人格特征要求。萨尔加多（Salgado，1999）开发了相似的工作分析系统"五维度描述"。尽管宽泛的人格特征如大五人格模型中的五个维度，尤其是责任感维度，已经被证明与工作绩效有一定的关联，但是仍然无法确认宽泛特征是工作绩效最有效的预测指标。另一方面，尽管实证数据缺乏，但是有理由相信根据工作和工作背景的不同，一些更加具体的特征更能有效预测绩效。也许在不久的将来，基于更集中化的人格特征的工作分析技术将问世。除此之外，一些其他的人格要素，如价值观、自尊和控制点也对工作分析有一定的启示。尤其当需要员工与组织相适应而不只是与工作相适应时，价值观的地位会进一步提高。

3. 胜任力

很明显受到普拉哈拉德和哈默尔（Prahalad & Hamel, 1990）关于企业核心竞争力的著作影响，胜任力模型正在业界日益流行。核心竞争力的思想关注那些构成企业（非个人）竞争优势的核心技能，而胜任力模型关注的是支持组织竞争优势的个人人格特征。这些特征具有宽泛的特征，而不是针对某些具体工作职责（Jackson & Schuler, 1990; Snow & Snell, 1992）。然而，学界对胜任力还未达成一致，有两类主流观点：第一种观点认为，胜任力是指与高绩效相联系的知识、技能、能力或特征（Mirabile, 1997）；第二种观点认为，胜任力是指那些达成工作目标所需的可测量工作习惯和个人技能的书面表达（Green, 1999）。在企业接受的咨询服务中，胜任力模型包括"结果驱动、计划、创新性"等（Shippmann et al., 2000）。

对于胜任力模型是比工作分析更优越还是胜任力模型其实是工作分析的另一种表达方式，学界一直在争论（Pearlman, 1997）。斯普曼等人（Shippmann et al., 2000）所做的研究中，向来自各个领域的专家发放问卷，以便系统了解工作分析和胜任力模型之间的差异和相似性。此研究的结论表明，在10个评价项中，除了"与企业目标和战略的联系性"一项之外，其他方面工作分析都比胜任力模型更优越。在"与企业目标和战略的联系性"方面，工作分析虽然可以搜集更详细的信息，但是却不能比胜任力模型更好地确定它所搜集的信息是否符合组织价值。而胜任力模型在证明所搜集的信息的价值方面，无疑做得更出色。

胜任力模型的建立通常需要较好地了解组织背景、战略和目标（Shippmann et al., 2000），而且，胜任力模型建立的结果可以很好地与组织期望的结果相联系。未来的工作分析应该试图取得相同的效果。

4. 人际关系

传统的工作分析没有在搜集人际关系信息方面作出努力。桑切斯和莱文（Sanchez & Levine, 1999）描述了一个例子，一个制药厂绩效的决定性因素之一在于生产主管与质检员的关系如何，而这种人际关系却没有反映在职责清单中。人际关系对于团队工作、服务行业以及需要与不同背景和文化的人一起工作的行业来说非常重要。两类描述项对于人际关系的要求分析有着很大作用，分别是人格特征和人际技能。可以用到的典型人格特征是宜人性、对他人需要的敏感性，以及偏好与他人一起工作。与他人相处的能力是另外一个着眼点，功能性工作分析（FJA）提供了一系列的与人相关的功能，如听取工作指示、交换信息、带来欢乐、教练、说服、给予指示、处理问题、监督、谈判以及辅导。这些描述项可以奠定技能要求的基础。除功能性工作分析外，还有其他提供人际描述项的工作分析方法（Peterson, Mumford, Borman, Jeanneret & Fleishman, 1999）。虽然这些描述项不能直接定义人际关系的质量，但是可以作为建立量表或其他判断工作人际需要的工具的基础。

5. 团队

团队由各个具有不同角色的团队成员组成，这些成员为有价值的团队工作成果承担共同的责任。例如，坦克团队通常由一个驾驶员、一个设计员和一个指挥者构成，他们工作的共同目标是消灭敌人并生存下来。在团队中，人际关系的重要性是排在首位的，因为团队成员彼此依赖来完成工作，人际关系的困难将为整个团队带来问题。本书在后面的章节将讨论到团队工作分析的方法，这种工作分析重点集中在团队成员间的相互依赖关系，以及他们对彼此角色的理解，即"共享心智模型"（Mathieu, Heffner, Goodwin, Salas & Cannon-Bowers, 2000; Rasker, Post & Schraagen, 2000）。

6. 顾客服务

好的顾客服务也取决于人际关系质量，这种质量难以在工作职责清单中体现。格罗路斯（Gronroos, 1982）提出了服务的功能质量，这种质量关注的是服务传递到顾客的方式、方法。工作分析感兴趣的特征包括服务导向或者使用策略和外交手段询问等技能。

7. 文化

面对日益激烈的全球竞争，企业向世界各个地方派出业务代表，管理者经常需要在其他国家工作。在美国，日益普及的团队工作意味着员工需要与不同背景和文化的同事共事。在这些情况下，如何与不同肤色、价值观和习俗的人相处是值得关注的问题。也许灵活性和经验开放性这些特征对于甄选能够适应这种工作环境的员工具有启示意义。例如，招聘到外国工作的员工，工作要求的描述项中应该包括了解当地文化一项，如权力距离等。

8. 角色

考察职位所承担的角色也是一个可能的工作分析发展方向（Jackson & Schuler, 1990）。着眼于角色比传统的工作分析方法更能鼓励人际活动和组织公民行为。角色是组织期待某个职位的任职者的特定行为模式（McCormick & Ilgen, 1985）。与行为准则相同，角色定义了在特定情况下受鼓励的行为和不受鼓励的行为。明茨伯格（Mintzberg）发现的管理者角色就是很好的例子，他描述了管理者的三类角色，并且把每一类角色划分为若干种特定角色，如表 1-8 所示。

表 1-8 角 色 分 类

角　　色	人际关系角色	信息传递角色	决策制定角色
划分的特定角色	● 挂名首脑 ● 领导者 ● 联络者	● 监听者 ● 传播者 ● 发言人	● 企业家 ● 混乱排除者 ● 资源分配者 ● 谈判者

尽管这些角色没有直接提供人际关系质量的描述项，但是它们与处理人际关系紧密相连，因此为工作分析新的组织形式提供了新方法。

另一个与明茨伯格（Mintzberg）的管理者角色理论类似的研究结果是赫西和布兰查德（Hersey & Blanchard, 1993）定义的团队过程角色。这一理论描述了团队中个人行为所代表的角色，对于理解团队和团队合作有重要作用。这些角色包括以下方面。

① 建立。通过定义问题、对分工提供建议以及建立框架结构帮助团队开始一项任务。这一角色通常包括设定目标、保持方向、防止努力方向的偏离。

② 说服。这一角色指对一系列活动进行说服，包括信息搜集、鼓励他人尽力投入，以及支持讨论过程中合理的异议。

③ 承诺。这一角色包括概述团队目前在任务上取得的进展，此角色的担任者将给予一系列行动方案让团队来决策，试图让每个人参与进来并且达成决策。

④ 参与。这一角色在于做一名好的听众，如鼓励他人发言等。这不一定指要完全同意他人的观点，而是对他人给予适当的关注。

这一理论与明茨伯格的理论在工作分析上有相同的应用。然而，赫西和布兰查德提供了每一种角色中体现出良好或较差绩效的行为描述项，这些描述项也许能够与人际互动质量有很好的联系。

9. 工作设计特征

坎皮恩（Campion，1994）认为工作设计的某些方面应该体现在未来的工作分析技术中。他的多方法工作设计问卷中包括了以下四类描述项：机械的、动机的、认知的以及生物的。举例来说，这些类别的描述项包括重复性、自主性、照明条件、生理忍受要求。坎皮恩（1994）指出，使用这些特征作为工作分析的一部分可以明确以下方面：① 甄选标准；② 招聘和甄选中的差异性；③ 工作变化的可能方向；④ 新工作的产生。

工作设计也可以用于提升系统信度。比如，一种称为差异分析的技术（Davis & Wacker，1988）可以用于找出制造过程中目标状态与实际状态之间的差距，从而对工作过程作出相应的改变，以及早地发现、纠正或者防止这些差距的产生。同样的逻辑可以应用于未来可能流行的项目团队身上。通过分析有问题的工作，项目组对于项目推进中可能产生的问题会有更清醒的认识，从而能够更好地防止问题产生或者更恰当地处理问题。

10. 任务之间的联系

传统的工作分析得到的结果通常是任务清单、任职者要求，或者两者兼有。在工作职责方面，每个职位形成一个金字塔结构，其中，职责在最顶层，由若干工作任务组成，而工作任务则由最底层的工作活动组成。在任职者要求方面，有若干"有能力做"和"有意愿做"的特征。除了对"时间研究"和"活动研究"的分析外，这些任务和特征之间的关联被忽略了。未来的工作分析方法很可能进一步揭示工作任务、任职者特征之间的联系。

11. 心智表现特征

使用脑力的工作逐渐超过了使用体力的劳动，这也导致工作越来越不可见。如提出假设就是无法观察到的工作内容。一种被称为认知活动分析的技术可以用来更好地理解脑力工作。这种技术试图找到脑力劳动者在工作中的心智表现特征，以及如何使用这些表现特征来达成工作目标。例如，一个比萨外送员脑中有一幅详尽的城市地图，可以帮助他在短时间内把比萨从餐馆送到顾客家中。

认知活动分析的一般形式要求主题专家（通常是在职者）提供工作中不同事物之间的关联性。工作分析家使用这些信息来表示所有活动之间的关联，然后得出一个构架，这个构架可以表示所研究的在职者的认知模式。比如，普林斯（Prince，1999）让飞行员把各种飞行问题按照其相似性归类。然后，使用一种多维度缩放比例的技术，经过分析之后发现了飞行员对飞行问题分类的依据，其中最重要的有提出解决方法的时间压力，以及是否需要其他人参与问题的解决。

认知活动分析不仅包括工作任务的分析，还包括对概念以及它们之间关系的分析。它对概念之间关系的描述通常基于联系性、临近性。这种方法也被称为认知地图（Seamster, Redding & Kaempf, 1997）。

12. 流程图和时间图

流程图显示了工作任务之间的联系信息，以及系统状态和决策点的信息。它的作用在于，显示如何完成工作以达成特定目标（Galloway，1994）。

13. 新量表

工作分析中经常使用的评级量表包括对职位的重要性、学习的难度、是否需要培训等。组织的注意力越来越集中在核心能力上，因此倾向于把非核心的组织职能外包。例如，一个公司可能雇佣另一个公司维护计算机系统和招聘员工。在未来的工作分析中，可能需要此类评级量表来考察工作职责影响核心功能的程度或工作职责可以外包的可行性（Sanchez & Levine, 1999）。同样道理，由于顾客服务日益成为组织最重要的目标之一，评价工作职责对顾客服务的影响的量表也可能出现。如前面"胜任力"一点中提到的，工作分析难以与组织战略相联系是现有工作分析方法的缺陷所在，而这些评级量表能弥补这一缺陷。

（二）信息来源

传统工作分析最常用的信息来源是在职者。尤其是职责清单，几乎全部由在职者提供信息。其他常用的信息来源是工作分析专家和在职者的直接主管，除此之外的主题专家极少用到。未来，在职者可能仍然是最常用的信息来源（Sanchez & Levine, 1999）。因为在职者最了解职位，可以提供高质量的职位信息。然而，其他信息来源在将来也可能获得更多的应用。

1. 顾客

服务在经济中日渐占据中心地位，员工与顾客或客户的关系也因此日渐重要。顾客可以提供工作如何设计以及工作绩效标准如何制定的有价值信息。顾客焦点群体可以为工作分析带来丰富的信息。除此之外，零售商还使用"神秘顾客"来了解顾客服务的真实情况。为神秘顾客提供服务的雇员不知道这些顾客也是公司的雇员；经培训的神秘顾客往往对他们所接受的服务进行系统观察。这种神秘顾客也是服务类岗位很好的信息来源。

外部和内部顾客都可以作为信息的来源（Bernardin，1992）。内部顾客是指公司内部那些使用其他职位的产出作为本职位投入的员工。比如，在汽车代理公司里，维修部的员工是配件部门（存储汽车配件的部门）的内部顾客。通过对工作流程的梳理，可以得到共同把一种或多种投入转化为产出的一系列职位，而这些职位不一定组成团队。然而，通过讨论流程的关键节点，这样的职位群可以提高工作质量。

2. 专家

在职者不一定能够对自身工作作出最佳判断。体力劳动者常常是最不容易抱怨工作劳累的人，可能因为他们已经作好了辛苦工作的准备；暴露在噪声环境下的生产工人也往往感觉不到噪声。再如，与培训者或教育专家相比，在职者本身可以对学习的难度作出更准确的判断。

除了专家外，可以组织专门小组提供工作分析所需的信息，这样会比大样本搜集信息更经济、省时。研究显示，这种专门小组提供的信息与大样本一样具有代表性（Ash, Levine, Higbee & Sistrunk, 1982）。然而，专门小组提供信息最后得到的工作分析结果是否与大样本得到的工作分析结果相同，以及专门小组的人口统计学特征是否会对工作分析结果造成影响等问题，还需要实证研究的进一步证明。

3. 计算机

在自然科学中，计算机常常用于预测情况变化带来的影响，如预测全球变暖情况下的气候变化模式。尽管人对于工作职责和职位情境的反应比自然科学的预测更为复杂，但是计算机模拟的员工反应模型可以很快出现，用于预测工作的变化可能引起的结果（Coovert, Craiger & Cannon Bowers, 1996）。因此，在可以预见的未来，计算机模拟模型也将成为工作分析数据的来源之一。

（三）搜集数据的方法

传统的工作分析常用的数据搜集方法包括观察、与在职者或专门小组面试以及问卷调查等。较少用到的方法包括工作日志、机械记录仪器，以及工作绩效记录。正如数据来源一样，这些常用的数据搜集方法还将继续使用。然而，受到技术进步的影响，一些新的数据搜集方法将会出现。

1. 计算机网络

计算机网络，尤其是因特网的广泛使用将对信息搜集产生广泛的影响。现在的纸笔问卷调查将日渐被网络操作代替，尤其是那些要求使用电脑的职位。计算机的使用，节省了打印和邮寄问卷的工作时间和费用。但是，它同样存在自身的问题，包括调查问卷的视觉效果差异（不同的机器上问卷的视觉效果不同）、如何保持回答者的匿名性，以及如何保证数据的完整性，如防止黑客攻击或非样本范围的回答者。因此，计算机化的问卷操作会受到信息质量问题的挑战。

网络也将改变专门小组会面的方式。面对面的交流不再是必需环节，专家小组可能更多采用在网络上视频会议等方式。随着技术进步，网络视频方式将越来越接近真实会面的效果，同时节省了大量的交通费用。

2. 电子绩效监控

虽然机械仪器在数据搜集中很少使用，但是将来计算机很可能成为数据搜集的日益重要的方法之一。就算在今天，卡车租赁公司已经可以利用计算机来跟踪卡车的速度、空闲时间甚至卡车的即时位置。如果某个职位的工作需要使用计算机，计算机本身就可以记录下鼠标的轨迹和每次点击。这样的功能完全可以实现对工作绩效的详尽分析。计算机可以用摄像头拍摄并传送计算机操作者的相片，以及搜集并存储工作绩效的大量信息。然而，计算机还无法理解它们记录下来的信息的意义。比如，计算机可以每隔60秒拍摄操作电脑的员工的照片以及记录下他正在操作的文件，然而它不可能辨认这个员工的身份以及他正在做什么工作。但是这些问题也将在不远的将来得到解决，这时，电子绩效监控系统的应用将迅速增长。

当然，电子绩效监控涉及道德问题。今天，服务热线全程记录已经很普遍，然而，这些情况都是在得到顾客同意时才发生的，顾客也有权利拒绝电话记录。大多数员工不愿意在工作时间被监视，如果在员工不知情的情况下监控其行为，可能引起员工的不满甚至愤怒。

3. 预测

在职位还不存在时，无法通过在职者的工作获得职位信息。在这种情况下，只能尽量预测职位的职责和任职资格等要素。方法之一是成立专门小组填写现有和将来工作职责的评级量表（Arvey, Salas & Gialluca, 1992; Sanchez & Fraser, 1994; Schneider & Konz, 1989）。然而，这种方法的信度和效度却无从得知。专门小组可能推测将来的职位是怎样，在自身特定的心理表征作用下填写评级量表。

另一个预测职位及其要求的方法是模拟。模拟的类型之一是假设性描述，即为专家提供有关信息，如人口统计学、社会、经济、政治以及技术的发展趋势，让其根据这些信息推测工作可能的状况。比如，空中交通管控正在因技术的提高而发生变化。从前的空中交通管制活动通过在控制塔中望向窗外完成，而现在多数转移到没有窗户的房间里，通过看着电脑屏幕来进行。在假设性描述过程中，专家需要想象他们在一个全新的、无窗的环境下从事空中交通管制工作，然后回答新工作有什么不同，以及这些变化如何改变沟通和信息处理过程。

（四）分析单位

工时研究使用基本动作作为最小的分析单位。基本动作在今天仍然重要，但是主要应用于机器人的工作分析中（Nof, 1988）。这种分析工作的工程学方法的哲学是"唯一的最好方法"。今天的趋势是从用手工作到用脑工作。工作越来越灵活，而分析单位的选择也越来越广泛。

如前所述，可能会有越来越宽泛的工作和工作者特征应用于工作分析中，如人格特征和胜任特征。但是，工作职责仍然占据非常重要的位置。没有工作职责和工作内容的支持，首先，建立在宽泛特征之上的工作系统无法经受法律的考验；其次，很难了解工作的本质，因此，工作分析提供的信息对于某些应用来说就失去了意义；最后，这会造成工作信息的缺乏，从而专门小组等为组织识别胜任力的群体难以很好地完成任务，也许工作效果还不如一个在工作场所亲自观察的人。

概念的接近性或联系性是相对新的分析单位。它主要作为员工的职位知识的代表。现在，还需要进一步的研究以了解如果利用联系性这种信息为招聘、培训、工作设计或其他人力资源实践提供指导。比如，联系性的信息可能对评估专业知识很有作用，因此可以作为培训标准、培训评价或者工作绩效标准的一部分。

（五）传播、存储和更新

工作分析完成时，一定会告知项目资助者，这就牵涉到工作分析信息的传播问题。工作分析的信息最基本的应用是作为对法律要求的应对，因此要得到必要的存储和更新。但是，工作分析也有其他的广泛用途。如果工作分析得到的信息可以与其他的相关信息方便地联系使用，将来的使用空间会更大。下面讨论了传播、存储和更新工作分析信息方面可能的发展方向。

1. 正式报告

传统工作分析的直接产出是一份正式报告，包括工作分析过程的描述（做了什么）以及对工作分析成果的描述。工作分析成果可能是职位描述、工作职责清单或能力以及相关量表的清单。这种报告在未来仍然会继续使用，因为对于工作分析过程的记录是如此重要，它保证了招聘与甄选、职位评价等大量人力资源实践的合法性和合理性，是面对劳资纠纷时的重要凭据。

2. 在线存储

随着以因特网和计算机数据库为标志的现代科技的发展，工作分析数据已经能够实现在线存储，以便用于多种目的。如 O * NET，一个包含大量工作信息，并且可以以多种方式使用的数据库。这种数据库的出现，使工作分析的数据可以以各种在搜集信息和开发阶段没有想到的方法得以应用。另外，数据库可以支持多种信息搜索方式，进一步方便使用者，如有的数据库提供关键词搜索、索引浏览和全文阅读等多种数据提取方式。

3. 关键的接收者

不管工作分析得到的信息是作为数据库存储还是以报告方式使用，最后都要到达项目资助者的手中。在项目资助者之外，工作分析信息不一定能够得到广泛传播。多数企业不愿意其他企业得到他们的信息。但是在一些情况下，工作分析可能在学术期刊或商业刊物上发表，这时工作分析的接受者就是广大的读者群。

4. 定期更新

如前面一再提到的，将来职位变化的速度会日益加快。工作分析不仅要按系统方法有序进行，更重要的是在工作分析数据建立之后，每隔一段特定时间就检查和更新一次，以避免数据陈旧和过时。

本章小结

在近一个世纪时间内，国外学者随着工作分析的发展给出了许多种定义。但总的来说，工作分析是工作信息提取的情报手段，通过工作分析提供有关工作的全面信息，以便对组织进行有效的管理。工作分析的关注对象是工作的输出特征、输入特征、转换特征与关联特征，信息来源包括职位分类资料、公司文件和人员信息，信息内容包括工作描述与任职资格分析，在任职资格分析中常用的有工作导向性工作分析系统和人员导向性的工作分析系统。工作分析的结果可以应用在方方面面，如员工就业、培训与员工发展、人力资源规划、绩效评估、工作评价与薪酬管理、职业生涯设计、工作设计、员工安全、组织结构设计、权限责任与操作关系确定、操作备忘录与劳动关系。

2 400多年前，苏格拉底认为每个人只能通过社会分工的方法从事自己力所能及的工作，才能为社会做出较大的贡献。这种思路为以后的工作分析的发展提供了方向。在18、19、20世纪，随着各个国家的重视，大量的工作分析被应用于减轻社会工作压力，使得工人更好地工作等方面。工作分析甚至在第一次世界大战和第二次世界大战中使用，得到了很大的推动。第二次世界大战以后，工作分析的理论和方法日趋成熟完善，工作分析作为人力资源管理基础的地位逐步确立。在这一阶段，出现了很多工作分析方法，如PAQ，FJA，JEM，TTA等。

如今社会、商业环境和科学技术水平都在发生重大变化，这些变化对工作分析提出的挑战不容小觑。只有积极应对挑战、适应环境提出的新要求，在我国使其理论工作分析与方法中国化，更适合中国的管理文化和管理实践，才能令其保持强大的生命力。

案例研究一

"数据处理操作监督员"工作描述

工作名称	工作地位	工作代码
数据处理操作监督员	法律豁免	012、168
填写日期	**企业/分支机构**	
20××年×月×日	奥林匹克有限公司——中心办公室	
填写人	**审核人**	
阿瑟·艾伦	加尼塔·蒙特哥维	
部门/事业部	**工资等级**	**薪点**
数据处理-系统部	12	736
直接主管名称	**工资范围**	
信息系统经理	14 800美元~20 720美元，平均17 760美元	

(续表)

工 作 概 要
指导所有的数据处理、进行数据控制及按要求进行数据准备

工 作 职 责
1. 接受广播指导 　（1）独立操作 　（2）按照每周、每月及每季度的日程向信息系统经理报告自己的活动 2. 甄选、培训及指导下属人员 　（1）在工作群体成员中培养合作与相互理解的精神 　（2）确保工作群体中的成员在机器、设备、系统、程序、数据处理的管理和方法等方面得到必要的特殊训练 　（3）对于生产方法的使用者进行培训，包括教育、说明、建议等，并指导与数据处理相关的有效信息的交流 3. 阅读分析各种指导材料和培训信息 　（1）用最新的观念和思想来适应不断变化的要求 　（2）根据组织的需要和要求来帮助设计或修改手册、程序、说明书等 　（3）在说明书的准备以及支持性硬件和软件的相关评估中提供帮助 4. 对于5~7个下属人员的工作安排进行计划、指导和控制，同信息系统的其他管理人员、专业人员、技术人员以及其他需要数据的部门管理人员协同工作 　（1）接受、解释、开发和发布从非常简单到非常复杂而且极具技术性的指导命令 　（2）制订并完成部门年度预算计划 5. 同代表着各个单位和组织的人进行接触和交流 　（1）通过口头或书面的指示和备忘录，同相关的各方进行个人间和非个人间的信息交流 　（2）参加当地数据处理领域专业组织的会议

资料来源：Sidney Gael, Job Analysis Handbook for Business, Industry and Government, John Wiley & Sons, 1988.

案例研究二

集团总部财务副总裁工作描述

职位名称	财务副总裁	所在部门	集团总部
职位编码	xz-001	编制日期	2018年5月2日
职位概要	负责集团财务方面的事务，为集团的正常运转提供有力的保障		

主 要 关 系	
关系性质	关系对象
直接上级	总裁
直接下级	财务部经理、法律事务部经理
内部沟通	集团总部其他副总裁
外部沟通	企业主管单位的财务部门，物价局、银行、国资局、税务局、财政厅、经贸委等单位，关联企业的财务部门

职 位 职 责
1　制度规范 1.1　主持制定集团公司的所有财务管理制度，提交总裁 1.2　审定财务实施细则，呈报总裁 1.3　审定财务表格的标准格式，呈报总裁 1.4　主持编制集团公司的内部法律事务管理制度，提出意见，提交总裁 1.5　审定合同的标准范本，呈报总裁

（续表）

2　财务规划 2.1　依据公司中长期规划，提供未来3~5年的财务规划（增股、配股、拆股等），提交总裁 2.2　拟定集团公司的经营计划和财务预算方针大纲，具体落实集团财务规划，并提交总裁 2.3　组织建立健全集团公司财务规划监控体系 2.4　提供集团公司资金运作建议，提交总裁
3　经营计划管理 3.1　依据公司发展战略和董事会确定的目标，审定经营计划指标，呈报总裁 3.2　主持编制集团年度经营计划，提供指导支持 3.3　审查集团公司年度经营计划，提出意见，提交总裁 3.4　审查集团公司的经营计划调整方案，提出意见，提交总裁 3.5　根据经营计划执行的信息，作出定夺和决策，提交总裁 3.6　主持对集团各下属机构经营计划的复核事宜，提出复核意见，提交总裁
4　财务预决算管理 4.1　审定集团公司预算方针的具体内容，呈报总裁 4.2　主持编制集团年度财务预算，提供指导和支持 4.3　审查集团公司年度财务预算，提出意见，提交总裁 4.4　审查财务预算调整方案，提出意见，提交总裁 4.5　监督指导财务决算事宜
5　资金管理 5.1　组织拟定公司总部和各下属机构的年度资金计划，提交总裁 5.2　审定下属机构月度资金收支计划和追加资金计划，呈报总裁 5.3　审查资金调拨方案，提出意见，提交总裁
6　信贷管理 6.1　制定集团公司融资规划，提交总裁 6.2　审批各下属机构贷款、抵押担保的申请报告，提出意见，呈报总裁
7　财务核算和分析 7.1　主持编制集团公司财务报表和分析报告，提交总裁 7.2　主持公司重大经营活动（投资、资产重组等活动）的可行性研究（财务和法律上），提出意见和建议，提交总裁
8　管理支持工作 8.1　制定和实施财务系统和法律系统的工作目标和计划，提交总裁 8.2　指导、分派、激励、考核下属部门的工作
9　其他工作 9.1　沟通政府财务关系 9.2　总裁交办的其他工作
基本职责绩效指标（KPI）
● 制度完备，切合实际　　　　　　　● 预决算管理符合国家规定，没有纰漏 ● 在资金上保证了企业的正常运转　　● 为企业经营决策提供了帮助 ● 财务工作没有发生重大问题　　　　● 下属部门的业绩
职位环境和条件
实行定时工作制 工作地点：集团总部办公室

案例研究三

某岗位任职资格 1

内　容	必　备　条　件	期　望　条　件
教育水平	1. 大学本科毕业（含同等学力），具备财务、经营计划相关专业知识 2. 熟悉财务会计和经济法律政策法规 3. 了解行业管理一般特点及相关业务知识	1. 硕士毕业 2. 具备中等的英语阅读水平、翻译水平
工作经验	具有8年以上工作经验 其中管理工作5年以上	熟悉公司规章制度、业务流程
特殊技能和能力	核心能力：外部沟通、分析判断、内部协调、发现问题 基本能力：领导、计划、信息管理	创新能力、良好的决断能力
个性品质	沉稳、具有较强的开拓精神、承受心理压力、责任心强、忠诚、协作精神、服务意识	对细小差错的敏锐洞察力、前卫的管理理念、巧妙的工作艺术和工作技巧
体格要求	身体健康	较强的生理心理承受能力

案例研究四

某岗位任职资格 2

内　容	必　要　条　件	期　望　条　件
学历及专业要求	财务管理大学本科以上学历	财务管理研究生学历
所需资格证书	高级会计师或高级经济师资格	
工作经验	从事过8年以上的财务管理工作	在医药生产企业从事过8年以上财务管理工作
知识要求	熟悉各项财务制度，熟悉金融和企业经营知识；了解国内外财务管理现状和发展趋势	熟悉有关法律和政策法规
技能要求	具备一定的英语和计算机水平	熟练的英语听说读写水平，熟练运用办公和财务管理软件
能力要求	较强的计划能力、组织领导能力、分析判断能力	人际沟通能力
个性要求	责任心、正直、忠诚、稳健、理智、严谨、敏锐、坚持原则、精干、严守机密	亲和力

思考题

1. 什么是工作？它与岗位和职位有什么不同？
2. 工作在组织中的价值是什么？
3. 工作分析的实践对管理意味着什么？
4. 什么是工作描述？工作描述包括哪些部分？

5. 工作描述可以应用在哪些管理活动中？

6. 什么是任职资格？包括哪些方面？

7. 现代社会对工作分析提出了什么新的挑战？

 课后练习

一、名词解释

工作分析　工作导向性的工作分析系统　人员导向性的工作分析系统　职位说明书　工作描述

二、单项选择题

1. 组织最基本且最小的结构单元是（　　）。

　　A. 职责　　　　B. 职能　　　　C. 工作　　　　D. 职位

2. （　　）是一种系统地搜集和分析与职务有关的各种信息的方法。它是人力资源管理最基本的工作之一。

　　A. 职务定位　　B. 工作调查　　C. 岗位设计　　D. 工作分析

3. 下列说法错误的是（　　）。

　　A. 工作分析是一个在组织中持续进行的组织行为

　　B. 工作分析仅以发挥人力资源的积极性为目的

　　C. 工作分析实质上是全面了解工作并提取有关工作全面信息的基础性管理活动

　　D. 工作分析具有战略管理的价值

4. 科学管理的理论基础是亚当·斯密提出的（　　）。

　　A. 工作专业化　B. 工作扩大化　C. 工作丰富化　D. 职能专业化

5. 工作说明书包括（　　）。

　　A. 工作描述和任职资格　　　　B. 工作描述和薪资水平

　　C. 工作规范和薪资水平　　　　D. 工作描述和工作规范

三、多项选择题

1. 以下对于工作的说法哪些是正确的？（　　）

　　A. 工作是组织最基本的结构单元　　B. 工作是组织最小的结构单元

　　C. 工作仅强调是劳动者的责任　　　D. 工作是同类职位的总称

　　E. 工作是人进入组织的中介

2. 工作分析关注的对象包括（　　）。

　　A. 工作的输入特征　　　　　　　B. 工作的输出特征

　　C. 工作的转换特征　　　　　　　D. 工作的关联特征

　　E. 工作的薪酬特征

3. 下列有关工作分析历史沿革的陈述中,哪些是正确的?(　　)
   A. 工作分析的思想始于古罗马奥古斯都大帝
   B. 18世纪百科全书撰写者狄德罗策划进行了第一次大规模的工作分析
   C. 科学管理理论在工业革命之后成为工作分析的一个巨大的推进力量
   D. 第一次世界大战期间《职业大词典》编制完成
   E. 20世纪70年代工作分析被人力资源管理专家视为人力资源管理最基本的职能之一

4. 在进行工作分析方法的学习与研究中,国内外学者常使用英文缩写简称,下列哪些是工作分析方法的英文缩写?(　　)
   A. JDE　　　　B. CIT　　　　C. PAQ　　　　D. UME
   E. FJA

5. 工作分析的信息内容包括(　　)部分。
   A. 工作描述　　B. 任职资格分析　　C. 招聘渠道　　D. 薪酬区间
   E. 保密性

四、判断题

1. 工作分析是薪酬设计的基础。(　　)
2. 工作说明书中任职人员资格条件的制定应就高不就低。(　　)
3. 工作描述包括工作标志、工作名称、工作概要、工作内容总结,以及为了达到工作目标所需的行为。(　　)
4. 常用的人员导向性工作分析系统包括PAQ、CIT、JEM、TTAS。(　　)
5. 为中高层准备的工作分析强调的是权责关系与工作间的相互关系。(　　)

五、简答题

1. 简述工作描述包括的内容。
2. 简述工作分析的应用方面,并针对其中一个方面进行具体说明。

第二章 工作分析在人力资源管理系统和工作系统中的地位与作用

第一节 工作分析在人力资源管理系统中的地位与作用

当我们以工作分析为基础完成了对岗位的工作描述之后，我们就已经建立起了整个人力资源管理的核心（见图2-1）。工作分析对于我们遵循一系列的法律和政府规范起到了相当重要的作用。虽然谁也没有要求雇主必须进行工作分析，即使法律也没作相关的要求，但有效的人力资源管理却从实际需要出发对雇主揭示了工作分析在整个人力资源管理系统中的基础性作用。

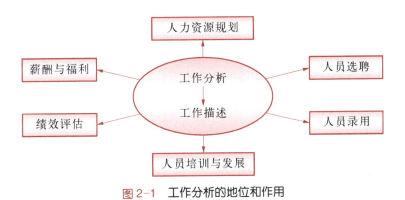

图2-1 工作分析的地位和作用

（1）**人力资源规划**。人力资源规划的一个核心过程是对现有工作进行一次盘点。目前所掌握的工作描述为我们进行内部岗位的盘点提供了基础、必要并且细致的信息，包括为什么组织需要这类岗位、工作岗位的内部汇报关系、目前岗位的数目以及岗位是否空缺等。工作分析所提供的信息同时也被认为是进行生产力分析和组织重组的一个重要考虑因素。

（2）**人员选聘和录用**。挑选合适的员工给予相应的岗位，这时就必须知道此类岗位所需要的知识、经验、技能等（KSAs）究竟应达到何种水平。因此，当一个零售店的经理要雇用一位职员时，他就必须清楚该职员一定要能搬运货箱、使用收款机以及进行会计记账等。

工作分析为我们进行工作描述提供了基础，以便让我们了解怎样以及在哪些地方可以获得合适的员工来填补职位空缺，无论是从内部进行招聘或是从外部进行甄选。我们要注意，内部进行晋升或是职务轮换也需要工作分析提供的信息来对员工进行判断并作出相应的决策。例如，一个电器制造厂的一份会计岗位工作分析表明，过去认为仅仅受过大学专业教育的人才有资格来承担此工作，现在已经可以由那些高中毕业但是经过几年实际工作经验训练过的人员来承担了。这样的结果可能是，目前会计岗位上的小职员虽然没有大学毕业文凭，但因为具备了几年相关工作经验，因此可以被提升到会计的更高岗位上去。这样的话，不仅可以节省成本，而且可以充分调动内部员工的工作积极性。

（3）**薪酬福利**。工作分析信息在薪酬决策过程中是非常有用的，承担高难度工作的员工理应获得更高的薪酬福利。因此，我们可以从工作分析上看到哪些工作承担更多的任务、更多的责任，对这些工作，我们就需要给予更多的工资。

（4）**培训和发展**。工作分析因为对该工作包含了哪些具体内容进行了定义，这样，当主管在向新员工介绍工作时，就不用费劲了。此外，从工作描述中所反映的信息可以帮助雇主来了解未来该工作岗位可能会发生哪些变化，这样他们就可以根据这种预见来安排培训，以便让员工为未来职业发展作好准备。

（5）**绩效评估**。我们把雇主所期望员工达成的目标和员工实际达成的目标进行比较就可以看出员工的绩效水平和实际能力。很多组织都遵循按业绩支付工资的原则，意味着工资反映的是该员工工作质量的好坏，而非其职位的高低。为了实施这种管理思路，以业绩为基础来进行比较是非常必要的。业绩标准给员工一个清晰的概念，就是在自己所从事的这一领域的工作范围内，自己所能获得的会是什么。越来越清晰和实际的绩效标准减少了员工在绩效评估过程中的沟通问题。

一、人力资源规划

在瞬息万变的工作环境中，一个适当的工作分析体系是至关重要的。新的工作不断产生，旧的工作需要重新设计，工作分析可帮助组织察觉环境正发生变化这一事实。工作分析中的数据实际上对人力资源管理的每一方面都有影响，但主要作用是在人力资源规划方面。仅仅认识到企业需要多少人是不够的，还需要清楚了解每项工作所需要的知识、技能和能力。显然，有效的人力资源规划必须考虑到这些工作要求。

人力资源规划（Human Resource Planning）是对人员在组织内部和流入、流出组织的行为进行预测并作出相应准备的过程。人力资源规划的目的是为了尽可能有效地配置人力资源，为实现组织目标服务。此外，人力资源规划的特定目标还包括预测人员的短缺和冗余；为妇女、少数民族、残障人员提供更多的就业机会等。

我们要注意的是，战略规划是先于人力资源规划的，因此，人力资源经理必须使人力资源规划和战略规划相吻合。战略规划是高层管理者用于确定企业目标及其实现途径的过程。经理层对于将人力资源规划纳入战略规划过程重要性的认识日益增强。实际上，人力资源规划就应该与组织战略相连。目前，很多组织都将人力资源规划列为战略规划的一个更为重要的内容。"实际上所有的经营问题都有人的因素，所有人力资源问题都有经营的因素。"许多杰出的公司，如默克、英特尔、施乐等，均没有区分人力资源规划和战略规划，计划周期是相同的，人力资源的问题都是企业管理内在固有的。在这种情况下，人力资源经理是战略规划过程中的重要角色，通常被视为创造组织未来的重要贡献者，这一意义在人力资源经理担任规划小组成员或委员会的负责人时显得尤为突出。一旦人力资源规划与战略规划存在这种相互激发驱动的结构，人力资源经理将会与其他高层经理共同作用于全面的战略规划。

最近一项对高层管理者的调查表明，改进质量和综合生产率的最好方法都直接与人力资源问题有关。激励、文化和教育被列为提高生产率的最好方法。对员工进行适当的激励；他们必须做好准备，适应现有的企业文化；他们必须接受适当的教育，以应付工作带来的挑战。这些以及其他人力资源问题是改进质量和生产率的关键。这一事实表明，将人力资源规划纳入企业战略规划是绝对必要的。

（一）人力资源规划模型

制定出组织的战略规划后，就可以着手人力资源规划了。战略规划要转化为定量与定性的人力资源规划。从图 2-2 中我们可以看出，人力资源规划有两项基本的内容需要完成，一个是需求，另一个是供给。人力资源需求预测就是根据能力水平和岗位要求确定所需员工的数量和类型。这些预测将反映各种因素，如生产计划和生产率的改变。为预测供给，人力资源经理既要注意内部资源（现有员工），也要注意外部资源（劳动力市场）。在分析了人员需求和供给之后，企业就可以确定它属于劳动力剩余，还是劳动力短缺。如

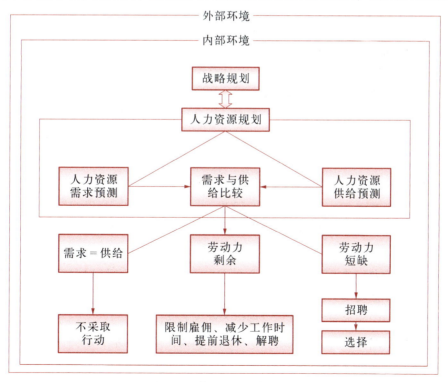

图 2-2　人力资源规划模型

果预测出劳动力剩余，就必须设法减少员工数。这些办法包括限制雇佣、减少工作时间、提前退休和解聘。如果预测出劳动力短缺，企业就必须从外部获得一定数量和质量的人员，需要招聘和选择。

由于外部和内部环境可能变化很快，所以人力资源规划必须是连续的，各种条件的改变可能会影响到整个企业，因此需要通过预测对原计划加以修改。总的计划使经理人员能够事先预计到条件的改变并有所准备，而人力资源规划允许在人力资源管理范围内具有一定的灵活性。过去十多年的事实已经证明，人力资源规划可以在劳动力减少的同时使由此引起的混乱减小到最低程度。

1. 对组织人力资源当前状况进行评价

组织管理层首先要对现有人力资源的状况作全面的考察，这通常可以通过开展人力资源调查的方式进行。调查表可开列姓名、最高学历、所受培训、以前就业、所说语种、能力和专长等栏目，发给组织中的每一个员工。此项调查能帮助管理层评价组织中现有的人才和技能。

当前评价的另一内容是工作分析。人力资源调查主要告诉管理层各个员工能做些什么，工作分析则具有更根本的意义，它定义了组织中的职务以及履行职务所需的行为。例如，一个人力资源培训主管的职责是什么？其工作取得合乎要求的绩效，最少需要具备什么样的知识、技能和能力？对培训主管与对培训专员的要求，有哪些异同？这些都是工作分析能给予回答的问题。工作分析将决定各项职务合适的人选，并最终形成工作说明书或者工作规范。

2. 对组织未来状况进行评价

未来人力资源的需求是由组织的目标和战略决定的。人力资源需求是组织的产品或服务需求状况的一种反映。基于对总营业额等相关指标的估计，管理层可能争取为达到这一营业规模而配备相应数量和结构的人力资源。在某些情况下，这种关系也可能相反，当一些特殊技能为必不可少又供应紧张时，现有符合要求的人力资源状况就会决定营业的规模。例如，某人力资源管理咨询公司就可能出现这种情况，它常发现经营机会远比自己所能处理的业务大得多。其扩大营业的唯一限制因素可能就是，该咨询公司能否雇用和配备具有满足特定客户要求资格的工作人员。不过，大多数情况之下是以组织总目标和基于此进行的营业规模预测作为主要依据，来确定组织的人力资源需求状况。

3. 人力资源需求的预测

在对现有的能力和未来的需要进行全面评估之后，管理层就可以测算出人力资源的短缺程度（在数量和质量两方面）。

预测通常是一门艺术而非科学，它提供不精确的估计而非绝对的结果。处于不断变化的环境中，组织通过运作对这一问题有所贡献。例如，预测的基础是估计产量和劳务需求量的变化，以及预测国家和地区经济的趋势。一家医院在考虑员工需求时必须预测内部在技术、组织、管理各方面的变化，同时，还必须与组织的财务状况相符。

当关注人力资源需求时，预测主要是数量性的。在大型组织中，通常由专家完成预测。数量预测可以借助于经验分析模型，尽管这种预测并不正式，如同让一个了解组织的人预测未来的人力资源需求，组织的需求最终由采用的技术决定。

（1）数量预测：可以由理论家和专业计划人员采用统计或数学技术进行。如趋势分析法可以通过对组织的指标分析员工需求。

（2）质量预测：与数量预测相比，质量预测不使用那么多的数据，而是试图调和组织在现在及未来对员工的个人兴趣、能力、进取心的需求。在对质量进行预测时，我们需要借助于工作分析。工作分析为我们确定了该岗位任职者所需要具备的基本的知识、技能、经验以及其他一些要求。根据工作分析所提供的信息，我们就可以很容易地获得明确的甄选标准，从而在质量的预测上获得清晰的判断基准。

人力资源规划应同时包括数量预测和质量预测。在两者的结合上，理论与实际共同作用，预测可以更完全。

4. 人力资源供给的预测

需求预测为组织的管理层提供了估计所需员工数量和质量的手段。但事物总是具有两面性的。有一个例子可以用来说明此道理。有一个企业预计在未来几年里某电子产品的需求将是长期的、大量的。资金已经到位，设备也已就绪，可是两年过去了，工厂还没开工。究其原因，是因为管理者犯了一个关键性的错误：他们研究了人力资源需求，但是没有研究人力资源供给。在当地劳动力市场上没有开办新工厂所需的足够的合格工人。工人们在开始新工作之前不得不接受全面的培训。

组织对人力的需求，即人力资源规划中对人力资源供给部分经常是难以满足的，这主要是由于缺少有技术的劳动力。因此，即使是在失业率较高的领域里，仍有可能发生这种情况。造成这种情况有两个原因：一是在招聘时缺乏远见；二是组织内部的退休、晋升和消耗会给整个人力资源的状况带来一些改变。其中后者引起的变化都是可以预见的，但如果组织缺乏持续的计划，就无法对这些变化作出及时反应。

人力资源规划成功的关键在于分析工作岗位的需求，然后确定与标准岗位性质相同的附属岗位，以便获得相关经验。因此，在对岗位做好分析界定之后，才能对此作出要求。我们需要了解岗位完成的任务、解决的问题、所需要的知识、经验和技能，以及对人员素质的要求，这样我们才能从人力资源供给中挑选出合适的人安排到合适的岗位上去。

因此，我们要对人力资源供给情况进行预测。通过分析劳动力过去的人数、组织结构以及人员流动、年龄变化和录用等资料，就可以预测出未来某个特定时刻的供给情况。预测的结果勾画出了组织现有人力资源状况以及未来在流动、退休、淘汰、升职及其他相关方面的发展变化情况。

5. 平衡供给与需求

人力资源规划应该保持预测技术与应用之间、需求与供给之间的适当平衡。需求的考虑建立在商业活动的预测趋势上，供给的考虑包括确定用恰当的方式找到合适的人选填补空缺。由于越来越多的工作需要高层次的培训，难以确定人选，所以在这一方面的规划越来越受到关注。

在我们平衡供给与需求的过程中，我们需要重点研究下列问题：

（1）在所预测的人力资源供需之间是否存在不平等？
（2）现有生产率发展趋势和报酬率对劳动力的水平和成本有什么影响？
（3）在某些工作岗位和年龄层是否存在流动问题？
（4）是否存在要废弃某些职业的问题？
（5）有无具有足够潜力的管理者符合未来的需求？
（6）是否存在关键能力短缺问题？

为了满足劳动力需求，组织有几种可能措施：招聘全职员工、让员工超时工作、返聘解雇员工、使用临时工等。然而，当人力资源规划显示员工冗余，组织可以通过解雇、临时解雇、共享工作、降职或依赖自然损耗（通过辞职、退休和死亡逐步减员）达到劳动力的平衡。最近几年里，提前退休已经成为众多组织常用的减少劳动力供给的措施。

二、人员选聘与录用

招聘、甄选和配置共同组成了整个招募过程，正是通过这个程序，人员得以进入组织。几乎每个商业组织都承认这项活动的重要性，他们宣称"人力是我们最重要的资产"。

在这部分中我们来看看招聘、甄选和配置诸活动间的关系以及工作分析在其中的应用。招聘、甄选和配置活动首先都需要输入工作分析数据才能开展，正是在这个意义上，它们彼此联系起来。除了工作样本测试，所有这三项同样需要将来自工作分析的信息转化为人力特性。这和其他种种活动是不同的，在那些活动中，工作分析数据是直接以任务、职责或工作行为的形式使用的。

很明显，招聘、甄选和配置诸活动并非在真空中发生的。这些招募过程往往与其他人力资源活动交互发生。商业组织可以选择尽力去雇佣几乎不可得到的或成本昂贵的劳力，也可以选择重新设计工作以使用现有的员工。在这里，我们将工作视为已知的，是界定好的。一个组织可能不得不进行决策，究竟是雇佣一个拥有特定职位所需技术的人员，还是在所需技术上培训人员。这样一来，培训决策就与招募活动相交互用了。

（一）人力特性的确认

工作分析的成果是许多其他程序以及与人力资源管理相关的方案的原始基础。对于诸如确认工作种类、进行工作评价和工作设计或是建立业绩评价体系等许多方案而言，工作分析数据能在其中起很大作用。然而对于招募过程的招聘、甄选和配置而言，却需要另外一项工作任务：职责和工作行为以及活动要转化为成功的业绩所需要的人力特性，也就是要确认恰当的技术和能力，因为招募过程应该建立于这些属性之上。这不是一项简单的工作。它在已有的研究中被描述成为"可推断跳跃"，即对工作描述中所列的工作职责推断所必要的 KSAs。实际上可以很有把握地说，这种连接性的一步——可推论跳跃——已成为所有招聘、甄选和配置研究中最棘手的事项。不同的认可技术（内容与感性的）、不同种类的工作（小时工与管理的工作）、不同的性质（有形技术与个性特点）可能或多或少需要推断，但这个问题的解决在甄选研究中是居于首位的。实际上有效化程序本身描述的正是这一点，即对确实能预示或促进成功的工作业绩的人力特性进行确认和衡量。因此，我们在此就要对及时推断性跳跃这个问题作一讲解，推断出的数据必须牢固建立于高质量数据或信息的基础上。

在这里可以对涉及的不同关系作些普遍性的陈述。某些工作分析的方法能够更加轻易地使工作分析数据转化为雇佣过程中所搜寻的特性。换句话说，在决定某一特定职位所需的 KSAs 时存在一种工作分析过程和招募过程的相互作用。

可以把工作分析数据分为任务导向与员工导向，另外的第三种，即特性导向的数据也得到了确认。为了获得有效的特性衡量，任务导向的数据要求有最大的可推断跳跃，而特性导向的方法则可能完全不需要推断。例如，可以对任务项目与特性项目的评价合起来进行要素分析，在这一阶段就完全不需要推断。而员工导向的方法中的数据就位于其中。除此之外，诸如个人特征或智力能力等抽象构念（Personal Conduct）被认为比诸如打字等的具体技术需要更大的推断跳跃，但那看起来更像是所用的工作分析技术的一种功能，而不是那些构念的任何内在方面。

配置活动一般需要的是关于一个人的最全面的 KSAs，而招聘和甄选活动却都需要确认与某工作或某一类工作更紧密相关的 KSAs。

在甄选中，与工作内容有关的条件可以直接提供雇佣数据，而如果是与某一构念或某种标准相关的内容，则需要通过一定程度的推断才可以得到雇佣数据，也可能需要有更详尽的文件来解释合适的雇佣标准。

我们现在实际工作中的做法是，让管理者、在职工作人员和工作分析专家一起讨论，来决定什么是一项工作所需的技术与特性。

一个企业可以使用直接的方法用一组人员来界定所需要的 KSAs，即以一组标准化的综合的清单开始并且让一组成员来评估工作和他们的相关性——这种方法可能是最好的，这个过程有三个优势：

（1）以前人研究为基础的构念被包括在其中；

（2）这组成员用同样的术语，因此能够得到对特性更好的确认和理解；

（3）这组成员能够更容易地单独评估不同的工作维度所需要的能力要求。

在任务或工作活动这一层面上，因为有一个对获得任务叙述标准方法的这种需求，所以我们可以从一项探索性研究得到的数据和另一项研究得到的数据进行比较。有一些结构化的工具很不错——工作分析问卷（PAQ）就是其中之一。PAQ 被描述为一个结构性的工作分析问卷，它能被直接用于确立各种工作所需的资质；而且能减少纯经验的测验效度步骤。如果PAQ更广泛地被应用，就可以得到客观的标准工作活动清单，因此我们可以期待大规模的"工作匹配"程序的开发。

（二）人员招聘

近来各种各样的发展，包括政府规定，已经导致了管理者对招聘活动的兴趣日益增加。经济条件、成本下降的需求、各种项目的成本效率、外加培训和发展，这种活动迫使管理者把更多的注意力集中在人力资源招聘活动中。

随着对招聘的更多关注，人们更加意识到工作分析数据对招聘工作有效性的重要作用，出现了诸如比较价值、替代计划、职业生涯设计和战略发展计划等重要问题。这些问题有助于对工作分析数据与招聘之间的联系作更深入的了解。

招聘在整个过程中扮演着比想象中更重要的角色。有意思的是，有些作者在专业文献中写道，通过工作分析所得到的员工特性的有用性成为招募过程的一部分，它只有通过测试和其他筛选手段才能测出。实际上，大量的挑选通过时间测试的存在而完成。如果已经制定出精确的工作说明书，这些测试程序就能验证岗位说明书的准确性及是否能录用到合适人选。工作说明书是按实际情况制作而成的，我们可以以工作说明书为基础，挑选出符合逻辑的测试予以应用。在实践中，虽然工作说明书和测试都依赖于同样的工作分析和数据，但是工作说明书的鉴定独立于测试程序。然而，设计工作说明书和正式的测试程序都是为了做同一种事情，也就是找到符合说明书要求的能够成功完成这份工作的人。工作说明书在另一方面影响招聘工作的有效性：严格制定工作说明书的招聘人可以犹如有效的测试一样，鉴别理想的职位候选人。

显然，为了知道招聘多少及什么类型的人，招聘者需要知道成功完成这些工作需要什么样的工作说明书。看起来，更多的人只是口头支持这个观点而没有运用于实践。人们对工作说明书的准确性和有效性的研究是极少的。

从工作分析数据到岗位说明书是一个推断性跳跃，这点前面已谈到过。一系列的事项开始于工作分析，这些分析数据形成了岗位描述，接下来岗位描述又用于形成岗位说明书。岗位说明书描述了成功完成所列工作职责所需要的素质特征，并表明要招聘什么类型的人，最后，是能有效地完成该岗位的任职者应具备的能力。有意思的是在大多数专业心理学著作中，任职者的特征被称为KSAs或岗位要求，而在商业著作中被称为"工作说明书"。它有时范围外延，不仅包括KSAs，也包括受教育状况（包括教育和类型）、工作经历及身体要求。

岗位要求是对特定岗位进行公开招聘时对应聘者正式认定的标准。绝大多数商业组织，无论大小，现在都在运用某一类型的岗位要求。

当前，特别是在较大公司里，常常涉及招聘名额问题。岗位名额就是将来岗位需要汇总的清单。这一清单用以指导和帮助制定预备性招聘特定岗位需求人员的措施。诸如信息发布、高校面试等公关活动。

合适的招聘技术依赖于工作说明书的实际情况。招聘人员需要这些信息用以鉴别满足需求的潜在人员，然后接近并联系这些人员。工作说明书通常至少在准备小册子和其他公关活动中必不可少。

（三）人员甄选

鉴于招聘鼓励人们向企业求职，那么甄选过程的目的就是辨别并雇佣条件最适合特定岗位要求的人。企业的招聘工作对甄选过程质量影响很大。

工作分析数据在甄选决策中的应用主要包括计算、推断雇员成功完成工作所需的资格，并对求职者的这种资格进行准确可靠的测量。

管理学大师彼得·德鲁克曾说过："没有其他决策后果会持续作用这么久或这么难作出。但是总体来说，经理们所作的提升和职员配备决策并不理想。按照一般的说法，平均成功率不大于0.333。"如果一个企业雇用了太多平庸的或较差的人，那么即使有完善的计划、合理的结构和协调的控制系统，企业也不会获得长期成功。这些组织的各种要素不会自动发挥作用。为确保组织目标的实现，必须有能够胜任各项工作的人员。

为使决策有一定的基础，那些对决策负有责任的人必须拥有合适的信息，如关于工作岗位空缺的信息、对岗位空缺与申请者比例的了解，以及掌握尽可能多的关于申请者的信息有助于作出好的决策。

前面章节我们提到了工作规范和工作说明书。工作规范能很好地帮助辨别个人的能力，即员工成功所需的知识、技术能力及其他产生优秀表现的因素。通过工作分析进行个人能力辨别，经理们可以挑选诸如面试、推荐人、心理测试及其他相似的方法来衡量应聘者的KSAs能力，并将其能力与工作所要求的及企业所需的能力进行对比。研究表明，全面而清晰的工作能力说明（对工作分析而言）可以减少性别等陈规老套的影响，以帮助面试者区分合格和不合格的应聘者。

经理们一般都应知道他们各部门的工作所需的有关技术、体力要求及其他条件，面试官及参与挑选的人力资源部门的其他人员应与各部门保持紧密的联系，这样他们可以彻底地熟悉各种岗位及从事这些岗位所需的能力。

（四）人员配置

人员配置是指将招聘甄选上来的人员配置到组织合适的岗位上。从工作分析中得出的信息对于将合适的人员配置到合适的岗位起了重要作用。

一个组织的政策至少在基本上决定了是否紧接着应有一个挑选政策（为给定的工作找到合适的人）或一个配置系统（为一个确定的人找到适宜的岗位）。除了日常的定向选择活动外，配置方法可能包括分享工作方式、创造或重建工作岗位、为更高级工作提供咨询人员匹配兴趣和能力测试，以及使员工对感兴趣的工作空缺知悉而增加沟通。

好的配置政策要求对基于工作分析数据所需要的人员特性作出正确的推断；配置决策要求对许多不同工作所需的人员特性有广泛的认识。这需要对申请人的多种KSAs测量相比较。

充分利用每个个体的全部能力，这作为一个配置目标似乎是需要的，但是有种种不能在实践中达到的目标，其原因有：① 工作要求招募者能否寻找到候选人以及人们能否雇佣进入一个组织，只有他们被授权如此做且这样做是有经济意义时才能达到目标。② 工作说明，即使一项招募有好几个确定的工作要求，在单个申请人身上花费时间和精力也是颇费脑筋的，他必须记住几个不同工作的具体特征，同时对申请人进行一系列的资格测验，然后试着使两者匹配，雇佣委员和招募者处于极大的时间压力下。同样，一个招募者可能仅对一个功能领域或一个大组织的一个单元的空缺填补负责。③ 有效性要求。大多数的努力都由一系列的甄选决策构成。在这里测试可能被用于挑选过程，政府法规要求挑选说明对于被接受者或被拒绝的申请人而言，每个工作都是有效的。理论上这是可行的，并且实际上不是很困难，尤其在一般性效度下。但在实践中，对于许多不同工作来说，这么做几乎是不可能的，并且对组织来说显然不是成本有效的。在一个确定的组织中，对于许多工作所需要的人员特性描述，甚至比对这些工作进行很好的工作描述都更加不可能。④ 劳动力市场。当劳动力在总体上是稀缺的时候，对一个组织来说，强调配置相对来说就更加有利。对许多工作来说，由于存在高失业率和大量的申请人，组织发现他们在填补许多职位空缺时所强调的挑选是其竞争优势，大多数预测都不能预见在接下来的十年中存在总体的劳动力短缺。

三、培训方案设计

员工培训是指通过一定的科学方法，促使员工在知识、技能、能力和态度四个方面的行为方式得到提高，以保证员工能够按照预期的标准或水平完成所承担的或将要承担的工作和任务。

培训在当今的各类组织中变得日益重要。一般来说，各类机构大多是在能力上竞争的——所谓能力就是综合了超越其他竞争者的知识与专业才能的核心力量。培训在培育与加强能力的过程中扮演了核心角色，就此而言，其已演变为战略实施的重要一环。进一步而言，飞速革新的技术要求员工不断增长自己的知识、技能和能力，从而适应新的流程和系统。培训的重要性可以从以下几点得以体现：

（1）培训能够使员工更加认同组织文化，更加清楚组织目标；

（2）培训能使员工加深对岗位要求的理解，提高员工分析问题和解决问题的能力和专业技术水平，减少工作失误和事故；

（3）培训可以提高企业开发与研制新产品的能力；

（4）当培训产生效果时，就可以减少管理成本，使管理者脱身出来考虑全局性的问题，而不是为下属查漏补缺；

（5）当企业要推行管理变革时，培训是极其有效地促进观念转变的方法，同时也为员工适应企业变革的需要作好技能上的准备；

（6）培训具有激励作用，有利于提高员工的工作积极性，增强员工的归属感和成就欲。

根据报道，美国商业界每年对正式培训的投资超过 520 亿美元。将近 5 000 万个人接受其雇主提供的正式培训，每人每年接受培训的平均时间超过 30 个小时，其中销售人员接受正式培训的时间超过其他部门。在这些企业中，尤以摩托罗拉（Motorola）、联邦快递（Federal Express）和康宁（Corning）公司为代表，这些公司成为安排 3%以上在职员工进行培训的典范。摩托罗拉总裁曾说过，"在你购买一台设备时，你会留一部分钱用于维护。难道对人来说不也是这样吗？"

为了确保在培训上的投入能最大限度地影响个人与组织的绩效，应该遵循并采用完备的培训系统方法。这一系统方法包含了以下几个步骤（见图 2-3）：

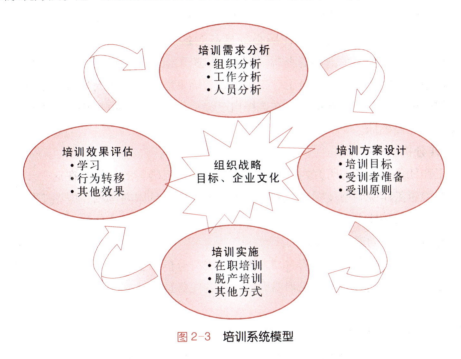

图 2-3　培训系统模型

（1）培训需求分析；

（2）培训方案设计；

（3）培训实施；

（4）培训效果评估。

其中，工作分析发挥基础性作用的环节，就在培训需求分析阶段。

培训需求分析，笼统地讲，即为帮助企业员工解决现存问题及帮助企业员工弥补为实现组织发展目标所存在的不足之处而进行的分析；具体地讲，即为解决企业培训工作的"5W"和"2H"而进行的分析，即谁需要培训（who）、为什么要培训（why）、需要培训什么（what）、何时进行培训（when）、何地进行培训（where）、如何培训（how），以及对多少人进行培训（how many）。

当工人们经常不能达成生产率目标,这可能就是需要培训的预兆。与此类似,如果机构收到过多的客户投诉,也许意味着员工所受培训量不足。为确保培训的及时性,并注重优先顺序,管理者们可以通过以下三个不同类型的分析来展开培训需求的分析,即组织分析、工作分析和人员分析。

1. 组织分析

组织需求分析的第一步是辨识影响培训需求的众多因素。组织分析即对环境、战略和组织等资源进行检查,以确定培训的重点。

了解培训需求分析的因素往往是从思考组织的战略发展的角度出发的。例如,合并与兼并一般要求员工们扮演新的角色,承担新的职责,适应新的企业文化和开展业务的方式。还有一些情况则包括技术的革新、全球化、企业再造和全面质量管理,上述因素都影响到工作方式的改变,以及完成工作所必须具备的各项技能。再有一些因素可能更策略化,但同样对培训需求产生重要的影响。例如,机构重组、规模缩减、权力下放和团队合作会立即产生培训需求。最后,员工自身也影响着培训需求。现在大多数员工都非常重视企业能否进行培训,很多大学毕业生在选择自己第一份职业时,也是将企业提供的培训机会作为重要的选择指标。

2. 工作分析

以对工作任务和义务的研究为基础,来确定培训项目内容的过程。在这一步里,我们的任务是要检查工作说明书及要求,发现从事某项工作的具体内容和完成该工作所需具备的各项知识、技能和能力。

工作分析一般分为五个步骤。

(1)根据组织战略发展目标的需要来确定需进行分析的工作。

(2)根据该工作岗位的工作说明书列出基本的任务及完成这些任务所需技能、知识的清单。

(3)列出员工完成每一项工作任务的具体步骤。

(4)根据内外部环境的变化来再次确认工作任务和所需技能:

① 可对员工的工作过程进行反复观察,特别是操作性、重复性较强的工作,以确认工作说明书中的工作任务、工作技能要求是否符合实际;

② 与有经验的雇员及部门主管进行访谈和观察,以对工作任务和所需技能进行进一步确认;

③ 对同行业发展情况进行相关资料搜集和整理,以便确定最新的技术、生产动态,根据情况调整现有的工作说明书。

(5)为该工作岗位制定针对培训需求分析的任务分析表,包括已经量化的指标,最终可以形成一些调查表,如业绩考核指标培训需求调查表(见表2-1)、具体能力培训项目调查表(见表2-2)、任职资格培训信息调查表(见表2-3)等,通过让员工填写这些表可以收集到用于培训的有用资料。

第二章 工作分析在人力资源管理系统和工作系统中的地位与作用

表 2-1　业绩考核指标培训需求调查表

姓名_____　部门_____　职位_____　填表日期_____

请在任何您认为符合目前培训需求的地方做标记

项目	细目	培训需求程度			培训时间建议		参加人员			培训方式建议				其他
		一般需要	需要	很需要	开始时间	结束时间	自愿参加	指定人员参加	部门全体员工	在岗培训	脱产培训	内部培训	外部培训	

在此，向您对以上问题的回答表示感谢。您回答中的相关信息我们将绝对保密，仅用于培训需求分析

表 2-2　具体能力培训项目调查表

姓名_____　部门_____　职位_____　填表日期_____

请在任何您认为符合目前培训需求的地方做标记

项目	细目	培训需求程度			培训时间建议		参加人员			培训方式建议				其他
		一般需要	需要	很需要	开始时间	结束时间	自愿参加	指定人员参加	部门全体员工	在岗培训	脱产培训	内部培训	外部培训	
基本技能														

（续表）

姓名_____ 部门_____ 职位_____ 填表日期_____

项目	细目	培训需求程度			培训时间建议		参加人员			培训方式建议				其他
		一般需要	需要	很需要	开始时间	结束时间	自愿参加	指定人员参加	部门全体员工	在岗培训	脱产培训	内部培训	外部培训	
管理能力开发														
具体知识能力补充														
工作态度														

请在任何您认为符合目前培训需求的地方做标记

在此，向您对以上问题的回答表示感谢。您回答中的相关信息我们将绝对保密，仅用于培训需求分析

附：各项目参考项

基本技能

学习技巧、创造力、应变能力、环境适应能力、逻辑推理能力、书面表达能力、口头表达能力、综合抽象能力、分析判断力、社交能力

第二章 工作分析在人力资源管理系统和工作系统中的地位与作用

管理能力开发

> 沟通技能、计划技能、组织技能、领导技能、控制技能、决策技能、激励技能、时间管理技能、会议组织技能、目标管理技能、授权技能、敏感性管理技能、指导和培训技能、项目管理与组织技能、倾听技能、团队建设技能、信任建设技能、谈判技能、委托技能、冲突处理技能、讲演技能、群体创造性能力、问题分析能力、管理变更技能、协调技能

具体知识能力补充

> 营销技能、资金管理能力、资产运作能力、市场分析能力、外贸知识、战略研究能力、投资分析能力、金融证券知识、公关能力、广告宣传技能、信息搜集处理能力、计算机网络知识、计算机软件使用、计算机硬件知识、计算机维护知识、生产计划调度知识、质量体系知识、制造工艺知识、采购管理知识、设备管理知识

工作态度

> 工作积极性、责任感、忍耐力、成就动机、热情、自信心、自控力、自我良好感、进取心

注：上述各项目参考项可以为制订表格细目提供参考，也可以自行添加。

表2-3　任职资格培训信息调查表

姓名_____　部门_____　职位_____　填表日期_____

请在任何您认为符合目前培训需求的地方作出标记

项目	细目	培训需求程度			培训时间建议		参加人员			培训方式建议				其他
		一般需要	需要	很需要	开始时间	结束时间	自愿参加	指定人员参加	部门全体员工	在岗培训	脱产培训	内部培训	外部培训	
知识要求														
经验要求														
能力要求														

在此，向您对以上问题的回答表示感谢。您回答中的相关信息我们将绝对保密，仅用于培训需求分析

3. 人员分析

人员分析即从员工个人角度出发，对培训需求作出分析，其结果是决定谁应该接受培训和他们需要什么培训。人员分析在内容上可分为两个层次：首先是要通过业绩评估等系列方法来判断员工业绩差距的原因，是培训需求还是管理需求；其次是判定其是否愿意接受培训。

人员分析非常重要。首先，全面的分析可以避免组织派遣那些根本不需要培训的员工去参加培训。其次，人员分析可以帮助管理者们了解受训者在参加培训之前的长处，从而在课程设计时加强他们欠缺的地方。

四、绩效评价

员工的绩效是员工外显的行为表现，这种行为表现受很多因素的影响。有的因素是深层次的，有些因素则比较直接。一般来说，影响人的工作绩效的内在因素有以下这些细目：

（1）影响行为的内在动力；
（2）管理者的价值观；
（3）组织理念；
（4）组织使命与目标；
（5）工作的目标与职能；
（6）工作描述。

处于最深层的是人的内在动力因素，其次是价值观、哲学等观念和意识层面的东西。一个组织的观念决定了组织的使命和目标，而这些目标又被分解成各个工作岗位上的目标，这些具体目标又决定了该岗位工作描述的具体内容。处于最外层的工作描述是直接影响行为绩效的因素。

因此，要想进行有效的绩效管理，必须首先有清晰的工作描述信息。

要完成对员工绩效结果的评价，必须设立评价的基础，而这一基础就是关于工作岗位的工作分析与职位描述（见图2-4）。

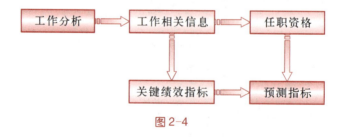

图2-4

1. 进行工作分析

通过系统的方法搜集有关工作的各种信息，明确组织中各个职位的工作目标、职责和任务、权限，工作中与组织内外的关联关系，以及对任职者的要求等。

通过工作分析，可以使各个职位的工作职责清晰化，这样员工之间就不会互相推卸责任；责任越清晰，员工的工作绩效就越能得到保证，而员工绩效的评价就越能有据可依。工作分析是一项对事物进行分解的活动。分解就是将事物拆分成各个组成部分，同时研究这些组成部分是怎样构成整体的。因此，工作分析不仅仅关注构成整体的各个组成部分，即各个职位，同时关注各个职位之间不断变化的关系。通过工作分析对职位的有关信息进行描述，不但可以为绩效管理提供基础，还可以为人力资源管理工作中很多方面提供帮助。

2. 搜集工作相关信息

为了进行绩效管理而对工作岗位的相关信息进行搜集，不仅仅要关注于工作职责和任务，还要关注这些工作的产出和输出方向。因此，在搜集工作相关信息时，有几点是需要注意的。

（1）准确使用相应的动词来描述工作任务：有时，同样是一件事情，参与者不同，所拥有的权限不同，则适合的动词也不一样。比如招聘员工一事，业务部门提出招聘需求，人力资源经理拟订招聘计划，公司老总审核通过，招聘专员和招聘主管再具体安排招聘流程。这样，不同的任务都需要用不同的词来进行描述。

（2）注意对流程的分析：流程的理清能为我们提供一个工作任务进行的合理正确顺序，如果流程一塌糊涂，工作则很难开展。不可能在还未起草文件的时候就有了审核文件一说，资料还未收集也就不可能起草一份很好的报告。任何事情都是一步一步进行的，流程就是要为我们提供一个事情进行的顺序，让员工能合理开展工作，提高效率，保证质量。

3. 任职资格

工作的相关信息为我们提出了对员工知识、经验、技能以及其他方面的要求，任职资格的形成就是看哪一类人适合担任哪一类工作，保证合适的人被安排到合适的岗位上去。

4. 关键绩效指标

将每一个岗位上所有的工作信息都收集到了之后，结合组织的战略目标和每个岗位的具体目标，管理者就可以确定该岗位的关键绩效指标是哪些了，这就为我们对员工的绩效进行评估提供了可靠依据，员工应该围绕哪些关键指标来改进自己的绩效；也让员工自己明白究竟哪些任务是最重要的，哪些任务是要被考核的，应该把哪些任务放在最重要的位置上来完成。

5. 预测指标

绩效考核的标准也可以反过来成为预测员工的指标，根据现有员工的表现和所设立的关键绩效考核指标，可以确立一些指标作为招聘测试、面试和其他考试的考点。

五、薪酬管理与工作评价

薪酬体系是组织的人力资源管理整个系统的一个子系统。它向员工传达了在组织中什么是有价值的，并且建立了向员工支付报酬的政策和程序。一个设计良好的薪酬体系直接与组织的战略规划相联系，从而使员工能够把他们的努力和行为集中到帮助组织在市场中竞争和生存的方向上去。

对于大部分雇员来说，基本工资（Base Pay）是最重要的薪酬组成部分，与员工的生活方式息息相关，并且是薪酬的其他组成部分的重要参考。另外，基本工资是员工用于进行自我价值实现判断的重要依据。

对于以职位作为基本薪酬确定基准的薪酬体系来说，其核心工作是对职位本身价值及其对组织贡献度的大小进行评价，然后再根据这种评价以及外部劳动力市场的薪酬状况来确定应当对不同的职位支付的薪酬水平高低，而能够帮助企业确定不同职位在企业中的重要性高低的技术就是工作评价。所谓工作评价，就是指系统地确定职位之间的相对价值，从而为组织建立一个职位结构的过程，它是以工作内容、技能要求、对组织的贡献、组织文化以及外部市场等为综合依据的。不仅如此，工作评价计划实际上还是一个有力的沟通和管理工具，它实际上是告诉员工：组织的治理结构是怎样的，承担不同工作的员工对于组织的成功所扮演的角色有何不同。

工作评价的基础就是通过工作分析得出的基础性信息，由此，工作分析是确定职位相对价值并有效进行薪酬管理的重要基石。

第二节 工作分析在工作系统中的地位和作用

一、工作分析与工作产出的量度和员工激励

工作分析不仅涉及与工作直接相关的职责与资格问题，而且影响对工作结果的量度和员工激励问题。工作产出的量度与员工激励常常被认为是一个机械过程，就像计件工资是根据产出的量来确定你得到的量。销售人员的激励就像是计件工资：卖出去越多产品，你的收入也会越多。但是激励不仅仅是计件工资的一种形式，这里有一些公司的管理政策指导下的薪酬制度范例。在这里，激励被认为是一种基本的管理哲学：传统工作的产出量度与激励以及人员导向的产出量度与激励。下面我们先对这两者作总体上的把握，然后再分别详细描述。

（1）**传统工作的产出量度**[①]**与激励**[②]。管理人员承担所有与决策和操作相关的责任，不从员工那里寻求产品的改进。管理人员依靠人事专家、工程师、机械师来使工作更有效率。雇主与雇员之间常常是对立关系。

① 管理人员认为，员工完成一天规定的（公平的）产量就应该得到规定的（公平的）

---

① 传统工作的量度：数量与质量标准由管理人员根据工作流程确定，在规定时间内完成规定的量是"正常"行为。
② 传统工作的激励：个人与小团队的以完成工作量的时间为标准的激励手段，常常是"一对一"的，其中一个简单例子就是计件工作。

薪水，管理人员单方面承担提供工作效率和产量的工作，而不进行财务奖励。

② 财务奖励被用在奖励每天的超额产量。管理人员提供工作效率的责任，其中不包括雇员的增产努力。

③ 利润分享被很多公司采纳，渐渐地它成为鼓励与公司形成共同的利益的动力。

（2）**人员导向的产出量度与激励**。员工被鼓励与管理人员一起合作来提高产出，提供改进意见，参与为提高产出进行的努力。管理人员鼓励减少雇主与雇员之间的对立程度。

① 给雇员提供非财务奖励动机，重点集中在工作生活的质量、质量循环、生产率提高团队与其他相关的努力上。

② 设计出生产率分享或者获利分享①，使同公司或部门的员工参与到生产率提高中来。

在实践中，许多公司都采用传统工作的产出量度与激励手段，而人员导向的产出量度与激励逐渐增多，被管理人员用于改善雇主与雇员之间的关系从而提高产出效率。但是，后者的比例还是比较小。

（一）传统工作的产出量度与激励

1. 传统管理

在整个西方世界，管理都是建立在"传统管理"的基础上的，其特征是雇主与雇员的对立。经验告诉我们，不仅在营利性组织中是这样，在非营利组织中也是这样。

传统的管理识别这种对立的关系，并表现为管理原理和时间都将生产率的提高责任放在了管理人员的身上，而并非分享责任。有这样一个通常的看法，就是如果有可能，员工就会产出比其原本能产出的更少，因此，管理控制系统被用于监控员工产量。管理人员分析单位产出的时间标准与动作标准，并以此来决定对员工的激励。这样，员工被监督，低于产出标准的雇员甚至将被解雇，而高于标准产出的雇员将被给予奖励，从而鼓励员工提高工作效率。

在不对雇员进行提薪的生产率提高计划中，员工看不到自己的努力，而如果提薪，增加的报酬就是对超额产出的激励。

2. 传统工作的产出激励计划与实践

大约50%~60%的工作，尤其是制造业的工作产出是可以用传统方法进行量化的，剩余的工作，都很难进行传统意义上的量度。因此，如果采用传统的工作产出量度激励计划，近一半的工作无法进行激励。

其中的主要问题是无法进行完美的时间标准测量，从而无法进行标准时间内的超额产出量度，使一些公司减少激励，并影响了其他公司。

---

① 生产率分享或者获利分享：公司或部门的所有员工都分享在与基础时期（Basic Period）相比的生产率与获利提高带来的好处。传统激励建立在"应该完成的量"基础上，而生产率或获利激励是建立在"做了多少"的基础上。

计件工资就是一个典型的根据标准时间工作产出来制定激励与薪酬给付的例子。这种传统的产出量度对特定企业的特定工作是有效的，并且至今仍然被很多制造业企业采用。

"科学管理之父"泰勒的科学管理理论内容中有以下几个著名命题：

（1）科学管理的中心问题是提高劳动生产率，为此要制定出有科学依据的工人的"合理的日工作量"，并且必须进行工时和动作研究，即所谓的工作定额原理；

（2）必须为每项工作挑选"第一流的工人"；

（3）要使工人掌握标准化的操作方法，使用标准化的工具、机器和材料，并使作业环境标准化。这就是标准化原理；

（4）制定并实施一种鼓励性的计件工资报酬制度；

（5）工人和雇主两方面都必须认识到提高劳动生产率对两者都有利，都要来一次"心理革命"，互相协作，共同努力，等等。

科学管理制度对西方管理思想的发展是有着重大影响的，从中我们能清楚地看到建立在工作定额和标准化原理上的计件工作报酬制度，以及传统工作分析产出量度与激励。无疑，这些理论直到今天，还适用于很多企业，例如，生产一线员工的计时工资仍然广泛采用，全世界的麦当劳产出的产品都沿用同样的产品和服务标准，等等。

但是，工作环境会影响员工对激励计划的态度，从而影响激励计划的实施。同样的激励计划会引起不同的结果。由于该类型的产出量度与激励计划建立在雇主与雇员的对立关系上，如果关系紧张缺乏信任，员工宁愿降低其产出来保证工作标准不会因为生产率的提高而一再提高，从而使其得到奖励越来越难，员工群体会产生一种自发的对提高生产标准的抵制。著名的霍桑试验发现，是工作群体而不是某个个人在决定这个工人的产量应该达到什么水平；这个预先设定的标准从没有公开讲明过，但工人都心照不宣。工人们的标准反映了他们心目中的"公平合理的日工作量"，它很难与效率工程师的标准一致。这正反映了对雇主雇员对立关系的假设。

传统工作的产出量度与激励和人员导向的产出量度与激励最大的不同就在于工作标准的获得以及激励的因素。由于传统的工作产出量度与激励是建立在员工"应该完成"的标准工时上的，所以一系列的针对制定工作标准的工作分析方法技术产生了，通过标准化的信息搜集与分析技术能够让管理人员得到标准的工时，而员工获得超出标准部分的奖励。

传统的激励是建立在对员工个人的分析上，是与古典经济学的"经济人假设"分不开的。但是却忽略了群体的作用。当管理人员面对的是员工群体而非个人的时候，情况就不一样了。工作群体的作用常常超出了人们的估计。直到今天，与梅奥的霍桑试验中反映出来的相同的问题还能在我们周围看见。

3. 传统工作的产出量度与激励面临的困难与问题

在激励制度下，员工会因为松散的标准而获利，管理层建立严格的工作标准有得有失。

第一，当员工运用其才智与能力来改进方法时，时间标准变松散，一些改进是用来使得到的奖励更多，而另一部分则被用来保证一个理想的工作时间，使其处于一个"安全线"下，从而防止工作标准不断提高。

第二，个人的激励是设计来增加产量减少人工成本的，设计上，这种制度鼓励人们挣更多的钱，而没有必要去提高整体生产率。实际上，员工会寻找方法使工资很难被削减，他们拒绝与管理层合作以将生产率提高到自己能力的极限。

第三，强调数量导致质量的下降，增加了成本，尤其是在质量检查过程不严密的情况下，稍差的质量往往只有到了最终用户那里才能发现。

第四，该方法不利于员工之间的合作，因为合作没有被纳入工作内容。员工往往只做工作范围内的事情。

第五，容易产生抱怨和不满，那些低效率的工作者让工作标准变得松弛。

第六，只有50%左右的工作可以被传统工作产出量度方式计算，而余下的员工由于缺乏激励动力而不积极提高工作效率。

霍桑实验是心理学史上最出名的事件之一。这一系列在美国芝加哥西部电器公司所属的霍桑工厂进行的心理学研究由哈佛大学的心理学教授梅奥主持。

霍桑工厂是一个制造电话交换机的工厂，具有较完善的娱乐设施、医疗制度和养老金制度，但工人们仍愤愤不平，生产成绩很不理想。为找出原因，美国国家研究委员会组织研究小组开展实验研究。

霍桑实验共分四阶段，第四个阶段叫做群体实验。

梅奥等人在这个实验中选择14名男工人在单独的房间里从事绕线、焊接和检验工作。对这个班组实行特殊的工人计件工资制度。实验者原来设想，实行这套奖励办法会使工人更加努力工作，以便得到更多的报酬。但观察的结果发现，产量只保持在中等水平上，每个工人的日产量平均都差不多，而且工人并不如实地报告产量。深入的调查发现，这个班组为了维护他们群体的利益，自发地形成了一些规范。他们约定，谁也不能干得太多，突出自己；谁也不能干得太少，影响全组的产量，并且约法三章，不准向管理当局告密，如有人违反这些规定，轻则挖苦谩骂，重则拳打脚踢。进一步调查发现，工人们之所以维持中等水平的产量，是担心产量提高，管理当局会改变现行奖励制度，或裁减人员，使部分工人失业，或者会使干得慢的伙伴受到惩罚。这一实验表明，为了维护班组内部的团结，可以放弃物质利益的引诱。由此提出"非正式群体"的概念，认为在正式的组织中存在着自发形成的非正式群体，这种群体有自己的特殊的行为规范，对人的行为起着调节和控制作用。同时，加强了内部的协作关系。

霍桑实验能够从一个方面反映传统的产出量度与激励里存在的问题。

（二）人员导向的产出量度与激励

激励的内涵就是：改善行为动机，调动人的积极性。孙子兵法中有言，"不战而屈人之兵，善之善者也"。如何在现代企业中更好地进行员工产出量度与激励成为管理实践和创新的焦点话题之一。

1. 何为人员导向的产出量度与激励？

在人员导向的产出量度与激励中，量度方法和生产率分享（Productivity Sharing）的概念与传统概念差异是很大的。

传统的产出量度与激励是建立在传统管理基础上的，而产品分享是建立在员工参与（Worker Involvement）上的。对工作管理方式的改变，带来了员工对管理的参与，从而从某种程度上缓和了雇主与雇员之间尖锐的矛盾与监控关系，带来了双赢（Win/Win Relations）的良性循环。这样的一种改变正是建立在长期的成功与失败的经验上的。

心理学和社会学长期的研究表明，人们除了有对货币报酬的要求之外，还需要有成就感、满意度等多方面的满足。其中，金钱的确是工作产出的动力，但其作用并不像管理人员原先相信的那么大，而工作本身就能够为员工提供工作动力。

有了工作本身对工作产出的激励性的观点，工作丰富化等实践开始在各个地方展开。工作再造和工作设计能够使组织得到发展的观念开始深入人心。"工作生活的质量"和"质量管理循环"的概念被提出来，其中最基本的观点就是，在这些计划中，工作对员工的奖赏就是员工能够加入管理控制的过程中，并对结果起到推动作用，从而实现真正的"产品分享"。

2. 工作本身的激励与货币激励

"工作本身就是激励"的观点引起了一些争论，但参与到工作目标的制定中来，而不是单纯由管理者制定这样一种理念更促进了双方对工作产出量度的标准达成共识，并促进了在这个产出量度标准上的激励力度。

工作本身的激励是不能代替货币报酬的激励的，如果能够让员工分享进步的成果，并以货币的形式表现出来的话，将对员工是个很大的激励。也就是说，对工作的参与与货币报酬的结合能够最大限度地发挥激励作用。

在这里，有两个建议：

（1）仅以提供工作满意度的提高为主的员工参与计划只适用于部分小员工，并为组织效率提高提供小部分支持；

（2）将货币报酬与员工参与计划结合起来，通过产品分享，将员工对工作效率提升做的努力与其货币报酬联系起来，将会迅速地提高工作效率，这种提高远高于单纯的非货币报酬的员工参与计划。

现在还没有全方位的研究来表明，与货币报酬相结合的参与计划与单纯满足员工心理要求的参与计划对于员工满意度提升和工作效率提升的作用对比，因为没有哪个企业会同意在自己的组织内部实行这样的实验。不过两者的对比可以通过比较"参与产生效用的时间花费"和"工作提升的程度"两项指标来进行。

3. 员工的参与

对生产率高和生产率低的组织的对比研究表明，在生产率高的组织中，普通员工更加广泛地参与到工作的改进中来，生产率的提高超过了由管理者单方面努力能够带来的提升幅度。

管理层在提高员工参与程度上通常会有争论，因为它可能使一部分经理人员的权力分散下去，改变他们传统的管理权力。参与管理的模式包括很多行为的组合，员工参与到管理问题的解决中，而管理人员更多的是要鼓励员工参与管理，并转变自身的管理思想，这两方面缺一不可。

参与管理也就意味着员工要分担对管理的责任，这在传统的产出量度和激励中是没有的。光有参与而没有责任的分担是不成立的，否则这种参与就只是一种建议。例如，如果经理承担了所有的责任，员工的意见就不一定能被经理接纳，因为最后的责任人是经理；如果员工对自己的工作改进意见负责，那么经理就会给予员工更大的自由去决定其工作方式。参与决策，并进行责任分享能够使员工提出更多更好的改进意见，避免由于不能影响决策而带来的消极影响。

让我们来看下面一段话：

"今天，我在他们面前是'大人物'；他们回到公司后，在员工们看来，他们就是事实上的'大人物'，他们必须把同样的活力、献身精神和责任心传递给员工们，传递给远离杰克·韦尔奇的人们。对这些员工来说，杰克·韦尔奇可以说什么也不是。我要求每一个 GE 经理都要记住的重要一条是：在其员工所关心的范围内，他们就是 CEO。"（《杰克·韦尔奇自传》）

这段话的含义就是，每个人在各自负责的责任领域内，拥有最大的自主权。权力和责任的对应带来的就是责任激励。

二、工作分析与工作设计和再设计

工作分析为研究提取有关工作方面的信息，是建立在工作设计的基础上的。但是，由于组织和工作随着功能、技术与活动的变化以及适应员工职业发展的拓宽和深化，往往需要对工作进行设计和再设计。一个好的工作设计要兼顾组织效率、组织弹性、工作的有效性、员工激励与职业发展的需求。

工作设计是指为了有效地达到组织目标，而采取与满足工作者个人需要有关的工作内容、工作职能和工作关系的设计。工作设计对工作绩效有直接影响。工作设计分为两类：一是对企业中新设置的工作岗位进行设计；另一方面是对已经存在的缺乏激励效应的工作进行重新设计，这叫作工作再设计。

工作设计是建立在对工作的研究基础上的，工作分析能够为工作研究提供基础信息。

（一）工作设计的原则与作用

工作设计需要遵循一定的原则，才能最大限度地发挥其作用。

1. 工作设计的原则

工作设计的实施需要遵循综合原则，分析各种影响因素。从心理学角度看，工作设计要考虑工作者的个人特征、工作环境中的社会心理因素、整个组织的气氛和管理方式这三种因素。

从工效学角度看，工作设计必须重视能力与知识原则、时间与功能原则、职责与权利原则、设备与地点原则。从技术角度看，也应重视工艺流程、技术要求、生产和设备等条件对工作设计的影响。

组织学家 J. R. 哈克曼和 G. R. 奥尔德姆（J. R. Hackman & G. R. Oldham）通过分析核心工作特征以及工作者的关键心理状态促成组织目标达成的过程，并结合前人的研究结果，提出了工作特征模型理论，成为工作设计中比较有效的模型。他们提出，在工作设计时，工作的以下五项特征将影响工作者的心理状态：技能多样性、任务完整性、任务重要性、工作自主性、结果反馈等。不同的工作特征将促发工作者不同的心理状态，分别为：对工作意义的感觉、对工作责任的体验、对工作结果的了解并知道如何去进一步改善等。

由于各人的受教育程度、知识与技能、个性特征、对其他相关因素的满意度等不同，他们对于工作特征的感受也是不同的，从而同样的工作设计对于不同的人所取得的绩效也是不同的。因此，在进行工作设计时，还需要适当考虑从事该项工作者的人的因素，真正在设计上做到"事"与"人"的动态协调。

2. 工作设计的作用

（1）工作设计改变了员工和职务之间的基本关系。

对于这个问题，科学管理者是这样处理的：把职务的物质要求与员工的生活特征相结合，然后剔除那些不符合要求的人。行为科学家进入工业后，他们试图通过改进对员工的挑选和培训来完善这个过程。然而和科学管理者一样，他们把重点放在工作的人上，职务被看作是不可变的固定物。而工作设计打破了这个传统，它是建立在这样的假设基础上：工作本身对员工的激励、满意和生产率有强烈的影响。

（2）工作设计推进工作的积极态度。

工作设计不是试图首先改变态度，而是假定在工作得到适当的设计后，积极的态度就会随之而来。

（3）工作设计重新赋予工作以乐趣。

（4）工作设计有利于改善人际关系。

（5）工作设计使职责分明。

3. 工作设计的要求

（1）提高组织效率。工作设计应该有助于发挥个人的才能，提高企业组织效率。

（2）符合组织的总目标。

（3）工作与人相适应。

（4）责任体系与总目标相符。

4. 工作设计需要考虑的因素

（1）环境因素，包括人力供应和社会期望。

（2）组织因素，包括专业化、工作流程和工作习惯。

（3）行为因素，包括多样性、整体性、重要性、自主性和反馈度。

（二）工作设计方法

工作设计的方法有很多种，无论是工作轮换、工作扩大化还是工作丰富化都不应被看作解决员工不满的"灵丹妙药"，必须在职务设计、人员安排、劳动报酬及其他管理策略方面进行系统考虑，以便使组织需求与员工个人需求获得最佳组合，从而最大限度地激发员工的积极性，有效地达到企业目标。

1. 综合模式

综合模式的特点是着重要求企业管理人员必须分析和评价在工作设计、规划发展和贯彻过程中许多环境变量可能产生的影响（见图2-5）。管理者必须意识到并且承认工作的重新设计是在整个环境中，即是一个企业内进行的，而不是孤立产生的。在主要设计工作

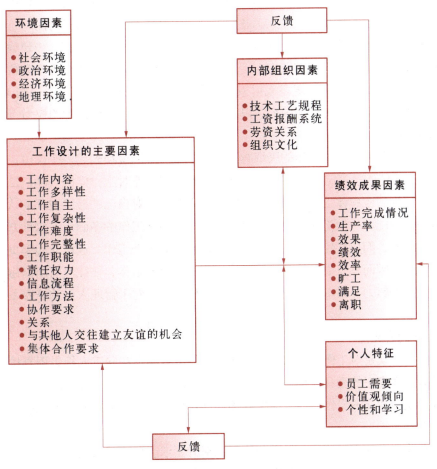

图2-5 工作设计的综合模式

开始前,对来自其他组织系统的影响和对其他组织系统产生的影响,都要进行仔细的判断和衡量。我们知道,有效的工作设计对员工的满意度、积极性、责任感、出勤率和工作业绩影响很大。一般来说,不切实际地滥用职务设计方法或者修改工作计划,必然会导致失败和各方的不满。最重要的是对问题最有针对性的方法才能最有效地解决问题。不要随波逐流,换句话说,不要仅仅因为其他人都使用这种方法,自己也去使用。

2. 工作扩大化

工作扩大化是使员工有更多的工作可做。通常这种新工作同员工原先所做的工作非常相似。这种工作设计导致高效率,是因为不必要把产品从一个人手中传给另一个人而节约时间。此外,由于完成的是整个一个产品,而不是在一个大件上单单从事某一项工作,这样在心理上也可以得到安慰。该方法是通过增加某一工作的工作内容,使员工的工作内容增加,要求员工掌握更多的知识和技能,从而提高员工的工作兴趣。

一些研究者报告说,工作扩大化的主要好处是增加了员工的工作满意度和提高了工作质量。IBM公司则报告工作扩大化导致工资支出和设备检查的增加,但因质量改进,职工满意度提高而抵消了这些费用;美国梅泰格(Maytag)公司声称通过实行工作扩大化提高了产品质量,降低了劳务成本,工人满意度提高,生产管理变得更有灵活性。

工作扩大的途径主要有两个:"纵向工作装载"和"横向工作装载"。"装载"是指将某种任务和要求纳入工作职位的结构中。"纵向工作装载"来扩大一个工作职位,是指增加需要更多责任、更多权利、更多裁量权或更多自主权的任务或职责。"横向工作装载"是指增加属于同阶层责任的工作内容,以及增加目前包含在工作职位中的权力。

3. 工作轮换

工作轮换法是为减轻对工作的厌烦感而把员工从一个岗位换到另一个岗位。这样做有四个好处:一是能使员工比日复一日地重复同样的工作更能对工作保持兴趣,二是为员工提供了个人行为适应总体工作流的前景,三是个人增加了对自己的最终成果的认识,四是使员工从原先只能做一项工作的专业人员转变为能做许多工作的多面手。这种方法并不改变工作设计本身,而只是使员工定期从一个工作转到另一个工作。这样,使得员工具有更强的适应能力,因而具有更大的挑战性。员工到一个新的工作,往往具有新鲜感,能激励员工做出更大的努力。日本的企业广泛地实行工作轮换,对于管理人员的培养发挥了很大的作用。

4. 工作内容充实

工作内容充实是对工作内容和责任层次基本的改变,旨在向工人提供更具挑战性的工作。它是对工作责任的垂直深化。它通过动作和时间研究,将工作分解为若干很小的单一化、标准化及专业化的操作内容与操作程序,并对员工进行培训和适当的激励,以达到提高生产效率的目的。

工作专业化设计方法的核心是充分体现效率的要求。它的特点是:

第一,由于将工作分解为许多简单的高度专业化的操作单元,可以最大限度地提高员工的操作效率；

第二，由于对员工的技术要求低，既可以利用廉价的劳动力，也可以节省培训费用和有利于员工在不同岗位之间的轮换；

第三，由于具有标准化的工序和操作规程，便于管理部门对员工在生产数量和质量方面控制，保证生产均衡和工作任务的完成，而不考虑员工对这种方法的反应，因此，工作专业化所带来的高效率有可能被员工的不满和厌烦情绪所造成的旷工或辞职所抵消。

5. 工作丰富化

工作丰富化是以员工为中心的工作再设计，它是一个将公司的使命与职工对工作的满意程度联系起来的概念。它的理论基础是赫茨伯格（Herzberg）的双因素理论。它鼓励员工参加对其工作的再设计，这对组织和员工都有益。工作设计中，员工可以提出对工作进行某种改变的建议，以使他们的工作更让人满意，但是他们还必须说明这些改变是如何更有利于实现整体目标的。运用这一方法，可使每个员工的贡献都得到认可，而与此同时，也强调了组织使命的有效完成。

工作丰富化与工作扩大化的根本区别在于，后者是扩大工作的范围，而前者是工作的深化，以改变工作的内容。

工作丰富化的核心是体现激励因素的作用，因此，实现工作丰富化的条件包括以下几个方面。

（1）增加员工责任。不仅要增加员工生产的责任，还要增加其控制产品质量，保持生产的计划性、连续性及节奏性的责任，使员工感到自己有责任完成一个完整工作的一个小小的组成部分。同时，增加员工责任意味着降低管理控制程度。

（2）赋予员工一定的工作自主权和自由度，给员工充分表现自己的机会。当员工感到所做的事情依靠他的努力和控制，从而认为事情的成败与其个人职责息息相关时，工作对员工就有了重要的意义。实现这一良好工作心理状态的主要方法是给予员工工作自主权。同时工作自主权的大小也是人们选择职业的一个重要考虑因素。

（3）反馈。将有关员工工作绩效的数据及时地反馈给员工。了解工作绩效是员工形成工作满足感的重要因素，如果一个员工看不到自己的劳动成果，就很难得到高层次的满足感。反馈可以来自工作本身，来自管理者、同事或顾客等。例如，生产管理人员可以从设备的正常运转以及设备操作人员那里得到反馈。

（4）考核。报酬与奖励要决定于员工实现工作目标的程度。

（5）培训。要为员工提供学习的机会，以满足员工成长和发展的需要。

（6）成就。通过提高员工的责任心和决策的自主权，来提高其工作的成就感。

工作丰富化的工作设计方法与常规性、单一性的工作设计方法相比，虽然要增加一定的培训费用、更高的工资以及完善或扩充工作设施的费用，但却提高了对员工的激励和工作满意程度，进而对员工生产效率与产品质量的提高，以及降低员工离职率和缺勤率带来了积极的影响。况且企业培训费用的支出本身就是对提高人力资源素质的一种不可缺少的投资。

由此不难看出，工作分析不是一次性的静态过程，而是处于组织与个人相互关系不断调整所产生的动态过程。同时，工作分析过程本身也承担着对工作设计的调整与修正功能。特别重要的是，工作分析能够对组织的工作系统进行系统化确认和检验，减少可能存在的重复、遗漏、功能不健全等方面的问题。

本章小结

工作分析在整个人力资源管理系统中起到基础性的作用，以工作分析为基础完成对岗位的工作描述之后，就已经建立起了整个人力资源管理的核心。

工作分析中的数据对人力资源管理的每一方面包括人力资源规划、人员选聘和录用、薪酬福利、培训和发展、绩效评估都有影响，但最主要的是在人力资源规划方面要实现人力资源规划，要建立人力资源规划模型来完成需求和供给两项基本内容。

工作分析不仅涉及与工作直接相关的职责与资格问题，而且对工作结果的度量和员工激励问题都有影响，这里分为传统工作的产出量度与激励以及人员导向的产出量度与激励，传统工作的产出量度与激励和人员导向的产出量度与激励最大的不同就在于工作标准的获得以及激励的因素。传统的工作产出量度激励计划会使得近一半的工作无法进行激励，并存在许多问题。

工作分析还为工作研究提供信息，以便组织进行工作设计。工作设计主要采用综合模式、工作轮换、工作内容充实、工作扩大化和工作丰富化等方式，其中工作丰富化虽然要增加一定的培训费用、更高的工资以及完善或扩充工作设施的费用，却提高了对员工的激励和工作满意度。

工作分析过程还承担着对工作设计的调整与修正功能，而且工作分析能够对组织的工作系统进行系统化确认和检验，减少可能存在的重复、遗漏、功能不健全等方面的问题，工作分析不是一次性的静态过程，而是需要根据组织和个人的相互关系不断调整的动态过程。

案例研究

车架冲压主管工程师工作说明书

职务编码：MA51　　　　　　　　　　　　　　　　　　　　　　　　　　版号：00

职务名称	车架冲压主管工程师	所属部门	冲焊部
职　级		直接上级	车体科科长
制作日期		批准日期	
工作概要	1. 制订车架冲压生产作业计划；2. 组织实施生产作业计划；3. 对本生产线的品质进行控制，采取改善措施；4. 与外部门协调沟通；5. 下属的选拔、培训、人员调配			

(续表)

组织结构中的位置
冲焊部经理 → 车体科科长 → 车架冲压主管工程师

工作职责描述
1. 根据公司年度生产计划大纲，制定车架冲压生产及各项物资需求、技改计划并报部门审批
2. 组织编制车架冲压月度生产计划，组织实施保证计划的达成
3. 负责车架冲压生产工艺；作业指导书的编制
4. 负责车架冲压生产线的设计、布置、设备选型
5. 负责车架冲压模具、工装夹具的设计
6. 负责对车架冲压提高生产效率、提高产品质量和降低产品成本为目标的技术改造
7. 负责新产品开发设计车架冲压零件工艺性评价，并参与车架的评审
8. 配合机动部，负责模具及工装夹具的验收
9. 负责生产过程产品质量的监督、检查
10. 对生产中的质量异常进行处理、跟进，并提出纠正、预防措施，保证年度车架冲压质量目标的达成
11. 检查、指导车架冲压线设备、工装、夹具、模具的使用、维护、保养，确保其正确使用；并指导模具的修理
12. 监督、检查、指导车架冲压线安全文明生产及"5S"活动的开展，保证安全无事故
13. 审理车架冲压线员工及相关人员的提案，确认提案实施人，督促提案实施
14. 指导、监督、激励下属工作，跟进生产进度情况，适时对人员进行调配控制车架冲压线人力、物力等资源的利用状况，将物料损耗控制在规定的损耗范围内；提高员工工作效率，降低成本
15. 负责对市场、下道工序投诉的质量问题进行分析、跟踪处理及改进
16. 负责车架冲压人员招聘及转正时的技能考核
17. 对下属员工进行各项培训（岗位、技能、安全、设备、质量、ISO9000及企业文化），负责员工上岗资格的确认
18. 参与部门考核制度、安全制度、管理制度的制定
19. 负责对下属员工的考评、考核、评优
20. 维持ISO9001体系，执行与生产过程控制、管理有关的纠正预防措施
21. 提交年度、月度工作计划、总结、报告，提交上级审批

基本任职资格		
一、普通教育程度——13~16年		
推理能力	数学能力	语文能力
具体描述： 1. 会应用恰当的方法界定概念、搜集数据、确定事实 2. 通过对数据和事实的分析，能够运用恰当的原理进行有效的演绎推理 3. 会解释以数学或图表形式出现的技术指标	1. 具备一定的高等数学知识 2. 会运用基本的理论数学概念 3. 会创造性地应用统计方法进行分析、预测	1. 会写计划、报告、总结、编审培训教材或考试题目 2. 会起草契约和合同 3. 语言理解及表达能力强，能够独立担当培训讲课，或向各类人员提供咨询意见
二、专业知识要求		
必备专业理论：锻压、机械制造 相关专业知识：高等数学、品质管理、工业企业管理、ISO9000质量标准、CAD绘图		

（续表）

三、职业培训要求
大学本科学历：企业管理、机械专业——4年以上工作经验或职业培训 　　　　　　　其他专业——5年以上相关工作经验或职业培训 大学专科学历：5年以上相关工作经验或职业培训 中专学历：已完成大学或培训机构开设的企业管理专门课程，8年相关工作经验或职业培训

四、体力活动要求		
活动内容	程度要求	说　　明
1. 体力繁重程度 2. 讲话 3. 倾听	坐着、站着工作 1 小时讲课	重量不超过 15 千克 用流利语言表达和交流思想 用耳感知、分辨声音性质，接受语言信息

五、工作环境因素
工作地点：室内，制造车间

六、职业能力倾向			
序　号	能力名称	能力等级	分级说明
1	智力	5 4 3 **2** 1	1——最高的 10%
2	语言表达能力	5 4 3 **2** 1	2——较高的 1/3，但不包括最高的 10%
3	数学计算能力	5 4 **3** 2 1	3——中间的 1/3
4	空间想象能力	5 **4** 3 2 1	4——较低的 1/3，不包括最低的 10%
5	学习新知识能力	5 4 3 **2** 1	5——最低的 10%
6	使用 MS 软件	5 4 **3** 2 1	注：百分比表示在从业人口中所达到的相应水平人口比例
7	文书事务能力	5 4 3 **2** 1	
8	调查分析能力	5 4 3 **2** 1	
9	策划组织能力	5 4 3 **2** 1	
10	协调推动能力	5 4 3 **2** 1	
11	动作协调	5 **4** 3 2 1	
12	手工灵巧性	5 **4** 3 2 1	

七、职业性格因素
1. 有积极、主动、乐观、向上的个性 2. 善于与人交往，不局限于发出和接受指示 3. 对人们在思想或事务方面的意见、态度或判断施加影响 4. 指导、控制和规划自己或他人的工作

主要绩效考查范围
1. 生产计划的完成情况 2. 生产产品的品质情况 3. 新车架开发任务的完成情况 4. 生产效率高低 5. 是否采取有效措施改善品质状况 6. 是否采取有效措施提高生产效率 7. 是否采取有效措施保证安全生产 8. 与 ISO9001 质量体系有关事项的执行情况 9. 完成上级交办工作的效率

(续表)

晋升与职务轮换可能性
晋　升
具有丰富经验和管理才能的车架冲压主管，可晋升为车体科科长或更高级管理职位；也可晋升到其他部门中需要类似条件、责任更重、报酬更高的主管职位
职　务　轮　换
可转任其他部门主管，但须具有必要的教育程度、培训和经历

1. 工作分析在薪酬策略中起什么样的作用？
2. 请绘制工作分析在绩效管理流程图中的位置，并说明工作分析结果在绩效管理流程的各阶段中是如何应用的。
3. 你认为工作分析在人力资源规划中的作用是大还是小？为什么？
4. 企业招聘时的重要依据是什么？甄选员工的标准是如何制定的？走访一些人力资源经理，请他们谈一谈在招聘方面的具体经验。
5. 一个组织在确定培训需求之前，应该进行什么样的分析？
6. 工作分析是否与员工激励相关？为什么？
7. 工作设计有哪些方法？工作分析在其中起到怎样的作用？

一、名词解释

人力资源规划　工作评价　工作设计　工作丰富化

二、单项选择题

1. 减轻员工对工作的厌烦，把员工从一个工作岗位换到另一个工作岗位，指的是下列哪一种工作设计方法？（　　）

   A. 工作轮换　　　B. 工作扩大化　　　C. 工作丰富化　　　D. 工作内容充实

2. 下列关于工作设计的说法正确的是（　　）。

   A. 工作轮换法是为减轻工作的复杂程度而进行的一项工作变化
   B. 工作内容充实是对工作内容和责任层次基本的改变，旨在向工人提供更具挑战性的工作，它是对工作责任的横向深化
   C. 工作丰富化与工作扩大化的根本区别在于，前者是扩大工作的范围，而后者是

工作的深化，以改变工作的内容
D. 工作丰富化与工作扩大化的根本区别在于，后者是扩大工作的范围，而前者是工作的深化，以改变工作的内容

3. 工作分析在培训系统中哪个环节发挥基础性作用？（　　）
   A. 培训需求分析　　　　　　B. 培训方案设计
   C. 培训实施　　　　　　　　D. 培训效果评估
4. 工作分析在人力资源管理中的作用不包括（　　）。
   A. 优化工作流程　　　　　　B. 绩效管理
   C. 工作评价　　　　　　　　D. 薪酬管理
5. 下列关于工作分析在人力资源管理中的作用陈述不正确的是（　　）。
   A. 当战略转移时，工作分析在明确职位设置、确定职位职责与任职者要求等方面给人力资源规划以支持
   B. 工作分析直接支持薪酬体系的设计，优化企业内部的薪酬结构
   C. 工作分析确立科学且具激励性的职业上升路线，有利于实现员工的职业生涯规划
   D. 工作分析形成的职位说明书与任职资格体系可成为制定绩效考核指标的书面依据

三、多项选择题

1. 工作设计需要考虑以下哪些因素？（　　）
   A. 人力供应　　B. 社会期望　　C. 专业化　　D. 工作流程
   E. 工作习惯
2. 下列有关工作扩大化的说法中，哪些是错误的？（　　）。
   A. 工作的范围扩大　　　　　B. 工作绩效的变化
   C. 工作标准的变化　　　　　D. 工作岗位的改变
   E. 薪酬的变动
3. 一个完备的培训系统模型应至少包括哪几个步骤？（　　）
   A. 培训需求分析　　　　　　B. 培训方案设计
   C. 培训实施　　　　　　　　D. 培训效果评估
   E. 培训奖励
4. 制定人力资源规划的目的是（　　）。
   A. 确保组织在适当的时间和不同的岗位上获得适当的人选
   B. 满足不断变化的组织在数量、质量、层次和结构上对人力资源的需求
   C. 最大限度开发和利用组织内现有人员的潜力
   D. 降低组织成本
   E. 使组织和员工的需要得到充分满足

5. 最常见的工作设计方法有（   ）。

　　A. 工作专业化　　B. 工作制度化　　C. 工作机械化　　D. 工作丰富化

　　E. 工作扩大化

四、判断题

1. 培训需求分析针对的是企业培训工作中的5W1H。（   ）

2. 人力资源规划有两项基本内容，一个是需求，另一个是供给。（   ）

3. 工作描述是人力资源管理的核心。（   ）

4. 通过人力资源需求的预测，管理层可以测算出在数量和质量上人力资源的短缺程度。（   ）

5. 工作扩大化能使员工掌握更多的技能，增进不同岗位之间员工的相互理解，提高协作效率。（   ）

五、简答题

1. 简述工作设计的要求。

2. 简述工作分析在人力资源管理系统中的地位和作用。

第二部分　人员导向性的工作分析系统

第三章 职务分析问卷（PAQ）

第一节 职务分析问卷概述

职务分析问卷（Position Analysis Questionnaire，PAQ），是19世纪50年代末期为分析一系列广泛的职位而开发出来的工作分析系统。其产生伊始是为了实现当时社会上亟待实现的两个目标：开发一种通用的、以统计分析为基础的方法来建立某职位的能力模型，以淘汰传统的测评方法；运用统计推理的方法进行职位间的评价，以确定相对报酬。此后，在PAQ的运用中，研究者发现PAQ提供的数据同样可以作为其他人力资源功能模块的信息基础，如工作分类、人职匹配、工作设计、职业生涯规划、培训、绩效测评以及职业咨询等。

PAQ是通过标准化、结构化的问卷形式来搜集工作信息的，它覆盖的内容包括：一般的工作行为、工作条件或者职位特征。具体而言，它搜集以下六大类信息。

(1) 信息来源：员工从哪里以及如何获得执行工作所需的信息；
(2) 智力过程：执行工作所涉及的推理、决策、计划和信息处理活动；
(3) 工作产出：员工执行工作时所使用的身体活动、工具以及方法；
(4) 人际关系：执行工作所要求的与他人之间的关系；
(5) 工作背景：执行工作的物理和社会背景；
(6) 其他职位特征：除了那些已经提到的与工作相关的活动、条件和特征。

其中，前三类信息被认为是与传统的行为模式相对应的，即行为过程由刺激（S）、机体（O）和反应（R）组成，如图3-1所示。

图 3-1 传统的行为模式图解

因此，PAQ要素所描述的是包含在工作活动中的"人的行为"，诸如工作中人的感觉、知觉、智力发挥、体力消耗和人际活动等。但是工作中人的行为是相当丰富的，要想将所有行为都以要素形式概括性地描述出来，必然会导致要素的数量众多，而这也带来了PAQ在应用过程中的复杂性。

在实际操作过程中，PAQ研究者可以根据需要选择A、B两种样式。其中样式A包括189个工作要素，样式B包括194个工作要素。对此，详细的说明和工作要素举例可分别参见表3-1、表3-2，而具体的维度和子维度则可参见表3-3、表3-4。

表3-1　样式A的结构

类别（维度）	说　　明	工作要素举例
信息来源	任职者使用的信息来源是什么？包含哪些感觉和感性能力？	书面材料
智力过程	包含哪些判断、推理、决策、信息加工等思考过程？	编码/译码
工作产出	任职者运用的明显体力活动是什么？	键盘的使用
人际关系	人际活动和职务关系是什么？	交谈
工作背景	任职者在什么样的物理条件和社会条件下工作？工作所伴随的社会和心理状况是什么？	高温作业
其他职位特征	其他方面	从事重复性活动

表3-2　样式B的结构

类别（维度）	说　　明	工作要素举例
信息来源	任职者在哪里、怎样获得工作时所使用的信息？	数据材料的使用
智力过程	工作中包含哪些推理、决策、计划和信息处理活动？	决策水平
工作产出	在工作中从事何种体力活动？应用哪些工具和设备？	设备的控制
人际关系	工作过程中，与其他任职者的关系？	代码交流
工作背景	工作在何种物理和社会背景下进行？	空气污染程度
其他职位特征	和工作相关的、又不属于上述任何类别的活动、条件或特征还有哪些？	着装

表3-3　样式A的维度与子维度

维　　度	子　维　度
信息来源	● 工作信息来源 ● 鉴别和感性活动
智力过程	● 决策与推理 ● 信息加工 ● 运用已获得的信息
工作产出	● 物理设备的使用 ● 整体手工活动 ● 一般身体活动
人际关系	● 交流 ● 各种人际交流 ● 个人接触的数量 ● 个人接触的类型 ● 监督与协调
工作场景与工作背景	● 物理工作条件 ● 心理和社会因素
其他因素	● 工作时间表、发薪方法、服装 ● 工作要求 ● 责任

表 3-4　样式 B 的维度与子维度

维　　度	子　维　度
信息来源	• 工作信息来源 • 感觉和知觉活动 • 推测过程
智力过程	• 决策、推理、计划、安排 • 信息加工活动 • 运用已获得的信息
工作产出	• 工作和设备的运用 • 手工活动 • 全身活动 • 运用体力的水平 • 身体定位/姿势 • 操作/协调活动
人际活动	• 交流 • 各种人际关系 • 个人接触的数量 • 个人接触的类型 • 监督和协调
工作背景	• 物理工作条件 • 工作危险 • 个人和社会因素
其他特征	• 着装 • 资格许可 • 工作时间表 • 工作要求 • 责任 • 工作结构 • 职务的关键性 • 工资/收入

此外，在 PAQ 中用于决定问题范围的等级量表是与所研究职位相关的。有六种不同类型的量表得到应用。

（1）使用的范围——员工使用该项目的程度；

（2）时间总量——做事情所需要花费的时间比例；

（3）对职位的重要性——问题所细分出来的活动对于执行工作的重要性；

（4）出现的可能性——工作中身体遭受伤害的可能性程度；

（5）可应用性——某个项目是否可应用于该职位；

（6）专用代码——用于 PAQ 中特别项目的专用等级量表。

而且，每个等级量表都包括六个级别。例如，"对工作重要性"的量表由下列评价点组成：

N（0）= 不使用

（1）= 很小

(2) = 低

(3) = 平均

(4) = 高

(5) = 非常高

诸如，图 3-2 中给出了与工作产出活动相关的几种 PAQ 问题及相关量表。由于在本章第二节、第三节还会对 PAQ 的实际操作作具体的介绍，故在此不作赘述。

3 工作产出 3.1 方法和设备的使用 3.1.1 手持工具或者仪器在该类别中考虑哪些用于移动或者修改加工件、材料、产品或者物体的机器。在此不考虑测量性的工具	该职位（1）的重要性代码 N 不使用 1 很小 2 低 3 平均 4 高 5 非常

手动的
50 精密的工具/仪器（也就是说，使用者进行非常准确或者精密的操作的时候所使用的工具或者仪器。如雕刻师的工具、钟表匠的工具、外科仪器的使用等）
51 无精密要求的工具/仪器（使用者用于执行不需要非常准确或者精密的操作时所使用的工具，如锤子、扳钳、泥铲、刀子、剪刀、凿子、油灰刀、加固器、手持加油枪等。在此不包括长柄工具）
52 长柄工具（如锄头、耙子、铁锹、镐、斧头、扫帚、拖把等）
53 手持设备/工具（如夹子、长柄勺、勺子、镊子等，用于移动或者传递目标或者材料；在这儿不包括防护性设备，诸如石棉手套等）。装有动力的（手工操作或者利用诸如电、压缩空气、燃料、液压机液体等能源控制设备，其中完成修正的部分是手动的，诸如牙医的钻孔器、焊接设备等，以及小得足能够用手完全握住的设备）
54 精密的工具/仪器（执行要求非常准确或者精密的操作时使用的手握动力工具或者仪器，诸如小型牙医钻孔器，或者用于特别精确或者精巧作业的实验室设备）
55 无精确要求的工具/仪器（手持的、能源驱动的工具或者仪器，用于执行不要求非常准确或者精密的操作，如普通动力锯、大型磨砂机、大剪刀、绿篱整顿器等，以及相关的设备，诸如电焊熨斗、喷射枪或者喷嘴、焊接工具等）

资料来源：Ernest J. McCormick, P. R. Jeanneret and Robert C. Mecham, *Position Analysis Questionnaire*, 1969, by Purdue Research Foundation, West Lafayette, Ind. 47907. Reprinted with permission.

图 3-2 PAQ 中与工作产出相关的部分题目

PAQ 作为一项系统性的职位分析方法，经过几十年的实践运用与改进，不断得到实践者们的青睐。PAQ 提供的数据可以作为人力资源功能模块的信息基础，如工作分类、人职匹配、工作设计、职业生涯规划、培训、绩效测评以及职业咨询等。这些运用范围的扩展表明 PAQ 可以运用于建设企业职位信息库，以整合基于战略的人力资源信息系统，事实上在国外 PAQ 的这种战略用途已经得以证明，并取得了很好的效果。

第二节 职务分析问卷的操作过程与关键控制点

通常，PAQ 的操作过程可划分为七个继起的步骤，如图 3-3 所示。虽然具体的步骤可能在不同的组织、不同的管理部门中发生变化，但是这里所描述的操作过程涉及了大多数

图 3-3　PAQ 的操作过程

PAQ 的应用活动。

在实际的操作过程中,我们需要注意其中的一些细节,以保证工作分析结果的准确性与适用性。

一、明确工作分析的目的

毋庸置疑,工作分析本身并不是目的,即实施 PAQ 方法或者完成若干份 PAQ 问卷都不是组织对工作进行工作分析的目的所在,而将工作分析的结果应用于实现某些人力资源管理的职能才是工作分析的最终目的。工作分析是人力资源管理中的一项基础活动,工作分析的结果可以用于多种目的,然而不同的目的,要求工作分析的侧重点不同。一般来说,组织进行工作分析都希望达到多种目的,实现多种人力资源管理职能,诸如进行工作评价、建立甄选或晋升标准、确定培训需求、建立绩效评价系统或设计职业生涯发展规划等。

当然,使工作分析服务于多重目标,需要投入大量的时间和精力。例如,利用 PAQ 分析得到的数据可以直接用于工作分类(如何直接利用 PAQ 结果进行工作分类请参见本章第三节),同时也可用于进行绩效评价。但是用于绩效评价需要对 PAQ 得到的数据进行加工和处理,投入更多的时间和精力,如提取绩效指标并进行操作化。如果工作分类和绩效评价都被确定为进行工作分析的目标,那么将 PAQ 与其他方法(如关键事件法),结合起来使用将会取得更好的效果。

二、赢得组织支持

熟悉组织环境并赢得组织管理层的支持,对使用任何一种方法进行工作分析都是必不可少的。对于 PAQ 系统来说,有它需要特别注意的地方。

首先,要明确组织的环境和文化。针对不同的组织文化,选择不同的数据搜集方式能有效地提高效率。有的组织在数据搜集过程中,倾向于尽量少地接触任职人员;有的组织则希望任职人员能全面地参与到工作分析过程中来。虽然两种情况下都能运用 PAQ 进行工作分析,但是明确组织的倾向是正确使用 PAQ 的前提。

其次,对一些组织而言,另一个需要认真考虑的重要因素是,确定工作分析是从高级职位往下展开,还是从低级职位往上推进。另外,还要考虑是否需要在大范围开展工作分析前进行预测试?是否存在普遍受到认同的部门,以便从它开始进行信息搜集?

一旦与组织相关的因素都明确后,便能确定将被分析的目标工作以及搜集 PAQ 数据的内容和特定方式。然后，制订具体方案供组织管理人员审阅并得到他们的支持。获得组织管理层的支持至关重要，因为只有获得管理层的重视与支持，才有可能得到全体员工的关注与配合，才能更好地和员工沟通，得到相对全面的、准确的信息。而且，需要向管理人员强调的是，用 PAQ 进行工作分析是从"行为"的视角，而不是从某位任职人员的实际绩效角度对工作进行研究分析。要使管理人员明确，对工作行为进行分析并不等同于对工作绩效或对某一任职人员的工作能力进行分析，而这正是 PAQ 的独特之处。

三、确定信息搜集范围与方式

搜集 PAQ 的数据有多种不同的方式，但是概括起来，无非是因为对以下两个问题的回答不同导致了不同的选择。第一，谁来搜集数据；第二，谁是工作信息的提供者。显然，对于这两个问题的回答，在一定程度上是与所分析工作的类型、特点相联系的。

首先，就第一个问题来说，挑选工作分析人员（以下也称 PAQ 分析人员）运用 PAQ 系统对工作内容进行处理，从而搜集 PAQ 资料可以有多种不同的选择。一般来说，一人或者三人组成的小组都可用于提供职位信息，这些小组成员可以包括：专业工作分析人员、任职人员，以及该工作的主管。

其中，专业工作分析人员最有能力实施 PAQ。因为 PAQ 系统以行为为导向的特点以及理解各种评价尺度存在一定的难度，所以由任职人员或者主管在没有指导的情况下完成 PAQ 的分析是不明智的。但是，如果由组织内的专业工作分析人员进行分析的话，通常也需要一定程度的培训。而如果使用任职人员或者该工作的主管作为分析人员的话，除了一定程度的培训之外，他们应该了解被研究的工作（例如，拥有 6 个月或者以上的工作经验）并且拥有较强阅读和口头表达能力的个人（也可能要求访谈和观察技能）。大多数情况下，这些任职人员可能是白领人员而非操作性的工人或者蓝领工人。此外，也可以选择使用上述三种人员的任意组合作为工作分析小组的成员。这需要对内部分析者的信度（即分析者对工作分析的一致性程度）进行检查。

其次，选择工作信息的提供者显然是与工作分析人员的确定相联系的。一旦选定了工作分析人员的类型，就必须识别出将提供工作信息的个体。工作信息的提供者，通常是拥有丰富工作经验的任职人员。如果任职人员拥有与被研究工作相关的最新经验，那么他们也可以提供工作信息。总之，无论谁提供工作信息，都应该着重关注挑选的实践。因为在很大程度上，挑选出来的个体将决定所获得资料的质量和价值。

具体来说，工作分析信息搜集的范围与典型方式包括以下两种。

（1）工作分析专业人员填写 PAQ、任职人员和（或）直接主管提供工作信息的方式。

如果由工作分析专业人员通过访谈任职人员和（或）直接主管搜集数据，然后填写 PAQ，通常需要选择那些有一定工作分析知识与技能的人员组成临时性的项目小组。一般来说，可先由临时的项目小组在集中的一段时期内进行数据搜集，而当这个时期结束后，只需要由一位熟悉 PAQ 的专业人员根据情况的变化进行数据维护即可。

此外，在数据搜集的过程中，由于组织内的工作是多样化的，有的是一岗一人，有的是一岗多人。当同一工作名称下包含有多名任职人员时，首先需要与这些任职人员的直接主管沟通，明确他们的工作内容是否确实一致，如果不一致，则需要考虑用不同的工作名称进行区分；如果一致，则存在数据搜集的样本问题，需要抽取一定量的任职人员作为提取信息的样本。一般而言，样本量通常是任职人员的 30% 或者更多，当任职人员超过 100 名时，通常 10%~20% 的样本量就够了，人数越少抽取的百分比越高。而在确定需分析的目标职位以及各职位的样本量之后，需要明确提供信息的具体任职者或直接主管。虽然信息提供者是随机选择的，但对信息提供者的选择也须遵循一定的原则。首先，信息提供者需在目前的工作岗位上至少任职 6 个月；其次，信息提供者至少能够较明确地描述工作内容，至少是职位称职者；最后，信息提供者必须有较好的表达能力和沟通能力，这样才能保证访谈的顺利进行。通常最好的选择方法是向管理者或直接主管提供选择的一般原则，由他们挑选合适的任职者。

（2）任职人员和（或）主管直接填写 PAQ 的方式。

如果采用由任职人员和（或）主管直接填写 PAQ 问卷的方式，需要注意如下几点：第一，如果有多位任职人员从事同一工作岗位，明智的做法是选择至少三位任职人员独立完成 PAQ。虽然有的组织要求更多的任职者填写问卷，但实践证明增加 PAQ 问卷的填写数量无助于提高分析结果的准确性。因此，如果要增加填写 PAQ 问卷的任职者，需要权衡这样做的收益和成本。第二，实践表明如果由该工作的直接主管也填写一份问卷，将有助于提高管理层对分析结果准确性的信任程度。第三，提供给问卷填写人员较多的指导，帮助他们理解 PAQ 各个因素的含义及评价尺度，这样将有助于提高分析结果的准确性。

经验表明，最有效的数据搜集方式是由工作分析专业人员对任职者和直接主管进行工作内容方面的访谈，然后由这些专业人员填写 PAQ 问卷。这种方式不仅能通过访谈的形式搜集充足的信息，而且在对 PAQ 各项目及评价尺度的理解和运用上能保持一致性。如果访谈人员在访谈时有一定的模式，这种一致性还能得到增强。另外，只有保证这种一致性，利用 PAQ 分析结果对工作的相对价值进行比较才有意义。

四、培训 PAQ 分析人员

培训 PAQ 分析人员，是为了提高通过搜集到信息的有效性。正如前所述，无论采取什么样的数据搜集方式，对 PAQ 分析人员进行 2~3 天的正式培训是必不可少的。

培训内容首先是熟悉工作分析本身，PAQ 问卷的内容与操作步骤；然后是培训分析人员搜集数据的技巧，尤其是如何倾听任职人员的描述等。在熟悉理论知识之后，通常正规的培训都会带领分析人员尝试利用 PAQ 分析一份工作，然后就实际操作过程遇到的问题进行讨论，以加深分析人员的理解、提高分析人员的操作能力并统一所有分析人员对 PAQ

项目及评价尺度的认识。

尤其需要强调的是，当使用任职人员作为分析人员的时候，建议除了上述正式培训以外，还要召开一个小组会议，在会议中拥有一位对 PAQ 的内容和管理都很了解的咨询人员（或者专业人员）作为讨论带头人，这个人可以对与具体的被研究职位相关的 PAQ 题目进行解释。

此外，培训 PAQ 分析人员的另一个考虑因素就是节约时间成本。因为 PAQ 是为了分析一系列广泛的职位而开发的，因此有些题目必将运用于某些特定职位，而不是其他职位。确切地说，虽然该问卷看起来很长，但实际上仅有 1/3 到 1/2 的项目适用于大多数职位。因此，对于受过训练的分析者而言，完成一个职位的 PAQ 所需的时间可能不到一个小时（注：通常完成 PAQ 的时间是每个职位 2~4 个小时）。

五、与员工沟通整个项目

获得全体员工的支持，是在组织中推行工作分析项目的另一重要环节。要获得员工的支持，首先要与员工沟通，让员工了解工作分析的目的与意义。这样的沟通可以是组织的管理人员，也可以是人力资源管理的专家。可以通过组织常用的沟通渠道传递要进行工作分析的信息，如通过公告栏或员工会议等。

需要传递给员工的基本信息包括：工作分析的目的、时间规划以及数据搜集过程的注意事项等。工作分析的目的通常是为了理顺工作职能，提高工作效率；时间规划包括整个项目的时间计划以及分析结果的反馈时限等；关于数据搜集过程，以下信息需要与员工共享：首先要向员工说明的是运用 PAQ 分析的内容是工作内容，而不是员工的工作绩效，也就是说，PAQ 问卷并不是关于工作知识的试卷，而是理顺工作内容的工作，以便消除员工的顾虑，然后，要向直接参与工作分析，即提供工作信息的任职者说明需要他们考虑的是为了完成工作任务和职责，他们需要"做什么"以及需要运用到什么工具和信息。

六、搜集信息并编码

在确定信息搜集策略，培训工作分析人员以及与员工进行必要的沟通之后，便进入了实际的信息搜集阶段。需要指出的是，步骤三中所确定的信息搜集范围与方式，将在很大程度上决定获取 PAQ 信息的具体方法，诸如访谈法、观察法、直接填写问卷法等。

例如，假设在步骤三中采取的是由工作分析专业人员填写 PAQ、任职人员和（或）直接主管提供工作信息的方式，那么信息搜集的具体方法则可以是访谈法、观察法或者两者相结合。

就访谈法而言，由于 PAQ 措辞的一般性和相对晦涩，通常在访谈之前，工作分析小组可以根据 PAQ 的结构以及被分析工作的实际情况来设计补充的工作分析表格，然后再使用这些表格实施结构化访谈。而在访谈结束之后，则使用实现讨论决定的标准将访谈结果直接对应到 PAQ 的各项目中。此外需要指出的是，与任职人员的访谈和与直接主管的访谈都是有价值的。而且实践经验表明，将主管与任职人员组织在一起访谈与对他们进行分别访谈的效果是一样的，也就是说，主管人员的在场与否不会影响任职者提供信息。但有时候情况也会恰恰相反，员工会把与主管一起访谈看成是一次机会，是向主管陈述一些主管们平时没有注意到的重要信息的机会。采用观察法，工作分析者则可以直接观察工作场所以及任职人员执行一项或者多项工作任务，这将同时获得关于设备、工具、材料、产品、工作常规、环境以及其他工作特征等。

七、分析工作分析结果

在所有被分析职位的PAQ填写完毕后，不但可以明确各工作对人员的任职资格要求，而且可以根据需要进行其他分析。对此，由于PAQ所搜集的是经验性资料，所以一系列广泛的分析都是可以利用的，包括从简单的制表到更复杂的分析。例如，几项研究表明PAQ测定了32项具体的、13项总体的工作维度（这些维度的可操作性定义请参见图3-4）。通过这些维度可以对任何一项工作进行评分。而一旦经过评价以后，工作内容的概况就可以建立起来并用于描述所分析职位的特征。因此，PAQ使得通过应用工作维度评分定量化地描述某一职位成为可能。接下来，这些维度评分能够用于对职位所需的雇员任职资格进行直接评估，甚至进而用于开发和挑选出用于评价这些重要雇员任职资格的测试和其他甄选技术。

当然，在信息技术和人力资源管理技术高度发展的今天，也可以利用电脑程序自动分析工作分析结果，或者将分析的任务交给PAQ服务机构。

在利用PAQ系统进行工作分析的实际操作过程中，可以根据实际需要灵活安排上述七个步骤。但是无论如何安排，都必须注意控制操作过程中的关键点。而且，只有对这些关键控制点处理得当，才能取得更好的效果，达到预期的目的。具体而言，要注意以下关键控制点：

（1）在对工作分析人员进行培训时，要让所有参与工作分析的人员认识到必须从完成一项工作所需要的"行为"角度出发搜集信息，对工作进行分析研究，而不是从某一任职者的能力或工作表现角度出发进行工作研究。

（2）工作分析人员在访谈任职者或其主管之前，应准备一份与PAQ问卷的结构和要求相适应的访谈大纲，以方便对PAQ问卷中的各要素进行评定。这份访谈大纲可以由工作分析小组在信息搜集前，根据企业的特点以及所分析工作的层次讨论制定。

（3）在访谈之外，还应辅之跟踪观察，包括对任职者工作场所的观察，以及对任职者一项或多项工作活动的观察，以得到关于工具、材料、产品、工作规则以及工作环境的准确信息。

（4）在关于某工作的访谈和观察结束后，要尽可能快地完成PAQ问卷，不要等到多个工作的信息搜集结束后，再集中进行。

> **具体维度**
> 类别 1：信息来源
> 1. 解释所感觉到的
> 2. 使用各种信息来源
> 3. 注意获取信息的工具/材料
> 4. 评价/判断所感觉到的
> 5. 意识到的环境条件
> 6. 使用各种感官
> 类别 2：智力过程
> 1. 作决策
> 2. 处理信息
> 类别 3：工作产出
> 1. 使用机器/工具/设备
> 2. 执行需要一般身体运动的活动
> 3. 控制机器/过程
> 4. 执行需要技能的/技术性活动
> 5. 执行手工控制的/相关的活动
> 6. 使用复合设备/仪器
> 7. 执行操作/有关的手工活动
> 8. 一般的身体协调
> 类别 4：人际关系
> 1. 交流判断/有关的信息
> 2. 致力于一般的个人接触
> 3. 执行监督/协调/相关的活动
> 4. 交换与职位相关的信息
> 5. 进行公共的/相关的个人接触
> 类别 5：工作背景
> 1. 在压力/不愉快的环境中工作
> 2. 参与个人奋斗的情况
> 3. 在危险的情况下工作
> 类别 6：其他职位特征
> 1. 工作不典型对白天时间表
> 2. 在有条理的情况下工作
> 3. 穿着随意对特定服饰
> 4. 可变薪酬对薪资基础
> 5. 工作不规律对规律的时间安排
> 6. 在职位要求的环境下工作
> 7. 执行结构性对非结构性工作
> 8. 警觉处于变化中的条件
> **总的维度** 拥有决策、沟通以及一般的责任 操作机器/设备 执行文职/相关的活动 执行技术性/相关的活动 执行服务性/相关的活动 工作规律的天数对其他工作时间表 执行常规的/重复性活动 意识到工作环境 从事身体活动 监督/协调其他人 进行公共的/顾客/相关的接触 在不愉快的/危险的/费力的/环境下工作 拥有非典型的时间表/随意的服饰风格

资料来源：Ernest J. McCormick, Robert C. Mecham and P. R. Jeanneret, *Position Analysis Questionnaire Technical Manual* (*system* Ⅱ) (Logan, UT. PAQ Services, 1977), pp. 5-9. Used with permission.

图 3-4　PAQ 中关于工作纬度的操作性定义

第三节　职务分析问卷的应用

工作分析，是企业管理中的一项基础性工作，是人力资源管理各项职能活动的基础。

PAQ 可以应用到人力资源管理的各个领域,包括:工作描述、工作分类、工作评价、工作设计与重组、人员录用、绩效评估、人员培训、人员流动、工作效率与工作安全、人员规划等。PAQ 设置的主要目的,是为了人力资源管理各项活动能够更好地开展。

但是,任何一种工作分析系统的结果不可能在所有的应用范围中都表现出良好的效果,不同的工作分析系统在不同的应用领域表现出不同的价值。因此,在本节中,只对 PAQ 在其相对独特或者优于其他工作分析系统的领域,诸如确定任职资格、工作评价和工作分类三个领域中的应用作出介绍。

一、PAQ 在确定任职资格中的应用

PAQ 最初的研发目的就是,开发一种一般性的、可量化的工具用以准确测量工作的任职资格,从而代替传统的测试程序。因此,与其他工作分析方法相比,PAQ 在确定工作的任职资格方面具有其独特之处。

由于 PAQ 的题目为界定重要的雇员任职特征提供了有用的信息,因此当不同的工作分析人员完成同一个职位的 PAQ 之后,题目的平均得分就可以用来界定该项工作的任职资格。当然,如果有条件的话,在 PAQ 方法下,将该职位的最后 PAQ 评价结果与存储在 PAQ 职位数据银行[①]中的其他组织对于该职位的 PAQ 评价进行比较会获得更多的认可。具体的,让我们来看一下如何利用 PAQ 为高级运输和收报职员职位确定任职资格:首先,利用 PAQ 对职位进行分析,然后,作为 PAQ 评价的一部分,找出获得最高评价成绩和比例值的题目(见表3-5)。

表3-5 对高级运输和收报职员的任职资格基础重要的三个 PAQ 题目

PAQ 题目编号	PAQ 题目名称	评价成绩	比例值
9	职位信息的可见资源:未被改变的材料 当在仓库中的物品或材料等被检测或处理时,未被转变或调整的零件、材料、物品等是信息的资源	5.0[a]	99
72	运输和机动设备:电动设备 不是用来在公路上使用的可移动的设备的操作,如仓库小货车、叉式升运机 其他的组织的活动:协调行为	3.0[b]	98
132	协调、监督或组织其他人以达到某个目标的行为,但是并不是直接管理者,如法律顾问或行政助理	3.5[b]	96

资料来源:Based on analysis obtained from PAQ Services, Inc., Logan, Utah.
[a] 以一个5级的评价量表为基础:1=名义上的/极少,2=偶尔,3=一般,4=相当多,5=非常多。
[b] 以一个5级的评价量表为基础:1=非常少,2=较少,3=一般,4=多,5=非常多。

表3-5中,高级运输和收报职员职位在第9个题目"职位信息的可见资源:未被改变的材料"上,被评价为5.0(非常多),而且被认为高于 PAQ 职位数据"银行中2 200个职位中的

---

① PAQ 职位数据银行由对2 200个职位的 PAQ 评价抽样组成。

99%"。这个分值不仅说明该职位的员工从未被改变的材料（如那些在一个库房或货栈存储，或被检测的材料）那里获得信息，而且既然给了这个题目高分，也表明通过视觉观察被检测或存储的资料而获得信息的能力对于该职位而言是重要的，即可将其作为该职位的任职资格。

二、PAQ 在工作评价中的应用

研究表明，与其他的工作分析系统相比，PAQ 应用得最广泛，且 PAQ 最有效的应用领域是工作评价。对于一份特定的工作，只要得出 PAQ 各个维度的分值，就能利用一套公式换算成工作评价的点值，进而得出该工作的薪资额（E. J. McCormick，1977）。

P. R. 让纳雷（P. R. Jeanneret，1980）选择了 29 个小时工（hourly job）、10 个一般职位和 26 个管理职位作为样本，用 PAQ 对它们进行了分析评价，并将得出的分值转化为工作评价点值。通过与现实情况的对比，可以看出分析结果准确地反映了所分析工作之间的相对价值。表 3-6 列出了 9 个有代表性的工作分析结果。

表 3-6 利用 PAQ 得到的工作评价结果

	工 作 名 称	利用 PAQ 得到的工作评价点值
小时工	● 保洁员 ● 机械操纵员 ● 初级维修员	308 370 539
一般职位	● 办公室服务员 ● 打字员 ● 客户服务代表	295 381 452
管理职位	● 值班主管 ● 维修主管 ● 控制间主管	611 694 781

资料来源：*The job analysis handbook for business, industry, and government*, Edited by Sidney Gael, New York: Wiley, 1988, p. 840.

实践表明：PAQ 的分析结果可以很好地应用于各种组织的工作评价中，无论是公有还是私有企业，也无论是营利的还是非营利的组织；而且，PAQ 的结果对分析初级工作直至中级管理职位甚至高级技术职位都很有效，但对于高级管理人员效果并不太理想。

三、PAQ 在工作分类中的应用

许多关于工作分类的研究告诉我们，PAQ 在为工作分类提供信息方面优于其他系统，它能直观地反映工作的类别。一旦完成 PAQ 问卷就很容易进行工作分类，不需要对 PAQ 的数据进行处理。因为 PAQ 能提供涵盖所有工作特征的维度和要素，便于按照某个标准对一个企业中所包括的各种类型的工作进行分类。

例如，图 3-5 中显示了利用 PAQ 的分析结果对工作进行分类是利用职务维度剖面图的方法。

从图 3-5 可以看出，对于 PAQ 中的维度，职务 A 和职务 B 的轨迹相似，属于同一种类别；而职务 C 和职务 D 的轨迹相似，属于另一种工作类别。当然，在实际工作中，工作的数量繁多，轨迹的相似性也不会如此明显，因此需要工作分析人员认真分析判断。

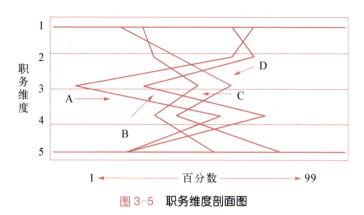

图 3-5　职务维度剖面图

注：五个 PAQ 职务维度上四种职务的职务维度剖面图。百分数表示的是该职务中，该维度的原始分数与所分析的其他职务样本的分数相比的百分数。这些维度说明了如何根据这些剖面的相似性来确定职务分类或职务类别。在本图中，职务 A 与职务 B 属于同一工作类别，而职务 C 和职务 D 为另一类别。

资料来源：E·J·麦考密克，D·R·伊尔根著，《工业与组织心理学》，科学出版社，1991 年版，第 41 页。

第四节　职务分析问卷的优缺点

通过对 PAQ 的介绍，我们可以看到 PAQ 系统具有很大的应用价值。首先，PAQ 为搜集职位诸多方面的量化资料提供了一种标准化工具。而标准化有助于确保不同的职位以相似的方式得到评估。尤其是在计算机技术高度发展的今天，计算机就可以对标准化的信息进行分析，并对不同职位的工作分析结果进行处理以及职位间的比较。其次，PAQ 提供了可靠的、有效的职位资料。PAQ 在实践运用中的信度和效度计量中受到社会的普遍认可，因此，在进行职位分析时所搜集到的 PAQ 信息资料，能够很好地反映企业真实的情况。再次，PAQ 的操作性强，而且作为人员导向性工具，其使用面相当广泛，PAQ 可以对职位所必需的雇员任职资格进行估计。PAQ 所搜集到的信息能够有效确定雇员任职资格，对于建立有效的人力资源甄选项目和人力资源开发项目是非常必要的。最后，相对于其他工作分析系统来说，PAQ 被认为是花费较少而且所需时间较少的工作分析工具。

然而，PAQ 本身所存在的一些问题，也受到相关专业人士的批评。第一，使用该问卷进行工作分析的人员需要有相当高的阅读能力，即对工作分析人员的文化程度要求较高。根据 Wayne Cascio 的研究，PAQ 的指导语和项目描述以及评价尺度所需的阅读能力为大学生水平，而低于大学水平的人员则很难读懂问卷内容，这无疑限制了使用者的数量，也给使用者造成了一定的阅读困难。第二，由于 PAQ 问卷的设计目的是针对所有职务的，虽然项目数繁多（189 或 194），但毕竟有限，而且其评价的是基本工作要素而不是具体的工作任务，因此，不能精确地对工作进行区分。根据 Arvey 和 Begalla 的研究，警察局的工作概况与家庭主妇类似，因为这两项工作的活动都是随着麻烦排除和危机处理而发生变化的。虽然这可能有其他方面的原因，但也暴露了 PAQ 存在的一些问题。第三，由于 PAQ 不关注任务活动，所以在进行工作分析时仅适用 PAQ 是远远不够的。例如，工作说明书应该根据所执行的具体活动对职位进行描述。这就说明在使用 PAQ 进行分析时，还要求使用工作分析的其他方法来共同开发工作说明书。第四，研究表明，不论分析者对所分析工作熟悉与否都能产生相同的结果。这一方面说明问卷的信度高；另一方面也令人产生对结果的怀疑。无论上述缺点是否显著，毋庸置疑，它们都使得 PAQ 的应用受到了限制。

针对 PAQ 的这些缺点，研究者们进行了改进，设计了职务成分问卷（Job Element Inventory）。但针对这种问卷的研究很少，而且应用也很少，这有待于学者的进一步研究。

本章小结

PAQ 是为分析一系列广泛的职位而开发出的工作分析系统，可以应用在人力资源中的各个模块中，如工作分类、人职匹配、工作设计、职业生涯规划、培训、绩效测评以及职业咨询等。但最突出的还是在确定任职资格、工作评价和工作分类三个领域中的应用。

PAQ 收集信息来源、智力过程、工作产出、人际关系、工作背景以及其他职位特征共六大类信息。在实际操作中，PAQ 分为 A、B 两种样式。其中样式 A 包括 189 个工作要素，样式 B 包括 194 个工作要素。PAQ 的操作过程有以下几步：明确工作分析目的、赢得组织支持、确定信息收集范围与方式、培训 PAQ 分析人员、与员工沟通整个项目、收集信息并编码和分析工作分析结果。在实际操作过程中，可以灵活安排以上七个步骤，但一定要掌控好以下几个关键控制点：在对工作分析人员进行培训时，必须从完成一项工作所需要的"行为"角度出发收集信息，对工作进行分析研究；工作分析人员在访谈任职者或其主管之前，应准备一份与 PAQ 问卷的结构和要求相适应的访谈大纲；在访谈之外，还应辅之以跟踪观察；在关于某工作的访谈和观察结束后，要尽可能快地完成 PAQ 问卷。

PAQ 是收集职位诸多方面量化资料的标准化工具，它提供了可靠的、有效的职位资料，操作性强并且使用面广泛，经济成本与时间成本较低。但其对于工作分析人员的文化程度要求较高，不能精确地对工作进行区分，不关注任务活动，不论分析者对所分析工作熟悉与否都能产生相同的结果。

若将 PAQ 应用于实际工作中去，因要考虑具体工作的特殊性，所设计的职务分析问

卷会与前面所介绍的范例并不完全一样。以快速消费品行业营销岗位为例，给出工作信息来源这一子纬度的具体示例。下表中可以看出，书面资料和计量型资料被评为第四等级，说明这些是快速消费品行业营销岗位中重要的工作信息来源。

信息使用度：	NA：不善使用 1：极少 2：偶尔 3：一般 4：相当多 5：非常多
资料投入	
工作资料来源（请根据任职者使用的程度审核下列项目中各种来源的资料）	
信息使用度	工作资料的可见来源
4	书面资料（如书籍、报告、文章、说明书等）
4	计量型资料（与数量有关的资料，如图表、报表、清单等）
2	图画性资料（如图形、设计图、地图等）
2	模型及相关器具（如模板、积板、模型等）
3	可见陈列物（如计重表、温度计、钟表、划线工具等）
3	测量工具（如尺子、天平、温度计、量杯等）
2	机械工具（如工具、机械、设备等）
1	使用中的物料（如工作中、修理中和使用中的零件、材料和物体等）
1	尚未使用中的物料（如未经处理的零件、材料和物体等）
1	大自然特色（如风景、田野、地质样品、植物等）
3	人为环境特色（如建筑物、水库、公路等，经过观察或检查以成为工作资料的来源）
……	……

附 录

职务分析问卷

（样式 A 节选）

具体说明

首先请判定项目是否适合目标工作。

问卷中有些项目前的代码被小方框圈住，它们被认为是通用性的，可以应用到所有工作中。在对工作进行分析时，都需要作出判断。对于没有用小方框标出的项目，分析人员首先要判定此项目是否属于适合被分析的工作，如果不适用，用"—"标出。

其次，当某项目适合于目标工作时，请根据对应评价尺度作出等级判断。

评价尺度说明： 每一个项目的前面标有的代码，表示相应的评价尺度。整份问卷包括五种代码：

1. 代码 I：表示项目对工作的重要程度，共分为六个等级：

   "—" 表示：不适用；

   "1" 表示：非常微小（是工作偶然性的、微小的因素）；

   "2" 表示：低（处于一般重要以下）；

   "3" 表示：一般（对整个工作一般重要的因素）；

   "4" 表示：高（对工作有足够重要的因素）；

   "5" 表示：极高（对工作非常重要的因素——最重要之一）。

2. 代码 T：表示行为或者工作情景出现的时间。
3. 代码 U：表示工作中具体信息源使用的范围。
4. 代码 S：表示该项目适用的评价尺度是个性化的，不适用于其他的项目，当出现此代码时，会有对应的等级说明；
5. 代码 X：表示检查项目，当某一项目前的代码是 X 时，如果要对该项目作出评价，需要采用其他手段进行检查确定。

（正　　文）

工作名称＿＿＿＿＿＿＿＿＿＿　　日期＿＿＿＿＿＿＿＿＿＿＿＿

组织＿＿＿＿＿＿＿＿＿＿＿＿　　分析者＿＿＿＿＿＿＿＿＿＿＿

部门/单位＿＿＿＿＿＿＿＿＿＿　　雇员姓名（选择项）＿＿＿＿＿

1　信息输入

1.1　工作信息源

根据任职者在执行工作任务时把该项目用作信息源的范围，给下面的项目分级。

等级	使用范围（U）
—	不适用
1	表面上/非常偶然
2	偶尔
3	一般
4	相当大
5	非常大

1.1.1　工作信息的视觉源

(1) U 书写材料（公告、报告、备忘录、文章、工作说明书、电脑打印件、批注等）。

(2) U 图片资料（出现在报纸和电影等上面的非口头信息源，如绘画、蓝图、图表、表格、地图、摹图等）。

(3) U 数量资料（报表、记账、细目、数据表格等，测量仪器除外）。

(4) U 测量仪器（标尺、微米、圆规、刻度尺等。这些都是数量或者数量信息源）。

(5) U 工作辅助设施（工作辅助设施，如模板、模型等，在用的期间作为观察的信息源）。
(6) U 机械设备（工具、装备、机器等，在使用或者操作中观察到的信息源）。
(7) U 加工材料（零件、材料、加工物等，为加工、操作或其他处理时的信息源）。
(8) U 不在加工过程中的材料（零件、材料、加工物等，如处理、检查、打包等但是没在加工过程中的信息源）。
(9) U 视觉显示（拨号、量规、信号灯、雷达检测等）。
(10) U 自然环境（风景、场地、地理条件、植物、天气情况和其他室内或室外环境，它们是可以通过观察或检测来获得的工作相关信息）。

1.2 鉴别和感性活动

1.2.1 鉴别活动

(21) S 近处视觉鉴别的精确程度要求。

等级	精确度 (S)
1	大概（对员工在近处视觉鉴别精确度方面要求很小，如产品装箱、农艺等）
2	一般（对员工在近处视觉鉴别精确度方面要求一般，如读刻度盘和量规、邮件分类等）
3	高（对员工在近处视觉鉴别精确度方面要求很高，如使用显微镜、修理手表等）

请根据项目对工作的重要程度对下面的项目进行判断分级：

等级	重要程度 (I)
—	不适用
1	非常微小
2	低
3	一般
4	高
5	极高

(22) I 远距离视觉辨别（辨别物体、事件或者伸手能及之外的细节特征，如操作汽车、美化环境、运动会主持等）。
(23) I 深度辨别（判断深度或者物体的相对距离）。
(24) I 颜色辨别（通过物体颜色、材料或者其他细节来进行区分和识别）。
(25) I 声音模式辨别（不同的模式或者一系列声音，如莫斯代码包含的内容、心跳、发动机失灵等）。
(26) I 声音辨别（根据它们的强度，音调和/或音调质量，或者变化辨别）。

(27) I 身体移动辨别（主要通过使用半圆管来辨别身体在速度方面的变化，如正在飞行的飞机等）。

(28) I 姿势辨别（辨别身体位置或者垂直定位的变化，如非正常环境下身体的平衡等）。

2 智力过程

2.1 决策和推理

(36) S 决策（通过选择等级说明包含在工作中的典型决策水平，考虑以下几个方面：需要考虑的因素数量和复杂程度；变化的多样性；决策的后果和重要性；对背景经历、教育和培训的要求；老员工指导的可行性；其他相关的考虑因素。下面每等级所给出的例子只是建议性的）。

等级	决策水平（S）
1	低（在仓库中进行正常安装、归架等挑选物体所进行的决策，在卡通上面贴标签，指挥自动化机器等）
2	在一般以下（在操作木刨、分拆一辆出租车、给汽车加润滑油等方面所作的决策）
3	一般（安装机械工具使其运转、判断飞机的机械故障、提前几个月预订办公室供应品等方面所作的决策）
4	一般以上（决定生产额度，进行诸如提升和解雇的人事决定等方面所作的决策）
5	高（批准公司每年预算、推荐外科医生、为新公司挑选位置等方面所作的决策）

(37) S 解决问题中的推理水平（说明要求任职人员应用知识、经验对问题进行判断的推理水平）。

等级	推理水平（S）
1	运用常识来执行简单的或者没有内含的指令，如房屋管理员、运货员等
2	工作当中要求运用一些训练或者经验来从有限的方法中挑选出恰当的信息，如销售员、图书管理员等
3	运用有关原理来解决实际问题，并且当只有几个有限标准存在的情况下处理各种具体变量，如簿记员、绘图员等
4	运用逻辑或者科学思维来明确问题、搜集信息、确定事实，并且作出可行性的结论，如调查员、解决问题的能手等
5	运用逻辑或科学思维原理来解决广泛的智力和实际问题，如化学研究专家、原子工程师等

3 工作产出

3.1 物理设备使用

这个部分包括人们在工作中使用或者操作的各种各样的设备。根据每种设备的使用对完成工作的重要程度来给下面的项目定级。

等级	重要程度（I）
—	不适用
1	非常微小
2	低
3	一般
4	高
5	极高

3.1.1 手工工具

手动

(50) I 精确工具（做精细工作所用的手动工具，如雕刻工具等）。

(51) I 粗糙工具（手动手工工具，如铁锤、钳子等）。

(52) I 长柄工具（如镐、耙子、铲子、扫帚、拖把等）。

(53) I 柄把工具（如钳子、长柄勺等，用于移动物体或者材料）。

动力

(54) I 精确工具（动力精确工具，如牙医的锥子、蚀镂玻璃工具等）。

(55) I 粗糙工具（动力工具和设备，如手拿锥子、锯、磨光的轮子等）。

4 人际活动

这部分涉及包含在各种工作中人际关系的不同方面。

4.1 交流

根据活动对完成工作的重要程度来给下面的项目分级：

口头（通过说话交流）

(100) I 建议（为了协商而涉及个人，或者关于可能通过法律的、科学的、临床的、精神的，或者其他专业原理来解决问题而进行指导）。

(101) I 谈判（为了达成一项协议或解决方案而涉及其他人，如劳动争议、外交关系等）。

(102) I 说服（为了影响他们朝向一些行为或者观点而涉及其他人，如销售、政治运动等）。

(103) I 指导（正式或非正式的培训或者教育其他人）。

(104) I 面试（为了达到一些具体的目的而进行面试，如面试工作申请者、执行检查等）。

(105) I 交流信息（提供信息是为了从其他人那里获得信息，如派遣出租车、整理材料、预约等）。

(106) I 公众讲话（在相当大的场合面前进行演讲或正式的致词，如政治演说、收音机/电视广播、发表演说等）。

写作（通过书面的或印刷的材料进行交流）。

(107) I 写作（如写信、写报告、写广告摹本、写文章等）。

其他交流

(108) I 发送信号（通过一些类型的信号进行交流，如手信号、信号灯、口哨、喇叭、铃声、光等）。

(109) I 代码交流（电传打字机、电报、暗号等）。

5 工作背景

5.2 心理和社会因素

这部分包括工作的各种心理和社会因素。用代码来说明作为工作一部分的这些因素的重要强度。如果这个项目不适用，就留下空白。

(148) I 文明规范（设定某些文明的规范或责任）。

(149) I 挫折情况（面对具有潜在挫折的情况）。

(150) I 紧张的个人接触（在令人不愉快或紧张的情况下接触个人或公众；如公安工作的某些方面、某些类型的谈判、处理某些精神病人等）。

(151) I 个人牺牲（当要服务于其他或组织目标时愿意付出某些个人牺牲，如军队、内阁、社会工作等）。

(152) I 社会价值冲突（活动可能和广为接受的公众社会/价值标准相冲突）。

(153) S 和工作不相关的社会接触（说明使闲话社会化的机会等，当在工作中和其他人接触时，如理发师、出租车司机等）。

等级	和工作不相关的社会接触
1	非常偶然（几乎没有机会）
2	偶然（有限的机会）
3	偶尔（一般的机会）
4	经常（相当大的机会）
5	非常频繁（几乎一直有机会）

6 多方面因素

6.2 工作要求

这部分列出了工作情景施加于员工的各种类型的工作要求，通常要求达到这些要求是为了他能够出色地完成工作。根据项目对工作的重要程度来给它们分级。

(175) I 具体的工作步骤（在连续的安装线上等）。

(176) I 情景时间压力（在饭店的高峰期、最后期限的紧迫时间、紧迫工作等）。
(177) I 重复性活动（同样体力或脑力活动的动作，重复地在一定期限内没有间断）。
(178) I 精确（要求比正常情况下更精确和准确）。
(179) I 注意细节（需要给予工作各个细节以仔细注意，确保没有什么没有完成）。
(180) I 辨别速度（需要比正常情况下更快地辨别）。
(181) I 灵活性，偶然事件（需要连续检查在工作情景中偶然发生但相当重要的事件，例如，护林人观察仪器表盘从正常情况区分出偶然的变化等）。
(182) I 灵活性，连续变化时间（需要在连续的或经常变化的情景中连续注意变化，如交通驾驶、控制航空交通工具等）。
(183) I 在注意力分散下工作（如电话、干涉、其他人干扰等）。
(184) I 现期的工作知识（需要和职务相关的新发展保持同步）。
(185) X 特殊才能（用 X 来核对项目，来说明如果一项工作要求一些特殊的、独一无二的才能或技能而并没有被其他项目所涵盖的项目；特别地，这个项目适合于员工的这种独一无二的技能或特征而突出明显的工作，像在某些娱乐活动中一样，这个项目也可能被使用，在某些其他情况中，也包括了一些明显与众不同的特殊技能或才能）。
(186) T 旅行（用代码来说明员工因为工作而被要求远离他的家庭而外出的时间比例）。

思考题

1. 什么是职务分析问卷，职务分析问卷的结构是如何设计的？
2. 职务分析问卷的操作流程包括哪些内容？
3. 职务分析问卷有哪些应用领域？请分别举例进行说明。
4. 同其他工作分析方法相比，职务分析问卷的优缺点有哪些？

一、名词解释

职务分析问卷　职务维度剖面图

二、单项选择题

1. 职务分析问卷法收集信息所覆盖的内容不包括（　　）。

A. 一般的工作行为 B. 工作条件
C. 职位特征 D. 在岗人员姓名

2. 对于受过训练的分析者而言，完成一个职位的PAQ所需的时间为（   ）。
   A. 1小时以内　　B. 1~2小时　　C. 2~3小时　　D. 3~4小时

3. 职务分析问卷法实施过程中必须了解工作的智力过程，即（   ）。
   A. 工人执行工作所要求的与他人之间的关系
   B. 执行工作所涉及的推理、决策、计划和信息处理活动
   C. 执行工作的物理和社会背景
   D. 工人执行工作时所使用的身体活动、工具以及方法

4. PAQ的结果对分析评价（   ）岗位的效果不太理想。
   A. 初级工作　　B. 中级管理　　C. 高级管理　　D. 高级技术

5. 针对PAQ的缺点，研究者们进行了改进，设计出了（   ）。
   A. 临界特质分析法 B. 职务成分问卷
   C. 关键事件法 D. 职能工作分析法

三、多项选择题

1. 职务分析问卷法主要收集的信息为（   ）以及其他工作特征。
   A. 信息来源　　B. 智力过程　　C. 工作产出　　D. 人际关系
   E. 工作背景

2. 职务分析问卷法提供的数据可以作为下列（   ）等人力资源功能模块的信息基础。
   A. 工作分类　　B. 人职匹配　　C. 工作设计　　D. 职业生涯规划
   E. 培训

3. 职务分析问卷法（PAQ）最基本的操作过程应包括（   ）。
   A. 明确工作分析目的 B. 焦点小组讨论
   C. 确定信息收集范围与方式 D. 赢得组织支持
   E. 对工作分析的具体实施人员进行培训

4. PAQ分析人员小组，主要包括（   ）。
   A. 专业工作分析人员 B. 任职人员
   C. 熟悉该工作的非在岗专家 D. 该工作的主管
   E. 其他关联岗位任职人员

5. 运用职务分析问卷法进行职位分析过程中，与员工沟通整个项目时，应注意着重传递给员工（   ）。
   A. 该项目的主要参与人员 B. 工作分析的目的
   C. 主要时间规划 D. 数据收集过程的注意事项
   E. 项目主要费用支出

四、判断题

1. 通常，PAQ 的操作过程可划分为四个连续的步骤：明确工作分析目的、确定信息收集范围与方式、收集信息并编码、分析工作分析结果。（ ）

2. 用 PAQ 进行工作分析是从某位任职人员实际绩效的角度，而不是从"行为"的视角对工作进行研究分析的。（ ）

3. PAQ 最初的研发目的就是，开发一种一般性的、可量化的工具用以准确测量工作的任职资格，从而代替传统的测试程序。（ ）

4. 为了保证工作分析结果的科学性，职务分析问卷法（PAQ）所收集的工作信息需全部交由 PAQ 服务机构进行分析处理。（ ）

5. 工作分析人员在访谈任职者或其主管之前，应准备一份与 PAQ 问卷的结构和要求相适应的访谈大纲，以方便对 PAQ 问卷中的各要素进行评定。（ ）

五、简答题

1. 简述职务分析问卷法的优缺点。

2. 在利用 PAQ 系统进行工作分析的实际操作过程中，需要注意哪几个关键控制点？

第四章　工作要素法（JEM）

第一节　工作要素法简介

在德国心理学家冯特（Wilhelm Wundt）提出的"在没有熟悉最简单的事物之前，我们不可能进一步了解到更复杂的现象"的基本原则的基础上，美国人事管理事务处的E. S. 普里默夫（E. S. Primoff）研究开发出来了一种典型的开放式的人员导向性工作分析系统——工作要素法（Job Element Method，JEM）。

JEM是一种着重研究工作本身，并对组成该工作的各种要素以及成功完成该工作所须具有的人员特征进行分析研究的一种人员导向性的工作分析系统。JEM的主要目的是确定对成功完成特定领域的工作有显著作用的行为及此行为的依据。通常情况下，JEM的分析对象不是某一具体的工作岗位，而是某一类具有相似特征的工作，如专业技术人员的工作就是一类具有相似特征的工作。对工作要素进行分析的人员通常是主题专家小组。通常将由专家级任职者或者任职者的上级组成的小组称为主题专家组（Subject-Matter Experts，SMEs）。

作为一种典型的开放式工作分析系统，工作要素法的开放性就在于它所研究的行为或行为的特征要素与其他工作分析系统所研究的行为或行为的特征要素有所不同。工作要素法研究的行为及其特征要素并不是作为完成该工作的工具的一部分来给出并固定的，而是由对所分析的工作非常熟悉的一组专家级任职者或其直接上级，即主题专家组来确定与这一工作相适应的若干个性化的要素，并对它们进行描述、界定以及评估。

JEM所关注的工作要素非常广泛，包括知识、技术、能力、愿望、兴趣和个性特征等。这些工作要素通过任职者、同事、直接上级和其他主题专家来搜集并确定。但有一点需要注意，JEM并不包括任何与具体工作任务相关的信息。普里默夫（Primoff）在最初的分析系统中设计了一套标准的商业工作要素和工业工作要素，"后来这套系统经过修改，并将修改后的分析系统作为通用程序来确定所有类型工作的工作要素"。通常，JEM所涉及的工作要素包括如下几类：

（1）知识——如专业知识的掌握程度、外语水平、知识面的宽窄等；
（2）技能——如计算机运用、驾驶技术、叉车操作技术等；
（3）能力——如口头表达能力、判断能力、管理能力等；
（4）工作习惯——如对工作的热爱程度、承担超负荷工作的意愿、工作时间不规律等；
（5）个性特点——如自信、主动性、独立性、外向、内向等。

这里需要特别说明的是，只有那些对完成所研究的工作有重要影响作用的要素才能被列入考虑范畴，而不是所有与工作相关的要素都要加以考虑，这也是 JEM 与 PAQ 的区别之所在。

JEM 有严格的操作步骤。第一步就是提出工作要素。工作要素的提出由主题专家组来完成，在主题专家组的成员选择上也要依据一定的标准：了解工作的要求、熟悉新员工和有经验员工的特征、没有主观偏见、有意愿通过全面考虑工作的各方面因素和完成工作的多种途径来衡量潜在的生产率，等等。主题专家组将从知识、技能、能力、工作习惯四个方面进行工作要素的提取，这样可以使得一些不显著的行为被忽略掉。工作要素的选择主要考虑这些知识、技术、能力和个性特征是否满足下列情况：① 是任职者必须具备的；② 能够区分出优秀员工；③ 是差员工所缺乏的。主题专家组成员根据自己了解和掌握的情况提出相应的工作要素，然后按一定的逻辑顺序将这些工作要素汇总，并在汇总的过程中根据需要对工作要素进行必要的补充和调整。在列出所有的工作要素之后，针对每个要素列出它的子要素，如，准确性是收银员工作的工作要素之一，它的子要素可能包括：找零的准确性、收款机按键的准确性和价格演算的准确性等。第二步是利用工作要素表对工作要素及其下级子要素进行评估。在这一步骤中，主题专家组成员将各自独立的对工作要素和子要素进行评价，评价主要从四个方面考虑：对最低可接受（Barely Accepted）员工项目的重要性；对选拔优秀员工（Superior Workers）项目的重要性；如果在选拔过程中忽视了会引起麻烦的项目的重要性；在员工来源（求职者）中是否具有实际的可期待性（Practical to Expect in the Applicants）。最后一步是对评估结果的解释和描述，以确定最终的工作要素及其下级子要素。具体的操作过程和操作方法会在下一节中进行详细的介绍。

第二节 工作要素法的实施步骤与关键控制点

在第一节中对工作要素法的基本含义、特点等内容作了一般性的介绍，这一节将会对这种工作分析方法的具体实施过程和实施方法作详细的阐述。

工作要素法的实施步骤如图 4-1 所示。

一、搜集影响目标工作实现的工作要素

在搜集影响目标工作实现的工作要素时，首先由主题专家小组成员采用头脑风暴法，列举出对目标工作的实现有显著影响作用的要素，并对这些工作要素进行反复的推敲。工作要素的提出应该根据完成目标工作所需的知识、技能、能力和个人特征，每个被提到的要素都应和这个工作相联系。同时，成员们在提出工作要素时应该从工作的各个方面进行综合的考虑，以确保这些工作要素可以完全覆盖目标工作的要求。

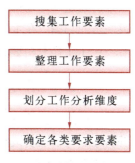

图 4-1 工作要素法的实施步骤

在实际应用中，可以借鉴 PAQ 中的维度进行思考，以求达到对工作要素的全面和准确的搜集。PAQ 问卷主要包括六个维度。

（1）信息输入：即确定任职者应该在何处、采用何种方式去获得他在工作中所需的各种信息。信息输入又包括三个子维度，即工作信息源、感觉和知觉过程、推测活动。

（2）思考过程：所谓思考过程就是指在整个工作的过程当中，涉及何种推理决策，进行了何种计划和信息处理活动。思考过程又包括三个子维度，即决策、推理和计划/安排，信息加工活动，对已学信息的运用。

（3）工作输出：所谓工作输出是指在完成工作的过程中将进行何种体力活动，采用何种工具和设备。工作输出又包括六个子维度，即工具和设备的运用、手工活动、全身活动、运用体力的水平、身体定位/姿势、操作/协调活动。

（4）与他人的关系：所谓与他人的关系是指为了完成预定的工作，需要同其他人发生何种联系或者建立何种关系？与他人的关系这一维度包括五个子维度，即交流、各种人际关系、为完成工作所需进行的个人接触数量、完成工作所需的个人接触类型、监督和协调。

（5）职务背景：就是指在什么样的物理环境和社会背景下完成该工作，职务背景又包括三个子维度，即物理工作条件、身体危险、个人和社会因素。

（6）职务的其他特征：其他特征就是那些本身与工作相关，又不在上述五个维度所描述的活动范围内的工作条件或特征，包括工作着装、资格许可、工作时间表、工作要求、责任、工作结构、职务的关键性、工资或收入八个子维度。

二、对搜集来的工作要素进行整理

对主题专家组成员们搜集来的工作要素资料进行归类和筛选。对工作要素进行"归类"，就是将相同或者相近的工作要素整合在一起的过程。在实际的操作中可以采用类属分析的方法，将具有相同或者相近含义的工作要素归入同一个类别，为每一个类别赋予相应的名称并根据该类别所包含的工作要素的内容和特点对该类别进行明确的界定和解释。通过对资料进行归类和筛选，初步形成工作分析维度与子维度，但这并不是我们要的最终结果，而是（尽可能）按照相同属性标准所进行的初步归类，在下一个步骤中对资料作更进一步的归类。在本阶段结束时，工作分析人员将得到一个工作分析要素类属清单（见本节表 4-1 工作分析要素类属清单）。

三、划分工作分析维度

在对工作要素资料进行了初步的归类和筛选之后，可以采用焦点小组的方法对工作分析的维度与子维度进行最终的划分。组成焦点小组的工作分析人员有：主题专家小组成员、熟悉所分析工作的非主题专家小组人员。小组中的每个成员分别根据自己的标准，运用工作要素表（见表 4-1）对上一步骤所得出的工作分析要素类属清单中的工作要素进行

表4-1 工作要素表

工作名称：　　　　　　　　　　　　评估者名称和编号：　　　　　　　　　　　　日期：

要素	对于勉强接受员工(B) + 都具备 √ 一些具备 0 几乎无人具备	对于挑选优秀员工(S) + 非常重要 √ 有价值 0 没有区分性	如果不考虑它(T) + 带来很大麻烦 √ 带来一些麻烦 0 无影响	实际中，如果提出该要求，我们可以(P) + 填充所有职位 √ 填充一些职位 0 无法填充	S×P	T	ITEM INDEX (IT) SP+T	TOTAL VALUE (TV) IT+S−B−P	P' (+=0 √=1 0=2)	S×P'	TRAINING VALUE (TR) S+T+SP'−B

资料来源：Sidney Gael, *Job Analysis Handbook for Business, Industry, and Government*, 1988.

独立的评估,并确定一级维度和子维度。在这个过程中,焦点小组成员所要评估的工作分析要素类属清单中的要素是已经被打乱的,同时也不区分维度和子维度的一个个独立的工作要素。小组成员独立地对这些要素进行评估之后,成员们集合在一起,运用焦点小组讨论的方法,将各子维度分别归类到不同的工作分析维度下,从而最终得到目标工作的工作分析维度及其子维度。这一过程的具体操作步骤如下:

第一步:组成焦点小组。焦点小组成员的数量一般为六人。

第二步:首先使焦点小组的全体成员明确任务的目的和相关要求,解答他们的疑问并发放相关的材料和工具(主要是工作要素表)。然后对小组成员进行培训,以某一工作(如司机)为例讲解工作维度表的使用方法,确认每一位成员都能科学地使用工作要素表来对工作要素进行评估,这样就形成了主题专家组(Subject-Matter Experts,SMEs)。对焦点小组成员培训的主要内容如下。

(1)介绍工作要素表的结构:要素表第一列是各个要素的名称,指向所有待评估的要素;接下来的四列要求小组成员针对每个要素,分别从四个方面进行三级评估;最后的四列是数据处理区,数据处理区则不要求成员填写。

(2)介绍评估指标的含义:对于每一个一级维度或子维度,将采用四个指标对其进行评估,这四个评估指标分别如下。

① 评估最低要求:所谓最低要求要素,是指那些可以以最低可接受限度被接受的员工都具有的要素。最低要求要素可能是一些简单的要素,如果要求员工能够完全胜任工作,他们就必须具备这些简单要素。对于每一个要素,以勉强合格的员工(Barely Acceptable Workers)为对象,确定他们是否具备这些要素。包括三个等级:"+"代表所有勉强合格的员工都具备该要素,"√"代表有些勉强合格的员工具备该要素,"0"则代表勉强合格的员工中几乎没有人具备该要素。

② 评估优秀员工的要求:对于每一个要素,确定它们是否可以作为区分优秀员工的重要特征,也就是该要素在区分优秀员工特征上的重要性,因为有些要素虽然是每个员工都具备的,但它却不是评价优秀员工的标准。根据要素对甄选优秀员工标准的重要程度,划分为三个等级:"+"代表该要素是区分优秀员工的非常重要的特征,"√"代表该要素是区分优秀员工的有价值的特征,"0"则代表该要素不能作为区分优秀员工的特征。

③ 评估问题或麻烦出现的可能性:确定对于每一个要素,如果不考虑该要素,相应的问题或麻烦出现的可能性会有多大。划分为三个等级:"+"代表不考虑该要素将会带来很大的问题或麻烦,"√"代表不考虑该要素将会带来一些问题或麻烦,"0"则代表不考虑该要素也不会有问题或麻烦。

④ 评估实际可行性:对于每一个要素,确认外部的普通求职者是否能够达到该要素的要求,或者换句话说,如果有类似的职位空缺,那么以该维度的要求作为对求职者的甄选标准时,是否能够使这些空缺的职位获得填补。同样划分为三个等级:"+"代表以该维度

的要求作为甄选标准,将有足够的候选者来填充职位;"√"代表以该维度的要求作为甄选标准,则满足要求的求职者仅能填充部分职位;"0"代表以该维度的要求作为甄选标准,则求职者中几乎没有人可以达到该职位要求。

(3)举例说明评估过程。这里以司机为例,对于"安全驾驶"这个维度,如果几乎没有勉强合格的司机能够安全驾驶,那么就在第一个指标上标"0";如果仅仅有些勉强合格的司机能够做到安全驾驶,那么在第一个指标上标"√";如果所有勉强合格的司机都能够做到安全驾驶,那么第一个指标的标志就为"+";如果安全驾驶是区分优秀司机的非常重要的指标,那么就在第二个指标上标"+";如果安全驾驶的要求被忽视会带来很大的麻烦或问题,那么就在第三个指标上标"+";如果有足够多的司机能达到安全驾驶的要求,那么同样就在第四个指标上标"+",其他情况以此类推。

第三步: 对每个工作要素进行评估。在这一步骤中要求主题专家组的成员进行独立思考,除了允许对要素的含义进行讨论之外,应当把互相间的谈论降低到最低程度,同时还应该强调每个成员以自己的判断为基础来形成评估结果。

第四步: 将各位主题专家组成员的评估结果汇总,对汇总的结果进行数据处理,得到相应的一级维度和子维度。数据处理过程主要是借用 JEM 的数据处理和分析方法,具体过程如下。

(1)数据转换与录入。按照"+"=2、"√"=1、"0"=0 的转换规则,将获得的评估结果进行数据转换并录入计算机。

(2)指标值的计算。

① "B""S""T""P":分别用这四个分值(B, Barely acceptable workers; S, To pick out superior worker; T, Trouble likely if not considered; P, Practical demanding this element, we can)代表上述四个指标(即勉强合格的员工具备该要素的程度、该要素在挑选优秀员工过程中的重要性、忽略该要素所引起的问题或麻烦出现的可能性、该要素的实际可行性)的最终得分。每个指标的最终得分的计算方法是:将专题专家组的 6 个成员在每个指标上评估结果的得分分别相加,得到每个指标的评估结果所得的总分,然后用单个指标可能出现的最大分值(即 2×6 = 12)分别去除每个指标的总分,得到的结果(用百分数表示)就是这四个指标各自的最终分值。

② "IT"(Item Index):该分值表示某一个子维度在对求职者进行区分时的重要性。计算公式为 $SP+T$,得分高就表示该子维度在对求职者进行区分时有很重要的作用。从上面的公式中我们可以看出,即使某一个要素的 S 值(选拔显著要素)很高,但如果该要素的实际可行性很低,即 $P=0$,那么 $SP=0$,从而 IT 的分值也就很低。某个要素的 IT 的最终分值是用该要素的 IT 得分可能出现的最大分值(即 6×6 = 36)去除 6 个成员在该要素上的 IT 得分之和所得到的数值(用百分数表示)。

③ "TV"(Total Value):该分值用来表示某一要素所具备的对该类工作的求职者的区分价值。它的计算包括两个部分:其中一个部分强调优秀员工和其他非优秀员工之间的区

分，其计算公式为 $S-B-P$，这个公式是 JEM 的研究者们在多重相关的效度检验的研究中得出来的。从逻辑上来讲，一个能够有效区分出优秀员工的工作分析维度，应该具有相对较高的 S 值（优秀员工具备该要素的程度），以及相对较低的 B 值（勉强合格员工具备该要素的程度）和 P 值（外部的普通求职者具备该要素的程度）。TV 分值计算的另一个部分则强调该要素在实际区分求职者的测试过程中的显著性，其计算公式为 $SP+T$（IT）。从研究者的角度来理解，TV 分值代表了一个对范围宽广的能力要求的衡量，其中第一个部分主要是对优秀员工的较高的能力要求的衡量，而第二个部分则主要侧重于对该类工作的一般能力要求的衡量。因此，可以根据 TV 分值的高低来判断该工作分析维度的存在价值。两个部分的分值相加得到 TV 的分值，再将 6 位成员的 TV 分值相加得到某个要素的 TV 总分，在所有要素的 TV 总分中取最大值，将其定为 150，其他要素的 TV 总分按同比例增大，从而得到每个要素的 TV 最终得分。

④ "TR"（Training Value）：该分值代表该工作的培训要素。可以将培训要素定义为"那些与优秀业绩有密切关系的、勉强可接受的员工所不具有的、难以在求职者的特征中找到的、却也不会因为不具有它而引起严重工作障碍的工作要素"。换句话说，培训要素就是求职者所不具备、最低接受标准的员工很少具备、与优秀员工有密切联系、不具备它也不会引起麻烦或问题但同时也难以达到优秀绩效的那些工作要素。计算培训要素要用到的 P' 是 P 值（P：Practical demanding this element, we can）的倒算值，即如果 $P=2$，则 $P'=0$；$P=1$，则 $P'=1$；$P=0$，则 $P'=2$。培训要素的计算方式是：将单个分析人员的 tr 值汇总，得到 TR 值。其中单个分析人员的 tr 值的计算公式为 $tr = S+T+SP'-B$，如果有 6 位分析人员，则 $TR=\sum tr/36 \times 100$，即各评估人的评估结果的算数和与符合培训要素特征的 tr 的最大值和人数的乘积（6×6＝36）相比所得到的百分数。由于符合培训要素特征的各要素的 tr 的最大值分别是：

$S=2$　即对于甄选优秀员工非常重要；

$T=0$　即在招聘甄选过程中安全忽略它也不会引起麻烦或者问题；

$P'=2$　即便将此要素作为甄选标准，也仍然不能填补所有的职位空缺；

$B=0$　即仅达到最低可接受标准的员工基本都不具备该要素特征。

因此，符合培训要素特征的 tr 最大值＝2+0+2×2+0＝6。当 $TR>75$ 时，该要素就可以被评定为培训要素。

(3) 维度、子维度、最低要求要素、选拔性最低要求要素的标志的评估与区分。

各要素的评估标准是根据以上指标的得分值，这些是在 JEM 研究中所得出的标准化结果，经检验其在人员甄选方面具有很高的效度和信度。

① E：维度的标志，当 TV 值大于或等于 100 时，可以将该要素确定为一个维度。如果某个要素被确定为一个维度，那么将不再对其作进一步的区分与评估。

② S：求职者甄选显著性子维度的标志，当 IT 大于等于 50 时，表示该要素可以作为一个显著性子维度。

③ SC（Screenout）：最低要求要素的标志，当 B 值和 P 值都大于或等于 75，并且 T 值大于或等于 50 时，将该要素确定为最低要求要素。一个合理的最低要求要素应该具备以下特点：勉强合格的员工具备该要素；在实际过程中将其作为甄选标准，不会导致太多的职位空缺；忽略该要素时会带来较大的问题或者麻烦。

④ RS（Rankbale Screenout）：选拔性最低要求要素的标志，当子维度既符合 S 的要求，又达到 SC 的要求时，说明该要素既可以作为甄选求职者的子维度，同时也可以作为对任职者的最低要求。

简单地总结为以下内容：

E：代表维度，表示 TV 值≥100，标明 E 的要素则不再标其他符号；

S：代表选拔显著要素，表示 IT 值≥50；

TS：代表培训要素，表示 TR 值≥75；

SC：代表最低要求要素，表示 B 值≥75，P 值≥75，T 值≥50，同时也满足 S 值的要求；

RS：代表最低选拔要求要素，表示具有 S 值与 SC 值的特征，即 IT 值≥50，B 值≥75，P 值≥75，T 值≥50。

第五步：评估结果的反馈。本研究采用同质焦点小组的方法，仍然邀请主题专家组的成员担任焦点小组的成员，向他们介绍评估的结果。

第六步：通过焦点小组成员之间的相互讨论，将子维度划归到相应的维度中。首先需要完成的工作是检查维度清单。根据焦点小组的一致性意见，对不恰当的维度名称进行修正，删除或修改明显不科学的维度以保证各维度称谓的科学性和可理解性。然后，检查标有 S 或 RS 的子维度，将其划归到相应的维度内。这种划归要尽量建立在焦点小组成员的意见一致性基础之上，如果成员之间有不同意见，则可以通过投票的方式来决定。当各个不同的意见获得相同的票数时，可以将该子维度同时划归到不同的维度中。如果某些子维度无法划归到任何一个维度中，那么可以适当放宽 TV 值的限制标准，选择一个 TV 值低于 100 的要素作为维度来对这些子维度进行划分。

第三节　工作要素法的优缺点

在这一章中，对工作要素法（JEM）这种开放式的工作分析系统的含义、实施步骤及其过程中的关键控制点以及 JEM 的实际运用作了详细介绍。JEM 作为一种开放式的工作分析技术，其目的在于确定对成功完成特定领域工作有非常显著作用的行为及其特征要素。它的开放性就在于这些行为及特征要素并不是作为工具的一部分给出，而是由主题专家组（Subject-Matter Experts，SMEs）对其进行确定、描述和评估的。JEM 所关注的要素非常广泛，包括知识、技术、能力、愿望、兴趣和个性特征等，其工作要素及其下级子要素不包括任何工作任务信息。主题专家组通过运用 JEM 所特有的"工作要素表"对工作要素和子要素进行评估,最终确定出对被评价工作的有效实施确实有影响的因素和子因素。

JEM 是一种基于行为(behavior)的工作分析方法,用工作要素概括出工作中对绩效有显著影响的行为,同样的要素可能跨越不同的任务和不同的工作。它为招聘选拔、培训、绩效评估等提供了有效的支持。与其他的工作分析系统一样,JEM 同样有着自身的优缺点,下面分别作出总结。

运用 JEM 进行工作分析具有如下优点。

(1) JEM 工作分析系统的开放性程度高,可以根据特定工作提取个性化的工作要素,并能够比较准确、全面地提取出影响某类工作的绩效水平的工作因素。

(2) 与其他工作分析系统相比较,JEM 的操作方法和数值的标准转化过程具有一定的客观性。

(3) JEM 在人员招聘过程中的人员甄选以及确定培训需求方面具有很高的应用价值。JEM 分析结果中的选拔性最低要求要素为人员甄选提供了可靠的依据;同时得出的培训要素也为企业确定员工培训需求找到了重要的来源。

但 JEM 仍然存在以下缺点:

(1) 工作要素的确定,依赖于工作分析人员的总结。工作分析人员对工作的看法不同,导致大量工作要素的出现,而其中有些工作要素对目标工作来说并不重要,或者只是一些几乎适用于所有工作的要素,在正常的情况下,这些要素最终往往会被剔除掉,这无疑会导致许多无用工作,浪费时间和人力。

(2) 对搜集到的信息进行评分的过程比较复杂,需要 JEM 分析专家强有力的指导与控制。作为一项完整的工作分析系统,在信息的搜集与整理的过程中,会涉及很多不确定的因素,这势必有赖于焦点小组成员的共同探讨,有赖于 JEM 专家的指导与过程控制。

(3) 焦点小组成员在进行工作要素评价时,容易倾向于肯定回答,认为这些要素很重要,另一些要素也很重要,难以取舍。这主要是因为焦点小组成员所进行的工作要素评价只是他们的一种主观判断,并没有客观标准作基础。这样一来,所得出的分析结果如最低要求要素、培训要素等,数量太多,难以突出重点,大大降低了工作分析结果应用在其他人力资源管理职能中的操作性和最终效果。

本章小结

根据德国心理学家冯特提出的"在没有熟悉最简单的事物之前,我们不可能进一步了解到更复杂的现象"这一原则,一种典型的开放式的人员导向性工作分析系统——工作要素法应运而生。

该方法着重研究工作本身，并对组成该工作的各种要素以及成功完成该工作所需具有的人员特征进行分析研究。其研究目的主要是确定对成功完成特定领域的工作有显著作用的行为及此行为的依据；其分析对象不是某一具体的工作岗位，而是某一类具有相似特征的工作；其所关注的工作要素非常广泛，包括知识、技术、能力、愿望、兴趣和个性特征等，但并不包括任何与具体工作任务相关的信息。

JEM 的基本操作流程以提出工作要素为起点，利用工作要素表对工作要素及其下级子要素进行评估，而后对评估结果进行解释和描述，以确定最终的工作要素及其下级子要素。在各个流程的推进中要特别关注对影响目标工作实现的工作要素的搜集、整理以及划分工作分析维度这三个关键控制点。

尽管 JEM 系统在人员甄选、人员培训与薪酬体系构建部分都含有较为广泛的应用。工作分析人员仍应当注意到，该方法虽具有较强的开放性、量化客观性与应用性的特点，但其工作要素确定的主观性与操作的复杂性也应当予以关注。

案例研究

A 高校教师的工作要素清单

2014 年，初 A 高校为了明确教师任职资格条件、新教工培训项目，提高其人力资源管理水平，特在相关专家的指导下，运用工作要素法对该校教师这一岗位展开分析。

一、搜集工作要素，并对其进行类属分析

首先采用德尔菲法从知识、技术、能力、工作习惯和个性品质这几个方面入手，搜集工作要素，列出工作要素清单。

表 1　工作要素清单

语言表达能力、调查研究能力、数据处理能力、学习能力、逻辑分析能力、公正、责任感、进取心、教学技巧、教学方法、人际交往能力、沟通协调能力、理论的创新运用能力、归纳总结能力、洞察本质的能力、教材分析能力、教学设计能力、教学组织能力、信息分析能力、创新能力、创新意识、敬业精神、高学历（硕士以上）、专业知识、外语应用能力、计算机应用能力、幻灯片制作与演示技巧

其次，对收集的工作要素进行归类筛选。即研究者在工作分析要素清单的基础上，通过征求专家的意见，对工作清单中的工作要素进行初步分类，从中提取一些共同的属性，并对这些共同属性赋予相应的名称，并对每个类别名称做出解释。研究者们在这个过程中注意到，"因为一个名称或者标题并不是总能够清楚地描述出这些主导工作人员特征的工作要素所拥有的基本的、共同的属性，所以无须对每个工作维度的标题或名称做非常严格的解释"（E.J.麦考密克）。因此，为了保证了人们在更广泛的范围内对同一要素的理解不会出现偏差，研究者们只对每个维度做了范围上的界定和解释，提取出的名字也是通用而朴实的。

通过对工作清单的分类整理，研究者们所提炼出来的维度是：抽象思维与创新能力、人际沟通能力、教学技能、职业态度、专业知识与基本技能,基本上涵盖了该类工作人员的各方面特征。

如将在人员甄选方面效果最好的两个工作分析系统 TTAS(详情参见第五章)和 JEM 的分析维度相比较,可以发现两者所涵盖的范围基本上是一致的。TTAS 的分析维度包括智力方面、学识方面、动机方面、社会方面以及身体方面。其中,学识方面与专业知识、教学技能相对应,智力方面与抽象思维与创新能力相对应,动机方面与职业态度相对应,社会方面与人力沟通能力相对应;相比之下 JEM 则更简单,主要包括智力要素、技能要素和工作习惯,当然这三个要素所涵盖的定义范围相对比较宽泛。关于维度的抽取更多地考虑到高校教师这一群体的特点,因而更加具体、更有指向性,并能够在一定程度上反映出高校教师的特征。

经过整理后所得到的工作要素类属清单,如表 2 所示。

表2 工作要素类属清单

维度	抽象思维与创新能力	人际沟通能力	教学技能	职业态度	专业知识与基本技能
界定	有效完成工作所需的与思维、创新有关的基础性能力	有效完成工作所需的与人沟通交往的基础能力	有效完成教学工作所需的特定能力	有效完成教学工作所需的品格和意愿	胜任工作的基本知识、技能和条件
子维度	调查研究能力、数据处理能力、学习能力、逻辑分析能力、理论的创新运用能力、归纳总结能力、洞察本质的能力、信息分析能力、创新能力、创新意识	语言表达能力、人际交往能力、沟通能力	教学技巧、教学方法、教材分析能力、教学设计能力、教学组织能力、幻灯片制作与演示技巧	公正、责任感、进取心、敬业精神	高学历(硕士以上)、专业知识、外语应用能力、计算机应用能力

二、评估与划分工作要素

使用 JEM 的要素评估表对上述工作要素类属清单中的工作要素进行评估,得出高校教师的"B""S""T""P"四个指标(即勉强合格的员工具备该要素的程度、该要素在挑选优秀员工过程中的重要性、忽略该要素所引起的问题或麻烦出现的可能性、该要素的实际可行性)的最终得分,并进一步计算得出"IT(Item Index)"(最低要求要素,即对求职者进行区分时的重要性)、"TV(Total Value)"(选拔性最低要求要素,即对求职者的区分价值)、"TR(Training Value)"(培训要素),结果如表 3 所示。

表3 工作分析要素评估结果

要素	B	S	T	P	IT	TV	TR
抽象思维与创新能力(E)	50	100	42	42	42	120	69
调查研究能力	50	83	42	50	42	98	53
数据处理能力	50	67	42	50	36	68	42
学习能力(S)	75	92	42	67	53	98	42
逻辑分析能力(S)	75	92	50	58	50	98	50

(续表)

要　　素	B	S	T	P	IT	TV	TR
理论的创新运用能力	42	83	33	42	36	98	56
归纳总结能力	58	83	42	50	42	90	50
洞察本质的能力	33	67	42	42	36	90	47
信息分析能力	58	83	33	50	39	83	47
创新能力	42	75	33	33	28	75	56
创新意识	42	75	33	42	31	75	53
人际沟通能力	67	67	58	58	44	68	39
语言表达能力	75	67	67	58	47	68	39
人际交往能力	58	67	58	58	44	75	42
沟通协调能力	50	67	58	50	42	83	47
教学技能（E）	67	83	75	58	61	128	50
教学技巧（E）	67	83	58	58	56	113	44
教学方法（E）	58	83	75	58	61	135	53
教材分析能力（S）	83	75	58	67	53	75	33
教学设计能力（E）	75	83	67	58	58	113	44
教学组织能力（E）	75	83	67	58	58	113	44
幻灯片制作与演示技巧	67	67	42	42	36	60	36
职业态度（E）	75	83	83	75	69	128	44
公正（S）	58	67	75	67	56	98	42
责任感（E）	58	83	75	83	72	143	42
进取心（S）	58	58	67	75	50	68	33
敬业精神（E）	50	83	75	83	75	150	44
专业知识与基本技能（E）	92	83	92	75	75	128	39
高学历（硕士以上）	67	42	67	50	39	38	25
专业知识（S）	92	67	83	58	58	83	33
外语应用能力	50	33	25	42	17	−8	17
计算机应用能力	58	42	25	50	22	0	17

三、评估结果反馈、要素剔除与子维度划分

研究人员将数据处理结果反馈给焦点小组。经过焦点小组对于反馈结果进行分析讨论，将子维度划归相应的维度。将标有 E 的工作要素确定为维度，将标有 S 或 RS 的要素确定为子维度，并根据逻辑关联进行划分。通过讨论和投票，焦点小组得出以下结果：

（1）一些内涵宽泛或者与其他要素相关性较强的要素被确定为维度，如职业态度、教学技能等；

（2）一些对人员选拔效果不明显的要素被剔除，如洞察本质的能力、信息分析能力和

人际交往能力等；

（3）一些在人员招聘中作为基本要求或在后期甄选中不必考虑的要素同样应剔除，如外语应用能力、高学历（硕士以上）、计算机应用能力等；

综合焦点小组讨论结果，得到最终A高校教师的工作分析子维度划分表，具体如表4所示。

表4　工作分析子维度划分

维　　度	子　维　度
抽象思维与创新能力	学习能力、逻辑分析能力
教学技能	教材分析能力
职业态度	进取心
敬业精神	公正
专业知识与基本技能	专业知识
教学技巧	（未列出）
教学方法	（未列出）
教学设计能力	（未列出）
教学组织能力	（未列出）
责任感	（未列出）

思考题

1. 相对于其他的工作分析方法，工作要素法具有哪些优缺点？
2. 利用工作要素法进行工作分析时，应该注意哪些问题？
3. 采用工作要素法分析工作时，一般将工作要素划分为几个维度？
4. 采取工作要素法对某项工作进行分析的主要步骤包括哪些？
5. 工作要素法在实际操作过程中的关键控制点是什么？

课后练习

一、名词解释

工作要素法　主题专家组

二、单项选择题

1. 焦点小组成员的数量一般为（　　）人。

A. 3　　　　　B. 4　　　　　C. 5　　　　　D. 6

2. JEM 工作要素有（　　）个评估指标。

   A. 3　　　　　B. 4　　　　　C. 5　　　　　D. 6

3. 工作要素法中 SC 表示的是（　　）。

   A. 培训要素　　　　　　　　B. 选拔性最低要求要素

   C. 最低要求要素　　　　　　D. 甄选要素

4. 工作要素法中"若提出该要求，实际中的满足程度"这一指标用（　　）表示。

   A. B　　　　　B. S　　　　　C. T　　　　　D. D

5. 工作要素分析系统能够比较准确地提取出影响某类工作（　　）的工作因素。

   A. 胜任力素质　　B. 绩效水平　　C. 环境条件　　D. 薪酬水平

三、多项选择题

1. JEM 所涉及的工作要素包括（　　）。

   A. 知识　　　　B. 技能　　　　C. 能力　　　　D. 工作习惯

   E. 个性特征

2. 主题专家组成员将各自独立的要素和子要素进行评价，主要从（　　）方面进行考虑。

   A. 对最低可接受员工项目的重要性

   B. 对选拔优秀员工项目的重要性

   C. 如果在选拔过程中忽视了会引起麻烦的项目的重要性

   D. 在求职者中是否具有实际的可期待性

   E. 在员工流失过程中的项目的重要性

3. JEM 的数据处理分析方法中，指标值主要包括（　　）。

   A. "B"　　　　B. "M"　　　　C. "S"　　　　D. "T"

   E. "P"

4. RS 指标代表最低选拔要求要素，表示具有 S 值与 SC 值的特征，即（　　）。

   A. IT 值≥50　　B. B 值≥75　　C. P 值≥75　　D. T 值≥50

   E. TV 值≥100

5. 关于运用工作要素法（JEM）进行工作分析，下列说法错误的是（　　）。

   A. 开放程度高，可以根据特定工作提取个性化的工作要素

   B. 无法应用于人员招聘过程中的人员甄选以及确定培训需求等方面

   C. 评价过程简便易行

   D. 焦点小组成员在工作要素评价时，容易偏向于否定回答

   E. 评分过程基本不需专业人员指导，往往可以独立完成

四、判断题

1. 工作要素法是典型的开放式任务导向型的工作分析方法。　　　　　　　（　　）

2. 利用工作要素法对工作进行评价是完全建立在主题专家小组成员对工作进行观察的基础之上。（   ）

3. 工作要素的选择主要考虑这些知识、技术、能力和个性特征是否满足：① 是任职者必须具备的；② 能够区分出优秀员工；③ 是差员工所缺乏的。（   ）

4. JEM 的数据处理方法中"IT"（Item Index）分值表示某一个子维度所具备的对该类工作的求职者的区分价值。（   ）

5. 通过焦点小组成员之间的相互讨论，将子维度划归到相应的维度中时，不需要检查维度清单。（   ）

五、简答题

1. 简述工作要素法的优缺点。
2. 简述工作要素法实施的基本步骤。
3. 简述在 JEM 的实施过程中的评估指标。

第五章 临界特质分析系统（TTAS）

第一节 临界特质分析系统介绍

皮瑞恩和罗兰（Prien and Ronan）在对工作分析的文献进行研究时指出："长期以来，人们试图研究出一种分类（Taxonomy），它能涵盖所有工作的某方面特征，而且它可以提供一种便于工作间比较的标准。"临界特质分析系统也正是在这样的目标基础上发展起来的。

临界特质分析系统（Threshold Traits Analysis System，TTAS）是完全以个人特质为导向的工作分析系统。它可以提供标准化的信息以辨别人们为基本完成和高效完成某类工作分别至少需要具备哪些品质、特征，TTAS 称这些品质和特征为临界特质（Threshold Traits）。

研究者通过分析工作分析专家普里默夫和麦考密克（Primoff & McCormick）等人的研究成果，得出以下几点结论。

（1）每个工作都具有两方面的特征：一是任职者必须完成的工作任务和活动；二是为了完成这些工作任务需要满足的条件。一份完整的工作说明书必须包括与这项工作相关的所有任务、活动和要求。

（2）为了实现人员甄选、配置、开发和激励，一份工作说明书必须明确任职者完成工作职能所需要具备的特质。

（3）为了便于辨别工作对任职者特质的要求，有必要开发一种特质库，这种特质库能用有限的特质描述涵盖所有工作和职业对任职者的要求。

研究者通过对工作分析资料以及有关特质的资料进行因素分析，得出了三大类特质维度：身体技能、认知能力、个性或动机因素。F. M. 罗派兹（F. M. Lopez）将其扩展为五个主要的工作范畴（Work Domains）：身体特质（Physical）、智力特质（Mental）、学识特质（Learned）、动机特质（Motivational）和社交特质（Social），我们可以通过研究工作与这五类工作范畴的相关性对所有工作进行描述。

以麦考密克及其同事的因素分析作为起点，分析人员又提炼并定义了 21 种工作职能（Job Functions），如信息处理、感官投入等，并将其分配到五个工作范畴中。在对有关特质的文献进行综合研究之后，他又针对这 21 种工作职能提炼出了 33 种特质因素（Traits）（见表 5-1），这些特质力图涵盖从事任何一项工作所需要的所有特质。

TTAS 对每个特质的含义都进行了严格的界定，而且对每个特质都列出了若干等级，并对每个等级进行了描述（见表 5-2），以供分析人员判断选择。

表5-1 TTAS 特质表

工作范畴 Work Domains	工作职能 Job Functions	特质因素 Traits	描 述
身体特质 Physical	体力	1. 力量	能举、拉和推较重的物体
		2. 耐力	能长时间持续地耗费体力
	身体活动性	3. 敏捷性	反应迅速、灵巧、协调性好
	感官	4. 视力	视觉和色觉
		5. 听力	能够辨别各种声响
智力特质 Mental	感知能力	6. 感觉、知觉	能观察、辨别细微的事物
		7. 注意力	在精力不集中的情况下仍能观察入微
		8. 记忆力	能持久记忆需要的信息
	信息处理的能力	9. 理解力	能理解口头表达或书面表达的各种信息
		10. 解决问题的能力	能演绎和分析各种抽象信息
		11. 创造性	能产生新的想法或开发新的事物
学识特质 Learned	数学能力	12. 计算能力	能解决与数学相关的问题
	交流	13. 口头表达能力	口头表达清楚、简练
		14. 书面表达能力	书面表达清楚、简练
	行动力	15. 计划性	能合理安排活动日程
		16. 决策能力	能果断选择行动方案
	信息与技能的应用	17. 专业知识	能处理各种专业信息
		18. 专业技能	能进行一系列复杂的专业活动
动机特质 Motivational	适应能力	19. 适应变化的能力	能自我调整，适应变化
		20. 适应重复	能忍受重复性活动
		21. 应对压力的能力	能承担关键性、压力大的任务
		22. 对孤独的适应能力	能独立工作或忍受较少的人际交往
		23. 对恶劣环境的适应能力	能在炎热、严寒或嘈杂的环境下工作
		24. 对危险的适应能力	能在危险的环境下工作
	控制能力	25. 独立性	能在较少的指导下完成工作
		26. 毅力	能坚持一项工作任务直到完成
		27. 主动性	主动工作并能在需要时承担责任
		28. 诚实	遵守常规的道德与规范
		29. 激情	有适当的上进心
社交特质 Social	人际交往	30. 仪表	衣着风貌达到适当的标准
		31. 忍耐力	在紧张的气氛下也能和人和睦相处
		32. 影响力	能影响别人
		33. 合作力	能适应团队作业

资料来源：Lopez, F. M., Kesselman, G. A. & Lopez, F. E., *A Empirical Test of A Trait-oriented Job Analysis Technique*, Personnel Psychology, 1981, 34, pp. 479—502.

表 5-2　解决问题的能力（Problem-solving）（例）

所属工作范畴：智力特质（Mental）
所属工作职能：信息处理（Information Processing）

工作职能的内容		任职者必须做到	
信息处理：对信息进行处理，得出特定的解决方案或得到某个问题的答案；处理信息，能对别人的建议提出正确的评价和修改意见。		对信息进行分析，并通过演绎推理，提出正确的结论和解决方案	
等级	等级描述	等级	对任职者的要求
0	工作任务需要解决一些细小的问题，提出简单的解决方法	0	任职者必须能解决细小的问题并给出简单的解决方案
1	需要解决一些包含的问题（如诊断机器故障或解决客户投诉等）	1	任职者必须能解决包含有限个已知因素的问题
2	需要解决一些包含许多已知因素的问题（如投资可行性分析等）	2	任职者必须能解决包含许多已知因素的问题
3	需要解决一些复杂的、抽象的且包含许多未知因素的问题（如设计或研究某套系统的改良方案等）	3	任职者必须能解决复杂的、抽象的且包含许多未知因素的问题

资料来源：Lopez, F. M., Kesselman, G. A. & Lopez, F. E., *A Empirical Test of A Trait-oriented Job Analysis Technique*, *Personnel Psychology*, 1981, 34, pp. 479-502.

仔细分析表 5-1 所列特质，可以看出对 TTAS 而言，人的特质首先可以分为两大类，即一类是能力（Ability）因素或者说"能做什么（Can do）"；另一类是态度（Attitude）因素或者说"愿意做什么（Willing to do）"。身体特质、智力特质和学识特质这三类特质属于能力特质；而动机特质和社交特质属于态度特质。能力特质又可以进一步分为两个子类，即发展性能力（Aptitude）和熟练能力（Proficiency）。发展性能力是员工通过培训能掌握或达到一定级别的能力；熟练能力描述员工已经掌握的知识或技能。在第三层分类上，熟练能力，或者说已掌握的能力，又可以分为一般性（General）知识/技能和特殊性（Craft）知识/技能。前者指在一个人的成长早期通过社会的正式教育获得的知识和技能，如阅读能力和口头表达能力，雇主在选拔求职者时，通常都希望他们较好地具备这些能力；而后者是在工作中或特殊的专业培训中获得的知识和技能，如服装设计的能力等，雇主通常都愿意为员工获得或发展这方面的能力而提供支持。这种分类与定义看起来很理论化，但是在将来分析结果的应用以及求职人员的评价与选拔上会很有用处，比如通过了解这些分类和定义，雇主在甄选过程中可以判断哪些能力求职者不具备也能接受，哪些能力求职者必须具备。

在对特质进行评价时，需要用到三类评价维度。

（1）等级（Level）：等级描述的是特定特质的复杂度要求或强度要求，比如表 5-2 中"解决问题的能力"这一特质有四个等级。

（2）实用性（Practicality）：实用性是针对等级评价而言，即对某工作而言，要任职者达到该工作需要的等级是否具备可行性，也就是说，实用性描述的是在求职者当中，有多大比例的求职者能够具备这一特质并达到评定的等级。如果预计 10% 以上的求职者能达到评定的特质等级,则被认为这一评定是实用的(Practical);如果预计只有 1%~10% 的求职者能具备评定的特质等级,则被认为是基本不实用的(Somewhat Impractical);如果预计不到 1% 的求职者能达到评定的特质等级,则被认为这一评定是不实用的(Impractical)。这一维度的评定将反过来影响等级的最终评定。举例而言,如果对某一管理工作,"解决问题的能力"被评定为需要达到"3"等级,而在任职者中,只有不到 1% 的人员能达到"3"等级的要求,那么这一评定会被认为是不实用的。因为这一特质的"实用性"值是零,那么它将从任职资格要求中剔除。

(3)权重(Weight):权重表示的是与目标工作相关的特质对工作绩效的影响程度。权重值对于甄选计划、评价不同工作的相对价值以及设计培训需求计划等都具有重要的参考价值。

第二节 临界特质分析系统的实施步骤

TTAS 注重对关键工作的选择。所谓关键工作是指那些绝大多数初学者或者较低层次的员工都希望在一段时间内也可以达到的工作岗位。因为对组织中所有工作进行分析是不实际的,也是没有必要的,因此工作分析的第一步应该明确和选择需要对哪些工作进行分析。TTAS 采用职业矩阵(Career Plan Matrix)的方法对工作进行挑选。职业矩阵通过两维指标对工作进行分类,这两维指标是:工作族(Job Family)、工作复杂程度和责任大小,如表 5-3 所示。

表 5-3 职业矩阵

等级	工 作 族		
	操作类	维修类	技术类
熟练的			
半熟练的			
初学工			

利用职业矩阵可以区分哪些是关键岗位。然后,根据临界特质分析系统(TTAS)技术进行工作的分析。完整的临界特质分析系统包括三种分析技术:临界特质分析(Threshold Traits Analysis,TTA)、工作要求与任务分析(Demand And Task Analysis,DATA)、技术能力分析(Technical Competence Analysis,TCA)。其中 TTA 是本系统的主要部分,在系统中起到核心的作用。由于同时使用 TTA、DATA、TCA,对每个工作进行操作和分析不具有可行性,我们将分别对这三种技术进行介绍。

一、临界特质分析(TTA)

在进行临界特质分析时,要由直接主管、其他主题专家成员和(或)任职者评价 33

种特质的相关性（Relevancy）、等级（Level）、实用性（Practical），也就是说评价在该工作岗位上达到可接受（优秀）的绩效水平与哪些特质相关、需要达到哪种等级、这种要求是否实际等。需要注意的是后天特征，比如受教育程度和经验年限等，并不在 TTA 的特质名单中。

进行临界特质分析一般包括四大步骤。

（一）选择分析团队成员

临界特质分析是由一组分析人员完成。这个分析团队包括一名主持人以及至少 5 名的分析人员，如果分析人员少于 5 位，分析结果的信度将大打折扣。主持人通常由组织内熟悉 TTA、熟悉组织的职业矩阵以及劳动力市场状况的人担当。由于主持人在整个分析过程中都扮演着十分重要的角色，因此对主持人的选择要谨慎。主持人的职责包括主持整个 TTA 分析过程，并负责监测分析人员评定的准确性、一致性和不同分析人员之间的一致性。通常地，他们自己并不参与对工作的评定。分析人员有多种来源，但一线的直接主管通常都包括在内，因为是他们直接观察任职者的行为和特质的。

（二）培训分析团队成员

在组成分析团队之后，接下来就是如何对他们进行培训。培训时，应提供给每位分析人员有关操作的书面材料，书面材料需要包括每种特质的定义与等级界定、已完成的"TTA 卡（TTA Chart）"。另外，组织他们实际分析一份他们熟悉的、与正式分析无关的工作，如棒球运动员、舞蹈演员等。这时主持人的工作是检查每位分析人员是否了解特质分析的目的以及分析过程中的每一个细节。主持人只有在确定每位分析人员都了解特质分析的目的以及分析过程中的每个细节后才能开始正式的分析过程。

（三）完成 TTA 卡

临界特质分析开始于 TTA 卡的填写。该卡分为三步完成。

第一步，通过评定每个特质的重要性和独特性，评定它们与工作的相关性。重要性表示的是特定特质对工作绩效的影响程度；独特性表示的是该工作的可雇用群体中，包括该工作的任职人员和求职人员，有多大比重的人具有这种特质。TTA 中，每一特质的 0 等级是最普通的等级，即可雇用群体中的 90%能达到这个等级，因此"独特性"的描述就转化为"对该特质的要求是否达到特质的 1、2 或 3 等级"。当重要性与独特性的乘积，即 C 值为 0 时，该特质就被认为与目标工作无关，在接下来的分析中将不再考虑这些特质。

第二步，确定需要达到各相关特质的哪一等级，才能达到可接受的绩效水平。"可接受的绩效水平"指能够使任职者得到绩效工资的绩效水平。为了确保等级评定的准确性，有必要考虑组织实际提供给任职者的薪资水平以及组织面对的劳动力市场状况。例如，一名分析人员认为从事文书工作应该具备较强的统计知识和数学知识，但是公司只为文书提供相当于低层次一般文秘工作的薪资水平，因此，公司并不能吸引来达到较高等级的求职者，这一等级评定也就失去了原来的意义。

第三步，确定任职者需要达到哪一等特质水平，才能取得优秀的绩效。"优秀绩效"的标准是任职者达到的绩效水平使得他有晋升的机会或工资水平提升的机会。

这张表格由分析人员独立完成，并交给主持人。主持人将对每个分析人员填写的 TTA 卡进行检验，如检查是否有自相矛盾之处、程序上是否有不合要求的地方，以及分析人员之间是否存在一致性。在分析人员填写 TTA 卡的过程中不要给他们指导和提示，由他们独立思考并进行判断。TTAS 本身有许多防护墙，以防止分析人员不经意的失误。

如果在分析人员之间出现了非常大的差异，比如，部分分析人员评定为"0"等级，而对于同一特质另一些分析人员评定为等级"3"，这时主持人就需要召集所有的分析人员讨论这种差异出现的原因，进而将差异抹平。此时，分析人员的任务结束。

（四）整理并总结 TTA 卡

在分析人员完成 TTA 卡的填写后，剩下的内容由主持人来完成。主持人首先要检查 TTA 卡是否存在错误。在对所有分析人员的 TTA 卡进行处理后，主持人需要再将处理结果通过电脑进行汇总，得到最终的特质分析结果。

总体来说，运用 TTA 进行工作分析就是先由多位该工作的直接主管组成分析小组，在对他们进行培训后，由每个分析人员首先独立地对各个特质与该工作的相关性作出判断，即判断每个特质对于该工作某些工作职能的有效完成是否有重要意义。如果某特质被评定为"0"等级，则可以认为该特质与被分析的工作不相关，也就是说，该工作的任职者不需要具备这一特质，因为从所有特质"0"等级的定义看，几乎所有工作的任职者都需要达到这一等级。如果某一特质被判定为相关，分析人员接下来就需要判断为取得可接受的绩效水平，任职者至少需要达到这一特质的哪个等级。

在每个分析人员独立地完成自己的评定后，由主持人按照一套标准化的统计方法对所有数据进行统计分析，得出最后结果，即：为完成这份工作，任职者需要具备哪些特质、至少需达到该特质的哪个等级，以及对于总体绩效而言，每个相关特质的贡献度（权重）有多大等。

同样的方法可以用于判断达到优秀的工作绩效，任职者需要具备哪些特质、至少需要达到该特质的哪个等级，以及对于总体绩效而言，每个相关特质的贡献度（权重）有多大等。

在本章末的"案例研究"中，我们有对"临界特质分析"方法的详细论述。

二、工作要求与任务分析（DATA）

DATA 技术是利用工作描述问卷，如任务清单等，对目标工作包含的任务和要求进行分析和描述。问卷由有代表性的任职者进行填写，问卷要求任职者用八分法判断问卷中每项工作任务或职责的重要性及在整个工作中所占的比重。

问卷结果将输入电脑进行聚类分析，从而确定哪些是目标工作的关键性工作任务和职责。

一般而言，DATA 的实施包括如下六个步骤（见图 5-1）。

（一）搜集资料

在对工作进行分析时，受过培训的工作分析专业人员首先要进行资料搜集。通过访谈该工作的专业人士，或者通过阅读现有的工作描述资料以及其他书面材料搜集所有关于工作职责的信息。

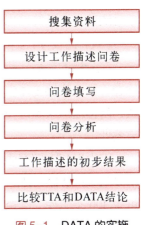

图 5-1　DATA 的实施

（二）设计工作描述问卷

在第一阶段搜集到的信息将用于工作描述问卷的建立。在发放问卷进行调查之前，应将初步建立的描述问卷交予主题专家小组（SMEs）讨论。讨论的项目包括：添加一些被忽略的工作任务和要求；进一步删减一些明显不对的项目；针对目标使用者的特点，理顺问卷中项目的表述和用词，以方便问卷使用者理解。

为了与 TTA 相联系，问卷不仅包括工作任务的描述，还在每条工作任务描述的末尾处标明对应的 TTA 中的特质名称。但是在发给问卷填写者时，不宜包括对应特质。它们的存在是为了分析时使用。这样做的目的是，使得问卷填写者不仅对目标工作的职责进行了重要程度的评价，同时也对完成该项任务所需要的人员特质作出了评价，比如，"在最少的指导下，阅读和解释技术手册、技术图表等"这一工作任务就与"信息处理"（Information-processing）工作职能中的"理解力"（Comprehension）特质密切相关。

（三）问卷填写

在给予了适当的指导后，由工作任职者独立地对问卷的每一项描述进行八分评定，其中"0"表示该工作任务或要求与我的工作完全无关；"4"表示该工作任务或要求对我的工作而言是一项重要的活动；"7"表示这项工作任务或要求对我的工作至关重要。虽然一份这样的工作描述问卷通常都包括有几百项题目，但任职者一般只需要两小时或更少的时间就能较满意地完成。

（四）问卷分析

在问卷填写完之后，将用统计方法对问卷结果进行处理。对目标工作而言十分重要的工作任务或要求将通过一些统计参数得以突显，这些统计参数包括平均值、标准差和频数分布等。一般来说，如果一项工作描述的平均值达到 4.0 以上，而标准差小于 2.0，则所描述的工作任务将被认为对整个工作而言是十分重要的。

在问卷分析的过程中，还可以进行聚类分析，以确定工作名称与它包含的工作内容是否具有一致性，以及在同一工作名称下，是否存在多种不一样类型的工作内容。如果存在后面一种情况，则需要修改职业矩阵，以使各种不同类型的工作内容得以反映。

（五）工作描述的初步结果

在本阶段，将得到初步的工作描述结果。由于每条工作描述都与 TTA 中的特质相对应，因此在整理工作描述时，可以根据 TTA 中工作职能的顺序以及工作任务的重要程度顺序对统计分析后筛选出来的重要任务进行排序，得到关于目标工作的工作描述。

（六）比较 TTA 和 DATA 的结论

在分析的最后，将对 TTA 和 DATA 的分析结论进行比较。因为 DATA 由任职人员填写问卷，代表直接工作者的声音；而 TTA 主要由一线的直接主管完成，代表直接主管的看法，两种信息来源以及两种不同的工作分析技术的结合将有助于提高分析结果的准确性和完整性。

因为 DATA 问卷中的每条工作描述都与特定的工作职能和特定的特质相对应，所以评价 TTA 和 DATA 两种工具之间的一致性是完全可能的。有研究者曾经用 TTA 和 DATA 分析了 300 个工作，结论肯定了使用两种技术的准确度和信度。

经验表明，TTA 和 DATA 两种技术的分析结果一般有 85% 的一致率。对于不一致的项目，需要通过主题专家小组的再次观察以最终确定。

三、技术能力分析（TCA）

TCA 是 TTAS 的第三种技术。这种技术仅适用于分析对技术知识和技能有严格要求的工作。TCA 的目的在于明确完成技术性的工作职能所需要具备的各种能力。在 TTAS 的词典中，对知识（Knowledge）和技能（Skill）有严格的区分。知识指的是仅仅通过大脑和中枢神经系统就可获得的信息，通常是通过学习获得；而技能要同时通过身体和大脑才能获得，它的来源只能是实践。工作分析的技术将直接影响对目标工作知识技能要求的判断，因此，TCA 是对技术类工作进项完整分析的重要组成部分。TCA 的前四步与 DATA 相同，即搜集资料、问卷设计、问卷填写和问卷分析。主要的不同之处在于问卷的内容以及问卷中的所有描述都对应于一项工作职能：即"特定信息和（或）技能的应用"。在下面的步骤中，TCA 不同于 DATA。

（一）确定最低要求

在这一步中，需要直接主管或其他主题专家小组成员各自独立对通过问卷分析确定的关键知识和关键技能进行评价，评价该条技术知识或技能是否满足以下条件：① 是否是员工刚上任就需要用到的；② 是否需要员工在没有指导的情况下完成。专家们的评价将被综合平均，最终确定哪些知识和技能是需要新员工具备，并能在没有指导的情况下独立完成相关的工作任务。

（二）确定培训需求要素

主题专家还可以评价某项知识和技能要求在任职者工作的什么阶段就必须具备，选择项包括：① 在上岗前必须具备；② 在上岗后 6 个月内必须具备；③ 在上岗 6 个月后才能具备。那些"在上岗后 6 个月内必须具备"的知识/技能要求将形成新员工培训需求的重要组成部分；"在上岗 6 个月后才能具备"的知识/技能要求可以成为企业将来培训的选择。

（三）形成技术能力说明书

TCA 的最终成果是技术能力说明书（Technical Competence Specification，TCS）。这份说明书的内容包括：① 对目标工作的实现有重要意义的技术知识/技能；② 新员工就需具备并能在没有指导的情况下独立应用的知识和技能；③ 需要对新员工进行培训的知识和技能等。

四、总结

TTA、DATA 和 TCA 组成了一套完整的工作分析系统，但是同时使用三种技术进行每个工作的分析或严格按照上述顺序操作不具有可行性。因此，可以通过考虑如下因素，选择具体的技术和操作顺序：企业环境、目标工作的特点、工作分析的目标等。例如，对于低层次的工作岗位，通常就不需要进行 TCA 的分析；而对于经理层以上的工作岗位，DATA 可能并不适用。

TTA 是整个分析系统的核心，当任职者参与 TTA 的分析时，TTA 完全可以作为一个独立的分析系统进行操作。当单独使用 TTA 技术时，使用者应该借鉴其他两种技术的可取之处，以提高分析结果的准确性。

第三节 临界特质分析系统的应用

TTAS 是完全以个人特质为导向的工作分析系统，它的分析结果最常用在人力资源规划、人员甄选和人员培训上。

一、人力资源规划

TTAS 通过职业矩阵，为组织的（宏观的）人力资源规划、个人的（微观的）职业生涯规划提供基础和支持。职业矩阵通过对现有工作岗位的分类与梳理，不仅为确定组织内人力资源的供给和需求提供信息，同时也为建立职业发展通道提供方便，有利于个人职业生涯的设计。

二、人员甄选

在西方实践中，TTAS 经常被用于招聘甄选、人员晋升和管理人员评价中心的测评过程中。有研究者曾经比较分析了运用 TTAS 进行人员甄选的成本与收益，结果证明 TTAS 的分析结果应用在人员甄选上十分有效。在一项研究中，某企业为选拔一线主管人员组成了一个评价小组，一年内提拔了近百名员工到平均月收入达到 22 000 美元的岗位上，甄选的依据来源于 TTAS 的分析结果。经统计，提拔的比率是 0.20，TTAS 的效度系数达到 0.60，而据估计引入 TTAS 之前的效度系数仅仅为 0.25。

三、人员培训

TTAS 还被应用于评估培训需求、设计培训课程以及评价培训效果。特别是通过技术能力分析（TCA），可以确定实现工作绩效所需要的具体技术知识和技能，而且还可以区分哪些知识和技术是新员工就需要具备的，而哪些知识和技能是需要在新员工中实施培训的、哪些知识和技能是未来需要培训的，从而明确各类型任职人员的培训需求。

当 TTAS 被正确应用于现实的人力资源管理中时，它的价值就会显现出来。在西方，TTAS 的要素被广泛运用于各种类型的企业中，如银行、保险公司、零售企业、制造型企业、公共服务型企业以及政府部门中。同时，这种工作分析系统也被用来分析各种类型的职位，如管理者、一线主管、工程师、技术人员、生产人员、销售人员以及服务人员等。实践证明，TTAS 的分析结果，为企业带来了一定的效益。但是与其他分析系统一样，TTAS 本身也存在着一些缺陷。

（1）实用性不强。许多人力资源从业人员指出，TTAS 的引进和实施需要企业提供大量的人力和财力。他们认为花费大量的人力和财力去实施这一项目是不现实的，因为在资源有限的前提下，有许多比它更重要和更迫切的事情需要考虑。只有当 TTAS 能解决组织长期以来形成的、直接影响企业可持续性发展的大难题时，TTAS 才被认为是很有价值的。而且，在 TTAS 成功引入之后，要想充分发挥 TTAS 的作用还需要持续地监测与不断地对系统进行完善。

（2）过于精确。部分人力资源管理者倾向于使用传统的工作分析系统，因为他们认为 TTAS 的分析结果限制了他们的自由，即人为修改工作分析结果的自由。如果管理者试图将某工作岗位的薪酬水平确定在 TTAS 得到的薪酬水平之上，那只能通过修改该工作的特质要求，但修改过的工作特质可能会导致一些任职者不能胜任工作。

（3）过于复杂。TTAS 的技术背景、系统内部的逻辑性，以及它所依据的理念都超出了大部分人力资源专家和一线管理者的能力范围。TTAS 是一套很复杂的分析系统，它的复杂性体现在它的理论、所用的工具和技术上，组织者需要大量细致的研究才能保证正确运用。

随着工作分析技术的发展，研究者们越来越渴望研究出一种分类，使其能涵盖所有工作的某方面特征，而且可以提供一种便于工作间比较的标准。基于这种思路，临界特质分析系统被开发出来。

临界特质分析系统作为一种完全以个人特质为导向的工作分析系统。它可以提供标准化的信息以辨别人们为基本完成和高效完成某类工作分别至少需要具备哪些品质、特征。经过研究人员的不断开发完善，当前该系统共分为身体技能、认知能力、个性或动机因素三大类特征维度，并以等级、实用性以及权重三个层次对临界特质进行评价。

该系统由临界特质分析（TTA）、工作要求与任务分析（DATA）以及技术能力分析（TCA）三部分组成。从操作的角度上来说，临界特质分析围绕 TTA 卡的撰写展开；工作要求与任务分析围绕工作描述问卷的设计填写分析展开，并将结论与临界特质分析进行对比；而技术能力分析则以形成技术能力说明书为核心展开。

临界特质分析系统因其着眼于工作人员的特质的特点，故此多被应用于人力资源规划、人员甄选以及人员培训三个方面。尽管其要素被广泛应用于企业运行中，但仍存在整体实用性不强、过于精确以及过于复杂的弊端。

案例研究

B 公司电力生产部门技师的临界特质分析

B 公司是一家发展规模很大的美国电力企业，而电力生产部门是本公司的核心部门。为了全面了解公司内部各个岗位必备的基本素质和绩优素质，B 公司首先针对电力生产部门技师岗位进行了临界特质分析。

公司先成立了项目分析小组，并聘请外部著名专家作为本公司的项目顾问。通过几周的项目前期培训，项目人员了解了特质分析的目的以及分析过程中的每个细节。此时，项目小组才开始正式地进行临界特质分析。

首先，填写临界特质分析卡，这需要经过三步骤。第一步，通过评定每个特质的重要性和独特性，评定它们与工作的相关性。第二步，确定需要达到各相关特质的哪一等级，才能达到可接受的绩效水平。第三步，确定任职者需要达到哪一等级特质水平，才能取得优秀的绩效。评判"优秀绩效"的标准是任职者达到的绩效水平使得他有晋升的机会或工资水平提升的机会。下面是项目小组组长组织人员填写的临界特质分析卡（见表1）。

表 1　临界特质分析卡

工作名称	技师 A		分析人姓名		Mike		
隶属部门	电力生产部门		分析日期		2008.11.20		
范围	特质	第一步			第二步		第三步
		A	B	C	D	E	F	G
身体特质	1. 力量	1	1	1	0	2	1	2
	2. 耐力	1	1	1	1	2	1	2
	3. 敏捷性	1	1	1	1	2	2	2

（续表）

工作名称	技师A	分析人姓名		Mike		
隶属部门	电力生产部门	分析日期		2008.11.20		
范围	特质	第一步			第二步	第三步	
		A	B	C	D	E	F	G
身体特质	4. 视力	1	0	0				
	5. 听力	1	0	0				
智力特质	6. 感觉、知觉	1	1	1	1	2	2	2
	7. 注意力	1	1	1	1	2	2	2
	8. 记忆力	1	1	1	1	2	1	2
	9. 理解力	1	1	1	1	2	2	1
	10. 解决问题的能力	1	1	1	2	1	2	2
	11. 创造性	0	0	0				
学识特质	12. 计算能力	1	1	1	1	2	2	2
	13. 口头表达能力	0	0	0				
	14. 书面表达能力	1	0	0				
	15. 计划性	1	0	0				
决定		A	B	C	D	E	F	G
第一步 评定相关性	A→重要性：该特质是否对于完成本工作的某些职能很重要？请选择1（是）或0（不是） B→独特性：对该特质的要求是否达到1、2或3等级？请选择1（是）或0（不是） C→相关性：请填写将A与B的乘积	↑	↑	↑	↑	↑	↑	↑
第二步 可接受绩效（当C值为1时才需填写）	D→特质等级：为达到可接受绩效应具备该特质的哪个等级？请填写0、1、2或3 E→实用性：预计多大比例的求职者能够达到该特质等级？如果高于10%，请填写2；1%~10%之间，请填写1；低于1%，请填写0							
第三步 优秀绩效（当C值为1时才需填写）	F→特质等级：为达到优秀绩效应具备该特质的哪个等级？请填写0、1、2或3 G→实用性：预计多大比例的求职者能够达到该特质等级？如果高于10%，请填写2；1%~10%之间，请填写1；低于1%，请填写0							
	分析者的特质卡片							

资料来源：F. M. Lopez，*Threshold Analysis Technical Manual*，Port Washington，NY：Lopez & Associates，1986.

在项目小组成员正确地填写完TTA卡之后，剩下的内容由项目组长来完成。项目组长首先要检查TTA卡是否存在错误，然后需要填写表2中的H、I和J三列，这三列实际上是TTA卡的一部分，是对项目小组成员的评定结果进行处理。

表2　临界特质分析卡

工作名称　技师　　　　　　　　　　　　　　　　　　分析人姓名　Mike
隶属部门　电力生产部门　　　　　　　　　　　　　　分析日期　2008.11.20

范围	特质	第一步			第二步		第三步		主持人		
		A	B	C	D	E	F	G	H	I	J
身体特质	1. 力量	1	1	1	0	2	1	2	0	2	2
	2. 耐力	1	1	1	1	2	1	2	2	2	4
	3. 敏捷性	1	1	1	1	2	2	2	2	4	6
	4. 视力	1	0	0							
	5. 听力	1	0	0							
智力特质	6. 感觉、知觉	1	1	1	1	2	2	2	2	4	6
	7. 注意力	1	1	1	1	2	2	2	2	4	6
	8. 记忆力	1	1	1	1	2	1	2	2	2	4
	9. 理解力	1	1	1	1	2	2	1	2	3	5
	10. 解决问题的能力	1	1	1	2	1	2	2	2	4	6
	11. 创造性	0	0	0							
学识特质	12. 计算能力	1	1	1	1	2	2	2	2	4	6
	13. 口头表达能力	0	0	0							
	14. 书面表达能力										
	15. 计划性	1	0	0							
	16. 决策能力	1	0	0							
	17. 专业知识	1	1	1	1	2	1	2	2	2	4
	18. 专业技能	1	1	1	1	2	2	2	2	4	6
动机特质	19. 适应变化的能力	1	1	1	1	2	1	2	2	2	4
	20. 适应重复	1	1	1	1	2	1	2	2	2	4
	21. 应对压力的能力	1	1	1	2	1	2	2	2	4	6
	22. 对孤独的适应能力	0	0	0							
	23. 对恶劣环境适应能力	1	1	1	1	1	1	2	1	2	3
	24. 对危险的适应能力	1	0	0							
	25. 独立性	1	1	1	1	2	1	2	2	2	4
	26. 毅力	1	1	1	1	2	1	2	2	2	4
	27. 主动性	1	1	1	1	2	2	2	2	4	6
	28. 诚实	1	1	1	1	2	1	2	2	2	4
	29. 激情	1	1	1	2	2	3	1	4	5	9
社交特质	30. 仪表	0	0	0							
	31. 忍耐力	1	0	0							
	32. 影响力	1	0	0							
	33. 合作力	1	1	1	1	2	1	2	2	2	4

H、I、J 列数值的来源：对每一个被项目小组成员评定为相关（即 C 值为 1）的特质，项目组长要将 D 值和 E 值相乘，并将乘积填入 H 列；同样，要将 F 值和 G 值相乘，乘积填入 I 列；H 值和 I 值的和便是 J 值。但也由于特殊情况，比如，如果 F 值大于 D 值，但是 G 值小于 E 值，则要将 G 值与 H 值相加作为 I 值（如表 2 中的特质 29），而不是将 F 值与 G 值的乘积作为 I 值。

在对所有项目小组成员的 TTA 卡进行表 2 的处理后，项目组长需要再将处理结果通过电脑进行汇总，得到最终的特质分析结果，如表 3 所示。

表3 最终特质分析结果

工作名称　技师　　　　　　　　　　　　　　　　　主持人姓名　Mike
分析日期　2008.12.5　　　　　　　　　　　　　　　分析人员数量　15人

范围	特质	相关性			可接受的			优秀的			
		K	N	O	L	P	Q	M	R	S	T
身体特质	1. 力量	87	37	2.47	9	0.60	0	28	1.87	1	0.02
	2. 耐力	100	51	3.40	22	1.47	1	29	1.93	1	0.03
	3. 敏捷性	100	88	5.87	32	2.13	1	56	3.73	2	0.05
	4. 视力	33	NR	0.00	0	0.00	0	0	0.00	0	0.00
	5. 听力	27	NR	0.00	0	0.00	0	0	0.00	0	0.00
智力特质	6. 感觉、知觉	100	96	6.40	34	2.27	1	62	4.13	2	0.06
	7. 注意力	100	90	6.00	34	2.27	1	58	3.87	2	0.05
	8. 记忆力	93	108	7.20	36	2.4	1	72	4.80	2	0.07
	9. 理解力	93	78	5.20	34	2.27	1	44	2.93	1	0.05
	10. 解决问题的能力	87	80	5.33	39	2.60	1	41	2.73	1	0.05
	11. 创造性	27	NR	0.00	0	0.00	0	0	0.00	0	0.00
学识特质	12. 计算能力	87	73	4.87	32	2.13	1	41	2.73	1	0.04
	13. 口头表达能力	7	NR	0.00	0	0.00	0	0	0.00	0	0.00
	14. 书面表达能力	0	NR	0.00	0	0.00	0	0	0.00	0	0.00
	15. 计划性	47	38	2.53	9	0.60	0	29	1.93	1	0.02
	16. 决策能力	55	36	2.40	8	0.53	0	28	1.87	1	0.02
	17. 专业知识	100	76	5.07	33	2.20	1	43	2.87	1	0.05
	18. 专业技能	100	98	6.53	34	2.27	1	64	4.27	2	0.06
动机特质	19. 适应变化的能力	87	74	4.93	32	2.13	1	42	2.80	1	0.05
	20. 适应重复	100	65	4.33	28	1.87	1	37	2.47	1	0.04
	21. 应对压力的能力	93	92	6.13	34	2.27	1	58	3.87	2	0.06
	22. 对孤独的适应能力	7	NR	0.00	0	0.00	0	0	0.00	0	0.00
	23. 对恶劣环境适应能力	100	72	4.80	36	2.40	1	36	2.40	1	0.04
	24. 对危险的适应能力	53	40	2.67	8	0.53	0	32	2.13	1	0.02
	25. 独立性	100	62	4.13	32	2.13	1	30	2.00	1	0.04

（续表）

范围	特质	相关性			可接受的			优秀的			
		K	N	O	L	P	Q	M	R	S	T
动机特质	26. 毅力	100	64	4.27	32	2.13	1	32	2.13	1	0.04
	27. 主动性	87	70	4.67	34	2.27	1	36	2.40	1	0.04
	28. 诚实	27	NR	0.00	0	0.00	0	0	0.00	0	0.00
	29. 激情	100	108	7.20	48	3.20	2	60	4.00	2	0.07
社交特质	30. 仪表	0	NR	0.00	0	0.00	0	0	0.00	0	0.00
	31. 忍耐力	27	NR	0.00	0	0.00	0	0	0.00	0	0.00
	32. 影响力	7	NR	0.00	0	0.00	0	0	0.00	0	0.00
	33. 合作力	68	44	2.93	20	1.33	1	24	1.60	1	0.03

K——评价为相关的分析人员的比例（%）
N——所有分析人员J值的和
O——N值除以分析人员的总人数
L——所有分析人员H值的和
P——L值除以分析人员的总人数
Q——P值除以2，再四舍五入
M——所有分析人员I值的和
R——M值除以分析人员的总人数
S——R值除以2，再四舍五入
T——O值除以O列的总和

在表3中，所有分析人员的J值总和被作为本表的N值。只有被超过40%分析人员评定为相关的特质才是继续分析的对象，否则它的N值为"NR"并被剔除，也就是说属于不相关的特质。对分析结果的汇总可以人工进行也可以用电脑进行操作，但当分析人员的数量很多时，人工操作会耗费大量人力物力。最终的特质分析结果表显示了如下信息：工作与特质的相关性（见N值）；为获得可接受的绩效应该具备的特质等级（见Q值）；为获得优秀绩效应该具备的特质等级（见S值）；各特质对工作绩效的影响程度，也就是权重（见T值）。

1. 什么是临界特质分析系统？
2. 临界特质分析系统的三项技术是什么？
3. TTA是如何操作的？在操作过程中，应注意哪些关键点？
4. 思考临界特质分析系统和其他人员导向性工作分析系统的异同，它有什么缺点？

一、名词解释

临界特质分析系统　职业矩阵　临界特质分析　TTA卡　工作要求与任务分析　技术

能力分析

二、单项选择题

1. 职业矩阵通过两维指标对工作进行分类，这两维指标是：（　　）以及工作复杂程度和责任大小。
   A. 工作价值权重　　B. 工作条件　　C. 工作簇　　D. 薪资水平

2. 完成临界特质分析的一组分析人员至少应包括（　　）人。
   A. 4个　　　　　　B. 5个　　　　C. 6个　　　　D. 7个

3. TTA卡中，每一特质的0等级是最普通的等级，即可雇用群体中的（　　）能达到这个等级。
   A. 95%　　　　　　B. 90%　　　　C. 85%　　　　D. 80%

4. TCA的最终成果是（　　）。
   A. 技术能力说明书　　　　　　　　B. 临界特质卡
   C. 职位等级计分表　　　　　　　　D. 岗位能力汇总表

5. 有研究者曾经比较分析得出结论，证明TTAS的分析结果应用在（　　）上十分有效。
   A. 绩效体系设计　　B. 人力资源规划　　C. 培训开发　　D. 人员甄选

三、多项选择题

1. F.M.罗派兹将研究者总结出的素质特征扩展出的工作范畴主要有（　　）。
   A. 身体特质　　B. 智力特质　　C. 学识特质　　D. 动机特质
   E. 社交特质

2. 临界特质分析系统中，对特质进行评价时，需要用到的评价维度有（　　）。
   A. 等级　　　　B. 素质类型　　C. 实用性　　　D. 权重
   E. 能力归属

3. 完整的临界特质分析系统包括的分析技术有（　　）。
   A. TTA　　　　B. TFCA　　　　C. DATA　　　　D. TCA
   E. MDL

4. 工作要求与任务分析的主要实施步骤为（　　）。
   A. 搜集资料并设计工作描述问卷　　B. 问卷填写与分析
   C. 汇总工作描述的初步结果　　　　D. 比较TTA和DATA的结论并修正
   E. 征集相关岗位任职者的意见

5. TTAS本身的缺陷主要包括（　　）。
   A. 成本过高　　B. 实用性不强　　C. 过于精确　　D. 能力要求过高
   E. 过于复杂

四、判断题

1. 临界特质分析系统是以一定工作任务为导向的工作分析系统。　　　　　　　　（　　）

2. 临界特质分析系统中，动机特质和学识特质属于态度特质，而身体特质、智力特质和社交特质属于能力特质。（ ）

3. 临界特质分析系统中，"可接受的绩效水平"指能够使任职者得到绩效工资的绩效水平。（ ）

4. 经验表明，TTA 和 DATA 两种技术的分析结果一般有 85% 的一致率。对于不一致的项目，则以 TTA 的分析结果为准。（ ）

5. TTAS 通过职业矩阵为组织的（宏观的）人力资源规划、个人的（微观的）职业生涯规划提供基础和支持。（ ）

五、简答题

1. 临界特质分析系统主要由哪几部分组成？其关系如何？
2. 临界特质分析系统在人力资源管理中的主要应用有哪些？

第三部分 工作导向性的工作分析系统

第六章　职能工作分析方法（FJA）

第一节　职能工作分析方法介绍

职能工作分析方法（Functional Job Analysis，FJA），其主要分析方向集中于工作本身，是一种以工作为导向的工作分析方法。FJA 最早起源于美国培训与职业服务中心的职业分类系统。职能工作分析方法以工作者应发挥的职能为核心，对工作的每项任务要求进行详细分析，对工作内容的描述非常全面具体，一般能覆盖工作所能包括的全部内容的 85% 以上。

我们知道，任何工作的完成都有一定的标准，而工作者要完成某项工作任务，都要求具备一些通用技能和特定技能，并且要具备适应其工作环境的能力以满足工作中的需求。这三种技能——通用技能、特定工作技能和适应环境能力必须要达到某种程度的统一，工作者才能以满意的标准完成工作任务。因此，只有具备这三种技能的工作者才能称之为完成意义上的工作者。职能工作分析方法主要是针对工作的每项任务要求，分析完整意义上的工作者在完成这一任务的过程中应当承担的职能（工作者实际所做的工作），以获取同这三种技能相关的信息。

为了能够有效获取这些信息，工作分析者有必要掌握职能工作分析方法的一些要点。

（1）工作描述语言的控制：工作者要完成什么以及通过什么行为来完成；

（2）工作者职能等级的划分依据：所有工作都涉及工作者与数据、人、事三者的关系，所以将工作者职能分为事物职能、数据职能和人员职能三部分；

（3）完整意义的工作者：同时拥有通用技能、特定工作技能和适应性技能的工作者；

（4）工作系统：由工作者、工作组织和工作本身组成；

（5）任务：作为工作的子系统和基本的描述单元；

（6）SMEs（Subject Matter Experts）作为基本信息来源的重要性：通过 SMEs 获取基本信息的信度和效度。

一、任务和任务陈述

需要强调的是，在职能工作分析中，最基本的分析单元是任务，而不是工作本身。这是因为，虽然工作的名称经常改变，包含的任务也不固定，但是相同的任务却在多种工作中反复出现，所以说任务是我们进行工作分析最基本的分析单元，也是培训和绩效评估等人力资源管理活动关注的重点之一。

运用职能工作分析的目标是填写如图 6-1 所示格式的任务陈述图，工作分析者的职责就是获取足够的信息来完成这张表，从而有可能得到绩效标准和培训时间的信息，以及与任职资格有关的知识、技能和能力。

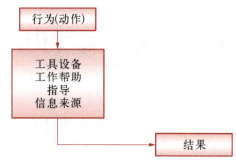

行为/动作	打印/誊写
动作的目的	形成信件
信息来源	通过记录提供
指导的性质	标准的信件形式 特定的信息 按照现有的操作规范操作，但为了文字的清楚和通顺可以调整标准格式
机器设备	打字机和相关的桌面设备
工作结果	待寄的信件

图 6-1　FJA 任务陈述图（例：打印任务）

二、职能工作分析的框架

职能工作分析的框架包括以下几个方面。

（一）完成什么与做什么

在职能工作分析之前，工作分析者往往对某项特定工作应完成什么与做什么这两个概念区分得并不是很清楚，其结果是造成工作行为和工作结果这两个方面容易被混淆，并直接导致工作者实际的工作行为和需要他们来完成的工作行为被混淆。例如，通常以"机器"或"焊接工具"等名词开始的对工作行为的描述，实际上却是在描述工作结果。在职能工作分析中，每项任务描述必须以能描述工作者行为的特定动词开始，如打印、誊写、阅读等，而以"目的是"或"为了"等对工作结果描述的词作为任务描述的结尾。只有同时具备工作行为和工作结果，任务描述才算完整。

（二）工作者的职能——物、数据、人

FJA 认为所有工作都涉及工作者与数据、人和事三者的关系。工作者与数据、人和事发生关系时所表现的工作行为，可以反映工作的特征、工作的目的和人员的职能。

实际上，每一项任务描述都必须反映出工作者同物、数据和人的最重要的联系。只有当工作者同物、数据和人的联系并不显著时，才可以在任务描述中加以忽略。描述工作者同物、数据和人的关系所使用的动词应从实际的工作过程中选取，并要进行精确的描述和定义。当动词以这种方式使用，而且任务描述能独立地进行分级，就可能获得更高的效

度。图 6-2 显示了工作者职能的水平等级和取向。

> 数据—3B 编辑——大约 75% 的工作用于编辑
> 人—1A 给予指导/提供帮助——大约 5% 的工作涉及人
> 事—2B 操作/控制——大约 25% 的工作用于操作/控制
> 理解能力—3——一般情形中工作涉及一些具体的变量时，具备一般的理解能力去执行指令
> 数据处理能力—1——简单的加减；阅读、抄写或记录数字
> 运用语言能力—4——起草日常的商务信函。同申请工作者面谈确定最适合他们能力和经验的工作，在服务机构的帮助下与雇主联系。能阅读和领会技术手册、书面指导或图示

图 6-2　工作者职能的水平等级和取向

（三）完整意义的工作者

前面我们已经提过，工作者完成工作职能时必须具备的三种技能：通用技能、特定技能、适应性技能，我们对这三种技能定义如下。

（1）所谓通用技能，就是指这样的能力：使人能够将事、人和信息有机联系在一起，虽然受个人偏好和个人能力（如理解、算术、语言和人际交往能力）的影响，联系的程度存在差异。在任务分析中通用技能表现在培训时间单元中的通用部分。

（2）所谓特定技能，就是指这样的能力：它们使工作者能够根据工作标准进行特定的工作。在任务分析中特定技能表现在培训时间单元中的特定部分，可以依照绩效标准将其分成不同的等级。

（3）所谓适应性技能，就是指工作者在工作所处的环境的影响下趋同或求变的能力，如在物理条件、人际环境和组织结构等方面。从工作指导书或绩效标准中并不能直接得到适应性技能的要求。一般来说，分析以下这样的问题往往能够得到工作对适应性技能的要求："你在完成工作时必须具备哪些条件""为达到某种绩效标准，必须获得哪些指导"等。

工作系统包括工作者、工作组织和工作本身。在任务描述的结尾我们能找到工作的目标，多项任务的结果累积形成了工作的目标，多项工作的目标进而累积形成了组织的目标。因此，从这个意义来说，不仅是职能工作分析方法强调和阐明了工作者的行为，而且工作行为直接关系到如何实现组织的目标。有人可能会问详细的绩效标准从何而来，答案就是来自组织的目标以及组织提供给工作者完成工作的技术。显然，FJA 任务描述只是一个子单元或者说子系统，任务库（工作组织中所有的工作者需要完成的所有任务的集合）才能描述整个工作系统。

工作系统中的每个部分都有自己的规则和语言。工作者可以通过任职资格和技能组合来描述；工作组织可以以目标来描述；工作可以以工作者职能（行为）、工作指南和绩效标准来描述。这三者互相联系，密不可分，三者共同促进了工作系统生产力的发展和工作者个人的成长。

工作分析的作用是明显的。如果不能首先理解工作系统的目的是要完成什么，我们就不可能理解工作者的工作行为和任务的结果意义何在。因此，在运用职能工作分析方法的

前期,"工作者的产出是什么""你被期望完成什么"这些关键问题必须搞清楚。

三、职能工作分析的职能等级

作为一种职能分析系统,FJA 的核心是分析工作者的职能。其对职能的分析是通过分析工作者在执行工作任务时与数据、人和事的关系来进行的。工作行为的难度越大,所需的能力越高,也就说明了工作者职能等级越高。表 6-1 是 FJA 的职能等级表,每项职能描述了广泛的行为,概括了与数据(信息)、人和事发生关系时工作者的工作行为。

表 6-1 FJA 职能等级表(部分)

数据(信息)		人		事	
号码	描述	号码	描述	号码	描述
高					
6	综合	7	顾问	4A	精确操作
5A	创新	6	谈判	4B	装配
5B	协调	5	管理		
中等					
4	分析	4A	咨询	3A	操作-控制
3A	计划	4B	指导	3B	运转-控制
3B	编辑	4C	处理		
		3A	教导		
		3B	劝导		
		3C	转向		
低					
2	抄写	2	信息转换	2A	照管
1	比较	1A	指令协助	2B	操纵
		1B	服务	1A	处理
				1B	进给或移走

这些职能被从复杂到简单进行排列,其中,最简单的数据职能是比较数据,而最复杂的数据职能是综合数据。如何有效地将实际工作信息同 FJA 职能等级表联系起来,是 FJA 方法中的关键一环。

下面给出工作者职能每个等级对应的标准定义。

(一)数据职能等级

1 比较——选择、分类或排列相关数据,判断这些数据已具备的功能、结构或特性与已有的标准是类似还是不同。

2 抄写——按纲要和计划召集会议或处理事情,使用各种操作工具来抄写、编录和邮寄资料。

3A 计划——进行算术运算；写报告，进行有关的预订和筹划工作。

3B 编辑——遵照某一方案或系统去搜集、比较和划分数据；在该过程中有一定的决定权。

4 分析——按照准则、标准和特定原则，在把握艺术和技术技巧的基础上，检查和评价相关数据，以决定相关的影响或后果，并选择替代方案。

5A 创新——即在整体运行理论原则范围内，在保证有机联系的条件下修改、选择、调整现有的设计、程序或方法，以满足特殊要求、特殊条件或特殊标准。

5B 协调——在适当的目标和要求下，在资料分析的基础上决定时间、场所和一个过程的操作顺序、系统或组织，并且修改目标、政策（限制条件）或程序，包括监督决策和事件报告。

6 综合——基于人事直觉、感觉和意见（考虑或者不考虑传统、经验和现存的情况），从新的角度出发，改变原有部分，以产生解决问题的新方法，来开发操作系统；或脱离现存的理论模式，从美学角度提出解决问题的办法或方案。

（二）人员职能等级

1A 指令协助——注意管理者对工作的分配、指令或命令；除非需要指令明确化，一般不必与被管理者作直接的反应或交谈。

1B 服务——注意人的要求和需要，或注意人们明显表示出的或暗示出的希望，有时需要直接作出反应。

2 信息转换——通过讲述、谈论和示意，使人们得到信息；在既定的程序范围内明确做出任务分配明细表。

3A 教导——在只有两人或一个小组人的情况下以同行或家庭式的关系关心个人，扶助和鼓励个人；关心个人的日常生活，在教育、鼓励和关心他人时要善于利用各种机构、团体与私人的建议和帮助。

3B 劝导——用交谈和示范的方法引导别人，使别人喜欢某种产品和服务或赞成某种观点。

3C 转向——通过逗趣等方法，使听众分心，使其精神放松、缓和某种气氛。

4A 咨询——作为技术信息来源为别人提供服务，提供相关的信息来界定、扩展或完善既有的方法、能力或产品说明（也就是说要告知个人或家庭诸如选择学校和重新就业等目标的详细计划，协助他们作出工作计划，并指导他们完成计划）。

4B 指导——通过解释、示范和试验的方法给其他人讲解或对他们进行培训。

4C 处理——对需要帮助（如有病）的人进行特定的治疗或调节；由于某些人对规定（化学的、物理的或行为的）的反应可能会超出工作者的预想范围，所以要系统地观察在整个工作框架内个人行为的处理结果；必要时要激励、支持和命令个人使他们对治疗和调节程序采取接受或合作的态度。

5 管理——决定和解释每组工人的工作程序；赋予他们相应的责任和权限（规定性

说明和详细的工作内容）；保证他们之间和谐的关系；评价他们的工作绩效（规定的和详细的）并促使他们提高效率，在程序的和技术的水平上作出决策。

6　谈判——作为谈判某一方的正式代表与对手就相关事宜进行协商、讨论，以便充分利用资源和权力，在上级给定的权限内或在具有完整程序的主要工作中"放弃和接受"某些条件。

7　顾问——与产生问题的人们进行交谈，劝导、协商或指导他们按照法律、科学、卫生、精神等专业原则来调节他们的生活；通过问题的分析、论断和公开处理来劝导他们。

（三）事物职能等级

1A　处理——工作对象、材料和工具在数量上很少，而工人又经常使用；精确度要求一般比较低；需要使用小轮车、手推车和类似工具。

1B　进给或移走——为自动的或需要工人控制和操作的机器设备安插、扔掉、倒掉或移走物料；具有精确的要求，大部分要求来自工作本身所需的控制。

2A　照管——帮助其他工人开、关和照看启动的机器和设备时，保证机器精确地运转，这需要工人在几个控制台按照说明去调节机器，并对自动机信号作出反应，包括所有不带有明显结构及结构变化的机器状态；在这里几乎不存在运转周期短、非标准化的工作；而且调节是预先指定好的。

2B　操纵——当有一定数量的加工对象、工具及控制点需要处理时，加工、挖、运送、安排或者放置物体或材料具有比较精确的要求。包括工作台前的等待、用于调换部件的便携动力工具的使用，以及诸如厨房和花园工作中普通工具的使用等。

3A　操作-控制——开动、控制和调节被用来设计产品结构和处理有关资料、人员和事物的机器设备；这样的工作包括打字员、转动木材等使用机器运转的工作或负责半自动机器的启动、熄火的工作；控制机器和设备包括在工作过程中对机器和设备进行准备和调整；需要控制的机器和设备包括计量仪、表盘、阀门开关及其他诸如温度、压力、液体流动、泵抽速度和材料反作用等方面的仪器；包括打字机、油印机和其他的在准备和调节过程中需要仔细证明和检查的办公机器（这一等级只用于一个单元里设备和机器的操作）。

3B　运转-控制——（控制机器的操作）为了便于制造、加工和移动物体，操作过程必须被监视和引导；规范的控制行动需要持续的观察并迅速地作出反应（在使用工具时，即使工作只涉及人或物，也应遵循这一原则）。

4A　精确工作——按标准工作程序加工、移动、引导和放置工作对象或材料，在这里，对工作对象、材料和工具处理的精确度应符合最终完成工作时的工艺要求（这一原则主要适用于依靠手工操作和使用手动工具的工作）。

4B　装配——（安装机器设备）插入工具，选择工装、固定件和附件；修理机器或按工作设计和蓝本说明使机器恢复功能；精度要求很高；可以涉及其他工人操作或自己负责操作的一台或数台机器。

（四）工作者指导等级

工作者指导是指指导者依靠工作规范和判断力来界定分派给工作者的责任，与工作者指导相关的活动可以分成以下几个等级。

等级1——投入、产出、工具和设备以及工作的程序都是指定的，所有工作者需要了解的东西几乎都包含在他的工作任务当中，工作者被期望能在标准的时间单位内（每天、每小时）提供指定的产出。

等级2——投入、产出、工具和设备以及工作的程序都是指定的，但工作者选择工作程序和方法来完成工作任务时有少许自由，所有工作者需要了解的东西几乎都包含在他的工作任务当中，工作的产出以每周或每天为单位来衡量。

等级3——投入和产出是指定的，但工作者在运用工作程序和控制工作时间时有相当的自由，包括选用工具和设备，在这过程中可能要参照利用某些渠道所提供的信息（如工作手册、表格等），完成特定产品的时间是给定的，但是可以上下浮动几个小时。

等级4——工作产出（产品或服务）是指定的（就工作任务而言），工作者必须自己选择恰当的方式来完成工作，包括工具和设备的选用、操作顺序的选择以及信息渠道的选取，工作者或是自己独立执行工作，或是为他人制定工作标准或工作程序由他人来完成。

等级5——与等级4相同，需要补充的是，期望工作者能够运用各种知识和理论，通过这些知识和理论，使工作者在处理问题的时候能够知道各种可选择方案的由来，从而可以独立从中作出选择。工作者必须要阅读专业资料来获得这种能力。

等级6——工作产出（产品或服务）有多种形式，能满足技术或者管理的需要。工作者必须仔细研究各种可能的产出，并依据绩效特点和投入需求作出评价，这通常需要工作者能够创造性地运用理论知识，而不仅仅是参考资料。对投入、工作方法和操作顺序等没有特别规定。

等级7——工作投入、产出、工具和设备如何确定尚有疑问。为了描述、控制、研究各种变量的行为，以形成可能的产出和绩效特征，工作者必须多方面咨询各种不确定的信息来源，进行各种调查和调研获取数据来进行分析研究。

等级8——工作投入、产出、工具和设备都是变化多样的。工作者必须听取下属关于处理这些问题的方法的报告和介绍，需要协调各种组织和技术信息，从而做出决策。

（五）理解能力等级

等级1——有普通的理解能力，在高度标准化的情形下能执行简单的只有一到两个步骤的工作。

等级2——有普通的理解能力，在一般的情形下，当工作涉及一些具体/特定的变量时能执行详细但不复杂的指令。

等级3——有普通的理解能力，在一般的情形下，当工作涉及一些具体/特定的变量时能执行指令。

等级4——了解由相互联系的程序构成的系统，如簿记、内燃机、电路系统、护理、农场管理、航海等。运用知识来解决每天遇到的实际问题，在只有有限的标准化程序的情形下处理多种具体的变量。阐述各种形式的规程，如口头的、书面的、图表的等。

等级5——了解某个研究领域（工程、文学、历史、工商管理），能立即解决实际问题。描述问题，搜集信息，确认事实，在可控的情形下得出有效的结论。处理一些抽象但大多数是具体的变量。

等级6——了解某个最为抽象的研究领域（数学、物理、化学、逻辑、哲学、艺术评论等），使用公式、方程式、图表等非语言的符号，理解最为深奥的概念。处理大量的变量，在需要时采取恰当的措施。

（六）数学能力等级

等级1——会简单的加减；读、抄写或记录数字。

等级2——会所有数字的加减乘除，会读刻度，会使用电动仪器进行测量。

等级3——会进行分数、微积分和百分数的运算，能够依照仪器说明书进行操作。

等级4——在标准的应用程序中，进行代数、算术和几何运算。

等级5——了解高等数学和统计技术，如微积分、因素分析和概率统计。工作中会遇到多种理论数学概念，要创造性地运用数学工具，例如，微分方程式。

（七）语言开发能力等级

等级1——不能听写，但是能遵从简单的口头指令；能签名，通过别人解释可以理解日常的、例行的合同，如租房合同、劳动合同；能阅读表格、地址和安全警告。

等级2——可以阅读简短的句子和一些简单的具体的词汇，掌握一些不存在复杂的衍生词义的单词；可以同服务人员交流；可以精确无误地抄写书面材料；保存出租车司机的里程记录或服务记录。

等级3——能理解某个技术领域的口头表达的专业术语（行话）；能阅读类似《读者文摘》水平的材料，能阅读和理解报纸等媒体上的新闻报道，涉及不复杂的词汇和句子，更加关注事件本身而不是对事件的分析；抄写书面材料，能发现语法错误；会填写各种表格，如医疗保险表等。

等级4——起草日常的商务信函；同申请工作者面谈，确定最适合他们能力和经验的工作，在服务机构的帮助下与雇主进行各种工作上的联系；能阅读领会技术手册、书面指导或图示。

等级5——为生产线上的各道工序编写指导手册；编写如何正确使用机器的指导手册和工作说明书；起草广告；为报纸和电视等媒体报道新闻；准备并在非正式的场合为寻求信息的听众发表演说，如有关艺术、科学或是人文学科的演说。

等级6——为科技期刊或是高级文学批评期刊发表报告、编辑文章。

对运用FJA的工作分析者来说，弄清前面所提的概念以及其对工作分析的重要性是有效开展工作分析的基本前提。

第二节　职能工作分析方法的程序

为了建立职能工作分析的任务库，需要按照一些基本的步骤操作才能覆盖任职者必须完成的75%以上的工作内容。

这些步骤如下：
(1) 在同SMEs会谈前，回顾现有的工作信息；
(2) 安排同SMEs的小组会谈；
(3) 分发欢迎信；
(4) 确定FJA任务描述的方向；
(5) 列出工作产出表（产品或服务）；
(6) 列出任务；
(7) 修改任务库；
(8) 产生绩效标准，说明关键任务；
(9) 编辑任务库。

下面逐一阐述这九个步骤。

一、回顾现有的工作信息

工作分析者必须首先熟悉SMEs的语言（行话）。每一份工作都有其独特的语言，因为其处在特定的组织文化和技术环境中，必然带有特殊的烙印。现有的工作信息，包括工作描述、培训材料、组织目标陈述等，应该都能使工作分析者深入了解工作语言、工作层次、固定的操作程序以及组织的产出。工作分析者应该尽可能准备一些在FJA格式下可得的信息，如果不能准备所有信息的话，也可以达到两个目的：其一是说明在哪些方面需要补充信息；其二可以以这些得到的部分信息向SMEs演示。这个步骤通常会花费1~3天的时间，这主要取决于可得的信息量以及时间的压力。在此花费的精力会减少小组会谈的时间和精力。

二、安排同SMEs的小组会谈

同SMEs进行的小组会谈通常要持续1~2天时间，选择的SMEs从范围上要尽可能广泛地代表工作任职者。会议室要配备必要的设备：投影仪、活动挂图、涂改带，会议室的选址要远离工作地点，把工作的影响减到最小。

三、分发欢迎信

自我介绍之后，工作分析者应当向与会者分发一封欢迎信，来解释小组会谈的目的，尤其要点明参与者是会议的主体，要完成大部分工作，而工作分析者只是作为获取信息的向导或是促进者的角色存在。

四、确定 FJA 任务描述的方向

工作分析者事先应该至少准备好三张演示图。第一张是类似于图 6-1 的图，显示了任务的结构。第二张图同图 6-2 一样，是一个打印任务的例子。如果可能的话，第三张图最好准备一个难度、复杂程度中等的任务的例子，实际上在步骤 1 时我们就可以作相应的准备。这三张演示图的目的实际上是给 SMEs 提供了任务陈述的格式和标准。这个过程大概会花费 20~30 分钟。

五、列出工作的产出

我们首先希望 SMEs 小组能将工作的产出列出来。我们通常会问专家们这样一些问题："你认为被雇佣的工作任职者应该要提供什么产品或服务？工作的主要结果是什么？"一般来说，大概需要 15 分钟，小组就能以他们自己的语言将工作结果列出来。工作结果可能是物（各种类型的实物）、数据（如报告、建议书、信件、统计报表、决议等）、服务（对人或者是动物）。通常工作结果很少超过 10 条，多数的情况是 5~6 条。我们将这些工作结果整理好列在活动挂图上，挂在墙上。

六、列出任务

让 SMEs 从任何一个工作结果着手，请他们开始描述通过完成哪些任务才能得到这个工作结果。通常大家起初技能不太熟练，会存在一个逐渐适应的过程。工作分析者应该不断进行鼓励，给大家创造一个好的开始。工作分析者可以以这样的问题来激发大家的思维："工作是以工作说明或是指示开始吗？工作是日常例行的不需要特殊的指导吗？工作者个人需要主动干些什么？首先干什么？你是怎么知道该这样干的？"很快，在完成了几个任务之后，大家会很快掌握到工作的精神和诀窍，接下来工作进程会大大加快。

这项工作一直要持续到小组达成一致意见，所列出的任务应能覆盖工作所包括的 85% 以上的工作任务，并要确信没有遗漏重要的任务项。当然中间可以灵活安排几次休息的时间，保持工作的良好节奏。

每项任务列出后工作分析者将其写在活动挂图上。因为这个过程有多人参与，很可能还要进行字句上的斟酌和替换。在开始时大家常常有一个趋势，就是直接给出工作最终的结果，将其作为过程的工作行为。这就需要工作分析者进行指导，帮助小组将过程行为从最终结果中挑选出来。举例说明：SMEs 通常会以"决定"或是"推荐"这样的词汇来开始描述任务。实际上，"决定"一般是分析和协调行为的最终结果，同样，"推荐"也是数据处理和咨询这样行为的结果。工作分析者应该强调"目的"，应该询问：什么导致"决定"和"推荐"行为？

比如，最初的句子是这样的：
决定雇员填补空职所必须具备的资格。

改为：

分析以经验和心理为基础的工作说明书数据，目的是决定雇员填补空职所必须具备的资格。

七、推敲任务库

每一个工作产出对应的任务都被写出来之后，我们会发现一些任务会在几个工作产出中反复出现，比如说"沟通"。在某些情形下，同样的任务会在信息来源或是最终结果上有细微的差别。另外，SMEs 应该说明有多少任务会以相同的行为开始。这些工作使小组对他们的工作有一个全面深刻的认识，不仅让他们认识到不同工作之间的相似之处，而且可以使他们看到哪些任务是琐细的，应该作为其他的一部分而存在，而哪些却是可以拆散为多个部分的。

八、产生绩效标准

SMEs 完成了任务库之后，下一个任务就要让他们列出为了满意地完成任务任职者需要具备的素质，工作分析者一般使用下面的问题来引导小组进行分析："大家可能注意到我们只是整理和分析了工作行为、最终结果、信息来源、指导以及工作设备，而没有涉及需要具备什么素质才能做好工作。我们可以设想我们是某个工作的管理者，我们需要为这个工作找一个合适的雇员，你将以什么标准来进行甄选？请大家考虑素质和特点的时候，尽量同任务尤其是与任务对应的行为联系起来考虑。"

我们可能会得到很多一般性的东西，有必要进一步进行分析，最好能让大家举出例子："这些素质特征以什么方式在何处体现出来？"

通常很多任务都需要相同的素质特征，我们应该请 SMEs 进一步说明其中哪些素质特征是比较重要，而哪些是最为关键的，同样在分析这些素质特征赖以成长的经验时亦是如此。完成这些工作后，小组会议就可以结束了。

九、编辑任务库

工作分析者将活动挂图上的信息搜集起来，在此基础上用前文所述的格式进行任务库的编辑。我们要对这些信息进行整理，疏通语句，斟酌用词，特别是动词的使用。数据库即将完成之时，应该抄录一份给 SMEs 小组作最后的修改纠正。

第三节 职能工作分析方法的应用

FJA 的分析结果可以应用到其他人力资源管理职能中去，如培训和绩效评估等。下面以图 6-1 中所示的打印员的打印任务为例来说明 FJA 在培训和绩效评估两方面的应用。

根据图 6-1，通过 FJA 中任务陈述的表格，可以将打印任务表述如下：打印/誊写标准格式的信件，信息来源于记录所提供的特定信息，依据形成信件的标准程序操作，但为了文字的清楚和通顺可以调整标准格式，目的是准备待寄的信件。

对打印任务进行清晰陈述后，进一步确定工作者完成该任务应当承担的职能的对应等级，这些职能包括数据职能、人员职能和事物职能等，其对应的等级如表 6-2 所示。

表6-2 任务分析

数据	人	物	数据	人	物	指导	理解能力	数学能力	语言能力
工作职能水平			工作职能取向				能力水平		
3B	1A	2B	70%	5%	25%	2	3	1	4

任务：打印/誊写标准格式的信件，信息来源于记录所提供的特定信息，依据形成信件的标准程序操作，但为了文字的清楚和通顺可以调整标准格式，目的是准备待寄的信件。

根据以上 FJA 对工作任务的分析，可以提炼出该任务的绩效标准和培训要求，如表 6-3 所示。

表6-3 FJA 分析结果的应用

绩 效 标 准

描述：
  以合理的速度和准确性打印
  信件的格式正确
  调整方式正确
数字表示：
  在_____时间内完成信件
  每封信件均无打印、机械或调整的错误
  每封信件低于_____个信息遗漏错误

培 训 内 容

职能性的：
  怎样打印信件
  怎样誊写材料，纠正机械错误
  怎样把两份书面信息整理成一份
特定的：
  如何获得记录，并从中寻找信息。
  依据标准信件格式的现行标准操作程序的相关知识
  信件所需信息的知识
  如何使用提供的打印机工作

以上关于 FJA 在绩效评价和培训中的应用所举的只是个很简单的例子，对于比较复杂和难度比较大的工作而言，同样可以适用于这种分析结构，当工作任务用这种方式表达出来，我们就能够直接得到该项工作任务的绩效标准、培训内容和产生满意绩效所必需的通用和特定技能，而不必进行推断。

第四节　职能工作分析方法的优劣势

FJA 非常清楚地阐述了组织内部关于工作与人的一些理论：必须对工作者"做了什

么"和"需要做什么"作基本的区分；工作者在工作范围内所做的主要是处理与信息、人和物之间的关系；对应这三种基本关系，工作者的职能体现在不同方面：处理与物的关系，工作者主要是利用身体方面的能力；处理与信息的关系，工作者主要运用智力因素；而处理与人的关系，则主要使用交际能力；所有的工作都在一定程度上要求工作者处理这些基本的关系；尽管工作者的行为或任务可以用无限种方法来描述，但在本质上每个职能对工作者特征和资格的要求种类和程度都落在一些相对比较狭窄和具体的范围内；与处理各种关系相适应的职能都遵从由易到难的等级和顺序；三个等级序列提供两个衡量指标——复杂性水平和参与比例。职能等级反映了工作者处理各种关系时的自主决策空间的大小。

FJA 的不足之处在于操作比较复杂，而且难以把握。

本章小结

职能工作分析方法（FJA），以完整意义上的工作者应发挥的职能为核心，对每项任务要求进行详细分析，以获取同通用技能、特定工作技能和适应环境能力相关的信息，是一种以工作为导向的工作分析方法。

为了能够有效地获取信息，工作分析者需要掌握三个要点：第一，需要明确在职能工作分析中，最基本的分析单元是任务，而不是工作本身；第二，需要掌握职能工作分析的框架；第三，需要了解职能工作分析的职能等级，主要分为七个方面。

要实施 FJA，最重要的是建立任务库。建立职能工作分析的任务库，一般需要九个步骤，即回顾现有的工作信息、安排同 SMEs 的小组会谈、分发欢迎信、确定 FJA 任务描述的方向、列出工作的产出、列出任务、推敲任务库、产生绩效标准、编辑任务库。经过以上九个步骤，我们能够覆盖任职者必须完成的 75% 以上的工作内容。

通过 FJA，可以得到任务的清晰陈述，以及工作者完成任务应承担的数据、人和事物的等级，因此可以提炼出任务的绩效标准和培训要求，这也是 FJA 在人力资源管理其他职能中的重要应用。

FJA 的优势在于可以反映出工作者处理各种关系时的自主决策空间的大小，但是操作具有一定的复杂性，并且难以把握。

基于职能工作分析方法的工作评价与应用

职能工作分析方法认为，员工在工作中要与数据、人、事三种要素发生关系。数据是指工作行为涉及的数字、符号、概念、思想等信息，与数据发生工作关系的行为包括综合、协调、分析、编辑、计算、复制、比较等。人是指在工作中与之发生关系的其他人，如上级、同事、下属、客户等，与人发生工作关系的行为包括指导、谈判、指示、监督、转变、劝说、通告、服务、接受指导或帮助等。事是指工作中涉及的机器设备等工作客体，与事发生工作关系的行为包括装配、精确操作、运行控制、驱动、操纵、照料、保养、简单手工操作等。这三种职能的工作行为可按难易程度或复杂程度列出等级序列，如表1所示。

表1　工作行为评价点数分配表

数据（α）			人（β）			事（γ）		
等级	描述	点数	等级	描述	点数	等级	描述	点数
0	综合	αQ	0	指导	$Q\beta$	0	装配	$Q\gamma$
1	协调	$\alpha Q-d$	1	谈判	$\beta/\alpha\,(\alpha Q-d)$	1	精确操作	$\gamma/\alpha\,(\alpha Q-d)$
2	分析	$\alpha Q-2d$	2	指示	$\beta/\alpha\,(\alpha Q-2d)$	2	运行控制	$\gamma/\alpha\,(\alpha Q-2d)$
3	编辑	$\alpha Q-3d$	3	监督	$\beta/\alpha\,(\alpha Q-3d)$	3	驱动	$\gamma/\alpha\,(\alpha Q-3d)$
4	计算	$\alpha Q-4d$	4	转变	$\beta/\alpha\,(\alpha Q-4d)$	4	操纵	$\gamma/\alpha\,(\alpha Q-4d)$
5	复制	$\alpha Q-5d$	5	劝说	$\beta/\alpha\,(\alpha Q-5d)$	5	照料	$\gamma/\alpha\,(\alpha Q-5d)$
6	比较	$\alpha Q-6d$	6	通告	$\beta/\alpha\,(\alpha Q-6d)$	6	保养	$\gamma/\alpha\,(\alpha Q-6d)$
			7	服务	$\beta/\alpha\,(\alpha Q-7d)$	7	简单手工操作	$\gamma/\alpha\,(\alpha Q-7d)$
			8	接受指导	$\beta/\alpha\,(\alpha Q-8d)$			

在表1中，等级数字越大，表示工作行为越简易；等级数值小的工作行为一般包含等级数值大的工作行为，如计算这一工作行为包括了复制和比较，不包括编辑、分析、协调及综合。

根据表1的内容，以数据、人、事为评价因素，对职位进行工作评价，具体步骤如下。

(1) 确定评价因素（数据、人、事）总的评价点数（用 Q 表示）。一般来说，需要评价的职位越多，总点数就越大，这样才能比较清楚地反映各职位之间的价值差异。

(2) 确定各评价因素在对职位价值的贡献中所占的权重（分别用 α、β、γ 表示）。很明显，除了所占用的工作时间外，数据、人、事三个评价因素对职位价值的贡献大小因质的不同而无法进行比较。因此，最好的办法是用其占用的工作时间与相应职位总的工作时间之比作为各自所占的权重。

(3) 确定各评价因素每一等级工作行为所应获得的评价点数。对不同评价因素之间同一等级的工作行为，按评价因素所占的权重分配评价点数；对同一评价因素内部不同等级的工作行为，根据等级差异按等差数列的方式分配评价点数。各评价因素每一等级工作行为的评价点数情况如表1所示。

为了将各职位相对价值的差异反映得更加明显,公差 d 应选取得较大一些。对每一个具体职位,公差 d 可按下列方法选取:首先从下列三个方程:① $\alpha Q-6d=1$;② $\beta/\alpha (\alpha Q-8d)=1$;③ $\gamma/\alpha (\alpha Q-7d)=1$ 分别求解后所得到的三个方程解中,选择一个最小值,这样就使得每一个具体职位都有一个相应的最小值;然后,从这些被选择到的一列数值中再选择一个最小值作为各职位数据关系等差数列的统一公差。之所以要选择一个统一公差,是因为公差的不一致,必然要导致评价标准的不一致,进而影响评价结果的真实性和准确性。

(4) 进行工作评价。根据企业各职位情况,在确定总的评价点数及各职位数据关系等差数列的统一公差之后,对某一被评价职位,按照表 1 要求计算各工作评价因素分别所获得的评价点数,并对评价点数求和。我们将被评价职位的评价点数之和作为该职位的相对价值(用 V 表示)。

例如,某企业接待员职位和车工职位,接待员职位在数据、人、事三个方面工作行为的等级分别为 8、10、9;所占用的工作时间的比例分别为 50%、40%、10%。车工职位在数据、人、事三个方面工作行为的等级分别为 4、8、1;所占用的工作时间的比例分别为 15%、5%、80%。

确定总的评价点数为 500,并以上述两个职位确定的数据关系等差数列的统一公差为 9,则有:

$$V(接待员) = (\alpha Q-8d) + \beta/\alpha (\alpha Q-10d) + \gamma/\alpha (\alpha Q-9d)$$
$$= (50\% \times 500 - 8 \times 9) + 40\%/50\% (50\% \times 500 - 10 \times 9) + 10\%/50\% (50\% \times 500 - 9 \times 9) = 339.8$$

$$V(车工) = (\alpha Q-4d) + \beta/\alpha (\alpha Q-8d) + \gamma/\alpha (\alpha Q-d)$$
$$= (15\% \times 500 - 4 \times 9) + 5\%/15\% (15\% \times 500 - 8 \times 9) + 80\%/15\% (15\% \times 500 - 1 \times 9) = 392$$

可见,车工职位要比接待员职位高出 52.2 个价值单位,或者说车工职位的相对价值是接待员职位相对价值的 1.2 倍(近似)。

资料来源:张本超:"基于职能工作分析方法的工作评价与应用",《长江大学学报(自科版)理工卷》,2007 (6)。

案例研究

S 市交通运输执法队公共职位列表

S 市交通运输行政执法支队(以下简称执法支队)是 2009 年 S 市机构改革后新成立执法单位,隶属 S 市交通运输委员会。主要职责为:依据有关法律、法规,负责全市交通运输(道路运政、水路运政、道路路政、航道行政、港口行政、交通规费稽查、交通工程建设监督、公共汽电车、出租小汽车、轨道交通、铁道、民航服务市场监管和邮政行业协调监管等）市场秩序的监督管理；负责依法对交通运输市场主体及其从业人员的经营行为实施监督检查，纠正违章违规的经营行为，维护交通运输市场秩序；负责交通运输行业违章行为的稽查工作、对违法行为实施行政强制或行政处罚。

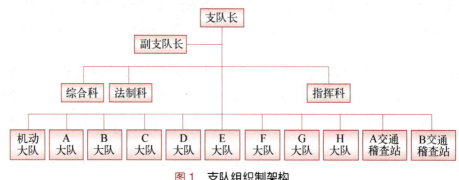

图1 支队组织制架构

2010年该单位成为首批执法类公务员分类管理改革实施单位，但由于分类改革存在"一刀切"的情况，在未进行工作分析的前提下，对现有职位进行划分，职位分类较为简单，对执法支队日常的人员招聘、绩效管理、教育培训、晋升通道规划无太大帮助。为此，支队决定对现有职位进行工作分析。

一、确定分析职位

根据执法支队组织架构及实际运行状况，确定支队长等26个典型职位进行工作分析。

支队领导：支队长、副支队长

综合科：综合科长、人事专员、财务专员、文宣专员、纪检专员、后勤服务员

法制科：法制科长、法务主管、法务专员、法务助理

指挥科：指挥科长、高级执法督查、执法督查、助理督查

机动大队、高速路政大队以及A~H大队：大队长（C、D大队）、大队长（其他大队）、一级执法员、二级执法员、三级执法员、四级执法员、五级执法员、六级执法员、七级执法员、助理执法员

二、实施FJA工作分析

（一）安排同职位专家小组会议

选择执法支队长期从事调查职位的专家型工作人员进行小组会谈，会议前向与会者详尽解释小组会谈目的、要求以及需要配合的事项。

（二）介绍专题会议内容

工作分析员向与会者分发工作分析指引材料，详细解释会谈目的，说明与会者是工作分析主体，要完成大部分工作，分析员只是作为获取信息的向导或促进者的角色存在。

（三）确定任务描述的方向

向与会人员提供任务陈述的格式和标准。

（四）列出工作的产出

要求参会人员小组能将工作产出列出来。提问问题："工作任职者应提供什么产品和服务？工作的主要结果是什么？"

（五）列出任务

由参会人员对工作结果进行描述，为了得到这个工作结果需要完成的任务有哪些。通常，开始时与会者描述的技能不熟练，会存在一个逐渐适应的过程。分析员需要不断地引导和鼓励，给大家创造一个好的开始。在完成几个任务后，与会人员会很快掌握工作分析的流程，接来下工作效率会增加。这项工作应继续，直到该组就列出的任务覆盖95%以上的工作任务和要求，且达成统一意见，特别是没有遗漏重要的任务。每个任务的工作分析将列在活动挂图上。在这个过程中，与会人员会酌情替换词句。刚开始，往往有直接给出最终工作成果和工作过程中的行为的趋势。这需要分析员来持续进行指导，以帮助与会人员从最终结果中选定所列结果。

（六）推敲任务库

写下每个任务输出相应的任务，与会人员将会发现一些任务在几个工作中重复出现。在某些情况下，同样任务对源信息或输出结果的不同会有细微的差别。有时应该说明有多少任务会以相同的行为开始。对这些工作类别有全面而深刻的认知，不仅使他们认识不同种类的工作之间的相似性，而且可以使他们看到哪些任务是烦琐且微不足道的，且其他任务可以拆成多个步骤。

（七）产生绩效标准

任务库形成后，就需要与会人员让他们列出为了满意地完成任务，任职者需要具备的素质，使用以下问题引导小组进行分析："任务库的制定只是为了整理和分析工作行为、最终结果、信息来源、指导及工作设备，而没有涉及需要具备什么样的素质才能做好工作。作为工作管理者，我们需为该职位配备一名合适工作人员，将按照什么标准题选备选人员？请大家考虑素质和特点时，尽量同任务尤其是任务对应的行为联系起来考虑。"可能会得到很多一般性标准，有必要进一步分析确认，最好能举出相应例子："这些素质特征以什么方式在何处体现出来？"通常很多任务都需要相同的素质特征，应该请参会人员进一步说明哪些素质特征是比较重要的，哪些是关键的。同样，在分析这些素质特征赖以成长的经验时亦是如此。完成调查，专题会议即告结束。

（八）编辑任务库

收集与会人员的信息，在此基础上按之前描述的格式进行任务库的编辑，包括信息整理、疏通语句、斟酌用词特别是动词的使用。数据库完成后，抄送一份报参会人员做最后修正。

经以上八个步骤，可基本形成研究工作的任务库。之后，在职位调查、资料审核和整理完成之后，应根据调查结果撰写每一职位的职位说明书，确定每一职位的工作任务、任职资格以及绩效衡量标准，如表 1 所示。

表 1 S 市交通运输行政执法支队公共职位列表

序号	职位	工作任务	任职资格	绩效衡量标准
1	支队长	主持支队全面工作，负责全市交通运输行政执法工作 负责支队队伍建设和廉政建设工作 主持召开支队长办公会议、支队工作会议、支队领导班子会议，部署支队各项工作	正处级领导 从事交通运输管理领导工作 10 年以上	领导满意度 群众满意度
2	副支队长	协助支队长分管科室、大队日常工作 对外协调相关辖区政府 落实分管单位的廉政建设、依法行政和安全稳定工作 部署、检查、落实分管单位的各项工作	副处级领导 从事交通运输工作 6 年以上	领导满意度 群众满意度
3	大队长（C、D 大队）	统筹大队的全面工作 对外协调对应区政府 组织实施交通执法行动 监督大队执法员绩效落实情况	副处级领导 从事交通运输工作 5 年以上	领导满意度 完成本单位的绩效目标
4	大队长（其他大队）	统筹大队全面工作 对外协调对应区政府（或新区政府） 组织实施交通执法行动 监督大队执法员绩效落实情况	正科级领导 从事交通运输工作 3 年以上	领导满意度 完成本单位的绩效目标
5	综合科长	统筹综合科全面工作 对外协调相关处室单位 安排对领导政务、工作动态、会务安排、会议记录和信息、会议纪要编报、工作总结、文件收发、文书档案资料管理及主要工作完成情况的检查督办	正科级领导 从事交通运输工作 3 年以上	领导满意度 完成本单位的绩效目标
6	人事专员	负责支队组织人事、劳资社保、福利、离退休人员、工青妇、计生、精神文明建设、年度考核工作 负责支队临聘人员（协管员及后勤保障人员）调配及日常管理工作 负责办理申报、代缴个人所得税	大学本科学历 从事人事相关工作 2 年以上	按时完成个人绩效目标
7	财务专员	负责支队年度经费编制预算、监督和执行，统筹经费的安排使用，审核日常经费开支，检查督促支队各直管单位落实财务管理制度 负责扣车场的整体规划、合同签订及费用结算等日常管理 负责落实国库系统支付工作 负责拟制支队财务管理相关制度	大学本科学历 从事财务相关工作 2 年以上 具有会计师职称	按时完成个人绩效目标
8	文宣专员	负责收集、整理、报告市民（媒体）涉及维护交通营运秩序的热点难点问题 负责组织计划支队人员的日常管理安全常识宣传和培训，落实日常安全生产和安全隐患排查工作	大学专科学历	按时完成个人绩效目标
9	纪检专员	负责支队党务、纪检工作	大学专科学历	按时完成个人绩效目标
10	后勤服务员	负责支队装备、办公用品、耗材和日用品的计划及组织采购工作 负责支队后勤保障工作（办公场所物业、绿化、网络安装、维护、更新及食堂管理等） 负责支队执法装备、办公设备等固定资产管理	大学专科学历	按时完成个人绩效目标

(续表)

序号	职位	工作任务	任职资格	绩效衡量标准
11	法制科长	统筹法制科全面工作 对外协调相关处室单位 拟定交通运输行政执法法规教育、宣传、培训计划	大学本科学历 从事法律管理相关工作2年以上	按时完成个人绩效目标
12	法务主管	组织实施交通运输行政执法法规教育、宣传、培训计划 参与有关法规、规章、规范性文件的调研、起草、修订和宣传工作 制定执法文书规范	研究生学历 法律专业背景	按时完成个人绩效目标
13	法务专员	负责重大或复杂行政处罚案件的审查、分析,以及行政处罚案件的听证工作 负责行政处罚案件的复议、诉讼、行政赔偿等相关工作 执法过程中典型案件的收集、汇总和上报,提出有关案件变更法规的理由依据和建议 受理法律事务咨询 负责执法业务方面的信访、投诉工作,并及时回复(反馈)处理情况	大学本科学历 法律专业背景	按时完成个人绩效目标
14	法务助理	交通协管员证件办理工作 印制和管理执法文书	大学专科学历	按时完成个人绩效目标
15	指挥科长	统筹指挥科全面工作 拟制执法重点工作、重要保障行动及专项行动的工作方案,并组织指挥各执法单位开展执法工作 组织指导开展治理超限超载工作 拟定支队每月应急值班和节日值班安排	大学本科学历 从事法务管理相关工作2年以上	按时完成个人绩效目标
16	高级执法督查	负责各执法单位执法业务的督导 指导、督查、规范依法行政行为 拟定执法工作年度、季度、月、周计划 组织开展全市的治理公路"三乱"工作 建立支队交通运输智能执法系统 组织执法绩效考核工作	大学本科学历 从事交通指挥或督查工作5年以上	按时完成个人绩效目标
17	执法督察	检查日常依法行政行为 统计分析执法信息 统计上报执法工作情况	大学本科学历 从事交通指挥或督查工作2年以上	按时完成个人绩效目标
18	助理督查	维护支队交通运输智能执法系统 收集、汇总、报送执法信息 收集、汇总执法工作情况	大学本科学历	按时完成个人绩效目标
19	一级执法员	组织实施执法工作年度、季度、月、周计划 指导下级执法员完成执法任务	大学本科以上学历 从事交通运输行业行政执法工作15年以上	领导满意度 按时完成个人绩效目标
20	二级执法员	具体实施执法单位执法工作 监督辖区内交通运输市场秩序 负责重大突发事件、重大灾害事故、行业内不稳定事件的处置及重大交通保障工作 统计分析执法工作信息	大学本科以上学历 从事交通运输行业行政执法工作12年以上	按时完成个人绩效目标

(续表)

序号	职位	工作任务	任职资格	绩效衡量标准
21	三级执法员	具体实施执法单位执法工作 监督辖区内交通运输市场秩序 负责重大突发事件、重大灾害事故、行业内不稳定事件的处置及重大交通保障工作 统计分析执法工作信息	大学本科以上学历 从事交通运输行业行政执法工作10年以上	按时完成个人绩效目标
22	四级执法员	依法对相关的交通运输市场主体及其从业人员的违章违规经营行为进行查处，对违法行为实施行政强制、行政处罚，及时纠正违章违法行为 参加交通运输系统的年审和安全监督工作 日常巡查、维护责任区交通运输营运秩序 参与交通战备办公室开展军事行动和其他紧急任务的交通保障工作	大学本科以上学历 从事交通运输行业行政执法工作8年以上	按时完成个人绩效目标
23	五级执法员	依法对相关的交通运输市场主体及其从业人员的违章违规经营行为进行查处，对违法行为实施行政强制、行政处罚，及时纠正违章违法行为 参加交通运输系统的年审和安全监督工作 日常巡查、维护责任区交通运输营运秩序 参与交通战备办公室开展军事行动和其他紧急任务的交通保障工作	大学本科以上学历 从事交通运输行业行政执法工作6年以上	按时完成个人绩效目标
24	六级执法员	依法对相关的交通运输市场主体及其从业人员的违章违规经营行为进行查处，对违法行为实施行政强制、行政处罚，及时纠正违章违法行为 日常巡查、维护责任区交通运输营运秩序 参与交通战备办公室开展军事行动和其他紧急任务的交通保障工作 配合交通运输行政处罚案件听证、复议、诉讼等有关工作	大学本科以上学历 从事交通运输行业行政执法工作4年以上	按时完成个人绩效目标
25	七级执法员	依法对相关的交通运输市场主体及其从业人员的违章违规经营行为进行查处，对违法行为实施行政强制、行政处罚，及时纠正违章违法行为 日常巡查、维护责任区交通运输营运秩序 参与交通战备办公室开展军事行动和其他紧急任务的交通保障工作 配合交通运输行政处罚案件听证、复议、诉讼等有关工作	大学本科以上学历 从事交通运输行业行政执法工作2年以上	按时完成个人绩效目标
26	助理执法员	协助执法人员开展交通运输行业的稽查工作 协助执法人员开展专业专项执法行动、全市联合整治非法运营行动、重大突发事件、重大灾害事故、行业内不稳定事件的处置、重大交通保障及其他紧急任务的交通保障工作	大专以上学历	按时完成个人绩效目标

思考题

1. 什么是职能工作分析方法？与传统的工作分析方法相比，职能工作分析方法具有哪些特点?
2. 职能工作分析方法的框架是什么?
3. 职能工作分析的职能等级划分的依据是什么?包括哪几种类型的职能等级?
4. 采取职能工作分析方法对某项工作进行分析的主要步骤包括哪些?
5. 请举例说明职能工作分析方法的具体应用。
6. 试述职能工作分析方法作为一种工作分析工具的优缺点。

一、名词解释
职能工作分析方法　FJA 职能等级表　工作者指导等级

二、单项选择题
1. FJA 的核心是（　　）。
   A. 工作描述语言的控制　　　　B. 工作职能等级的划分
   C. 分析工作者的职能　　　　　D. 工作系统的分析
2. FJA 操作过程中，列出主要任务这一步骤的工作一直要持续到小组达成一致意见，所列出的任务应覆盖工作所包括的（　　）以上的工作任务，并要确信没有遗漏重要的任务项。
   A. 70%　　　　B. 75%　　　　C. 80%　　　　D. 85%
3. FJA 系统操作过程中，列出工作产出这一步骤，工作结果一般情况为（　　）。
   A. 3~4 条　　　B. 5~6 条　　　C. 7~8 条　　　D. 8~9 条
4. FJA 分析结果包括对组织层面的目标定位、绩效标准，工作层面的职能等级，和人员层面的（　　）。
   A. 能力确定　　B. 培训内容　　C. 任职资格　　D. 心理分析
5. FJA 系统的不足之处在于（　　）。
   A. 资金成本过高　　　　　　　B. 过程耗时长
   C. 操作复杂　　　　　　　　　D. 分析人员专业技能要求高

三、多项选择题
1. 职能工作分析方法的框架认为，完整意义上的工作者完成工作职能必须具备（　　）。
   A. 通用技能　　　　　　　　　B. 特定工作技能
   C. 适应环境能力　　　　　　　D. 团队协作能力
   E. 时间规划技能
2. 职能工作分析法对职能的分析是通过分析工作者在执行工作任务时与哪些要素的

关系来进行的？（　　）

　　A. 环境　　　　B. 数据　　　　C. 人员　　　　D. 事件

　　E. 时间

3. FJA 系统操作过程中，回顾工作信息应使工作分析者深入了解（　　）。

　　A. 工作语言　　B. 工作层次　　C. 固定操作程序　　D. 组织产出

　　E. 员工组成

4. FJA 系统操作中，将数学能力划分为哪几个等级？（　　）

　　A. 会简单的加减

　　B. 会所有数字的加减乘除

　　C. 会进行分数、微积分和百分数的运算

　　D. 在标准的应用程序中，进行代数、算术和几何运算

　　E. 了解高等数学和统计技术

5. FJA 的分析结果主要可应用于人力资源管理（　　）。

　　A. 培训开发　　B. 招聘甄选　　C. 绩效管理　　D. 薪酬管理

　　E. 劳动关系管理

四、判断题

1. 按照 FJA 理论，完整的工作系统应该包括组织层面和工作层面。（　　）

2. 在职能工作分析中，最基本的分析单元是工作本身，而不是任务。（　　）

3. 在职能工作分析的实际操作中，工作分析者必须首先熟悉 SMEs 的语言，即相关专业的行话。（　　）

4. 在相关工作职能数据库即将完成之时，不必特别抄录一份给 SMEs 小组。（　　）

5. FJA 系统中，职能等级反映了工作者在处理各种关系时自主决策空间的大小。

（　　）

五、简答题

1. 按照 FJA 理论，简述一个完整意义上的工作者应该具备的技能。

2. 简述 FJA 的实施程序及其优缺点。

第七章　任务清单分析系统（TIA）

第一节　任务清单分析系统简介

任务清单分析系统（Task Inventory Analysis，TIA）是一种典型的工作导向性工作分析系统。TIA 是由"美国空军（USAF）人力资源研究室"的 Raymond E. Christal 及其助手开发成功的，它的研究始于 20 世纪 50 年代，通过从 10 万名以上雇员那里搜集试验数据进行验证，前后经历了 20 年时间才趋于成熟完善。

任务清单系统一般由两个子系统构成：一是用于搜集工作信息的一套系统的方法、技术；二是与信息搜集方法相匹配的，用于分析、综合和报告工作信息的计算机应用程序软件。

在任务清单系统中，搜集工作信息的方法实际上是一种高度结构化的调查问卷，一般包括两大部分：一是"背景信息"，二是"任务清单"。

背景信息部分包括两类问题：传记性问题与清单性问题。传记性问题，是指那些可以帮助分析者对调查对象进行分类的信息，如姓名、性别、职位序列号、职位名称、任职部门、服务期限、教育水平、工作轮换愿望、职业生涯意向等。清单性问题是为了更加广泛深入地了解有关工作方面的背景信息而设计的问题。它为调查对象提供了一套包括问题和答案选项的清单，清单的内容可能包括：所用的工具、设备，所要培训的课程，对工作各方面的态度等。背景信息部分的问题有各种格式："填空""选择能最恰当地描述你（工作）的选项"，或者"选择所有符合你（工作）的选项"等。

任务清单部分其实就是把工作任务按照职责或其他标准以一定顺序排列起来，然后由任职者根据自己工作的实际情况对这些工作任务进行选择、评价等，最终理顺并形成该工作的工作内容。如果任务清单构建得成功，那么在该职业范围内每个调查对象都可以选择清单中的某些任务项目，将它们按一定标准组合在一起从而准确地描绘他的工作。在 TIA 中，"任务"被定义为"工作任职者能够清晰辨别的一项有意义的工作单元"。任务清单可以来自对工作的观察，也可以来自另外的任务清单，如某部门的任务清单或某工作族的任务清单；还可以借助于 SMEs 进行任务描述。关于"任务"的描述方式也相当简单，通常是描述一项行动、行动的目标以及其他必要的限定。第一人称代词"我"一般是隐含的任务执行者。根据任务清单的使用目的的不同可以选择和设计相应的任务评价维度及其尺度。最常用的维度有"相对时间花费""执行频率""重要程度""困难程度"等。尺度可以是 5 级、7 级或 9 级等。

工作任务清单的调查对象一般是某一职业领域的任职者及其直接管理者。任职者填写背景信息部分，并在任务清单中选择符合他所做工作的任务项目并给予评价（如相对时间花费、重要程度等）。任职者的管理者通常提供有关工作任务特征的信息，如任务的难度、对工作绩效的影响等。然后运用一定的计算机应用程序软件对搜集来的信息进行处理、分析、综合，并向管理者提供工作分析报告。

第二节　任务清单分析系统的实施步骤

为了说明任务清单分析系统的实施，本节以人力资源部及其所包含工作岗位为例说明如何利用任务清单分析系统对人力资源部门的职位进行分析。

一、构建任务清单

如前文所述，任务清单的构建有多种方式，可以来自对所研究工作的观察或工作日志；也可以来自另外的任务清单，如某部门的任务清单或某工作族的任务清单；还可以借助于 SMEs 进行任务描述。在此，选择从部门清单中演绎出相关职位的工作说明书。

对人力资源部门的任务清单构建可以采用目标分解和调查研究相结合的方法。首先明确人力资源部的部门目标，再由部门目标导出部门职能，然后把部门职能分解为必须要做的工作，再把工作逐步分解，直至分解为各个任务项目。其中每一个分解过程除了理论推导之外，都要参考实证的调查资料。最后，把各个任务项目按一定的逻辑顺序编排起来，就形成了用作问卷的人力资源部门的任务清单。

通过资料分析和实践的调查研究发现，人力资源部的部门目标是通过建立、维持与发展有效的人力资源管理系统，以实现组织的目标。人力资源管理系统的有效性最终是通过它实现组织目标的有效性来评价的。人力资源管理要实现的组织目标主要有三个：高工作效率、高员工满意度及合理的人工成本。这三方面是衡量人力资源管理有效性的主要标准，因此也是人力资源部的三个主要目标。

人力资源部主要通过履行以下几方面的职能来实现部门目标。

（一）参谋、辅助、指导

这是人力资源部的传统职能，也是最基本的职能之一。

直线经理是人力资源管理政策、制度的最终实施者，对人力资源管理的有效性负有直接责任。人力资源部要达到目标只有通过直线经理的合作与支持才能实现。人力资源部的目标能否真正实现取决于人力资源部能否通过参谋、辅助和指导，使直线经理理解、掌握、接受并正确执行人力资源管理的方针、政策、制度、程序与方法。如果人力资源部不能在人力资源管理方面发挥有效的参谋、辅助、指导职能，人力资源部将失去存在的价值。

人力资源部的参谋、辅助、指导职能还表现在与一般员工的关系上。人力资源部应当为一般员工提供诸如绩效考核、薪酬福利、职业生涯规划等各方面的人力资源咨询和服务，使一般员工能从中受益，感受到人力资源部的价值。

可见，人力资源部的参谋、辅助、指导职能体现在人力资源管理的各个方面，包括例行的日常管理活动，如人员的甄选配备、绩效考核、劳动合同管理、劳动纪律管理、报酬管理、人事纠纷处理等；以及维持与发展组织与员工系统的管理活动，如制定人事政策、人力资源规划、组织规划设计、工作设计、工作分析、人力资源培训开发、员工职业生涯规划和管理等。

（二）协调、控制

人力资源管理是一个有机的系统，它的各个环节应该是彼此联结，协调统一的。人力资源部负责保证人力资源政策的协调统一性，协调部门之间、上下级之间、个人与组织之间的关系，维护人力资源管理流程的通畅性、规范性、秩序性。在企业各部门中，只有人力资源部具有从企业全局利益出发考虑整个人力资源管理系统的责任和权利，这也是企业建立人力资源部的初衷之一。人力资源部通过人力资源政策的制定和监督检查以及其他沟通协调与控制的手段，发挥对整个人力资源管理系统的协调、控制职能。

（三）人工成本管理

人力资源管理的许多环节都涉及人工成本管理问题。最主要、最直接的是报酬管理；此外，如人员招募甄选录用、培训开发、人力资源规划等都对人工成本有重大影响。

如何确定薪资水平、福利水平，如何设计报酬结构等报酬管理工作直接关系到人工成本控制的效果。

招聘本身的成本就是相当巨大的，再加上由于招聘不当而造成人才流失的间接成本就更难以估量了。人力资源部可以通过有效的、科学的招聘程序和方法，为组织节约大量成本。例如，美国政府机关借助一项人事甄选技术选拔潜力大的计算机程序员，每年可节约数百万美元的成本。人力资源部还可以通过招聘来控制进入组织的人员的数量、质量、结构，影响报酬给付数量、结构，还有助于减少人才流失带来的损失。

培训开发成本往往大得惊人但又难以衡量培训开发的效果，因此建立和运行有效的培训效果预测与评估体系，对控制培训开发成本的意义是深远的。

人力资源规划对预测中、长期的人工成本有重要的作用。人工成本中最大的支出是报酬，而报酬总额在很大程度上取决于组织中的人员分布状况。人员分布状况指的是组织中的人员在不同职务、不同级别上的数量分布。当一个组织年轻的时候，处于低等级职务的人多，人工成本相对便宜，但随着时间的推移，人员的职务等级水平上升，报酬水平也就上升，如果再考虑物价上升的因素，人工成本就可能超过企业所能承担的能力。在没有人力资源规划的状况下，未来的人工成本是未知的，难免会发生成本上升，效益下降的趋势。因此，在预测未来企业发展的条件下，有计划地逐步调整人员的分布状况，把人工成本控制在合理的支付范围内，显然是人力资源管理的必要职责。由于人力资源部在报酬管理、人员招聘、培训开发、人力资源规划等方面一般都承担非常大的责任，所以人工成本管理也自然成为人力资源部的主要职能之一。

（四）战略决策的制定与实施

通过研究人力资源部门地位和作用的变迁，可以从中发现最显著的一个变化趋势，即人力资源部从毫无战略意义到为战略实施提供支持再到成为组织平等的甚至是关键的战略伙伴。人力资源部在现代人力资源管理中的战略职能日益凸显，其最根本的原因还是人力资源本身的战略性作用的增强。在竞争日益激烈的全球市场环境下，人力资源已经成为赢得比较优势的最关键因素。企业战略决策的选择和制定必须确认、分析和平衡两类因素：一是企业面临的外部机会和挑战；二是企业内部的优势和劣势。但不论是外部环境的分析还是内部形势的判断，最具决定性影响的就是企业人力资源的状况。企业战略决策的制定，首先要考虑的就是人力资源的优势。企业能否拥有高素质的、有奉献精神的、忠诚的人力资源，是能否有效实施企业战略决策的最终决定条件，因为市场反应的灵活性、产品和服务的质量与特色、技术创新等制胜因素都是以人力资源为基础的。人力资源部可以通过人力资源培训开发、人力资源规划、员工职业生涯开发和管理、提倡员工参与管理、促进公平管理和畅通沟通渠道、推动企业文化建设等工作来为企业提供高素质的、有奉献精神的、忠诚的人力资源，从而为企业战略决策的制定和实施提供支持和服务，并为自己赢得战略决策伙伴的地位，发挥战略决策制定与实施的职能。

（五）推动组织发展与管理创新

人力资源部在人力资源管理中应始终站在理论和实践的前沿，扮演"创新者"的角色，否则人力资源部的价值和威信将大打折扣。人力资源部应负责为企业提供有关管理最新发展动态的信息和最新的解决问题的理论与方法。例如，在企业再造工程、员工职业生涯设计、组织结构扁平化、团队合作工作方式等管理新课题方面，人力资源部必须站在潮流的前面加以引导，向企业介绍、分析新理论或方法的优势和不足以及对企业现实的适用性，并帮助企业学习和运用先进的实用理论和方法，推动组织管理创新。

需要说明的是，本节所构建的企业人力资源部的任务清单是基于以下研究假设。

（1）企业的规模较大，人力资源部是一个独立的部门；

（2）人力资源部的工作任务涉及现代企业人力资源管理的全方位和全过程，包括组织规划设计、工作分析、人力资源规划、选聘录用、薪酬管理、人事考核、培训开发、工作时间管理、员工异动管理、劳动法律、政策与劳工关系、人事资料、人事档案管理等；

（3）人力资源部的部门目标是通过建立、维持和发展有效的人力资源管理系统，来实现组织的目标；

（4）人力资源部能够发挥参谋、辅助、指导、协调、控制、人工成本管理、战略决策的制定和实施、推动组织和管理创新等职能。

本节在以上研究假设的基础上，根据现代企业人力资源管理的理论与实务，并结合对国内10个企业人力资源部的调查研究，按照任务清单工作分析系统的要求，构建了以下企业人力资源部的部门任务清单（见表7-1）。

表7-1　企业人力资源部任务清单

填写说明（略）
背景信息（略）

	评价维度1 相对时间花费	评价维度2 重要程度
	0＝从来不做	0＝毫无意义
	1＝极少量时间	1＝不重要
	2＝少量时间	2＝轻微
	3＝平均时间	3＝比较重要
	4＝大量时间	4＝非常重要
	5＝极大量时间	5＝极为重要

任务清单	是否符合 你的工作	如果符合 请评价

【辅助直线经理进行组织规划设计】
编号	任务		评价
001	研究企业的组织目标与价值系统	☐	0 1 2 3 4 5
002	设定组织的目标	☐	0 1 2 3 4 5
003	层层分解组织目标，明确必须要做的事	☐	0 1 2 3 4 5
004	把要做的事按一定逻辑编组，同类合并成工作（组）	☐	0 1 2 3 4 5
005	把同类或相关的工作（组）归并为部门	☐	0 1 2 3 4 5
006	拟定各部门职务区分原则	☐	0 1 2 3 4 5
007	拟定各部门职务区分方式	☐	0 1 2 3 4 5
008	拟定各部门职务分工计划	☐	0 1 2 3 4 5
009	职务分工计划的分析、研究、检讨	☐	0 1 2 3 4 5
010	职务分工计划的更正修改	☐	0 1 2 3 4 5
011	职务分工计划的实施	☐	0 1 2 3 4 5
012	拟定各部门直线经理权责划分计划	☐	0 1 2 3 4 5
013	计划之分析、研究、检讨	☐	0 1 2 3 4 5
014	计划之更正修改	☐	0 1 2 3 4 5
015	计划之实施	☐	0 1 2 3 4 5
016	制作组织结构图	☐	0 1 2 3 4 5
017	制作部门权责划分表	☐	0 1 2 3 4 5
018	学习研究新的组织理论和方法	☐	0 1 2 3 4 5
019	向直线经理讲解推荐新的理论和方法	☐	0 1 2 3 4 5
020	提出组织创新的建议	☐	0 1 2 3 4 5
021	拟定组织创新方案	☐	0 1 2 3 4 5
022	方案的分析研究检讨	☐	0 1 2 3 4 5
023	方案的更正修改	☐	0 1 2 3 4 5
024	方案的实施	☐	0 1 2 3 4 5
025	组织章程方针的拟定	☐	0 1 2 3 4 5
026	组织章程的计划	☐	0 1 2 3 4 5
027	组织章程的起草	☐	0 1 2 3 4 5
028	组织章程的研究检讨	☐	0 1 2 3 4 5
029	组织章程的修改更正	☐	0 1 2 3 4 5
030	组织章程的协调工作	☐	0 1 2 3 4 5
031	组织章程的公告通知	☐	0 1 2 3 4 5
032	组织章程实施情况的监督检查	☐	0 1 2 3 4 5

【人力资源规划】
编号	任务		评价
033	研究企业的战略规划	☐	0 1 2 3 4 5
034	盘查现有人力资源的数量	☐	0 1 2 3 4 5
035	盘查现有人力资源的质量	☐	0 1 2 3 4 5
036	盘查现有人力资源的结构	☐	0 1 2 3 4 5
037	分析经济发展对人力需求的影响	☐	0 1 2 3 4 5

（续表）

编号	项目	□	评分
038	分析技术对人力需求的影响	□	0 1 2 3 4 5
039	分析组织结构对人力需求的影响	□	0 1 2 3 4 5
040	分析预期工作活动变化对人力需求的影响	□	0 1 2 3 4 5
041	分析工作时间对人力需求的影响	□	0 1 2 3 4 5
042	分析培训开发对人力需求的影响	□	0 1 2 3 4 5
043	分析市场发展对人力需求的影响	□	0 1 2 3 4 5
044	分析员工稳定性对人力需求的影响	□	0 1 2 3 4 5
045	分析各种因素对人力需求的综合影响	□	0 1 2 3 4 5
046	研究企业所在地和附近地区人口密度对人力供给的影响	□	0 1 2 3 4 5
047	研究其他企业人力需求对人力供给的影响	□	0 1 2 3 4 5
048	研究当地就业水平就业观念对人力供给的影响	□	0 1 2 3 4 5
049	研究当地科技文化教育水平对人力供给的影响	□	0 1 2 3 4 5
050	研究企业所在地的人才吸引力对人力供给的影响	□	0 1 2 3 4 5
051	研究企业本身的人才吸引力对人力供给的影响	□	0 1 2 3 4 5
052	研究全国劳动人口增长趋势对人力供给的影响	□	0 1 2 3 4 5
053	研究全国对各类人员的需求程度对人力供给的影响	□	0 1 2 3 4 5
054	研究各类学校的毕业生规模与结构对人力供给的影响	□	0 1 2 3 4 5
055	研究教育体制改革对人力供给的影响	□	0 1 2 3 4 5
056	研究国家就业法规政策对人力供给的影响	□	0 1 2 3 4 5
057	研究各类因素对人力供给的综合影响	□	0 1 2 3 4 5
058	预测人力资源净需求的数量	□	0 1 2 3 4 5
059	预测人力资源净需求的质量	□	0 1 2 3 4 5
060	预测人力资源净需求的结构	□	0 1 2 3 4 5
061	制作人力资源供求平衡表	□	0 1 2 3 4 5
062	制定晋升规划	□	0 1 2 3 4 5
063	制定人员补充规划	□	0 1 2 3 4 5
064	制定员工退休规划	□	0 1 2 3 4 5
065	制定劳动合同调整规划	□	0 1 2 3 4 5
066	制定工作时间调整规划	□	0 1 2 3 4 5
067	制定员工职业生涯发展规划	□	0 1 2 3 4 5
068	制定培训开发规划	□	0 1 2 3 4 5
069	制定其他人力规划执行方案	□	0 1 2 3 4 5
【工作分析】			
070	明确工作分析信息的使用目的	□	0 1 2 3 4 5
071	确定信息搜集的类别和范围	□	0 1 2 3 4 5
072	建立工作分析的组织系统	□	0 1 2 3 4 5
073	制定工作分析的规范用语	□	0 1 2 3 4 5
074	广泛宣讲工作分析的目的和作用	□	0 1 2 3 4 5
075	选择信息源	□	0 1 2 3 4 5
076	选择信息搜集的方法和系统	□	0 1 2 3 4 5
077	利用所选方法和系统搜集信息	□	0 1 2 3 4 5
078	整理所搜集的信息	□	0 1 2 3 4 5
079	工作名称分析	□	0 1 2 3 4 5
080	工作任务分析	□	0 1 2 3 4 5
081	工作职责权利分析	□	0 1 2 3 4 5
082	工作关系分析	□	0 1 2 3 4 5
083	工作强度分析	□	0 1 2 3 4 5
084	工作环境分析	□	0 1 2 3 4 5
085	任职者必备知识分析	□	0 1 2 3 4 5
086	任职者必备经验分析	□	0 1 2 3 4 5
087	任职者必备心理素质分析	□	0 1 2 3 4 5
088	任职者必备身体素质分析	□	0 1 2 3 4 5
089	编写工作描述	□	0 1 2 3 4 5
090	编写工作规范	□	0 1 2 3 4 5

（续表）

编号	任务		评分
091	制作工作执行标准文件	☐	0 1 2 3 4 5
092	制作报酬文件	☐	0 1 2 3 4 5
093	制作工作族文件	☐	0 1 2 3 4 5
094	培训工作分析文件的使用者	☐	0 1 2 3 4 5
095	修正工作分析文件	☐	0 1 2 3 4 5
【选聘录用】			
096	选聘录用制度规章的拟定	☐	0 1 2 3 4 5
097	制度规章的分析研究检讨	☐	0 1 2 3 4 5
098	制度规章的更正修改	☐	0 1 2 3 4 5
099	制度规章的废止	☐	0 1 2 3 4 5
100	搜集汇总各部门人才需求信息	☐	0 1 2 3 4 5
101	制定选聘录用计划	☐	0 1 2 3 4 5
102	制定计划的执行方案	☐	0 1 2 3 4 5
103	确定选聘录用程序	☐	0 1 2 3 4 5
104	确定招募对象及其范围	☐	0 1 2 3 4 5
105	选择招聘方式	☐	0 1 2 3 4 5
106	与政府有关部门联系	☐	0 1 2 3 4 5
107	与人才市场联系	☐	0 1 2 3 4 5
108	与人才中介机构联系	☐	0 1 2 3 4 5
109	与高校等人才供应地联系	☐	0 1 2 3 4 5
110	准备招聘所需材料、工具	☐	0 1 2 3 4 5
111	发布招聘信息	☐	0 1 2 3 4 5
112	确定录用标准	☐	0 1 2 3 4 5
113	录用标准之分析研究改进	☐	0 1 2 3 4 5
114	筛选应聘材料	☐	0 1 2 3 4 5
115	应答求职电话	☐	0 1 2 3 4 5
116	回复求职信函	☐	0 1 2 3 4 5
117	接待登门求职者	☐	0 1 2 3 4 5
118	组织实施测验、考试	☐	0 1 2 3 4 5
119	设计制作应聘人员登记表	☐	0 1 2 3 4 5
120	制作面试问话提纲	☐	0 1 2 3 4 5
121	制作面试评价表	☐	0 1 2 3 4 5
122	准备、布置面试场所	☐	0 1 2 3 4 5
123	确定面试考官人选	☐	0 1 2 3 4 5
124	确定面试方式	☐	0 1 2 3 4 5
125	面试应聘者	☐	0 1 2 3 4 5
126	通知应聘者选聘录用各阶段的有关信息	☐	0 1 2 3 4 5
127	为新录用人员办理有关手续	☐	0 1 2 3 4 5
128	建立人才信息库	☐	0 1 2 3 4 5
129	管理人才信息库	☐	0 1 2 3 4 5
130	临时工作人员之录用	☐	0 1 2 3 4 5
131	安置临时工作人员	☐	0 1 2 3 4 5
132	与临时工作人员签订劳动合约	☐	0 1 2 3 4 5
133	与兼职人员签订聘用协议	☐	0 1 2 3 4 5
【报酬管理】			
134	报酬管理方针、原则的拟定	☐	0 1 2 3 4 5
135	薪资管理制度的拟定	☐	0 1 2 3 4 5
136	薪资管理制度的分析研究改进	☐	0 1 2 3 4 5
137	薪资管理工作的检讨分析改进	☐	0 1 2 3 4 5
138	学习国家、地方的薪资管理政策	☐	0 1 2 3 4 5
139	学习国家、地方的保险管理政策	☐	0 1 2 3 4 5
140	学习国家、地方的福利管理政策	☐	0 1 2 3 4 5
141	保险制度的拟定	☐	0 1 2 3 4 5
142	保险制度的分析研究改进	☐	0 1 2 3 4 5

（续表）

143	保险管理工作的检讨分析改进	☐	0 1 2 3 4 5
144	福利管理制度的拟定	☐	0 1 2 3 4 5
145	福利制度的分析研究改进	☐	0 1 2 3 4 5
146	福利管理工作的检讨分析改进	☐	0 1 2 3 4 5
147	确定报酬因素	☐	0 1 2 3 4 5
148	选择工作评价方法	☐	0 1 2 3 4 5
149	进行工作评价	☐	0 1 2 3 4 5
150	建立薪资等级	☐	0 1 2 3 4 5
151	确定单位时间薪资率	☐	0 1 2 3 4 5
152	确定薪资结构	☐	0 1 2 3 4 5
153	制作薪资等级结构表	☐	0 1 2 3 4 5
154	确定薪资水平	☐	0 1 2 3 4 5
155	明确薪资调查的目的	☐	0 1 2 3 4 5
156	选择调查对象	☐	0 1 2 3 4 5
157	争取调查对象的合作	☐	0 1 2 3 4 5
158	利用调查搜集资料	☐	0 1 2 3 4 5
159	调查资料的整理和统计	☐	0 1 2 3 4 5
160	撰写薪资调查报告	☐	0 1 2 3 4 5
161	宣讲解释报酬管理政策、制度	☐	0 1 2 3 4 5
162	回答员工有关报酬问题的提问	☐	0 1 2 3 4 5
163	薪资的计算	☐	0 1 2 3 4 5
164	薪资的发放	☐	0 1 2 3 4 5
165	保险费的计算	☐	0 1 2 3 4 5
166	保险费的缴纳	☐	0 1 2 3 4 5
167	福利给付项目的审核	☐	0 1 2 3 4 5
168	福利给付标准的审核	☐	0 1 2 3 4 5
169	福利给付的实施	☐	0 1 2 3 4 5
170	人工成本的预算	☐	0 1 2 3 4 5
171	人工成本的核算、总结	☐	0 1 2 3 4 5
172	报酬调整方案的提出	☐	0 1 2 3 4 5
173	报酬调整方案的分析研究改进	☐	0 1 2 3 4 5
174	报酬调整方案的组织实施	☐	0 1 2 3 4 5
175	员工个人报酬调整之签办	☐	0 1 2 3 4 5
176	制作统计报表	☐	0 1 2 3 4 5
177	复核统计报表	☐	0 1 2 3 4 5
178	汇总统计报表	☐	0 1 2 3 4 5
【人事考核】			
179	制定人事考核的原则、方针和政策	☐	0 1 2 3 4 5
180	人事考核制度的拟定	☐	0 1 2 3 4 5
181	人事考核制度的分析研究改进	☐	0 1 2 3 4 5
182	宣传解释人事考核的原则、制度	☐	0 1 2 3 4 5
183	明确考核的性质和类别	☐	0 1 2 3 4 5
184	明确考核的内容及其标准	☐	0 1 2 3 4 5
185	确定考核的方式方法	☐	0 1 2 3 4 5
186	确定考核的时间安排	☐	0 1 2 3 4 5
187	制定考核的程序	☐	0 1 2 3 4 5
188	培训主要的考核责任者	☐	0 1 2 3 4 5
189	设计指导性的考核方案	☐	0 1 2 3 4 5
190	为直线经理提供咨询、指导	☐	0 1 2 3 4 5
191	审核各部门的考核方案	☐	0 1 2 3 4 5
192	组织协调各部门的考核工作	☐	0 1 2 3 4 5
193	检查督促考核进程	☐	0 1 2 3 4 5
194	收集汇总各部门考核结果	☐	0 1 2 3 4 5
195	统计分析考核结果	☐	0 1 2 3 4 5

(续表)

编号	任务	□	评分
196	搜集整理有关考核的反馈信息	□	0 1 2 3 4 5
197	考核方式方法的检讨分析改进	□	0 1 2 3 4 5
198	奖惩制度基本方针之拟定	□	0 1 2 3 4 5
199	奖惩制度之起草	□	0 1 2 3 4 5
200	奖惩制度之分析研究改进	□	0 1 2 3 4 5
201	奖励事项签办	□	0 1 2 3 4 5
202	惩处事项签办	□	0 1 2 3 4 5
203	奖惩事件之登记	□	0 1 2 3 4 5
204	奖惩事件之统计分析	□	0 1 2 3 4 5

【培训开发】

编号	任务	□	评分
205	制定培训开发方针政策	□	0 1 2 3 4 5
206	培训开发政策的分析研究改进	□	0 1 2 3 4 5
207	培训开发制度的拟定	□	0 1 2 3 4 5
208	培训开发制度的分析研究改进	□	0 1 2 3 4 5
209	培训开发计划的制定	□	0 1 2 3 4 5
210	培训开发计划的分析研究改进	□	0 1 2 3 4 5
211	搜集培训需求信息	□	0 1 2 3 4 5
212	分析评价培训需求信息	□	0 1 2 3 4 5
213	明确培训目的	□	0 1 2 3 4 5
214	培训时间的安排	□	0 1 2 3 4 5
215	培训内容的选择、设计	□	0 1 2 3 4 5
216	培训对象的确定	□	0 1 2 3 4 5
217	培训师的确定	□	0 1 2 3 4 5
218	培训地点的选择	□	0 1 2 3 4 5
219	培训所需各种物品仪器材料的准备	□	0 1 2 3 4 5
220	参加培训人员的食宿安排	□	0 1 2 3 4 5
221	培训经费的预算	□	0 1 2 3 4 5
222	培训经费的申请	□	0 1 2 3 4 5
223	培训经费的核销	□	0 1 2 3 4 5
224	培训场地器材的管理	□	0 1 2 3 4 5
225	培训师的聘请	□	0 1 2 3 4 5
226	与培训机构联系	□	0 1 2 3 4 5
227	协助各类培训考试	□	0 1 2 3 4 5
228	搜集培训后的信息反馈	□	0 1 2 3 4 5
229	培训效果评估	□	0 1 2 3 4 5
230	分析总结培训经验	□	0 1 2 3 4 5
231	统筹协调各部门的培训工作	□	0 1 2 3 4 5
232	监督检查培训实施情况	□	0 1 2 3 4 5
233	员工培训的宣传报道	□	0 1 2 3 4 5
234	员工培训协议的签订	□	0 1 2 3 4 5
235	员工进修管理规章的制定	□	0 1 2 3 4 5
236	员工进修计划的制定	□	0 1 2 3 4 5
237	筹办员工进修的有关事宜	□	0 1 2 3 4 5
238	筹办员工出国留学进修的有关事宜	□	0 1 2 3 4 5
239	员工培训档案材料的记录	□	0 1 2 3 4 5
240	员工培训档案材料的提交归档	□	0 1 2 3 4 5

【工作时间管理】

编号	任务	□	评分
241	工作时间、休息、休假制度的建立	□	0 1 2 3 4 5
242	制度的分析研究改进	□	0 1 2 3 4 5
243	请假制度的建立	□	0 1 2 3 4 5
244	请假制度实施情况的监督检查	□	0 1 2 3 4 5
245	请假制度的修改	□	0 1 2 3 4 5
246	考勤制度的建立	□	0 1 2 3 4 5
247	考勤制度实施情况的监督检查	□	0 1 2 3 4 5

（续表）

248	核实各部门的考勤记录	☐	0 1 2 3 4 5
249	汇总各部门的考勤记录	☐	0 1 2 3 4 5
250	考勤记录的统计分析	☐	0 1 2 3 4 5

【员工异动管理】

251	晋升制度的制定	☐	0 1 2 3 4 5
252	晋升制度的分析研究改进	☐	0 1 2 3 4 5
253	晋升制度实施情况的监督检查	☐	0 1 2 3 4 5
254	降职制度的制定	☐	0 1 2 3 4 5
255	降职制度的分析研究改进	☐	0 1 2 3 4 5
256	降职制度实施情况的监督检查	☐	0 1 2 3 4 5
257	平调制度的制定	☐	0 1 2 3 4 5
258	平调制度的分析研究改进	☐	0 1 2 3 4 5
259	平调制度实施情况的监督检查	☐	0 1 2 3 4 5
260	停薪留职制度的制定	☐	0 1 2 3 4 5
261	停薪留职制度的分析研究改进	☐	0 1 2 3 4 5
262	停薪留职制度实施情况的监督检查	☐	0 1 2 3 4 5
263	辞职制度的制定	☐	0 1 2 3 4 5
264	辞职制度的分析研究改进	☐	0 1 2 3 4 5
265	辞职制度实施情况的监督检查	☐	0 1 2 3 4 5
266	辞退制度的制定	☐	0 1 2 3 4 5
267	辞退制度的分析研究改进	☐	0 1 2 3 4 5
268	辞退制度实施情况的监督检查	☐	0 1 2 3 4 5
269	退休制度的制定	☐	0 1 2 3 4 5
270	退休制度的分析研究改进	☐	0 1 2 3 4 5
271	退休制度实施情况的监督检查	☐	0 1 2 3 4 5
272	选择和设计员工异动管理所用图表	☐	0 1 2 3 4 5
273	审核各部门或个人提出的异动申请	☐	0 1 2 3 4 5
274	办理员工异动有关手续	☐	0 1 2 3 4 5
275	做好员工异动结果的记录	☐	0 1 2 3 4 5
276	与异动当事人面谈	☐	0 1 2 3 4 5
277	工作交接办法的制定	☐	0 1 2 3 4 5
278	工作交接办法的分析研究改进	☐	0 1 2 3 4 5
279	工作交接办法实施情况的监督检查	☐	0 1 2 3 4 5

【劳动法律、政策与劳工关系】

280	学习国家和地方的有关劳动法律、政策	☐	0 1 2 3 4 5
281	审查企业各项管理制度是否符合劳动法律、政策	☐	0 1 2 3 4 5
282	与国家法律部门、政府劳动人事部门建立和谐关系	☐	0 1 2 3 4 5
283	员工合理化建议制度的建立	☐	0 1 2 3 4 5
284	员工合理化建议制度的分析研究改进	☐	0 1 2 3 4 5
285	员工合理化建议的收集整理	☐	0 1 2 3 4 5
286	员工合理化建议的处理	☐	0 1 2 3 4 5
287	人事不协调问题之发掘	☐	0 1 2 3 4 5
288	人事纠纷处理方案的提出	☐	0 1 2 3 4 5
289	人事纠纷的协调解决	☐	0 1 2 3 4 5
290	与工会交涉	☐	0 1 2 3 4 5
291	员工满意度调查	☐	0 1 2 3 4 5
292	员工士气调查	☐	0 1 2 3 4 5
293	人际关系调查	☐	0 1 2 3 4 5
294	组织温度调查	☐	0 1 2 3 4 5
295	劳工关系活动的策划	☐	0 1 2 3 4 5
296	劳工关系活动的组织	☐	0 1 2 3 4 5
297	劳动合同的签订	☐	0 1 2 3 4 5
298	劳动合同的续签	☐	0 1 2 3 4 5
299	劳动合同的变更	☐	0 1 2 3 4 5

(续表)

300	劳动合同的终止	□	0	1	2	3	4	5
301	劳动合同的日常管理	□	0	1	2	3	4	5
302	安全卫生制度的建立	□	0	1	2	3	4	5
303	安全卫生制度的分析研究改进	□	0	1	2	3	4	5
304	安全卫生制度实施情况的监督检查	□	0	1	2	3	4	5
305	收集有关安全卫生工作的意见、建议	□	0	1	2	3	4	5
306	处理有关安全卫生工作的意见、建议	□	0	1	2	3	4	5
307	协助处理安全卫生方面的事故或纠纷	□	0	1	2	3	4	5
308	员工保健制度的建立	□	0	1	2	3	4	5
309	定期体检的组织	□	0	1	2	3	4	5
310	特约医院之联络	□	0	1	2	3	4	5

【人事资料、人事档案管理】

311	人事资料之汇集	□	0	1	2	3	4	5
312	人事资料之调查研究	□	0	1	2	3	4	5
313	人事资料及报表之查催	□	0	1	2	3	4	5
314	人事资料之汇编转呈	□	0	1	2	3	4	5
315	人事资料之保管	□	0	1	2	3	4	5
316	人事报表之汇编转呈	□	0	1	2	3	4	5
317	人事资料的统计	□	0	1	2	3	4	5
318	人事统计资料之汇编	□	0	1	2	3	4	5
319	人事统计资料的保管	□	0	1	2	3	4	5
320	人事档案管理制度的建立	□	0	1	2	3	4	5
321	人事档案管理制度的修改	□	0	1	2	3	4	5
322	建立员工人事档案	□	0	1	2	3	4	5
323	招聘材料归档	□	0	1	2	3	4	5
324	考核材料归档	□	0	1	2	3	4	5
325	培训材料归档	□	0	1	2	3	4	5
326	异动材料归档	□	0	1	2	3	4	5
327	办理人事档案托管事宜	□	0	1	2	3	4	5
328	人事档案的日常保管	□	0	1	2	3	4	5
329	办理档案查询事宜	□	0	1	2	3	4	5
330	人事档案的转交	□	0	1	2	3	4	5
331	废弃人事档案的销毁	□	0	1	2	3	4	5

二、利用任务清单搜集信息

任务清单实质上是一个高度结构化的调查问卷。在列出任务清单的基础上加上评价尺度，便成为用于搜集信息的工具。在利用任务清单搜集信息的过程中，需要注意以下四个方面。

（一）调查范围与对象的确定

第一种方案：选取两个以上行业的多家企业的人力资源部的专职工作人员。这样可以搜集到大量数据，借助计算机进行数据处理后，得到有关人力资源部工作任务的最为全面、综合的信息。通过这种方式所得的结论最具有一般性意义，而且可以对调查所用的任务清单进行较大的修正完善。

第二种方案：选取一个行业的多家企业的人力资源部的专职工作人员。这样可以搜集到你所关注行业的企业人力资源部工作任务的大量数据，所得结论具有行业特点。

第三种方案：只对一个企业的人力资源部的专职工作人员进行调查。这样既可以对该企业人力资源部的实际工作任务有全面系统的了解，又可以明显发现与调查所用的任务清单的差别，在此基础上可以做进一步的比较研究，为企业人力资源部工作任务的科学化、规范化做出贡献。

当然，可选择的方案还有很多，不可尽数。关键是要根据调查研究的目的，选择适用可行的方案。

（二）调查方式的选择

如果是集体调查，即把被调查者集中到一起同时进行调查，那么就可以由调查实施者本人发放、回收问卷。如果是单独调查，即由被调查者本人选择应答的时间和地点，那么最好通过正式的组织渠道发放、回收问卷。如果有保密的需要，可以随附信封，问卷填好后装入信封，密封以后再收上来。需要强调的是，应该建立一定的控制系统以保证回收率，否则，有些被调查者就会随手把问卷扔进废纸篓。

集体调查方式有利也有弊。有利的方面在于：有机会做广泛、直接的指导，解释调查的目的，回答有关提问；保证回收率；保证被调查者有充分的时间提供有用信息。不利的方面在于：增加了成本，如把被调查者从工作现场集中起来的往返时间、路费、聘请或培训专门的调查人员的费用等；会在一定程度上影响正常的工作流程。因此，调查方式的选择没有常规可循，应根据实际情况灵活运用。

（三）选择适当的信息源

一般而言，有关工作执行与否的信息、时间花费的信息最好由工作执行者本人来提供；而其他一些任务评价信息，如工作的重要程度、困难程度、工作失误的后果的严重程度等信息最好由本工作领域经验丰富的管理者来提供，或至少参考他们的意见。

（四）填写任务清单的一般步骤

由于任务清单格式的不同、任务评价维度的类型与数目的不同，填写的步骤不尽相同。填写任务清单的一般步骤如下所示。

第一步，被调查者以填空或选择的方式回答背景信息部分的所有问题。

第二步，被调查者阅读任务清单上的所有描述，并在属于其正常工作范围内的任务描述旁边做标记。

第三步，被调查者在另一张空白纸上写出没有被包含在任务清单中但属于其正常工作范围内的所有任务描述。

第四步，被调查者重新回到任务清单起点，逐一对其所选定的任务（属于其正常工作范围内的任务）进行评价。这里所谓的"正常的工作"是一个相对概念，比如，某项任务在调查期间属于被调查者的工作，但这项工作任务是临时的特殊的任务并且以后再也不会重复了，那么这项任务就可以被认为不属于正常的工作范围。相反，如果某项工作任务近几个月来没有执行过，但按照工作本身的要求，可以预期将来肯定要执行该任务，那么就应当认为该任务属于正常工作范围。

按照TIA要求，被调查者需要两次浏览任务清单，一次是找出被调查者本人所执行的各个工作任务，另一次是对所找出的工作任务进行评价。这样做主要出于三个目的：第一，总体上浏览一遍任务清单，有助于被调查者把握全局，更精确地作出相对时间花费的评价；第二，让被调查者有足够的时间阅读各个任务描述，有助于他们补充那些被遗漏的任务项；第三，可以预防那些没有读懂填写说明的被调查者对所有任务作出评价。虽然这个问题似乎可以通过设置"0"刻度（表示从不执行）来解决，但这种方法有时并不可行，因为有些被调查者只执行很少的任务，如果让他对其余很多任务项都作出"0"评判，就太浪费时间了。

在实际应用中，通常会出现这样一种情况，即被调查者总是倾向于将绝大多数任务评价为"重要的"或者"需要花费大量时间"，但实际上，任职者的工作时间和精力是有限的，不可能完成那么多重要的工作任务或者花费非常大量的时间，因此这类评价的结果有失准确性。为了避免这种情况发生，调查人员在进行调查说明时，要督促被调查者慎重考虑对工作任务的评价，并要强调相对的概念，对于一项工作而言，必有一部分工作任务不是那么重要或者只需要花费很少的时间。

三、分析任务清单所搜集的信息

任务清单系统搜集的信息，绝大部分是量化的，可以应用计算机程序进行统计分析。较为成熟的任务清单系统都有自己的应用软件，如 TIA 通常运用 CODAP 系统进行分析。如果无法获取专门的分析软件，可以借助一些普遍应用的软件，如社会科学统计程序 SPSS、EXCEL 等进行统计分析。

至于那些不可量化的信息，或为某些特殊目的搜集的附加信息，应根据工作分析的目的进行相应处理，本书不再加以讨论。

由于信息分析的过程主要是应用计算机进行的，所以本书不再对分析的具体方法、程序进行解说，否则将会把简单的问题复杂化。本书将主要阐述各种分析方法背后的实际意义，使读者了解做某种分析的目的和价值。

对信息进行分析的方法很多。分析方法的选择应根据信息的类型和应用的目的。任务清单所搜集的信息绝大部分是可以量化的，如任务的重要程度、困难程度、相对时间花费、错误执行的可能后果、所需教育层次等等都由数字来代表。任务清单数据分析的主要应用目的有：人力资源预测、人员招募甄选、绩效考核、薪资管理、培训开发、工作分类和工作设计等。

统计分析方法是用来分析数量化工作信息的最常用方法，因此也是任务清单系统最常用的分析方法。对于大多数工作分析目的而言，最普通的描述统计就可以满足需要。一些单变量统计推断方法也会用到。此外，有时也会用到多变量统计方法。

（一）描述性统计方法

对大多数工作分析目的而言，一般只用最简单的描述性统计方法，如百分比及其分布、集中趋势测量、离散趋势测量、相关程度测量（包括重叠度测量）等。

1. 百分比及其分布

任务清单信息的基本统计分析就是一系列百分比统计，如执行某一任务的人数占被调查者总人数的百分比、执行某一任务的时间占总工作时间的百分比、认为某一任务是关键任务的人数的百分比等。这些百分比数值往往用作区分各个任务的指标。那些认为需要最经常执行的、最困难的或者最关键的任务，才会被重点分析，用作人员甄选或绩效考核等人事职能运作的重要参考。

2. 集中趋势测量

任务清单分析结果报告中必不可少的项目，就包括任务评价的均值或中位数，比如，每一项任务困难程度的均值、关键程度均值、时间花费均值等。这类数值显然是评价分析工作的重要指标，是进行各种人事决策的参考依据。

3. 离散趋势测量

方差或标准差的测量可用来揭示信息的信度、执行同类任务的各个员工之间的差异等。

4. 相关程度测量（包括重叠度测量）

相关程度测量可以揭示各个任务或各个工作之间的相似程度或差异程度以及信息的信度等，可用于工作分类，建立回归预测模型等。相关程度测量在任务清单分析中的运用，最常见的是有关任务重叠度的测量。任务重叠度测量有很多方法，下面仅举一例（见表7-2）。

表7-2　任务重叠度测量方法示例

Ⅰ. 任务重叠度计算公式 PO（A，B）＝［2X/（N1+N2）］（100） 在本公式中， PO（A，B）＝工作A与工作B的任务重叠百分比 X＝A、B共有的任务项目数 N1＝A的任务项目数 N2＝B的任务项目数
Ⅱ. 范例 工作A：1，2，3，4，5，6，7，8，9，10，11，12，13， 工作B：2，3，4，5，6，7，9，11，12，13，15，16，20， 工作C：1，9，11，12，13，15，16，17，18，19，20，21，22，23，24，25 PO（A，B）＝［（9×2）/25］（100）＝72 PO（A，C）＝［（5×2）/29］（100）＝34 PO（B，C）＝［（6×2）/28］（100）＝43 注：这里的数字代表工作所包括的各个任务项目。

如表7-2所示，工作A、B、C包含25个互不相同的任务项。A有13个任务项，B有12个任务项，C有16个任务项。A与B的任务重叠度是72，即A与B有72%的任务是相同的。A与C的任务的重叠度是34，B与C的任务重叠度是43，由此可以判断：工作A与B比A与C、B与C都更为接近。

（二）其他分析方法

主成分分析、聚类分析、单变量统计推断等数据统计方法常用来对工作进行比较、分类，为制作工作族文件作准备。需要注意的是，工作的比较、分类一般不能单纯依赖于统计分析的结果，而要结合实际，否则，将会出现虽然统计上有意义但无实际价值的结果。多元回归分析和预测模型也是可以利用的方法，比如，把工作任务信息与人员甄选、绩效考核、培训内容设计、工作执行标准、工作满意度等结合起来，分析它们之间的关系，并建立回归模型，为管理决策服务等。

四、利用任务清单编制工作说明书

利用任务清单系统对工作进行分析，分析结果是典型的工作说明书，包括工作描述和工作规范两部分。

工作描述的主要内容包括：

（1）工作概要。一般是用一两句简明概括的语言说明工作的性质与主要职责。

（2）重要的任务维度（如职责或其他某种比"任务"更广泛的概念）。

（3）非常重要的任务。这是任务清单分析结果的直接运用。

利用任务清单编制工作规范文件之前，要进行"任务——知识、技术、能力（KSAs）矩阵"研究，即将"任务"与一些可能需要的"KSAs"组成矩阵，用数值表明两者之间的相关程度。其形式如表7-3所示。

表7-3　任务——KSAs矩阵

1=相关度极低，　2=相关度低，　3=平均值，　4=相关度高，　5=相关度极高														
任务	知识、技术、能力（KSAs）												
	A	B	C	D	E	F	G	H	I	J	K	L	M	N
T1														
T2														
T3														
T4														
T5														
T6														
T7														

这样，就可以找出对单个任务而言最重要的知识、技术、能力，从而进一步确定对整个工作而言所需要的知识、技术、能力类型与程度，为编制工作规范准备主要依据。

下面给出几种利用任务清单工作分析系统对进行分析得到的工作说明书，以供参考（见表7-4、表7-5）。

表7-4 人员配置专家工作说明书

人员配置专家工作说明书			
职务名称：人员配置专家		职务编码：rl-02-02	
隶属部门：人力资源部		直接上级：人力资源经理	
职　　级：		薪资幅度：	
批 准 人：		批准日期：	

工 作 概 要

　　设计招募广告和招募策略以吸引应聘者，审查简历，确定薪资给付标准，实施和总结离职面谈，保存所有雇用和拒绝记录，与雇员就工作空缺体系进行沟通，与顾问公司和代理机构工作往来，为雇主提供咨询、建议，处理人员重新配置有关的文书，编辑公平就业机会报告

重要工作维度

- 信息传播：包括有关向雇员传播、解释复杂信息的活动
- 应用具体的政策、程序：包括有关利用有明确规定的组织政策和程序的活动
- 日常备忘录、报告写作：包括有关根据明确的指导方针、标准或日常备忘录和报告进行写作的活动
- 一般性阅读：包括有关阅读与工作相关的一般性材料的活动
- 政策说服：包括有关说服无指导关系的雇员执行政策和指导方针的活动
- 协商：包括有关与雇员和雇员组织进行协商的活动
- 抽象思考：包括有关构思和整合那些可能涉及几个部门或专门领域的非常规性问题的活动
- 电话沟通：包括有关通过电话解决抱怨问题和处理复杂信息的活动
- 薪资管理：包括有关确定和实施薪资指导线的活动
- 人员配置：包括有关实施人员配置计划的活动

重 要 任 务

- 阅读一般性材料，如手册和信函
- 明确将要雇用的人员和专业的数量
- 出差时间、交通、食宿的计划、安排
- 为参观访问者准备相应的材料
- 指导实施雇员关系计划
- 为月度人员流动报告保存人事内外异动记录
- 了解其他部门的目标和计划
- 与组织外部的顾问机构合作
- 准备年度工作空缺体系的报告
- 确认与招募有关的重点院校
- 完成所有雇用-拒绝活动必需的文书
- 写作需要判断和创新的文件和备忘录
- 确定面试考官
- 权衡候选人的资格与报酬
- 新雇员报酬给付标准的确定
- 工作空缺情况调查
- 设计吸引合格应聘者的计划
- 设计招募广告和广告策略
- 实施测试
- 审查简历
- 向代理机构发布工作空缺信息
- 向雇员解释工作空缺体系
- 实施离职面谈

(续表)

重要的知识、技术和能力
• 选拔测试实施程序的知识 • 咨询指导的能力 • 说服和影响别人的能力 • 面试技术 • 计划、组织和确定优先事项的能力 • 决策能力 • 写作技术 • 人事异动政策和程序方面的知识 • 报酬政策方面的知识 • 医疗保健方面的知识 • 公平就业机会法律、规则方面的知识

表7-5 薪酬考核主管工作说明书

职务名称：薪酬考核主管	职务编码：rl-02-03
隶属部门：人力资源部	直接上级：人力资源经理
职　　级：	薪资幅度：
批 准 人：	批准日期：

工 作 概 要
在公司方针政策和未来发展规划的基础上，在人力资源部部长的领导下，进行薪资的预算、测算，以及人工成本的预算控制活动；进行员工的绩效考核工作，并据考核结果进行薪资升迁调整工作

重要工作维度
• 制定薪酬管理及绩效考核政策 • 组织并监督薪酬制度及绩效考核体系的实施 • 控制人工成本

重 要 任 务
• 根据公司的中长期规划，拟定本岗位的相应计划 • 建立薪酬及绩效考核体系 • 制定企业内部激励机制及奖惩制度 • 负责年度人工成本的预算及控制 • 负责制定分厂经济责任制及司机班、锅炉班、空调班、打假人员的经济责任制 • 负责制定修订劳动定额定员管理标准 • 负责制定养老保险、医疗保险、失业保险、住房公积金的管理制度及缴纳办法 • 制定印鉴管理标准并进行日常管理 • 负责绩效考核制度的推行及绩效管理思想的导入 • 负责审核并协助下属制定的有关规章制度 • 审核协助下属人员制订短期工作计划 • 负责对下属员工的培训、指导、监督、考核等管理工作 • 负责协助下属制订绩效改进计划并落实 • 负责部门间关系的协调、上下级信息的沟通及下属人员之间的协调工作等 • 负责完成领导交办的其他工作

（续表）

重要的知识、技术和能力
● 具有薪酬管理及绩效考核等人力资源管理的专业知识 ● 具有指导下属的能力 ● 具有较强的学习能力，能够较快地接受新知识、新观念 ● 具有较强的语言表达能力，能够准确流畅的表达思想内容，并与不同理解水平的人交换意见 ● 具有较好的人际关系和沟通协调能力，能够处理好上下级和同事间及各部门的关系，并具有较强的协调沟通能力 ● 具有一定的数据处理能力 ● 具有较强的逻辑思维的推理判断能力，会应用逻辑的或科学的思考来确定具体问题、搜集资料并解决实际问题

第三节　任务清单分析系统的应用

任务清单分析系统的一个主要的优点在于它向管理的许多应用领域都提供了有用的信息。通过对任务清单获得的数据进行分析，其分析结果可以应用于人力资源预测、人员招募甄选、绩效考核、薪资管理、培训开发、工作分类以及工作设计等许多方面。比如，从任务清单中得到的数据可以作为确定工作评价项目以及建立工作评价体系的依据。

任务清单分析系统可以用来描述当前或计划要做的工作。具体的团体性的工作描述可以对工作进行分类或用来确定任职资格要求、环境要求、工作态度要求等。团体性的工作描述还可以为对那些由部门、小组、新的员工、女性、上夜班的员工、表达工作不满的员工、老员工、在海外工作的员工、操作特殊设备或运用特殊工具的员工执行的工作进行管理提供最有意义的信息。

任务清单分析系统最主要的应用之一就是为增加人力资源的潜能提供信息。比如在军用服务领域，主要运用这个分析系统制定符合工作要求的培训课程；另一方面，还可以通过这种方法发现许多紧急的但并未包括在培训中的任务以及员工执行得很差的任务。

任务清单分析系统能够为管理提供员工对工作内容不满或员工态度方面的信息。管理者可以利用任务清单结果来确定能够提高生产力的领域。

除了上面提到的一般应用领域之外，任务清单分析系统还有以下的应用，如工作满意度调查、在少数群体中的运用、设计专门的培训课程、确定任职资格要求、建立个人经验档案、确定工作危险度等。下面举出两个例子。

一、确定任职资格要求

由于任务清单包括了某一职位要执行的全部工作任务，所以这些清单为确定人员任职资格提供了一个极好的起点。USFA 从管理者那里搜集了一些职位的任务在身体（如举、拖或推的力量要求）要求方面的详细的信息。管理者可以运用这些数据确定各种职位对身体条件的要求。任务清单也可以用于评估一些职位的相对的学习难度。一般通过调查问卷来搜集某一职位相对的学习难度方面的数据。为了运用这些数据来确立任职资格要求，有必要把所有的职位都以同样的尺度来衡量。这可以通过以一个基准的尺度来评估某一职位的一组任务来实现，然后运用这些结果来重新衡量这一职位的所有任务，最终产生与任务的相对学习难度相关的描述。通过任务清单得出的数据还可以作为人员甄选系统的一个部分，比如，把最难的工作提供给那些在个人能力方面得分很高的人员。可见，通过任务清单获得的数据在确定某一职位的最低的水平要求方面发挥了重要的作用。

二、建立个人经验档案

可以用任务清单分析系统为在某一职业领域工作的员工建立工作经验档案。员工首先需要检查他们当前以及过去执行的全部工作任务，接着他们提供可以显示他们从事这些任务（相对于其他被检查的工作任务而言）的时间的等级。CODAP 系统能够被用来计算并且报告个人或团体的经验档案。在这里，个人的价值是由她或他从事某一个职业的全部的时间来反映的。这些信息需要通过任务清单中的背景信息部分来搜集。这种类型的经验档案可以被用于考察一个高级管理者是否具有执行分派给他们的管理职责的合适的工作经验。

第四节 任务清单分析系统的优缺点

任务清单分析系统是一种较为常用的工作分析系统。南佛罗里达大学评价研究中心发表的一份研究报告曾对 7 种工作分析系统进行了比较研究。该研究的调查对象是 93 位具有丰富经验的工作分析专家，由他们对 TTA，ARS，PAQ，CIT，TIA，FJA，JEM 7 种常用工作分析系统进行比较和评价。评价的指标有两大类：一是对实现组织目的的有效性；二是现实可用性（Practicality）。评价结果显示，在对 11 项有效性指标的评价中，任务清单系统在工作描述、工作分类、工作设计、人员培训、人员流动、人力规划、法律要求 7 个方面的有效性都获得了最高评价，在其余 4 个方面的评价也是可接受的。可以看出，任务清单在满足各种组织目的方面有得天独厚的优势。同时，在对现实可用性的 11 项指标的评价中，任务清单在标准化程度、信度、职业适应的广泛性、分析结果的质量、操作性 5 项指标上均名列前茅，其余指标除时间花费外均超过平均数。可见，任务清单系统也有较好的现实可用性。

任务清单分析系统的优点在于：

（1）信息可靠性较高，适合用于确定相关的工作职责、工作内容、工作关系和劳动强度等方面的信息；

（2）所需费用较少；

（3）难度较小，容易为任职者接受。

任务清单分析系统的缺点在于：

（1）对"任务"的定义难以把握，即难以明确什么样的活动或内容能被称为"任务"，结果导致"任务"的粗细程度不一，有些任务描述只代表一件非常简单的活动，有的任务描述却包含丰富的活动；

（2）使用范围较小，只适用于工作循环周期较短、工作内容比较稳定、变化较小的工作；

（3）整理信息的工作量大，归纳工作比较烦琐；

（4）任职者在填写时，容易受到当时工作的影响，通常会遗漏其他时间进行而且比较重要的工作任务。

本章小结

任务清单分析系统（TIA）是一种典型的工作导向性工作分析系统。TIA 一般由收集工作信息的系统和分析工作信息的计算机程序软件两部分组成，其中收集工作信息的方法又包括背景信息和任务清单两部分。任务清单实质上是一个高度结构化的问卷，其调查对象一般是某一职业领域的任职者及其直接管理者。

TIA 的实施通常分为构建任务清单、利用任务清单搜集信息、分析任务清单所搜集的信息、利用任务清单编制工作说明书四个步骤。构建任务清单可以通过观察法、工作日志、其他的任务清单或者是借助主题专家小组进行任务描述来获得；在此基础上加上评价尺度，以便搜集信息；最后将得到的信息运用计算机软件进行分析，其结果是典型的工作说明书，包括工作描述和工作规范两部分。

TIA 具有可靠性高费用少、难度小三个主要优点，也具有任务难以把握、适用范围小、归纳工作烦琐、容易遗漏等不足。

TIA 的另一个优点是分析结果向许多管理领域都提供了信息，如人力资源预测、人员招募甄选、绩效考核、薪资管理、培训开发、工作分类以及工作设计等，同时，TIA 也主要应用于以上几个方面。

附 录

任务清单搜集表

部门_____ 岗位_____
签名_____ 日期_____

工作任务	相对时间花费	执行频率	重要程度	困难程度	学历（专业）要求	知识要求	经验要求
T1							
T2							
T3							
T4							

（续表）

工作任务	相对时间花费	执行频率	重要程度	困难程度	学历（专业）要求	知识要求	经验要求
T5							
T6							
T7							
T8							
T9							
T10							

填表要求：

（1）相对时间花费的评价维度为五级：1＝极少量时间；2＝少量时间；3＝平均时间；4＝大量时间；5＝极大量时间。

（2）执行频率的评价维度为五级：1＝一年难得几次；2＝半年难得几次；3＝一月难得几次；4＝一周难得几次；5＝每天都会发生。

（3）重要程度的评价维度为五级：1＝极不重要；2＝不重要；3＝一般；4＝重要；5＝极其重要。

（4）困难程度的评价维度为五级：1＝非常容易；2＝比较容易；3＝一般；4＝困难；5＝非常困难。

（5）学历（专业）要求为最低要求，在编写工作说明书时取任务的最高要求。

（6）知识要求为完成任务必备的知识或能力，在编写工作说明书时汇总任务的全部要求。

（7）经验要求在编写工作说明书时取任务的最高要求。

案例研究

A公司任务清单分析系统

A公司是珠江三角洲的一家铝型材料公司，公司现行的薪酬体系是当初建厂时确定的，各岗位工资没有统一的标准，仅凭主观印象确定工资的高低。

由于A公司的工资没有反映各岗位的工作内容与特点，经常出现待遇与工作量不一致的现象。管理层决定引入任务清单分析系统对该公司进行工作分析和岗位评价，根据岗位的工作内容重新确定工资水平。

一、数据的收集

（一）数据搜集工具再设计

因为任务清单系统的结构化问卷难以操作，故而采用变通的方式，设计了工作内容调查表，要求员工列出自己的主要工作内容，并估算每项工作任务占总工作时间的百分比（以一个月为时间段），同时写明每项工作的发生频率（以次数/每天/或周/或月），如表1所示。

表1 工作内容调查表

要求：请列出您所承担的工作任务，并估算每项任务占总工作时间的百分比（以一个月为时间段）及工作频率。

编号	主要任务	占总工作时间的百分比	工作频率			
1			时间	每天	每周	每月
			次数			
2			时间	每天	每周	每月
			次数			

（二）数据准确性的保障措施

为了保证所收集的数据准确，还设计了签名确认表格，让填表人本人、直接主管、部门负责人就所填内容的真实性进行审查签名并承担责任，如表2所示。

表2 签名确认表

确认人	确认内容	签名
填表人	我承诺以上所填内容真实，如出现虚假内容，我本人将承担责任。	
直接主管	经审查，上述表格所填内容真实，我愿承担领导责任。	
上级主管	经审查，上述表格所填内容真实，我愿承担领导责任。	

（三）调查对象

为了避免工作内容相同的员工重复填写，此次确定的实际调查对象为：凡少于3人的岗位，每人都要填写调查表；多于3人的岗位，每人的工作内容又相同的，则随机选择3人填写。

二、数据的整理与分析

对搜集来的调查表首先进行形式审查，比如签名是否齐全、工作内容有没有重复、总时间比例有没有超过100%、工作发生频率有没有误填等。发现有问题的调查表，立即要求有关人员重新填写，直至完全符合要求之后，根据调查表分析各个岗位的工作。

（一）工作内容的分析

对于调查表所列的每项工作内容，根据其占总工作时间的百分比和发生频率进行排序，将所用时间多、发生频率较高的工作作为该岗位的主要工作内容，而用时较少、发生频率低的工作则列为临时性任务，不做进一步分析。超过3人的岗位，则综合分析所收到的3份调查表，列出岗位的主要工作和次要工作。

（二）构建任务-能力矩阵

工作分析的结果是制作职务说明书。职务说明书需要列出该职务所需要的能力与素质。因此，需要根据整理后的工作内容构建任务（工作内容）-能力矩阵。为 A 公司设计的矩阵包括任务栏和能力栏，如表 3 所示。

表3 任务-能力矩阵

要求：请列出您所承担的工作任务，并估算每项任务占总工作时间的百分比（以一个月为时间段）及工作频率。

	协调沟通能力	分析判断能力	应变能力	（能力4）
任务一				
任务二				
任务三				

这里所列的能力包括：协调与沟通能力、分析判断能力、应变能力、决策能力、创新能力、时间管理能力、组织能力、亲和力、处理突发事件能力、执行能力、超越自我能力和感召力。对每项任务找出与此相关的能力，并按相关程度进行计分（采取 5 分制，5 表明相关度最高，1 表明相关度最低，以此类推），然后由专家小组集体讨论和评分。最后，汇总各个岗位所需的工作能力、得到岗位的胜任力。经过上述环节，岗位说明书的主要内容就制作出来了，并为下一步的工作评价做好了准备，经过工作评价后即可以根据工作内容和性质设计相应的薪酬体系。

思考题

1. 任务清单分析系统的构成部分是什么？
2. 任务清单分析系统所使用的信息搜集工具是什么？其基本结构是怎样的？
3. 举例说明任务清单分析系统的具体实施步骤。
4. 在利用任务清单收集信息的过程中，需要注意哪些方面的问题？
5. 任务清单分析系统有哪些应用领域？分别举例进行说明。
6. 简述任务清单分析系统的优缺点。

课后练习

一、名词解释

任务清单分析系统　任务清单　传记性问题　清单性问题

二、单项选择题

1. 任务清单分析系统所收集的背景信息部分包括两类问题：传记性问题与（　　）。

A. 清单性问题　　B. 性格性问题　　C. 态度性问题　　D. 过程性问题
2. 在任务清单法中，用于对调查对象进行分类的问题属于（　　）。
   A. 传记性问题　　　　　　　　B. 清单性问题
   C. 背景信息问题　　　　　　　D. 任务描述问题
3. 任务清单分析系统中收集工作信息的工具一般是（　　）。
   A. 工作人员访谈　　　　　　　B. 参与式观察
   C. 结构化调查问卷　　　　　　D. 工程实验
4. 工作任务清单分析法的步骤不包括（　　）。
   A. 划分工作分析维度及确定各类要素
   B. 构建任务清单
   C. 利用任务清单搜集信息
   D. 利用计算机软件分析任务清单所搜集的信息
5. 工作任务清单的调查对象一般是某一职业领域的任职者及其（　　）。
   A. 同事　　　B. 下级　　　C. 直接管理者　　　D. 客户

三、多项选择题

1. 在任务清单系统中，收集工作信息的方法实际上是一种高度结构化的调查问卷，一般包括（　　）。
   A. 背景信息　　B. 人员特征　　C. 薪资水平　　D. 任务清单
   E. 岗位层级
2. 通过统计分析任务清单信息时，常用哪些描述性统计方法进行分析？（　　）
   A. 百分比及其分布　　　　　　B. 集中趋势测量
   C. 离散趋势测量　　　　　　　D. 相关程度测量
   E. 多元线性回归分析
3. 利用任务清单系统对工作进行分析，分析结果是典型的工作说明书，包括（　　）。
   A. 工作语言　　B. 工作概要　　C. 工作规范　　D. 任务维度
   E. 任务内容
4. 任务清单分析系统的结果可以应用于（　　）。
   A. 工作设计　　　　　　　　　B. 人员招募甄选
   C. 绩效考核　　　　　　　　　D. 薪资管理
   E. 培训开发
5. 任务清单分析系统的缺点在于（　　）。
   A. 任职者填写时易受当前工作影响　　B. 整理信息工作量大
   C. 适用范围小　　　　　　　　　　　D. 实际操作成本过高
   E. 对"任务"的定义难以把握

四、判断题

1. 在任务清单法中,搜集"姓名、性别、职位序列号"等信息的问题属于清单性问题。(   )
2. 较为成熟的任务清单系统都有自己的应用软件,如 TIA 通常运用 CODAP 系统进行分析。(   )
3. 在任务清单分析系统中,对大多数工作分析目的而言,一般只用最简单的描述性统计方法。(   )
4. 任务清单分析系统不可以用来描述当前或计划要做的工作。(   )
5. 任务清单分析系统主要的应用之一就是为增加人力资源的潜能提供信息。(   )

五、简答题

1. 简述任务清单分析系统的优点。
2. 简述任务清单分析系统的实施步骤。

第八章　关键事件法（CIT）

第一节　关键事件法概述

关键事件法（Critical Incidents Technique，CIT）是一种由工作分析专家、管理者或工作人员在大量搜集与工作相关信息的基础上详细记录其中关键事件以及具体分析其岗位特征、要求的方法。其特殊之处在于基于特定的关键行为与任务信息来描述具体工作活动。这种方法最初用于培训需求评估与绩效考核。虽然这种方法使用的范围有限，但是毫无疑问也是一种重要的工作分析方法。

我们首先谈一谈"关键事件"这个术语。在英语里，critical 与 criticism 是同一个词根，也有批评的意思，对大部分职业来讲，这个词似乎隐含了负面的含义，可能会引起一些抵触情绪。例如，在核电工业里，critical 和 incidents 都有特定的并不太令人愉快的意义，所以在使用"关键事件"这个术语时，核电工业的工作人员会拒绝进一步讨论相应的工作行为。为了解决这些问题，我们可以使用"行为范例"或"绩效范例"这样一些中性的词组来代替"关键事件"的表达。这些简单的描述性词组没有负面意义，后面会提到在工作场所会议和调查这两种方法中，使用替代词后参与者会更积极合作和参与。

与工作描述、任职资格分析等活动相比，由于关键事件法能有效提供任务行为的范例，因而更频繁地被应用于培训需求评估与绩效评估中。在最初应用关键事件法进行工作分析的时候，需要工作人员回忆并且记录下那些能反映出特别好或特别差（我们称之为关键的）工作绩效的特定行为或事件。实际上，随着关键事件法不断发展，要求更有代表性描述绩效行为以及更加精确刻画完成工作的各种方法会不断涌现。

第二节　关键事件法的实施步骤与关键控制点

这部分主要讲关键事件法实施步骤以及实施中的关键控制点。由于关键事件法最初应用于绩效评估中，因而我们开始对其的讨论也是在绩效评估的背景里。下面我们将讨论应用于解决其工作分析问题的具体方法。

一、关键事件法实施步骤

（一）正确编写"事件"的规则

一个正确的关键事件编写应该具备以下四个特征：特定而明确的；集中描述工作所展

现出来的可观察到的行为；简单描述行为发生的背景；能够说明行为的结果。

如果详细描述的行为是单一的，我们称之为明确的行为。我们描述的行为必须足够全面，要让对工作有所了解的人能够想象出工作者是如何以某种方式来进行工作的；同时也必须足够详细，要让对工作有所了解的多个人想象出来的行为完全一致。如果事件描述的是工作者做的几件不同的事情，那么它就不是明确的。我们来看看下面这个例子：

消防队员进入一幢居民楼，开始搜索上面的楼层，但是他没有发现在床边和墙壁之间蜷缩着一个失去知觉的伤者。在沿着楼梯下来时，消防队员发现了另外一个被热浪袭倒的同伴，把他拖到外面后，回到受伤的同伴的位置，帮助继续灭火。

上面的例子就不是一个单一的事件。它是对在一段时间内几个事件的描述。其中有一些动作的描述是有效的，其他的描述不够充分。不同的读者可能对这种表现行为的总体效果有不同的意见，不能达成一致。事件也可能由于描述得不够详细而不明确。例如，"没有发现失去知觉的伤者"这样的描述就要比"因为在烟雾弥漫的房间里消防队员忽略了在床底摸索而未发现失去知觉的伤者"模糊得多。

正确的关键事件编写应该集中描述可观察到的行为，可以称为行为导向的描述。行为导向的事件应该这样描述：

消防队员停在湖边后，将水泵安置在传动装置上抽水，加快转速，在水箱中抽入15英尺的湖水。而对同一事件的非行为导向描述可能是这样：在湖边水泵被安置在传动装置上，抽入15英尺的湖水。两者的不同之处在于后者集中描写水泵而不是描述消防队员的行为。一般来说，在描述事件时应该将工作者作为句子的主语，尽可能描写可观察到的、外在的动作，而不是内在的心理活动或疏漏之处（如忘记检查传动装置的位置）。

通常事件描述应该涉及行为发生的背景，旨在让读者能够判断行为是否有效。主要的问题在于如何提供足够多的背景描写，让读者能够准确地想象出行为发生的场景。比如"——停在湖边后——"这样的描写就已经足够。有时用一句话来描写背景也是必要的，例如，"消防队员被分派去疏散围观的群众，直到警察到来"，或者"消防队员在延伸50英尺的消防云梯操作监视器"。

最后，许多判断工作者行为是否有效的信息来自动作的结果。因此，完整的事件描述应该要包括对结果的描述："火势蔓延到其他未受损的建筑""防止烟雾扩散到其他房间""使得其他消防队员快速到达现场"。

（二）获取关键事件所需采用的方法

广泛应用的三种典型方法是：工作场所会议、观察/访谈和调查（非工作会议形式）。这三种方法的目的在于帮助工作人员整理能体现工作绩效与行为的范例。产生结果的过程应该结构化和简单化，这样使得回忆和整理的过程尽量容易。

1. 关键事件讨论会议

最为普通的确定关键事件的工具是讨论会议，有6~12个工作专家参加，由熟悉关键事件的专家来主持会议。工作专家是这样的一些人，他们对要分析的工作完全熟悉，有充分的机会去观察完成工作时的典型的、较差的和特别出色等各种水平的行为表现。通常这就是说要选择有工作经验的管理者，或有足够的经验和观察力的工作者。工作分析人员一般选择至少有5年相关工作的人，当然不同工作，难度和多样性也不一样，不能一概而论。可能的话，我们一概选择一些口头表达能力较强和好奇心比较强的人，他们一般比较关注别人的工作，能获得更多的信息。

（1）确定会议的方向。起初，会议主持人应该向大家解释研究的工作活动是什么、为什么要编写关键事件、如何编写关键事件，以及它们如何应用。开始与工作专家花时间讨论工作分析这点非常重要。他们必须理解工作分析的目的是什么，必须充分专注决定最终的工作成果的范围及格式。在决定工作成果范围的过程中，工作专家必须理解最终工作成果是他们自己的，所以必须按他们的需求来设计。举个例子来说，如果目的是建立绩效评估系统，主持人应该将大家的讨论引导到各种类型的绩效领域和绩效评估系统各种最终应用的方式（如薪酬调整、绩效反馈和绩效开发、培训需求评估）的方向去。在开始工作会议的时候，有可能的话，举几个如何应用大家工作成果的例子，比如说绩效等级说明等，这对大家理解他们编写关键事件的格式是大有裨益的。

接下来，给出几个编写较好的和编写较差的关键事件的例子，让大家充分进行讨论（如表8-1所示），讨论时应该注意四个标准：明确、行为导向、背景描述和工作结果。可以让大家先试写一两个例子，然后安排大家集体讨论是否符合以上的四个标准，纠正其中的不当之处。要确定大家都能清楚知晓为什么要做改动，为什么要更符合标准。

表8-1 典型关键事件

编写得较差的关键事件：
——警官迅速对火势采取措施，使用灭火器将火扑灭。虽然，随后的爆炸造成了相当的破坏，但是警官的反应避免了更严重的伤亡和破坏。
——消防队员被指导完成两节培训，但是他缺乏天赋，浪费了两星期的培训时间。
编写得较好的关键事件：
——停在油泵边的一辆汽车机器起火，警官驾车巡逻路过，发现了火情，停车后迅速从其巡逻车里取出化学灭火器将火扑灭。其快速的动作避免了更大的火灾和爆炸。
——消防队员在为期两周的培训中学习了两节培训课程。在培训结束时，他不能完成课程要求的任务，也不能回答有关课程内容的简单问题。因为他没有掌握这些技能，所以他只能在出现火情时作为其他队员的辅助人员。

（2）方法的选择。本部分将要介绍鉴别和记录关键事件的各种方法。

事件记录。在工作会议中有两种方法来记录讨论的事件。其一是分发类似于表8-2的表格，让大家按照要求填写。

如果采取非结构化的方法，我们必须准备一份简要而全面的说明书，包括每一件事所包含信息的轮廓（见表8-3）。当然，会议主持人可以引导大家就行为范例进行讨论，把大家的发言记录下来，然后再按照要求整理成文字。

表8-2 关键事件记录

请以您多年的工作经验,回忆工作者在工作中有哪些显著、典型的行为,能够反映出不同水平的工作绩效:非常有效(好)、非常无效(差)、适中。

1. 引起这个行为范例的环境是什么?
2. 请详细描述那些能够反映出不同水平的工作绩效的显著的行为。
3. 这些行为的后果是什么?
4. 请提供以下信息:
 a. 工作名称:_____
 b. 工作绩效范围:_____
 c. 绩效等级划分: 1 2 3 4 5 6 7 8 9
 　　　　　　　　　　差　　　适中　　　好

注: 此表由美国PDR研究所开发。

表8-3 编写范例

指导

工作会议的最终结果是一份行为导向的等级表。下面是一个为航空服务员进行开发的例子:

以热情友好的方式为乘客提供标准的服务

热情友好地问候乘客,撕取票根,检验护照;帮助提行李;准备并热情为乘客提供餐饮服务;注意乘客的举动,能让他们在机舱里看得见;提供杂志、毯子、枕头等,使乘客感觉更加舒服;在履行职责时,与乘客进行个人的交流。

请大家注意不同的工作绩效范例对应了不同的绩效等级,每个范例用短短的两三句话描述了在某个情形下工作者如何进行工作。这样不同的评价者进行评价的标准得到了统一,也使绩效等级同实际工作联系得更加紧密,评价者更加容易接受。为了使我们能获得清晰、同工作联系紧密的绩效范例,我们请您写下您所目睹或耳闻的工作者是如何进行工作的,这些范例能够体现不同水平的工作绩效,以此我们就能开发出类似上表的绩效评价工具。

编写工作绩效范例

在编写工作绩效范例时,我们最容易想起的是一些极端的例子,同时我们也要归纳出一些代表一般工作绩效的例子。我们的要求不仅要明确而且要精确。

绩效范例一般有三个主要部分:首先,对工作者所面临的状况进行简要的描述。呈现在工作者面前是何种问题?什么情况下使工作变得尤为重要或关键?必须要记住工作的背景是一个确定特定工作行为是否有效的重要因素。同一工作行为可能在不同的范例中出现,但是面临的压力状况可能大不相同,工作行为的有效性也可能大不相同。

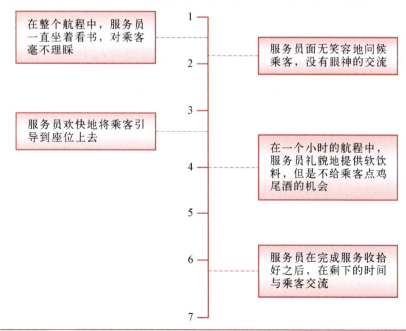

(续表)

> 第二部分要描述工作者对面临的状况如何进行反应。记录下工作实际上是如何做的，而不是记下从中推断的结果。例如，在编写某个范例时，我们可能会说：工作者表现出坚忍不拔的素质，实际上这是我们推断的结果。更好的描述方式是阐述是什么让我们觉得工作者表现出这种素质。一般来说，我们尽量避免使用那些概括复杂动作的动词，应当使用能表现出工作者直接动作的词语。
>
> 最后，描述工作者行为的结果。这里再次强调，描述工作结果时注意要直接且明确。
>
> 概括起来，一个好的绩效范例应该：
> 1. 描述在特定的情形下，工作者采取何种行为来完成工作。
> 2. 精确阐述工作者究竟做了什么，使你觉得在此情形下他/她是有效/无效的。
> 3. 精确、简短、切中要害，用不长的篇幅描述工作的结果。

注：此表由美国 PDR 研究所开发。

另外，工作分析目的的不同也会使诱导工作专家回忆与整理过程的方法不同。最早应用关键事件方法的时候，主要是确定能够将最好的和最差的工作者同其他人区分开来的行为，所以引导方法是自由发散的，影响专家回忆与整理过程的主要因素是行为的显著性，这是一种非结构性的方法。但是，如果我们的目的是要完全覆盖所有的工作内容，我们就必须要对所有的绩效等级进行分类说明，如相当不足、差强人意、优秀、极为卓越等，为大家提供一种结构化的分层分类方法，这样往往可以使大家回忆与整理出更多的范例。

2. 非工作会议形式

非工作会议形式包括访谈和问卷两种方法。

（1）访谈。个人访谈也可以被用来获取关键范例。其实除了访谈者做文字工作这点不同之外，访谈过程与工作会议非常相似。一般来说，如果信息来源的口头表达能力比书面表达能力强的话，使用访谈的方法更为适宜。这种方法的最主要不足在于要花费分析人员大量的时间和精力。有人作过比较，访谈法每个范例平均要花费 10~15 分钟时间，而在 10 人参加的工作会议中，每个范例平均仅花费 1/2 的时间。但是访谈能让工作分析人员同访谈对象有更充分的接触和交流，获取的信息会更加全面和深入，特别是一些访谈对象不愿意写下来的东西。所以在某些情形下，采取访谈法的优点会比较明显。

用访谈来收集范例与工作会议非常相似。我们需要搜集同样的信息：导致范例发生的一系列事件、对行为明确又详细的描述和行为结果。较为结构化的方法通常效果最佳。访谈者应该一开始就介绍工作分析的目的，展示一些范例，解释范例是如何产生、如何进行编辑、如何转化成标准格式的。访谈对象可以对这一过程和结果提出问题，分析人员应当请访谈对象思考特别好（差或一般）绩效的范例。访谈者在描述行为发生的环境、反应和结果时，应该进行详细的记录。必要时可以问一些探索性的问题来获取补充的信息。避免以"你是否"等这样可以简单以"是或否"可以作答来提问，尽量用开放性的"怎样""为什么"的提问方式，让访谈对象提供更加详细的信息。

利用访谈这种方法来获取关键范例也与其他大多数两个人的交流一样，需要在一定的环境下才能有效进行。必要的环境要求是：保密、不被打断、方便访谈者。访谈对象应该感觉安全舒适、不被威胁，应被给予足够的时间来按照关键范例的要求思考和回忆他们的工作。分析人员应该至少安排 1 个小时（2~3 小时更佳）来介绍问题、讨论方法与确定范例。对于那些时间很紧张的人（比如高层管理人员），他们讨厌别人长时间打搅他们的工作，我们建议通过两次会谈来达到目的。首先，一小时的会谈，简单的自我介绍之后，讨论工作分析的目的和关键事件方法的性质，记录下两到三个显著典型的范例。三五天后安排第二次会谈，请访谈对象对他所注意到或想起的范例作简要的记录，因为有第一次会谈的基础，加上预先准备了记录，第二次会谈（1~2 小时）可能尤为有效。

（2）问卷。另外一种方法是发放调查问卷。这种方法就分析人员的时间和精力而言是最为有效的，但是对调查对象有较高的要求。他们不仅要有较好的书面表达能力，语言组织要高度结构化，而且对这项活动本身要有责任感。通常这种方法适用于律师、经纪人、经济学家等专业人士。

（三）编辑关键事件

在关键事件收集好之后，必须对其进行编辑加工，为下一步应用关键事件作好准备。除了纠正一些拼写和语法错误之外，首先按照上文所述的要求，检查每个范例是否内容完整，前后的格式是否统一。其次要考虑范例的长度，范例的长度，必须要合适才能保证能够提供必需的信息，太长则对阅读者带来困难，必须要在这两者间找到平衡点。最后要考虑读者的认同感，技术语言、职业行话、俗语应该被保留，其中的细微差别能使他的使用者感同身受。

二、关键事件法的绩效维度

在表 8-3 中，可以看到不同的绩效维度对应不同的工作行为。由此我们说相同性质的工作行为可以称为同一维度的工作行为，某个维度所包含的工作行为或行为范例对应的都是某个水平的工作绩效，这些工作行为或范例从这个意义上说都是相关的，构成了某个工作绩效水平的任务族。

绩效维度可以在关键事件库编写出来后，通过"内容分析"过程来予以确定。绩效维度也可以在关键事件编写之前通过一些方法来确定，然后以此来指导回忆整理范例的过程。这两种思路我们下面都会谈到。

（一）根据关键事件定义绩效维度

在某些情况下，在关键事件以自由开放的形式写出之后，绩效维度可以从行为范例中确定。这些情形可能是工作分析人员对工作内在的结构并不肯定，或者工作分析人员注意力集中于区分最好的和最差的工作者事件维度，这时我们只要求工作专家写下特别好绩效和特别差绩效的范例。在编写出足够多的事件足以反映极端的绩效水平后，对这些范例进行内容分析。简而言之，我们要将这些范例按相关性进行分组，试图找出作为绩效基础的共同之处。这是一个主观的创造性工作，可以按以下的步骤来进行。

第一步，以开放的心态仔细阅读所有的事件，你会开始发现人们在完成工作的过程中，有一些共同的东西会反复出现。

第二步，凭直觉将明显可以归为一类的范例归类，代表他们所说明的维度，然后对剩下的未分类的范例进行归类，试图在其中找出新的不同维度。继续这个过程直到你能找出足够多的维度。

第三步，对上面的分类进行调整和修改。可能不同类别的事件可以重新组合成新的维度；如果一些分类太宽泛，标准不太统一，可以将其再分为更加明确的维度；如果有些分类过于相似，使得有些事件无法确定归于哪一类，可以将它们合并为一类。

第四步，让至少两个人（四到五个人最好）独立进行第三步的工作，然后大家在一起对各自结果中的不同之处进行讨论，决定哪种维度结构是最好的。如果几个人给出的维度是相似的，我们就有理由相信这些维度反映了真实的绩效结构。

第五步，力求将工作专家也吸纳到确定维度的工作中来。以前只有工作分析人员进行内容分析的工作，只是在后来将工作结果反馈给工作专家征求意见。实际上，工作专家对工作更加熟悉，在一些看起来毫不相同的事件中他们更容易归纳出相同之处，他们的参与作用不可估量。

第六步，把内容分析的结果让工作专家作最后的检查。检查的内容包括：是否容易理解、术语使用是否得当、是否能够覆盖整个工作等方面。

（二）在编写范例之前确定维度

1. 与工作专家讨论确定维度

最简单的在编写范例之前确定维度的方法就是与工作者、管理者和其他工作专家讨论，请他们来确定工作绩效的重要"组成部分""方面"或"维度"。根据不同项目的目的，这些维度可以从三个方向确定：工作者行为方向、所需的知识和技能方向以及素质导向。注意虽然范例编写必须是行为导向的，但是维度的确定却并不一定是行为导向的，尽管用行为导向的维度可能会比素质导向的维度能得到更多的绩效范例。尤其在开发绩效评估系统时，行为导向的维度通常因为与工作相关程度更高更容易被接受。

因为绩效维度的概念比较模糊，工作专家有时在被要求确定绩效维度时较难理解工作分析人员的目的是什么。我们可以再次使用一些为大家所熟悉的工作来帮助他们理解这个问题。对警察来说，行为导向的维度包括撰写报告、执行例行的巡逻任务、处理公共事务以及参与培训等，这些清楚代表了警察工作的不同方面，在某个方面表现好并不必然也在其他方面表现优秀。警察工作的知识和技能维度包括巡逻和盘问嫌疑人的技能、一般法律和逮捕程序的知识、驾驶技能等。素质维度包括对压力的反应能力、智力、身体协调性和服务意识等。

同工作专家讨论三种类型的维度，让他们理解行为导向维度、知识和技能维度和素质维度的区别，接着告诉他们我们在具体情况下应该使用哪种维度、为什么使用这样的维度。

2. 确定维度的统计方法

有一种相对比较简单的方法叫作"任务绩效相似性分类"方法。其思路是将工作的每项任务都写在索引卡上，请一些有经验的工作专家将任务分成不同的相关任务集合。分类的依据是绩效与任务的相关性，也就是说如果工作者在此项任务上表现较好，则在所有的任务上都表现较好；反之亦然。如果工作者在某项任务上的表现不能提供在另外某项工作任务上表现的信息，这种任务则不是绩效相关的，应该放到不同的集合中去。

在至少 20 位工作专家独立将所有的任务分成不同的绩效关联集合后，对每一对可能的任务建立一个矩阵，显示工作专家将不同的两个任务放在同一个集合的比例。如果几乎所有的专家都将某些任务分在一起，那么比例将是 100%；完全不同的任务，比例将是 0；适度相似的任务专家分类的比例也会适中。"任务绩效相似性矩阵"可以用来确定同质的任务集合，这些任务集合代表了任务导向的绩效维度，它们被确定了以后，就可以编写绩效范例来展示每个集合可能的有效性水平。

3. 利用既得的工作信息来确定工作维度

最后，我们可以利用已有的信息来确定维度，这些信息可能在正式的工作描述中主要工作职责、培训课程等中找到。重要之处在于首先决定衡量什么，然后用行为导向的范例来说明每一目标领域中可能不同的有效性水平。

第三节 关键事件法的应用

关键事件法主要应用在绩效评估、培训和工作任务设计等方面。

一、绩效评估

关键事件法的一个重要用途就是绩效评估，有几种方法应用行为范例来评估绩效。

（一）行为锚定等级评定法（BARS）

表 8-3 就是一个简单的行为锚定等级评定法的例子。BARS 要求恰当选择绩效维度，用不同的行为事件锚定不同水平的绩效，建立一张行为锚定等级评估表。绩效评估者被要求对被评估者的工作行为进行观察和记录，将其与行为锚定等级评估表相对应，找出其对应的绩效水平。

（二）行为观察等级评估法（BOS）

BOS 以个别的和随机的方式应用关键事件，而不按维度和有效性水平进行分组。表 8-4 是一个 BOS 的例子，评估者评估某种行为发生的频率，被评估者的最后得分就是各项关键事件的加权分总和。

表 8-4　行为观察评定法（BOS）节选

指导：对管理者绩效面谈行为进行评价。请按以下的等级进行评价：
总是——1　经常——2　有时——3　很少——4　从不——5
1. 在讨论中有效使用下属的信息
2. 熟练地将面谈引导到问题领域
3. 能有效对面谈进行控制
4. 对面谈事先作好准备
5. 让下属控制面谈
6. 坚持对下属的问题进行讨论
7. 关注下属对问题的见解
8. 深入到敏感的领域以获得足够多的信息
9. 在讨论敏感的问题时让下属感觉轻松
10. 在面谈的过程中表现诚挚
11. 为绩效面谈营造并保持恰当的气氛
12. 对下属的问题无动于衷
13. 对下属的发展提供一般的建议
14. 在下属情绪激动时保持平静
15. 只询问一些表面性的问题，妨碍问题的深入讨论

（三）混合标准评定法

这种方法要求评价者说明被评价者的工作行为与每一关键事件相比是更好、相近或更差。这不仅要求对被评价者的工作水平有准确的估计，而且对评价者绩效评估的一致性也有一定的要求。评价者如果持续作出"优于有效的事件而劣于无效的事件"的评价，就有必要对其进行绩效评估的培训。

二、培训

（一）培训需求评估

培训需求评估可以在个人或组织层面上进行。对个人层面来说，培训需求评估过程就是一个集中在可培训领域的绩效评估过程。绩效不佳的雇员要接受在其不足领域的培训。在组织层面进行培训需求评估，需要找出在组织中重复多次发生的负面事件，以此提供给所有的雇员知识和技能的培训，来避免未来再次出现这样的问题。关键事件法是一种比较系统的搜集与整理负面事件的方法。

评价培训需求应该主要集中于负面事件。但是关键事件编写者应该明确集中于负面事件这点并不意味着所有的绩效都不佳，应该尽可能多地提供行为范例，反映从"略低于正常"到"极为不佳"的不同绩效水平。这些事件被分为工作职能相关的问题和缺乏必要的潜在技能等几类，不管是哪种情况，这些绩效问题都显示了须关注的培训内容。

需要进行双重目的的内容分析，一方面要确定哪些事件同时发生，它们也反映了相似的职能或技能；另一方面要确定哪些方面的培训最能有效提高这些方面的绩效。举例来说，如果反映不佳绩效的关键事件集中于不佳的雇员与顾客关系方面（如销售人员与顾客发生争执、雇员不理睬等待帮助的顾客、雇员以讽刺的口气回答顾客的问题等），组织就要考虑为雇员提供顾客关系的新课程，不仅要强调与顾客保持和谐关系的重要性，也要提

高雇员与顾客交往的各种有关技能。

（二）培训设计

表现优异的工作者是组织中培训信息的重要资源。如果他们的优异表现是因为他们较为稳定和难以比拟的禀赋和天分，如智力超常、体格强壮、记忆力超群等，那么就很难通过复制传播他们的经验达到组织目标。但是实际上，他们之所以卓越不是因为天赋，而是因为拥有特定的技能、有工作援助资源或是掌握特别的诀窍。如果能在关键事件中获取这些信息，组织就可以采取培训的方式推广至所有的雇员，从而提高整体的组织绩效。就此而言，搜集行为范例的范围应该主要集中于表现突出的工作者。

有学者在其著作（Gilbert，*Human Competence*，1978）中描述了一个例子：有一位空调维修工工作一直比其他同事出色，管理者仔细研究他的工作方法后发现，他自己整理了一份检查修理指南，列出了常见的空调故障的状况以及最可能的原因和修理措施。管理者将他的检查修理指南整理后印发，并通过培训将其推广至所有的维修工。结果工作绩效大幅提高，几乎所有的维修工都能接近那位绩效突出者的绩效水平。关键事件法提供了一种结构化和系统的方法来发现类似上面提高绩效的方法。

一般而言，可以通过两个步骤来应用这种方法：管理者首先确定和描述几个突出绩效的例子，对几位有关的工作者进行详细的讨论，获取他们完成工作的方法、诀窍等信息。积累一些信息后，通过内容分析来找出共同之点，重新设计和修改组织包含这些重要的成功因素的培训课程。

三、工作任务设计

绩效本身是一个综合的因素，我们还需要关注那些工作者所不能控制的环境因素，这些因素包括设备改良、任务的设计等。我们仍然可以应用关键事件法，管理者被要求描述绩效不佳的关键事件，详述其中导致不佳绩效的设备与设计缺陷或无效的工作程序。与在培训需求中的应用相比，唯一的区别在于前者把重点放在人力资源问题上（工作中的知识和技能不足），而后者把重点放在环境问题上。当对较低水平绩效进行描述后，导致这种情况的详细描述会帮助确定任务设计上的缺陷，最终找出工作再设计和设备改良等这样一些改进绩效的措施。

第四节 CIT 的优劣势

关键事件法作为一个重要的工作分析工具已经应用了 40 余年。在这方面积累大量的关于从事特定工作的人员工作成败的关键事件资料，可以作为了解与工作有关的人员品质和特性的基础。然而，在应用这种方法时要注意它的优缺点。

一、优点

（1）关键事件法被广泛应用于人力资源管理的许多方面，如甄别标准与培训需求的确定，尤其应用于绩效评估的行为锚定与行为观察中；

（2）由于对行为进行观察和测量，故而描述工作行为、建立行为标准更加准确，能更好地确定每一行为的作用。

二、缺点

（1）搜集与整理关键事件要花费大量的时间和精力；
（2）对中等绩效的员工关注不够。

本章小结

关键事件法（CIT）是一种由工作分析专家、管理者或工作人员在大量搜集与工作相关信息的基础上详细记录其中关键事件以及具体分析其岗位特征、要求的方法。关键事件法由弗拉纳根（J. C. Flangan）和伯拉斯（Baras）于1954年发展起来，是一种以工作为导向的工作分析方法，其特殊之处在于基于特定的关键行为与任务信息来描述具体工作活动。

在关键事件法的实施过程中，需要注意三个关键的控制点。首先是正确编写事件。一个正确编写的事件应该是特定而明确的，并集中描述可观察到的行为、简单描述行为发生的背景、能够说明行为的结果。目前有三种方法应用于获取关键事件，分为工作场所会议和非工作场所会议（观察/访谈、调查）两类。在获取关键事件后，应对关键事件进行编辑，为下一步应用关键事件做好准备。

相同性质的工作行为可以称为同一维度的工作行为，某个维度所包含的工作行为或行为范例对应的都是某个水平的工作绩效。绩效维度可以根据关键事件定义，即先有绩效维度后有行为事件。绩效维度也可以在编写范例之前就被确定，即先有绩效维度后有行为事件。

关键事件法主要应用在绩效评估、培训和工作任务设计等方面。在绩效评估中体现为行为锚定等级评定法（BARS）、行为等级评估法（BOS）和混合标准评定法。关键事件法作为一种比较系统的搜集与整理负面事件的方法，被有效运用于培训需求评估；而搜集表现突出的工作者的行为范例，则可以应用于培训设计。通过关键事件法关注工作者不能控制的环境因素，可以进行工作设计与再设计。

关键事件法是一个通用的工作分析工具，应结合关键事件法的优缺点与使用环境恰当应用。

案例研究

CIT 在服务研究领域的应用
——关于员工感知的顾客不公平探索性研究

关键事件法（CIT）是根据搜集信息或者关键事件，基于内容进行分析和分类的一种研究方法。关键事件法作为一种通用的研究方法，除了在人力资源（工作分析）领域，还在教育学、心理学、市场营销学等领域有着广泛的应用。近年来，CIT 于服务研究领域的应用在国内与国外甚为广泛。在下面中的案例中，我们将应用 CIT 探索员工感知的顾客不公平这一问题。

在市场竞争愈加激烈的今日，有一部分企业将提高顾客满意度、维持稳定的客户关系作为自己的核心竞争力，甚至提出"顾客就是上帝，上帝永远是对的"这种口号。然而在现实中，顾客辱骂服务人员，甚至暴力中伤服务人员的情况屡见不鲜。在这种状况下，学者对于服务人员与顾客在交往过程中的公平性问题进行了大量的研究。广义的组织公平涉及员工接触的所有实体的公平，包含员工的上级、下级、同事、顾客等。贝里和赛德斯（Berry & Seiders）将顾客不公平定义为：顾客的行为缺乏应有的通情达理，对他人不尊重，从而导致对公司、员工和其他顾客的不平等或损害，但这种行为不违法。

在进行员工感知的顾客不公平研究中，一个复杂的问题摆在了研究者的面前，员工感知的顾客不公平是由员工主观感知的，如何通过对员工的感知进行调查、分析和研究，以此来改善员工与顾客之间的关系，进而实现高质量的服务？基于员工感知顾客不公平的特性和主体的特殊性，我们尝试利用定性的方法。作为一种定性的研究方法，关键事件法所提供的信息并不是客观的数字，而是主观的意见和印象，因而能有效地发掘被调查者的情感与动机，并根据事实个案来深入地分析和探讨服务过程的问题，以及顾客不公平行为对于员工的影响。在有关服务接触的研究中，CIT 是研究现象和识别问题有效的工具。

一、问卷设计

首先定义研究的关键事件。本研究中的关键事件是指员工和顾客在进行接触的过程中，顾客的行为令员工感到不公平的经历，该关键事件必须符合以下四个标准并正确编写：① 该事件涉及顾客和员工之间和互动；② 该事件表达了员工感知的顾客不公平；③ 该事件构成一个完整的独立的情节；④ 该事件描述详细具体且具有可信性。

为了获取关键事件，我们采用半结构式问卷，要求被调查者根据自己的记忆来回答。

(1) 您如何理解"顾客对待服务人员的不公平行为"？您认为什么样的行为属于顾客不公平行为？
(2) 请您回忆一下，在最近的一年您（或您的同事）与顾客接触中，顾客让您感觉最不公平的服务经历。
(3) 事件发生的事件、地点和情境。
(4) 顾客的所作所为。
(5) 您（或您的同事）当时的反应（包括情绪反应和行为反应）。
(6) 您（或您的同事）当时的心理感受。
(7) 促使您（或您的同事）做出反应的原因。

问卷最后还询问了被调查者的个人信息。

二、样本的选择及研究方法

本次研究选择的样本对象是中国南方某省不同星级酒店的 38 名员工，年龄主要在

18~30岁之间，女性员工居多，学历以初中或高中（中专）为主。共搜集事件67个，其中完全符合以上设定的4个标准的有效的关键事件62个。

本研究选用了内容分析法，将非定量的材料转化为定量的数据，并依据这些数据对文献内容做出定量分析以及关于事实的判断和推论。借助QSR NVivo8软件，本研究根据扎根理论对所搜集到的数据进行逐级编码。通过初步编码和修正之后，确定3个编码类属：顾客不公平、员工行为反应和心理感受，同时分别将62个事件按照这三个类属来分类。

三、数据分析结果

（一）顾客不公平事件分类

组别和类别		解释	事件频数	组内频率	事件频率
A. 过分自我					
A1	不理员工	不理解员工遵守企业规章制度的行为	9	28.1	14.5
A2	误解员工	误解和冤枉员工的好意	7	21.9	11.3
A3	推卸责任	出现问题时，总把责任归咎于员工或酒店	5	15.6	8.1
A4	移情能力低	没有替员工着想，使员工工作复杂化	6	18.8	9.7
A5	要求特殊对待	要求苛刻，想得到特殊待遇，自认为比其他人重要	5	15.6	8.1
小计			32	100.0	51.6
B. 行为冒犯					
B1	轻视员工	看不起员工，自认为高高在上	9	50.0	14.5
B2	无理取闹	错误出在自己身上，毫无理由大吵大闹	6	33.3	9.7
B3	侮辱员工	对员工骚扰，威胁员工的人格尊严	3	16.7	4.8
小计			18	100.0	29.0
C. 言语攻击					
C1	辱骂员工	对员工进行言语侮辱、谩骂员工	5	41.7	8.1
C2	发牢骚	总是抱怨员工，对员工大发脾气	4	33.3	6.5
C3	斥责员工	当员工出现小差错或顾客自己不如意，就指责员工	3	25.0	4.8
小计			12	100.0	19.4
共计			62	100.0	100.0

（二）员工行为反应和情感体验分类

组别和类别	解释	事件频数	事件频率
道歉解释	先道歉，然后耐心向顾客解释原因、说明情况等	32	51.6
顺从顾客	顺从顾客的要求，并按照顾客的意思做	12	19.4
求助同事或上级	让同事或者上级处理，或向经理解释	8	12.9
消极应对	面对顾客时，不采取积极的行动和积极的态度	7	11.3
制止违规行为	遵循酒店规定，制止顾客违反规定的行为	3	4.8
总计		62	100.0

（续表）

组别和类别	解　　释	事件频数	事件频率
委屈	受到不公正对待时，心里感受到中度不舒服和委屈	16	25.8
郁闷不好受	内心感觉轻度不舒服，心情不好受	16	25.8
厌烦顾客	表现出对顾客的讨厌，认为顾客素质低	13	21.0
生气恼火	内心感觉极度不舒服，心情不好受	6	9.7
可理解	顾客的这种行为是可以理解的，感觉没什么	5	8.1
不服气	对顾客感觉很不服气，凭什么要受到顾客这种对待	3	4.8
担心害怕	害怕顾客凶恶、发脾气，担心被打	3	4.8
总计		62	100.0

四、结论

顾客不公平指在服务接触过程中，顾客在言语、行为、态度等方面对员工不尊重，甚至伤害。本研究通过CIT的方法，将半结构式问卷搜集到的关键事件进行编码和分类，发现顾客不公平包括3个属性：顾客的过分自我、行为冒犯和言语攻击。其中顾客的过分自我是最常见的顾客不公平行为，它涵盖了顾客不理解员工、误解员工、推卸责任、移情能力低和要求特殊对待这些方面。

顾客不公平行为会导致员工一定的情绪和情感反应，包括员工的外在行为和内在情感体验。道歉解释是最常见的行为反应，而在员工情绪体验方面，最常见的是委屈和郁闷不好受，这是员工受到顾客不公平对待时最容易产生的心理感受。

在企业管理的实践中，顾客不公平如果得不到有效管理，甚至不公平的顾客被纵容，员工就会处于一种不平等的压抑和紧张状态，这不利于留住优秀的人才，更不利于企业的良性发展。管理者应该正视顾客不公平的现象，积极采取恰当的措施，降低顾客不公平对于员工或者企业的影响。同时，企业在管理中应多关注员工遭受顾客不公平时的情绪问题，如果员工的不良情绪得不到有效宣泄，不仅影响员工的身心健康，还会影响企业的服务质量。管理者也应深入了解本企业在经营活动中有可能遇到哪类或者哪几类不公平的顾客，并研究出解决办法，将这些可能发生的不公平行为，以及对待顾客不公平行为的解决办法告知员工，对员工进行相应的培训，提高员工应对顾客不公平的能力。

资料来源：谢礼珊、李健仪、张春林，《员工感知的顾客不公平——基于关键事件法的探索性研究》，《管理评论》2011，23（5）：78-88。

思考题

1. 什么叫关键事件法？关键事件法与其他工作分析工具相比，其特殊之处在哪？
2. 编写关键事件应遵循的原则是什么？

3. 简述关键事件法的实施步骤。
4. 获取关键事件所需采用的方法主要有哪些？试描述工作场所会议这种方法的主要步骤。
5. 关键事件法主要应用在哪些方面？
6. 试说出关键事件法作为一种工作分析工具的优缺点。

课后练习

一、名词解释

关键事件法　行为锚定等级评定法　行为观察等级评估法

二、单项选择题

1. 关键事件分析技术的开发者是（　　）。
   A. 罗莫特　　　　　　　　　　B. 约翰·弗莱内根
   C. 马克斯·韦伯　　　　　　　D. 泰勒
2. 使用关键事件法对"事件"进行编写时，其主体应该是（　　）。
   A. 工作者　　B. 工作内容　　C. 工作对象　　D. 工作工具
3. 在利用关键事件法进行工作分析信息量化的过程中，最为普通的确定关键事件的工具是（　　）。
   A. 现场观察　　B. 个体访谈　　C. 问卷调查　　D. 讨论会议
4. 关键事件法的缺点不包括（　　）。
   A. 人工成本高　　　　　　　　B. 时间成本高
   C. 对中等绩效员工关注不足　　D. 适用范围小
5. 关键事件法在人力资源管理领域的主要应用范畴不包括（　　）。
   A. 人力资源规划　　　　　　　B. 工作任务设计
   C. 培训开发　　　　　　　　　D. 绩效评估

三、多项选择题

1. 关键事件法最初在人力资源管理应用的领域主要包括（　　）。
   A. 招聘甄选　　　　　　　　　B. 培训需求评估
   C. 绩效考核　　　　　　　　　D. 薪酬管理
   E. 劳动关系
2. 获取关键事件所采用的方法主要有（　　）。
   A. 工作场所会议　　　　　　　B. 观察/访谈
   C. 调查　　　　　　　　　　　D. 德尔菲法
   E. 焦点小组法

3. 关键事件法操作过程中，采用访谈法收集信息时应创造（　　）的访谈环境。
   A. 保密　　　　　　　　　　B. 更方便访谈专家
   C. 更方便受访者　　　　　　D. 不被打断
   E. 相关领导旁听
4. 关键事件法的绩效维度划分主要有哪些思路？（　　）
   A. 在编写范例之前确定维度　　B. 根据关键事件确定绩效维度
   C. 在信息收集过程中划分绩效维度　　D. 编写范例后查找文献划分绩效维度
   E. 咨询相关专家根据经验划分绩效维度
5. 关键事件法的优点主要为（　　）。
   A. 描述工作行为、建立行为标准更加准确
   B. 能更好地确定每一行为的作用
   C. 流程简单清晰
   D. 实际操作成本低
   E. 使用方便快捷

四、判断题

1. 关键事件法中"事件"包括主体、行为过程、行为结果三个要素。　　　　　（　　）
2. 采用讨论会议法确定关键事件时，需有6~12个工作专家参加，并由熟悉组织发展战略的专家来主持会议。　　　　　　　　　　　　　　　　　　　　（　　）
3. 对于那些时间很紧张的受访者，往往建议通过两次会谈来达到目的。　　（　　）
4. 采用关键事件法的思路进行绩效评估时，仅有行为锚定等级评定法与行为观察等级评估法两种方法可以参考。　　　　　　　　　　　　　　　　　　　（　　）
5. 关键事件法积累了大量关于从事特定工作的人员工作成败的关键事件资料，可以作为了解与工作有关的人员品质和特性的基础。　　　　　　　　　　（　　）

五、简答题

1. 简述获取关键事件所采用的方法有哪些。
2. 结合自己的工作或学习实践，编写一份对工作绩效或学习效果影响重大的关键事件。

第四部分　工作分析的新发展

第九章 管理人员职务描述问卷（MPDQ）

第一节 管理人员职务描述问卷介绍

管理人员职务描述问卷（Management Position Description Questionnaire，MPDQ）是专门针对管理人员而设计的工作分析系统，是所有工作分析系统中最有针对性的一种工作分析方法。

一、管理人员职务描述问卷的产生背景

长期以来，系统研究管理工作的方法比较少，这是因为：① 管理行为的复杂性与广泛性使得我们难以用简单的语言来加以描述；② 一些认知行为或思想活动都属于管理工作的重要组成部分，如制订工作计划的过程，但是这些行为和活动难以被详细地观察到；③ 工作中所需要的处理人际关系的艺术，如领导下属的艺术，难以从行为上加以描述和界定；④ 现有的工作分析系统都力求能够分析所有类型的工作，缺乏针对性，难以深入地针对管理人员这一特殊群体的特点进行分析。

虽然管理人员的工作是复杂多变的，研究管理工作的方法很少，但是由于管理人员在组织中占据着特殊的地位，以及成功的管理将会大大提高组织的效率和效益，同时为了确保组织拥有高素质的管理人才，这就使得企业对管理人员的工作分析系统进行研究具有很高的价值。

因此，企业需要有针对性地对管理人进行管理：甄选管理者、评价管理者、提拔管理者、向管理者支付合理的薪酬以及正确地界定管理者的工作职责等。于是，组织需要通过工作分析来明确各类管理人员的工作内容以及各类管理工作之间的相同点和不同点，而管理人员的职务描述问卷则是解决这些问题的最佳选择。

管理人员职务分析问卷就是在这种背景下产生的。它的设计原则包括：① 力求能明确并量化不同管理岗位工作内容的差别；② 力求能评价不同管理职位的价值和等级；③ 力求能有效分析和评价各种环境下的管理职位，包括不同地理环境的管理职位；④ 力求提供准确、全面的工作信息，以便于高效履行企业人力资源管理的各项职能。

二、管理人员职务描述问卷概述

管理人员职务描述问卷是一种结构化的、工作导向性的问卷。MPDQ 问卷主要用来分析管理职位和督导职位。在统计分析 MPDQ 问卷时，我们可以借助于电脑信息系统，这在很大程度上，可以减轻工作人员的工作负担。

研究证明，MPDQ 问卷能够提供关于管理职位的多种信息：工作行为、工作联系、工作范围、决策过程、素质要求及上下级之间的汇报关系等。MPDQ 问卷的分析结果将形成多种报告形式，从而应用到工作描述、工作比较、工作评价、管理人员开发、绩效评价、甄选/晋升以及工作设计等人力资源管理职能中去。

本章介绍的 MPDQ 问卷是经过多次测试和修改而形成的。最早的 MPDQ 问卷产生于 1974 年，当时是用来对某公司（Control Data）的管理职位进行描述、比较和评价。经过广泛的测试和深入的修改，MPDQ 问卷作为工作评价的项目在该公司全面展开实施。接着，作为一种有效的工作评价工具，MPDQ 问卷被用于三家在《财富》杂志中排名前 100 位的企业中。到 1984 年，经过 10 年的发展和应用（在这 10 年间对 7 500 多个管理人员使用过），MPDQ 问卷终于趋于成熟，形成了最终的版本。本书介绍的 MPDQ 问卷就是最终的版本，该版本能用来分析各种企业的管理人员和管理职位。

总的看来，MPDQ 问卷经历了很长的一段发展时期，在这期间经过了多次的检验和修正，出现了很多的版本。4 个原始版本在 Control Data 公司使用过，之后又发展了 3 个通用版本，这 3 个版本在财富 100 强的其他企业中都得到了检验。最新建立的版本则集合了这 7 种版本的优点，这也正是本章所要介绍的最终的版本。

在 MPDQ 问卷的各种版本中，总共涉及 1 500 多个描述工作行为的题目（Items）。最终的版本对这些题目进行了挑选，该版本挑选和设计题目的原则是：① 题目要有区分度，能体现管理职位的等级差异；② 要容易区分哪些是工作评价要素，哪些是绩效评价要素，哪些是工作描述要素，哪些用于描述知识、技能和能力（KSAs）等；③ 要能从各方面对管理工作进行全面的分析；④ 要形成一种易于被任职者理解和完成的问卷模式；⑤ 要有助于准确评价管理人员的工作内容。

第二节　管理人员职务描述问卷的系统模型

MPDQ 作为一套系统性的职位分析方法，主要包括三个功能板块：信息输入板块、信息分析板块和信息输出板块（见图 9-1）。信息输入板块，即管理职位分析问卷的主体部

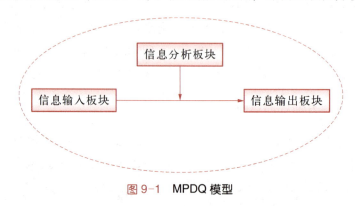

图 9-1　MPDQ 模型

分，包括 15 个部分、274 项工作行为，它由管理职位任职者填写，主要用于搜集该职位的相关信息。信息分析板块，是指根据人力资源管理各功能板块要求开发设计三种主要管理工作评价维度，通过这些维度对搜集的信息进行评价。信息输出板块是指管理职位分析问卷的信息运用部分，在相关统计分析的基础上，生成 8 种运用于不同人力资源功能板块的信息分析报告。

一、MPDQ 的信息输入板块

通过因素分析，与管理职位相关的所有题目被划分为 15 个部分，每个部分都包含一定量的相关题目。这样做的好处是：① 加强题目之间的联系，使这些题目解释起来更容易；② 将相似的题目放在一起可以缩短问卷的填写时间（见表 9-1）。

表 9-1 MPDQ 问卷结构

MPDQ 问卷内容	描述工作行为的题目数	其他内容的题目数
1. 一般信息（General Information）	0	16
2. 决策（Decision Making）	22	5
3. 计划与组织（Planning and Organizing）	27	0
4. 行政（Administering）	21	0
5. 控制（Controling）	17	0
6. 督导（Supervising）	24	0
7. 咨询与创新（Consulting and Innovating）	20	0
8. 联系（Contacting）	16	0
9. 协作（Coordinating）	18	0
10. 表现力（Representing）	21	0
11. 监控商业指标（Monitoring Business Indicators）	19	0
12. 综合评定（Overall Ratings）	10	0
13. 知识技能与能力（Knowledge, Skills, and Abilities）	0	31
14. 组织层级结构图（Organization Chart）	0	0
15. 评论（Comments and Reactions）	0	7
总计	215	59

对 MPDQ 问卷各部分内容的简要描述如下。

（1）一般信息部分：这部分搜集的主要是被分析工作和职位的一般信息，比如，任职者的姓名、头衔和该工作的职能范围；同时，还搜集关于该工作和职位的人力资源管理职责、财务职责以及其他主要职责的信息；另外，还包括管理人员下属的数量和类型、管理人员每年能支配的财政预算等。

(2) 决策部分：这部分包括两个要素——决策背景与决策活动。决策背景描述与决策相关的背景因素，反映决策的复杂程度，可以为工作评价提供依据；决策活动反映整个决策过程中涉及的重要行为，可为工作描述和工作评价提供信息。

(3) 计划与组织部分：这部分描述的内容是战略计划的制订和执行情况。

(4) 行政部分：这部分主要对管理者的文件处理、写作、记录、公文管理等活动进行评估。

(5) 控制部分：这部分内容包括跟踪、控制和分析项目运作、财务预算、产品生产和其他商业活动（见表9-2）。

表9-2 控 制 部 分

第五部分：控 制
指导语： 第一步：评定重要性 　　请指出以下每项活动对您职位的重要程度，然后按0~4分记分（标准如下），将分数写在每个题目前面的空白处。请记住，在评定时需要考虑该活动和其他职位活动相比重要程度与发生频率怎样。 　　"0"——该活动与本工作完全无关 　　"1"——该活动只占本工作的一小部分且重要程度不高 　　"2"——该活动属于本工作的一般重要部分 　　"3"——该活动是本工作的重要组成部分 　　"4"——该活动是本工作的关键部分或者说是至关重要的部分 1. 审阅需提交的计划，使之和组织的目标与策略保持一致。 2. 追踪并调整工作活动的进度，以保证按时完成目标或合同。 3. 为项目、计划和工作活动制定阶段目标、最后期限，并将职责分派给个人。 4. 监督产品的质量或者服务的效率。 5. 对部门的发展和效率制定评估标准。 6. 在工作计划或项目结束后，评估其效果并记录在案。 7. 每个月至少进行一次工作成效的分析。 8. 分析工作报告。 9. 控制产品生产或服务的质量。 10. 监督下属完成部门目标的工作进程。 11. 监督在不同地区的部门的工作进程，并调整它们的活动以达到完成组织目标的要求。 12. 解释并执行组织的安全条例。 第二步：评论 　　在下面的空白处请写下您认为，对于您的职位来说，该部分还应该包括的其他工作。

(6) 督导部分：这部分描述的是与监督、指导下属相关的活动和行为。

(7) 咨询与创新部分：这部分包括的内容属于技术性专家的行为，比如，律师、工业心理学家的行为通常属于这一部分。

(8) 联系部分：包括两个矩阵——内部联系矩阵和外部联系矩阵。搜集的信息包括联系对象和联系目的。

（9）协作部分：这部分内容描述当工作存在内部联系时的行为，这种合作行为多存在于以矩阵式组织和团队作业为主的组织。

（10）表现力部分：这部分内容描述的行为通常发生在营销活动、谈判活动和广告宣传活动之中。

（11）监控商业指标部分：包括监控财务指标、经济指标、市场指标的行为，多为高级经理人的职责。

（12）综合评定部分：这部分根据上述各部分将管理活动分为 10 种职能，要求问卷填写者估计这 10 种职能分别占整个工作时间的多大比重以及它们的相对重要程度。

（13）知识技能和能力部分：这部分内容要求问卷填写者判断高效完成工作所需要达到的知识、技能和能力的熟练程度，包括对 31 种素质范围的评定。本部分还要求问卷填写者回答他们是否希望接受培训，如果希望接受，愿意接受哪一方面的培训。

（14）组织层级结构图部分：这部分给出了一般性的组织层级结构图，让问卷填写者填写他们的下属、同级、直接上级和上级的上级。这部分的信息有助于薪酬专家快速确定某任职者在组织中的位置。

（15）评论部分：问卷的最后一部分要求问卷填写人员反馈对问卷的看法。他们首先要回答的问题是估计自己的工作有多大比例的内容被本问卷涵盖；其次，问卷设计了 5 个问题，让问卷填写人员评定问卷总体、问卷题目以及问卷模式的质量和使用的难易程度等；然后，问卷填写者还要回答他们完成问卷所花费的时间；最后，问卷填写者需要回答是否存在本问卷没有涉及的重要活动，如果有，需要说明是什么活动。这个问卷将有助于搜集到其他的重要信息，而且为 MPDQ 问卷将来的发展与修订提供依据。

二、MPDQ 的信息分析板块

之所以开发 MPDQ 问卷，其初始目的是为了利用它来辅助实现人力资源管理的不同职能，如实现工作评价、绩效评估的职能等。为了达到这个目的，需要将通过 MPDQ 问卷搜集而来的工作描述性信息进行转化。

为实现不同的人力资源管理职能，人们往往从不同的角度来看待工作，从不同角度对工作进行分析、研究和描述。比如，薪酬管理人员往往从"报酬要素"（Compensable Factors）的角度来分析和描述工作；培训与开发专家往往从"素质"（Competencies）的角度来研究工作和工作任职者；绩效评价主管往往从"绩效维度"（Performance Dimensions）的角度来分析工作；定岗定编人员和工作设计人员则往往从"工作要素"（Work Factors）的角度来描述工作。MPDQ 问卷是在综合这些角度的基础上产生的，它试图从这类要素出发来设计问卷，以满足人力资源管理不同职能的需求。经过大量的调查研究发现，MPDQ 问卷主要从三种有关管理职位的要素出发对工作进行分析，即管理工作要素、管理绩效要素和工作评价要素。下面将分别对这三类要素进行介绍。

（一）管理工作要素

管理工作要素是一组描述工作内容的因素，根据不同职位工作内容的相同点和不同点，区分管理工作要素可以使工作描述更容易。管理工作要素是一组复合要素，这些要素一致出现在三家公司进行的四次因子分析的研究中，只要在两次或两次以上的研究中出现过的要素，都可以被选择为管理工作要素。要素名称及解释如表9-3所示。

表9-3 管理工作要素

1. 决策（Decision Making）
   评定各种信息和各种候选方案。
2. 计划与组织（Planning and Organizing）
   制订长期和短期计划，包括制定长期目标、长期战略规划、短期目标以及短期日程安排，如对产品或服务的设计、发展、生产和销售进行计划等。
3. 行政（Administering）
   负责文件和档案的整理和保管、监控规章制度和政策的执行、获取和传递信息。
4. 控制（Controlling）
   控制和调整人力、财力和物力的分配，调拨材料、机器和服务资源，建立成本控制体系。
5. 咨询和创新（Consulting and Innovating）
   应用高级技术解决疑难问题，为决策者提供关键信息和咨询，开发新产品和开拓新市场，密切关注技术前沿动态。
6. 协作（Coordinating）
   与其他团体合作实现组织目标，在不能实施直接控制的情况下能团结他人、整合力量，协商组织资源的使用，必要时能有效处理矛盾与分歧。
7. 表现力（Representing）
   与个人或团体沟通交流，如客户、供应商、政府和社区代表、股东和求职者，促销组织的产品和服务，进行谈判并签订合同。
8. 监控商业指标（Monitoring Business Indicators）
   监控关键的商业指标，如净收入、销售额、国际商业和经济趋势、竞争者的产品和服务。

管理工作要素通常被薪酬管理人员和招聘人员所使用，使他们能很快地从总体上把握工作的内容，同时也为管理者从整体上理解自己职位与其他职位的不同点提供方便。在下面关于分析报告的内容中将详细介绍管理工作要素是如何被使用的。

（二）管理绩效要素

管理绩效要素是指为了评价管理工作的绩效而选取的工作要素，也就是说，从这些要素对管理工作的绩效进行评价有助于发展和提高管理业绩。

能够用来作为管理绩效要素的要素必须可以区分管理绩效优秀者和绩效平平者。在确定管理绩效要素的过程中，通过管理者和人力资源专家进行讨论，以及利用MPDQ问卷数据进行统计分析，我们最终选出9个管理绩效要素，对它们的描述如表9-4所示。

表9-4 管理绩效要素

1. 工作管理
   管理工作执行情况和资源使用情况，监控和处理各种信息，确保产品和服务的按时完成。
2. 商业计划
   为达到目标，制定并实施商业计划与商业战略。
3. 解决问题/制定决策
   分析技术上或商业上的问题与需求，作出决策，选择适当的方案或进行创新。

（续表）

> 4. 沟通
>   高效、全面、准确地进行沟通，正确地分享或交换信息。
> 5. 客户/公众关系
>   代表组织与客户、预期客户及其他公共群体打交道。
> 6. 人力资源开发
>   通过有效的工作分配、指导、培训和绩效评价等措施来开发下属员工的潜能。
> 7. 人力资源管理
>   监督和管理下属员工，提供指导和领导。
> 8. 组织支持
>   有归属感，能得到其他管理者的支持来共同实现个人、团队和组织的目标。
> 9. 专业知识
>   具备实现既定绩效目标所需要的技术知识。

这 9 个绩效要素主要有两种用途：① 帮助上级主管评价和指导管理者的绩效；② 帮助上级主管和培训专家明确对管理者的培训需求。在 MPDQ 问卷中，将有三份报告会用到绩效要素，在下面的有关 MPDQ 问卷分析报告的描述中我们将进行详细介绍。

（三）工作评价要素

工作评价要素是用来评价管理类工作相对价值的维度，即用来衡量某一管理工作（职位）相对其他工作（职位）而言对组织的贡献度有多大。通常薪酬专家们应用它们来确定职位或工作的薪酬等级，并最终确定它们的薪酬水平。

工作评价要素及其描述如表 9-5 所示。

表 9-5　工作评价要素

> 1. 制定决策
>   制定决策的权限有多大，考虑决策的性质、影响范围、复杂程度以及需要付出的努力程度。
> 2. 解决问题的能力
>   为解决所出现的问题，需要投入的分析与创造性思考属于哪种等级，考虑问题的性质、所涉及的范围以及解决方案所需要的创造性。
> 3. 组织影响力
>   对组织的影响范围有多大，包括职位对实现组织目标，对开发或销售产品（服务），对制定战略或执行计划，对制定政策或工作流程，对实现销售收入、利润或其他业绩指标的重要程度。
> 4. 人力资源管理职能
>   监督和指导职能的大小，可以通过下属员工的等级和数量，以及所提供指导的复杂程度来衡量。
> 5. 知识、经验和技能
>   职位所需要的用来解决关键性组织问题的知识、经验和技能，以及在多大程度上需要将这些知识、经验和技能应用于解决实际问题。
> 6. 联系
>   内部联系与外部联系的范围和程度，可以从联系对象、联系目的以及联系的频率等方面进行考虑。

工作评价要素在三家大企业中经历了精炼和检验。首先，Control Data 公司的 26 个薪酬专家使用修订过的"德尔菲法"为公司界定了一套合理的工作评价要素；接着，这些要素被薪酬专家们应用到其他两家企业中进行修正和检验；最后，通过不断地精炼和修正，这些要素不再仅仅适用于某几家企业，而是具有广泛的适用空间：① 保证工作评价要素的全面性；② 能够区分不同工作的价值；③ 对工作评价要素的表述清楚、简明；④ 在管理岗位中具有广泛的应用性；⑤ 与当前的市场调查保持一致。

三、MPDQ 的信息输出板块

人力资源管理决策需要相应的信息支持，而 MPDQ 问卷作为一种比较成熟的管理人员的工作分析工具，则有助于工作信息的搜集。利用 MPDQ 问卷对工作进行分析，最终可以形成 8 份工作分析报告，这 8 份报告都有着规定的格式，可以用来支持人力资源决策的制定，这些决策可能包括：人员招聘、工作评价、工作分类、培训、职业生涯设计以及工作设计等。

（1）管理职位描述：对管理职位进行详细的描述。包括对某个管理职位财务职能、人力资源管理职能、重要活动、人际关系以及职位所要求的知识水平、技能和能力水平的描述。

（2）管理工作描述：与管理职位描述类似，但是它反映的是对一组人的工作内容进行复合性或一般的描述。

（3）个体职位价值报告：该报告将通过与参照性职位的比较对被分析的管理职位的管理工作要素进行说明，然后从工作评价要素出发评价该职位的相对价值。

（4）团体工作价值报告：与个体职位价值报告类似，但是它反映的是对团体的工作进行价值评价。

（5）个体职位任职资格报告：该报告反映了被分析职位的每个管理绩效要素的重要程度，以及对于 MPDQ 问卷所包含的 31 项知识、技术、能力（KSAs），该职位要求达到什么样的熟练程度。

（6）团体工作任职资格报告：与个体职位任职资格报告类似，但是它反映的是团体工作的每个管理绩效要素的重要程度以及对 MPDQ 问卷所包含的 31 项知识、技术、能力（KSAs）的要求。

（7）团体比较报告：一个以表格的形式制作的分析报告，该报告可以区分 6 个或 6 个以上团体的工作内容的相同点和不同点。

（8）与职位对应的绩效评价表：为评价员工绩效、制定员工发展规划而产生的表格形式的报告，该报告根据工作任职者对其所承担的工作任务的认知对 9 个管理绩效要素的意义作了进一步的界定。

第三节 管理人员职务描述问卷的应用

研究表明，没有最好的工作分析方法，只有合适的工作分析方法。没有任何一种工作分析系统能够满足所有人力资源管理的需要。为了向人力资源管理提供信息支持，为了企业能够更好地理解管理人员的职务职责，研究者们将注意力转移到了 MPDQ 身上。

不同的人力资源管理职能，侧重于使用不同的工作信息：① 人员甄选：利用工作信息招聘合适的员工，使选拔程序更有效；② 薪酬：进行工作评价的基础，建立基于工作价值的等级结构,保证薪酬的公平性;③ 培训和开发:分析培训需求,制定合适的职业发展计划;④ 绩效评价与绩效管理:发展与工作相关的工作评价系统,建立绩效标准;⑤ 工作设计与再设计:根据工作的复杂性和相似性、工作所需的知识和技能来重新设计工作。

将 MPDQ 问卷搜集的信息,应用到工作价值评价之中有 7 种不同的战略方法,在发展企业的工作评价系统前,首先要通过调查来比较这 7 种战略方法的效度。调查结果显示,由 Christal 开发的"政策夺取型"的因素记点法(Policy-capturing, Point-factor Method)效度最高,得到了广大使用者的一致认可(见表 9-6)。

表 9-6 "政策夺取型"的因素记点法的效度

研 究	效 度			
	标杆样本		交叉效度	
	N	r	N	r
1. Control Data 公司,对美国经理内部调查	449	0.89	58	0.90
2. Control Data 公司,对美国经理再次调查	400	0.93	135	0.93
3. Control Data 公司,对来自 18 个国家的管理者、科学家、工程师进行调查			313	0.81
4. A 公司,美国和欧洲的经理	450	0.87	76	0.79
5. B 公司,美国经理	584	0.92	1 834	0.81
6. C 公司,美国经理	341	0.92	177	0.90
7. C 公司,欧洲经理	100	0.96	39	0.85

"政策夺取型"因素记点法在使用过程中,需要进行诸如多元回归之类的统计分析。它的操作过程如下:

(1)选择标杆职位。

(2)选择一套工作评价要素,并给它们分配权重。

(3)绩效要素的得分来源于 MPDQ 问卷中的题目(Items),每个绩效要素都与 MPDQ 问卷中的部分题目相联系,使用修订过的德尔菲法将 MPDQ 问卷中所包含的题目集中起来,并据此来对每个要素进行评价。

(4)为每个要素建立回归方程,将职位在该要素中的评价等级作为因变量,将对 MPDQ 问卷中的题目的评价作为自变量。

(5)将岗位在每个要素上的得分加权汇总,得出岗位的总体评价点值。

(6)通过与组织的薪资架构相结合,确定该职位的薪酬等级。

MPDQ 问卷的优点体现在:

(1)适用于不同组织内管理层级以上的职位的分析,具有很强的针对性。

(2)为培养管理人才指明了培训方向,也为正确评估管理工作提供了依据。

(3)为管理工作的分类和确定管理职业发展路径提供了依据。

(4)为管理人员的薪酬设计、选拔程序以及提炼绩效考核指标奠定了基础。

MPDQ 问卷的缺点体现在:

（1）由于管理工作的复杂性，难以深入分析所有类型的管理工作。

（2）成本较高，投入较大。

本章小结

管理人员职务描述问卷（Management Position Description Questionnaire，MPDQ）是专门针对管理人员而设计的工作分析系统，在其发展过程中经过多次检验和修订，也诞生了多个不同的版本。

MPDQ作为一套系统性的职位分析方法，主要包括三个功能板块：信息输入板块、信息分析板块和信息输出板块。信息输入板块，即管理职位分析问卷的主体部分，包括15个部分、274项工作行为，它由管理人员填写，主要用于搜集管理岗位的相关信息。信息分析板块，是指根据人力资源管理各功能板块要求，开发设计三种主要管理工作评价维度（管理工作要素、管理绩效要素、工作评价要素），通过这些维度对搜集的信息进行评价和分析。信息输出板块是指管理职位分析问卷的信息运用部分，在相关统计分析的基础上，生成8种运用于不同人力资源功能板块的信息分析报告。

MPDQ是一个具有较强结构性和针对性的工作分析工具，为管理人员和管理工作的分析和规划提供了重要的基础支撑，但也存在成本过高的问题。因此，应结合MPDQ的优缺点与实际情境，合理有效地将MPDQ问卷搜集的信息应用于工作价值评价中。

拓展阅读

基于胜任力模型的管理人员工作分析

我国对胜任力的研究起于20世纪90年代，主要研究对象就是中高层管理者，由此可见对胜任力的研究是建立选拔和培养优秀管理者的科学体系的基础。目前适合管理者的工作分析工具少之又少，快速变化的社会环境又要求工作分析不仅能体现时代背景下工作内容和性质的发展趋势，还要符合特定组织的规定，因此，基于胜任力模型下的工作分析方法应时而生。

胜任力的概念在管理界得到广泛使用是从麦克利兰对美国选拔国外信息官的工作开始的。他对胜任力的定义是：胜任力是指能够区分在特定的工作岗位和组织环境中绩效水平的个人特征。现实中，胜任力模型和工作分析的定义越来越趋向边界化，以胜任力模型为基础的工作分析可以弥补当下工作系统分析方法的不足，从特征观和行为观全面对管理层工作进行分析，为日后企业管理人员的招聘、培训、发展、绩效考核提供良好的依据。胜任力素质的工作分析有以下特征。

（1）突出管理者的优秀特征。胜任力的主要构成要素有动机、个性、自我形象、价值观、知识和技能等，管理者的工作涉及范围广，能力不仅仅体现在完成的工作中，胜任力模型可以很好地从行为观的角度分析出优秀者的特征观。

（2）促进企业人才与战略的整合。与组织经营与目标战略紧密联系，基于胜任力的工作分析越来越趋于未来导向和战略导向。基于胜任力的工作分析要求把胜任力作为一项战略整合到企业人力资源管理的各个职能方向，使得"人员-组织-岗位"匹配成为企业获取竞争优势的一个关键途径。

（3）发现管理者的自我潜能和工作特性。胜任力模型从多角度衡量管理者的胜任资格，帮助管理者实现更好地自我认知和管理，并且可以使优秀管理者看到组织的期望，更加明确自我目标，也可以使普通管理者发现自身不足、激励自我。

起初，麦克利兰开发了一个以行为事件访谈法为基础的胜任力模型的开发程序，此后，斯宾塞（Spencer）在麦克利兰的基础上完善了胜任力模型构建的方法，这种方法使得数据的收集过程更加全面和准确，以保证胜任力结构的有效性。下面针对管理人员的工作环境和特点，简单阐述工作分析步骤。

（1）选取分析岗位，明确分析目标。不同的管理情境需要不同的胜任力模型，选取特定的管理岗位之后，了解分析的目的是用于企业招聘或是组织战略的调整，在此基础上才能更好地选定胜任力模型的分析重点与方向。

（2）选取有效的绩效考核指标和目标样本。胜任力考核的重点不仅有软指标，还有硬指标，在确定了岗位类型之后，分析出区别普通和优秀管理者的绩效标准，并在两者中选取适量样本进行对照。

（3）分析资料，构建模型。通过恰当的统计分析方法对所获得的问卷进行评估。运用关键事件分析技术总结出绩效一般和良好的管理者之间的特征区别，构建出基于胜任力的工作分析模型。

（4）验证模型是否符合有效绩效指标。为了保证管理者胜任力特征的有效性，需要对模型进行修正，通过与有效的绩效考核指标的对比，核实模型是否合理。

（5）完成工作说明书，应用胜任力模型。通过工作分析获得的内容来确定职务的使命、责任、工作要求等，与管理者进行沟通，达成对工作说明书的一致理解，最终将其运用到企业的人力资源管理当中。

案例研究 ·+·

三个典型的信息分析报告

一、管理职位描述

根据任职者对 MPDQ 问卷的填写，概括总结出被分析的管理职位的工作内容，从而形成 MPDQ 问卷的第一份工作分析报告——管理职位描述，也就是说，通过研究多位同一岗位任职者对 MPDQ 问卷的回答，可以得到有关岗位工作内容的描述。管理职位描述报告通常包括五个部分：① 该职位的财务管理和人力资源管理职责；② 根据重要程度排序的职位活动；③ 内部与外部联系；④ 决策的性质；⑤ 该职位所需要的知识、技能和能力的熟练程度。表1展示了该问卷的部分内容。

表1　管理职位描述（部分）

姓名：＊＊＊　　　　　　　　　　　　公司名称：CDBA
员工编号：222　　　　　　　　　　　直接上级姓名：＊＊＊
职务名称：＊＊管理者　　　　　　　　直接上级职务：＊＊管理者
管理级别：督导级（Supervisor）　　　完成时间：10/7/2018

1. 一 般 信 息
A. 人力资源管理职责 　　——人力资源管理职责约占所有职责的 28% 　　——所辖下属的最高职务：高级程序员
B. 财务管理职责 　　——不对年度营业收支预算负责 　　——对下列财务指标负责： 　　　● 上一会计年度销售额　　　　　$78 000 　　　● 本会计年度销售目标　　　　　$220 000 　　　● 上一会计年度销售收入　　　　$275 000 　　　● 本会计年度销售收入目标　　　$280 000
2. 职 位 活 动
A. 制定决策 　　决策：任职者 5% 的时间都用于制定决策，对本管理职位而言，决策是非常重要的职能。 　　与决策相关的活动以及它们对该职位的重要程度：

重要程度	序号	活动描述
关键性的	5	考虑决策的长期影响
关键性的	8	在没有指导和经验的情况下，在新的环境和突发事件中制定决策
关键性的	11	在有时间压力的情况下制定非常关键的决策
关键性的	18	在制定决策之前需要处理、评价大量信息
关键性的	21	制定对客户/消费者有重大影响的决策
重要的	7	在制定决策时要深入考虑法律的、道德的因素以及组织的政策和目标
重要的	14	在必要的时候制定决策不能有任何迟疑
一般的	1	在决策之前评价各种解决问题的候选方案的成本与收益

管理职位描述可以应用于多个方面，比如，可以让新员工在最短的时间内熟悉自己的工作内容；可以为招聘甄选人员提供关于职位的信息，从而提高甄选的质量；另外，薪酬管理人员可以利用这些信息确定管理职位的相对价值，并检验管理职位的薪酬水平和该职位所承担的责任是否一致，等等。

二、个体职位价值报告

管理职位价值报告（见图1）反映被分析的职位在各工作维度以及工作评价要素上的得分。该报告最基本的应用就是给薪酬分析人员提供信息进行职位价值的比较。任职者在工作维度上的得分将被用来与参照组的得分相比较。参照组，通常是由同一职位名称下的多名任职者确定。工作维度的得分为工作评价提供了职位的背景资料，因为薪酬分析人员在进行工作评价时通常都希望能了解工作的背景及其基本职责。

姓名：＊＊＊　　　　　　　　　　　公司名称：CDBA
员工编号：222　　　　　　　　　　直接上级姓名：＊＊＊
职务名称：＊＊管理者　　　　　　　直接上级职务：＊＊管理者
管理级别：督导级（Supervisor）　　完成时间：10/7/2018

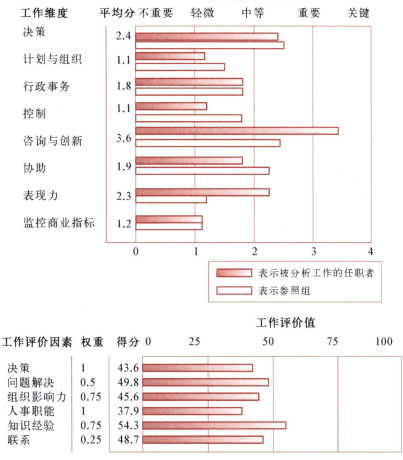

图1　个体职位价值报告（例）

报告的第二部分描述了工作评价要素，这些要素的得分反映出该职位的等级，或者说相对价值。每个要素被赋予一定的权重，加权后则得到该职位的总分值，在本例中，该职位的总得分为193.5。通过与组织的薪资架构相结合，就能确定该职位的薪酬等级。

总的来说，管理职位价值报告最基本的用途就是为薪酬管理人员进行工作评价提供依据；另外，它所包含的管理工作要素能被用来为职业生涯规划专家分析不同管理职位之间的内在联系,从而帮助其进行职业生涯的设计。

三、个体职位任职资格报告

管理职位任职资格报告(见图2)反映了被分析职位每个绩效要素的重要程度,即反映哪些要素是影响该职位绩效高低的重要因素,哪些要素对该职位的绩效高低没有影响。另外,该报告还反映该职位对MPDQ问卷所包含的31项知识、技术和能力(KSAs)的需求程度。

姓名:＊＊＊ 公司名称:CDBA
员工编号:222 直接上级姓名:＊＊＊
职务名称:＊＊管理者 直接上级职务:＊＊管理者
管理级别:督导级(Supervisor) 完成时间:10/7/2018

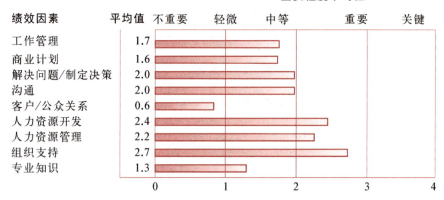

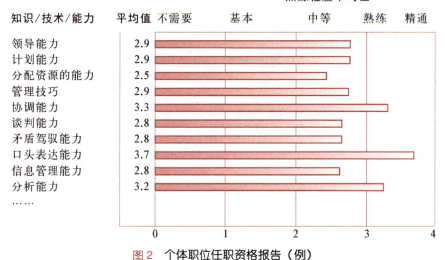

图2 个体职位任职资格报告(例)

绩效要素的得分来源于MPDQ问卷中的题目(Items),每个绩效要素都与MPDQ问卷中的部分题目相联系,而且通过这些问题,绩效要素的内涵得到了很好的诠释。将多名任职者在这些问题上的得分进行加总平均就得到了绩效要素重要程度的得分。

本报告的第二部分列出了 MPDQ 问卷所包含的 31 项资格要求,并归纳对于被分析的职位,哪些知识、技术和能力需要的熟练程度高,哪些知识、技术和能力并不需要具备。

1. 管理人员职务描述问卷包括哪些内容?
2. 管理人员职务描述问卷中的管理工作维度有哪几种?请分别加以叙述。
3. 管理人员职务描述问卷的最终分析报告有哪些?每种报告的结构和功能分别是什么?
4. 管理人员职务描述问卷有哪些应用领域?请分别举例进行说明。
5. 相对于其他的工作分析方法,管理人员职务描述问卷的优缺点有哪些?

一、名词解释

管理人员职务描述问卷　管理工作要素　管理绩效要素　工作评价要素

二、单项选择题

1. 下列内容,不属于 MPDQ 问卷内容的是(　　)。
   A. 决策　　　　　　　　　B. 计划与组织
   C. 咨询与创新　　　　　　D. 薪酬结构
2. 利用 MPDQ 问卷对工作进行分析,最终可以形成(　　)份工作分析报告。
   A. 6　　　　B. 8　　　　C. 5　　　　D. 10
3. MPDQ 可以对下列哪个工作进行分析?(　　)
   A. 人力资源总监　　　　　B. 清洁工
   C. 汽车修理工　　　　　　D. 实习会计
4. MPDQ 问卷不能提供关于管理职位的哪种信息?(　　)
   A. 工作行为　　B. 工作联系　　C. 工作范围　　D. 工作报酬
5. 下列对于 MPDQ 的描述错误的是(　　)。
   A. 力求明确并量化不同管理岗位工作内容的差别
   B. 力求评价不同管理职位的价值和等级
   C. 力求有效分析和评价各种环境下的管理职位
   D. 力求提供准确、全面的组织环境信息

三、多项选择题

1. 利用 MPDQ 问卷对工作进行分析，最终可以形成哪些工作分析报告？（　　）
   A. 组织说明书　　　　　　　　B. 管理职位描述
   C. 管理工作描述　　　　　　　D. 个体职位任职资格报告
   E. 团体工作任职资格报告

2. MPDQ 问卷主要从哪几种有关管理职位的要素出发对工作进行分析？（　　）
   A. 管理工作要素　　　　　　　B. 管理应用要素
   C. 管理绩效要素　　　　　　　D. 学习发展要素
   E. 工作评价要素

3. MPDQ 作为一套系统性的职位分析方法，主要包括的功能板块有（　　）。
   A. 信息输入板块　　　　　　　B. 信息分析板块
   C. 信息输出板块　　　　　　　D. 信息反馈模块
   E. 信息共享板块

4. 下列哪些内容属于 MPDQ 的管理绩效要素？（　　）
   A. 沟通　　　B. 工作管理　　　C. 人力资源管理　　　D. 组织支持
   E. 人力资源开发

5. 使用 MPDQ 进行工作分析的优点有（　　）。
   A. 适用于不同组织内管理层级以上的职位的分析，具有很强的针对性
   B. 为培养管理人才指明了培训方向，也为正确评估管理工作提供了依据
   C. 为管理工作的分类和确定管理职业发展路径提供了依据
   D. 为管理人员的薪酬设计、选拔程序以及提炼绩效考核指标奠定了基础
   E. 成本低，投入小

四、判断题

1. 研究表明，MPDQ 是当下最为科学有效的工作分析方法。（　　）
2. MPDQ 作为一套系统性的职位分析方法，主要包括信息输入板块、信息分析板块和信息输出板块三大模块。（　　）
3. MPDQ 是专门针对业务员工而设计的工作分析系统。（　　）
4. MPDQ 是结构性问卷，在使用时不应该修订改动。（　　）
5. 管理绩效要素能够用来作为管理绩效要素的要素必须可以区分管理绩效优秀者和绩效平平者。（　　）

五、简答题

1. 为什么要针对管理人员开发单独的工作分析系统？
2. 请简要描述管理人员职务描述问卷（MPDQ）的系统模型。
3. 在 MPDQ 的信息分析板块，MPDQ 主要从哪些类别的要素对管理职位进行分析。
4. 请简要说明 MPDQ 的优缺点。

第十章 团队工作分析

第一节 团队工作

一、团队的概述

(一) 团队的定义

团队这个概念在 20 世纪 70 年代以后逐渐深入人心,它突破了个人职责权限的边界限制,使得人们可以齐心协力一起工作。越来越多的企业发现,最有效的变革不是通过个人或者某个部门的变革来实现的,而是多学科或者跨功能群体来实现的,团队的运用对于帮助组织完成变革过程以及支持在变革后所形成的新的价值观、行为以及目标是一种非常有效的战略。据统计,目前 80%的《财富》500 强企业中,至少一半或一半以上的员工以团队方式工作;68%的美国小型制造公司,在生产领域运用团队。

团队的定义在国际上目前还没有一致的说法,但是一个团队至少应该具有三个属性:① 由多人组成;② 工作相互关联;③ 共同的目标。因此从这点上可以看到,一个团队至少是由两个人组成,通过相互关联性的工作,实现团队共同的目标。

(二) 团队与工作群体的区别

团队与工作群体相比,存在本质上的不同,因为团队不仅要求个体责任,而且还要求团队成员承担共同的责任。团队更加依赖于共同的讨论、争辩和决定,而且也更依赖于共享信息和最佳实践标准。团队依靠团队成员的共同努力可以产生积极的协同效应,这也使得团队的绩效水平可能高于优秀团队中单个团队成员的绩效的总和。简单地说,团队效能大于其组成部分的总和。在图 10-1 中,将会清晰地看到团队与工作群体之间的差异。

群体	团队
• 强有力的领导者	• 共享领导角色
• 个体责任	• 个体责任与共同责任
• 群体目标与组织使命一致	• 团队自定具体的团队目标
• 个体的工作产出	• 集体的工作产出
• 执行有效的会议	• 鼓励开放式和问题导向的会议
• 间接地依靠公司的业绩来评价其有效性	• 直接依靠集体的工作产出来评价团队的绩效
• 讨论,决定和委派代表	• 讨论、决定和合作

图 10-1 团队与群体的差异比较

资料来源:Katzenbach, Jon R.; Smith, Douglas K., *The Discipline of Teams*, Harvard Business Review, Mar/Apr 93, Vol. 71 Issue 2, pp. 110-120.

那么既然团队有着群体无法比拟的优越性，我们就不得不思考如何有效实现群体向团队的过渡了。从图 10-2 可以看到，从群体发展到真正的团队需要一个过程，需要一定的时间磨炼。这个过程分为以下几个阶段：

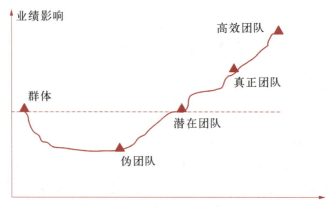

图 10-2　群体向团队的过渡

第一阶段，由群体发展到所谓的伪团队，也就是我们所说的假团队。这一阶段主要是对人员进行强制组合，没有考虑到员工之间的差异性，员工之间相互冲突，造成绩效水平下降。

第二阶段，由假团队发展到潜在的团队，这时已经具备了团队的雏形。在这一阶段，对团队价值观不认可的成员逐渐退出，成员之间形成了比较亲密关系，并具有一定的凝聚力，逐步体现出团队的优越性。

第三阶段，由潜在的团队发展为一个真正的团队，它具备了团队的一些基本特征，例如，有明确的目标、较好的团队沟通、团队成员之间相互信任等。团队的积极协同效应逐渐显现，取得了较高的工作业绩，但是真正的团队距离高绩效的团队还比较遥远。

（三）团队的类型

目前，企业中团队的种类是多种多样的。根据不同的划分标准，团队可以分为不同类型，如表 10-1 所示。

表 10-1　团队的类型

团队划分标准	团队类型	团队特征
根据团队存在的目的和拥有自主权的大小	问题解决型团队	问题导向（如质量圈）；团队成员每隔一段时间交流方案，但无权采取行动
	自我管理型团队	真正独立自主，实现自我管理；责任范围广泛（决定工作分配、节奏、休息）
	跨部门团队	团队超越了部门职能的限制；团队成员具有很高的合作意识和个人素质；合作期限较长
根据团队的工作内容和性质	推荐事情的团队	预定任务完成的时间，需要得到管理者的支持

（续表）

团队划分标准	团队类型	团队特征
根据团队的工作内容和性质	做事情的团队	团队成员一般是业务部门的一线员工，不要混淆组织的目标和自己团队的特定目标
	管事情的团队	团队成员一般是公司管理层，团队的合作模式是其成功的关键
根据任务的复杂性和团队成员的结构	工作或服务团队	从事例行性工作任务且比较固定，团队成员的工作技能要求大致相同
	项目团队	由不同功能领域中的专家组成，团队成员的专业领域各不相同，团队成员之间的技能和知识的依赖程度非常高
	网络团队	团队的成员在地理位置上是分散的，通过电子媒介保持联系，完成的工作是常规化程度极低的

二、团队工作的关键要素

在开发基于团队的工作分析技术之前，首先要对团队工作进行深入研究，剖析团队工作的内涵。一般来说，团队工作主要涉及三个关键要素：团队的功能、工作设计及团队的KSAs（知识、技能和能力）。团队的功能则描述了一张团队需要做什么的完整图纸，即团队的目标和任务；团队的工作设计从工作的角度探索出一系列有助于提高团队效能的基本工作元素，即如何实现团队的工作效能最大化；团队的KSAs则是研究什么样的人适合成为团队成员，即团队成员需要具备什么样的知识、技能和能力。这三个关键要素相互关联、相互补充，共同为团队工作分析所需的描述因素提供依据和来源。

（一）团队的功能

研究团队工作的第一个关键要素是团队功能，它主要描述团队需要做什么。利用团队功能的方法可以研究团队工作需要考虑的具体任务内容，明确团队的工作描述。一般而言，团队的功能主要有以下几个方面：

1. 导向功能

即让团队成员了解他们要做什么，也就是说，要了解团队的目标以及为了达成目标所需要的资源。在导向过程中，团队还必须注意搜集外界环境的信息进行适当的调整，并且需要评估任务应该在什么环境下才能有效完成。

2. 资源分配功能

即把团队的工作落实到每个团队成员以保证人们有各自的工作任务，发挥团队成员的特长和优势；同时，还需要考虑和测量个体知识技能，以保证与任务要求相匹配。

3. 调节功能

即处理团队活动的一种模式，它重点关注团队和个人的一般的活动节奏，换句话说，就是要调节和处理好团队与个人、个人与个人之间的矛盾，保证团队的稳定性和凝聚力。

4. 协同功能

涉及对团队成员行为模式的要求，即要求团队成员的目标和行为必须保持一致性，防止危害团队合作的行为发生。

5. 激励功能

主要是用来处理团队成员的努力水平以及管理成员之间的冲突。在团队中，不仅团队的行为标准需要开发并有效落实，而且还需要建立团队的激励措施，这可以有效保证团队成员努力的最大化以及团队成员合作精神的有效培养。

（二）团队的工作设计

团队的工作设计主要解决的是通过创造团队的工作方式、个体在工作时的灵活程度和组织的支持系统等，以此来提升团队的效能。目前，关于团队效能的大部分理论都遵循一个"投入—过程—产出"模型。其中，投入因素包括组织资源以及其他的情景因素；过程因素主要关注团队实际做了什么，采取了哪些行动和措施，如何处理员工的关系等；产出因素主要包括效能衡量和团队满意度，即团队结果和员工关系如何。坎皮恩和他的同事们（1993）汇编了他们认为可以用来设计有效团队的因素，表 10-2 显示了这些因素及其对应的解释。

表 10-2 团队的设计因素

因素	解释
工作设计	
自我管理	团队而非管理者决定在团队中谁应该做什么任务
参与	团队中的每个成员参与决策的制定
任务多样性	团队中几乎每个人有机会去做更有趣的任务
任务重要性	团队让我们感到我们的工作对公司很重要
任务完整性	我们的团队负责一个产品的所有方面
相互关联	
任务的关联	在我们团队中，每个成员的工作都与其他人有联系
目标的关联	我们工作的目标直接来源于我们团队的目标
反馈和奖励的关联	我们的绩效评价强烈地受到我们团队绩效的影响
结构	
异质性	我们的团队成员是不同领域的专家
灵活性	我们团队的大部分成员了解其他人的工作
规模	我们团队的人数对于完成工作来说有些少
团队偏爱	我更喜欢作为团队的一员去工作
环境	
培训	公司提供给我们团队足够的技术性培训
管理支持	公司的高层管理者支持团队
团队之间的合作与交流	我们公司的团队相互协作以完成任务
过程	
潜能	我们的团队几乎可以承担并完成任何任务
社会支持	我们的团队成员在工作中相互帮助
工作分担	我们团队中的每个人分担平等工作
团队内部的相互协作与沟通	我们团队中的成员相互合作以完成任务

资料来源：Adapted form *Relations Between Work Group Characteristic and Effectiveness*：*Implications for Designing Effective Work Groups*, by M. A. Campion, G. J. Medsker, and A. C. Higgs, 1993, Personnel Psychology, 46, pp. 823-850.

（1）工作设计主要包括自我管理、参与、任务多样性、任务重要性和任务完整性。自我管理是指团队成员在工作中的自主性，在高自我管理的团队中，领导的角色被弱化为教练；在完全的自我管理团队中，没有正式的领导，各种管理职能都由团队来行使。参与是指允许团队成员参与决策的制定，它与自我管理密切相关。自我管理和参与有助于提高团队成员的责任感。任务完整性是指团队成员的工作是一个完整的整体，而不是一个局部（如生产一辆车而不是一个坐垫）；任务重要性指的是成员的工作对其他成员有多大的影响；任务多样性表示工作团队不同类型活动的需求程度，以及由此决定的对员工所应具备技艺和才干要求的多样性程度。任务完整性、重要性、多样性能够使成员感受到工作的价值和重要性，具有很强的激励功能。

（2）相互关联包括任务、目标和反馈奖励的相互关联三个方面。任务的相互关联和目标的相互关联是指团队成员的任务和目标的实现是相互关联的；反馈和奖励的相互关联是指成员的反馈和奖励要依赖于团队的整体产出。相互关联性越强，成员认为自己是团队的一部分的意识就越强。

（3）结构包括异质性、灵活性、团队规模和团队偏爱。异质性是指团队成员的背景多样性程度，如民族、性别、认知、知识技能等；灵活性是指团队成员在多大程度上能更换自己的工作安排，灵活性降低了团队对任何单一个体的依赖性；团队规模是指根据相应的工作量确定合适的团队人数，随着团队规模的扩大，协调要求也相应增加，依据相关理论，每一个团队都有最佳的规模程度；团队偏爱是指团队成员喜欢以团队的形式进行工作，富有合作精神和分享意识。

（4）环境因素比较固定，因为它来自团队的外部。对团队成员的培训主要由管理层提供，目的是通过提高团队机能和决策效能来提高团队的效能；管理支持主要是其他的支持，如物质和信息的提供；团队之间的沟通、合作与组织中团队之间的关系质量密切相关，组织可能是相对合作的或者是相对竞争性的。

（5）过程因素包括潜能、社会支持、工作分担和团队内部的交流与合作。潜能是指团队成员相信其能完成任务的能力，如一个足球队在比赛之前就相信能够赢下这场比赛；社会支持是指团队成员在工作中能够相互帮助、相互支持，共同完成团队任务；工作分担是指团队成员共同分担团队的工作，明确各自的责任和权限，避免团队成员无所事事，忙闲不均；团队内部的沟通与合作是指团队内部成员之间信息共享、相互合作以完成任务。过程变量主要是通过两种方式来影响团队的效能，即分别通过改善人员倾向系统和工作倾向系统来提升组织效能：一种是激励团队成员努力工作和坚持不懈，充分发挥成员的能力（潜能开发和社会支持）；另一种是直接提高工作本身的有效性，改善工作流程或工作方式（工作分担和团队沟通）。

坎皮恩和他的同事们开发了一种测量组织中团队属性的调查方法，他们也通过多种方式来衡量团队的有效性。通过检查团队的生产率和团队成员的满意度，他们发现团队的诸多特征与结果衡量是相关的，这一发现也支持了团队的设计模型。

（三）团队的 KSAs

人们预测在未来，工作将以有着灵活、机动工作的小团队来完成，在这种情况下，很难分析具体的任务以得出其所需要的 KSAs。针对这种困境，目前通用的一种解决问题的办法就是选拔具有通用特征的人，这些通用特征对很多工作都具有重大价值。针对团队的特征，研究者开发了团队的一系列 KSAs，这些 KSAs 被认为非常重要而且易于测量，甚至通过纸笔测验就能分清哪些人更适合作团队的成员。

表10-3 中展示了 14 条团队的通用技能，主要包括两类 KSAs：人际技能和自我管理技能。这两种技能又可以进一步划分：人际技能又包括解决冲突、合作解决问题、沟通能力；自我管理技能指的就是绩效管理，包括目标设定、反馈、计划和协调。团队的 KSAs 不仅可以为团队成员的招聘甄选提供选拔依据，而且也为团队的工作分析提供更多的分析因素。

表10-3　通用团队工作技能

人际 KSAs
 A. 解决冲突的 KSAs
  1. 认识和鼓励积极的冲突，但是消除消极的冲突
  2. 认识破坏团队的冲突的类型和来源并实施合适的解决策略
  3. 适用一种综合的解决方案（双赢），避免传统的解决方案（赢-输）
 B. 合作解决问题的 KSAs
  1. 确认需要团队参与问题解决的情况并利用合适的参与方式和参与程度
  2. 认识到合作团队问题解决的障碍并实施合适的纠正行动
 C. 沟通的 KSAs
  1. 理解沟通网络并利用分散的网络提高沟通的可能
  2. 开放性的和支持性的沟通，也就是传播这样的信息：a 行为或事件导向的；b 适合的；c 确认的；d 连接的；e 自有的
  3. 无评价性倾听和合适地利用积极的倾听技巧
  4. 最大限度使语言和非语言信息一致协调并能认识和解释他人的非语言性信息
  5. 参与小型的谈话、礼貌性的问候并认识到他们的重要性

自我管理 KSAs
 D. 目标设定与绩效管理 KSAs
  1. 帮助建立具体的、有挑战性的、可接受的团队目标
  2. 对整个团队绩效和团队成员绩效进行监督、考评和提供反馈
 E. 计划和任务协调 KSAs
  1. 协同团队成员之间的活动、信息和任务
  2. 帮助团队成员个体建立工作任务、安排工作角色，确保工作量合适地平衡分担

资料来源：Reprinted form Journal of Management, 20, by M. J. Stevens and M. A. Campion, *The Knowledge, skill and Ability Requirement for Teamwork: Implications for Human Resource Management*, pp. 503-530, Copyright 1994, with permission form Elsevier Science.

以上介绍了分析团队工作的三个关键要素：第一个关键要素是检测团队为了完成目标所需具备的功能，第二个关键要素是"团队的工作设计"，最后一个关键要素是团队的 KSAs。研究这三个关键要素之后，也不难发现团队工作与一般的群体/个体工作有着很大的不同，它更强调共同绩效、相互协作、沟通交流、自我管理等。对团队的工作有了深入了解之后，本书接下来介绍一种培训导向的团队工作分析技术——基于 MAP 系统的团队工作分析技术。

第二节 基于 MAP 系统进行团队工作分析

MAP（The Multiphase Analysis of Performance）系统就是一种基于团队培训内容而设计的团队工作分析方法。其基本思想是从团队的使命或目标开始，然后到人们为了达到目标所需完成的职能，再到为了完成职能所需完成的任务，一旦确定任务，就可以用来决定培训的内容。该分析系统的分析模块是基于传统的工作分析模块建立起来的，然后根据不同的团队类型（成熟/非成熟）及其培训类型（团队/个体）、培训目的（服务/产出）重新构建分析模块，是一种很有效的团队工作分析方法。

一、建立团队工作分析模块

MAP 分析系统具有四个模块，即描述因素、信息源、数据搜集方法和分析单位。这四个模块的构成因素主要来自以往的工作分析模块的提炼和总结。工作分析模块的全面清单参见表 10-4。

表 10-4 工作分析模块

描述因素（D）	数据搜集方法（C）
1. 组织哲学和结构	1. 观察
2. 许可证和其他政府制定的要求	2. 个体访谈
3. 责任	3. 小组访谈
4. 职业标准	4. 技术性会议
5. 工作环境	5. 问卷
6. 产品和服务	6. 日志
7. 机器、工具、辅助设备和器材	7. 基于设备的方法
8. 工作绩效指标	8. 记录回顾
9. 个人工作要求	9. 文献回顾
10. 基本动作	10. 研究设备设计说明
11. 工作者活动	11. 参与工作
12. 工作活动	
13. 工作者特征要求	
14. 未来变化	
15. 关键事件	

数据源（S）	分析单位（A）
1. 工作分析者	1. 职责
2. 任职者上级	2. 任务
3. 高级执行官	3. 活动
4. 任职者	4. 基本动作
5. 技术专家	5. 工作纬度

（续表）

数 据 源（S）	分 析 单 位（A）
6. 组织层培训专家 7. 客户 8. 其他组织单位 9. 书写文件（例如：记录、设备说明、档案） 10. 以前的工作分析	6. 工作者特征要求 7. 适用于工作单位的量表 8. 适用于工作者特征要求的量表 9. 定量的 VS 定性的

资料来源：Adapted from *Job Analysis: Methods, Research, and Applications for Human Resource Management In The New Millennium*, by Michael T. Brannick & Edward L. Levine, p. 23.

MAP 系统的模块只是为团队的工作分析提供了通用的分析模块，但是具体的团队工作分析还需要建立在一系列的可行要素上，这些要素的设计是依据培训类型而确定的。例如，如果对团队进行关于一个新设备使用的培训，团队成员就不是准确的工作分析信息来源，因为直到培训后才会有团队成员做过该工作。另一方面，设备的设计者或其他专家则可以作为工作分析的信息来源。

通常情况下，这些可行的要素所依据的原则由三个因素组成。第一个因素是：培训是应用于个体还是整个团队，例如，尽管飞行员是成队开展飞行任务的，但是在进行个体飞行培训中却很少或根本没有涉及其他飞行成员，有些任务需要团队成员但有些任务却是有团队的单个成员独自完成；第二个因素是：培训是主要为了人际关系的改善还是产品或服务的产出，也就是工作的技术层面；第三个因素是：团队是否成熟，即团队是否具有完成特定任务的经验。结合这三个因素可以形成关于培训的一个包含 8 个单元的表格，每一个单元都包含着由 4 个模块组成的子集，如表 10-5 所示。

表 10-5　MAP 分析模块

	个 体 培 训	
	成 熟 团 队	非 成 熟 团 队
人 际	Cell 1 D 5, 9, 12, 13, 14 S 4, 6 C 2, 3, 5 A 5, 6, 7, 8	Cell 2 D 5, 9, 12, 13 S 2, 5, 6 C 2, 3, 4 A 4, 5, 6, 7, 8
产 出	Cell 3 D 5, 7, 8, 12, 13 S 4 C 2, 3, 5 A 1, 2, 7, 8	Cell 4 D 1, 5, 7, 8, 12, 13 S 2, 5, 6 C 2, 3, 4, 7 A 1, 2, 7, 8
人 际	Cell 5 D 3, 5, 9, 12, 13, 14 S 2, 4, 5, 6 C 2, 3, 4 A 5, 6, 7, 8	Cell 6 D 3, 5, 9, 12, 13 S 2, 3, 5, 6, 9 C 2, 3, 4 A 5, 6, 7, 8

（续表）

	个 体 培 训	
	成 熟 团 队	非 成 熟 团 队
产 出	Cell 7 D 3, 5, 7, 8, 12, 13, 14 S 2, 3, 4, 6, 9 C 2, 3, 5 A 5, 6, 7, 8	Cell 8 D 1, 2, 3, 5, 7, 8, 12, 13 S 2, 3, 5, 6, 9 C 2, 3, 4 A 5, 6, 7, 8

资料来源：Adapted form *Team Task Analysis*: *A Test of the Multiphase of Performance*（*MAP*）*System*, by E. L. Levine and C. V. Baker, 1990, Contract No. DAAL03-86-D-001, Orlando, FL: Naval Training System Center. Adapted by permission of the author.

注：D = descriptor（描述因素），S = source of information（数据源），C = methods of collection（数据搜集方法），A = units of analysis（分析单位）。

表 10-5 给出了每个单元对应模块的方格表（对照着表 10-4 去看）。表 10-5 展示了每个单元所需模块信息的表格（各单元中每个字母对应表 10-4 的一个模块）。以 Cell 1 为例，代表对成熟团队中的个人进行人际关系的培训。Cell 1 列出了描述因素、信息来源、信息搜集方式和分析单位。描述因素包括团队成员生理和心理上的要求等；信息来源包括团队成员和团队的培训者；可行的信息搜集方法包括访谈和问卷；分析单位包括工作维度（如领导行为）和团队成员特征要求（如自信）。

我们前面提到了，分析要从团队的使命和目标开始，然后逐步细分直到得到培训所需要的全部信息。为了阐明如何利用 MAP 系统，我们以对某一项目团队的工作分析为例。该项目团队由 5 个人组成，主要任务是负责公司的一项新开发的服务推广。该项目团队的 5 个成员都是刚进公司，公司临时把他们从不同的部门组织在一起，负责推广公司新开发的一项服务。该团队由一名过去经验比较丰富的成员担任非正式领导（小组长），按照自己制订的计划进行工作。

该团队是非成熟团队，因为团队成员并不熟悉业务且彼此关系不熟悉；然后确定团队的培训类型是针对整个团队进行的，培训的目的是增进人际关系。因此，依据 MAP 系统的模块划分原则，该团队的工作分析模块应是 Cell 6，其所有的工作分析要素都包含在里面。

二、描述因素

我们选择的描述因素是对应表 10-4 中描述因素 3、5、9、12 和 13。清单中第一项（项目 3）是团队及团队成员的使命和责任。工作分析的首要目标就是确定团队的主要目标和使命。在本案例中，该团队使命和责任是完成服务的推广指标。使命建立后，团队成员的功能应该被揭示并以一种普通的方式描述出来，这是他们对团队完成使命的贡献。

第二项（项目 5）是工作环境。该团队的工作环境是户外的社区或学校，团队成员除了特殊的天气原因外，都要在户外进行服务的推广，发放传单、张贴宣传海报、户外咨询等。

第三项（项目9）是个人工作要求。这里的工作要求主要是指工作对个人的身体条件和心理条件的要求。比如，工作也许需要攀登，这样需要成员具有比较好的身体素质。该团队工作对个人的身体条件没有特殊要求，只要身体健康，但是要有耐心和恒心。

第四项（项目12）是工作活动。工作活动不同于个体工作者的活动，但又以个体工作者活动为基础，它比较概括，是对团队整体工作活动的描述。该团队的工作活动是发传单、张贴海报、咨询、带客户去公司、开宣讲会等。

第五项（项目13）是工作打扰特征要求，包括知识、技能、能力、态度、个性等。团队工作要求成员不但要具有相关业务方面的知识技能，还要求具备很好的沟通协调能力，即具备较好的人际关系技能。该团队对成员特征要求是具备营销知识、了解服务项目、熟悉公司业务、人际能力、协作能力等。

三、信息搜集的来源和方法

在上面介绍了分析案例团队工作所需的描述因素，接下来要确定信息的搜集来源和搜集方法。

一般来说，团队工作分析的信息来源主要是上级领导、培训专家、曾经做过类似业务的职员、客户和其他组织单位等。需要注意的是，工作分析的信息来源不仅要关注于组织内部，同时还要关注于组织外部。

此外信息搜集的方法主要包括访谈法、问卷调查法、SMEs 会议法等。通过这些方法可以用来开发任务清单。

（一）访谈法

访谈法是目前在国内企业中运用最广泛、最成熟、最有效的信息搜集方法。工作分析访谈是两个或更多的人交流某项或某系列工作信息的会谈。工作分析访谈的成果不仅仅表现在书面的信息提供上，更重要的是，通过资深职位分析师的牵引指导，协助任职者完成对职位的系统思考、总结与提炼。

（二）问卷调查法

工作分析问卷主要分为结构化问卷和非结构化问卷。结构化问卷是在相应理论模型和假设前提下，按照结构化的要求设计的相对稳定的工作分析问卷，一般采用封闭式问题，问卷遵循严格的逻辑体系，分析结果可通过对信息的统计分析加以量化，形成对工作的量化描述或评价。结构化问卷最大的优势在于问卷一般经过大量的实证检验，具有较高的信度与效度。

非结构化问卷是目前国内使用较多的工作分析问卷形式，其特点在于能对职位信息进行全面、完整的调查搜集，适用范围广泛，能根据不同的组织性质、特征进行个性化设计。与结构化的问卷相比，非结构化问卷存在精度不够、随意性强、与分析师主观因素高度相关等缺陷，但是非结构化问卷也有适应性强、灵活高效等优势。非结构化问卷不仅是一种信息搜集工具，而且包含了任职者和职位分析师信息加工过程，因而其分析过程更具互动性、分析结果更具智能性。

(三) SMEs 会议法

主题专家(Subject Matter Experts, SMEs)通常指熟悉目标职位的组织内部人和外部人,包括任职者、直接上司、曾经任职者、内部客户、其他熟悉目标职位的人以及咨询专家、外部客户、其他组织标杆职位任职者。

SMEs 会议在整个组织管理过程中,有着极其广泛的用途,如传统的德尔菲法等。具体在工作分析中,SMEs 会议也通常扮演极为重要的角色。SMEs 会议是所有与职位相关的人员集思广益的过程,在组织的内部-外部、流程的上游-下游、时间上的过去-当前-将来等多方面、多层次都达到高度的协商和统一。

四、分析单位

Levine & Bake (1990) 认为任务开发会议应该有这样的目标:开发出 12~15 个团队职能和至少 50 个个体岗位任务。岗位任务应该分级列在职能的下面。开发并组织任务之后,就要召开主题专家会议(SMEs)以开发用来成功完成每项任务的 KSAOs[①](这些步骤与 C-JAM 类似)。任务和 KSAOs 清单经修改完成后,主题专家就要对之进行定级,为特定的培训内容提供信息。

每项任务都要按照学习的难度和关键程度两个因素进行分级。这些分级可以为培训提供重要性指数。KSAOs 也应该按两个因素进行分级:第一个因素是这项特征对于团队的新成员是否必须具备;第二个因素是该 KSAO 能否把团队中优秀的成员同普通成员区分开来。

(一) 数据分析(评价)

一旦确定每个任务和 KSAOs 的等级后,每项任务和 KSAOs 的概要统计(Summary Statistics)就可以被计算出来,这些概要统计可以用来开发出真实的培训活动。在实际情况中,可以利用难以学习且关键的任务和 KSAOs 作为团队成员的培训内容。一般地,在最终决策培训什么时有很多的选择方向,但是这些决策必须考虑其他相关的约束因素,如培训计划可利用的时间和资金等。

(二) 储存和检索信息

在工作分析结束的时候,要写出一份记录工作分析过程和结果(任务清单和分级)的报告。同时需要让工作分析专家评论这项报告的准确性和完整性,如果存在相关的问题,这时就应该进行必要的修正。很多工作的工作分析非常有用,但是很难公布,因此也难以检索。为了解决这些问题,可以把这项报告放到万维网上使之更容易被找到;也可以把数据放到数据库中,这样就可检索到个体岗位或整个团队的信息。

---

① KSAOs 即岗位描述中员工的知识(Knowledge)、技能(Skill)、能力(Ability)和其他性格特点(Other Characteristics)。

本章小结

随着知识经济和组织扁平化的日益盛行,团队已经逐渐成为组织活动的重要工作方式,关于团队的研究非常之多,通过对团队基本理论以及团队工作的关键要素(功能、工作设计以及 KSAs)的学习,必须明确的是,团队不同于单个职位的工作方式。以往的职位都有明确的职责和工作内容,也相对固定,每一人在固定的职位上各司其职,承担着各自的责任,因此对于职位的工作分析技术方法很多,运用也比较成熟。但是,团队与职位最大的不同就是,团队强调共享、合作、互动与协调,团队单个成员的职责难以确定,因此,传统意义上的工作分析对于团队来说难以发挥其应有的作用。

基于这个问题,MAP 系统应运而生,它是一种基于团队培训而设计的团队工作分析方法。其基本思想是从团队的使命或目标开始,然后到人们为了达到目标所需完成的职能,再到为了完成职能所需完成的任务,一旦确定任务,就可以用来决定培训的内容。该分析系统的分析模块是基于传统的工作分析模块建立起来的,然后根据不同的团队类型及其培训类型、培训目的来重新构建分析模块,是一种很有效的团队工作分析方法。

MAP 分析系统的运作具有四个模块,或者可以说是四个步骤,即:描述因素、信息源、数据搜集方法和分析单位。描述因素主要是确定团队的使命和目标以及团队的其他重要因素;在此基础上,通过个体访谈、小组访谈、技术性会议等方式向任职者、任职者上级、专家等搜集团队相关信息、制定团队任务清单以及团队 KSAs;最后通过单位分析,评价团队任务清单和 KSAs 的有效性和准确性。总体而言,MAP 系统实现了三个转变:职位分析转向角色分析、角色内分析转向角色间分析、个人任职资格分析转向团队素质结构分析。

团队工作模式下角色模型的构建初探

一、角色说明书的出现

随着组织面临内外部环境的剧烈变化,组织结构、工作模式、工作性质和工作对员工的要求等都随之发生了巨大的变化。传统的工作分析模式越来越不能适应新形势的需要。企业管理者经常面临这样的管理困惑:一方面工作说明书越来越厚,工作职责规定得越来越清晰;而另一方面工作环境的不断变化,新的职责不断出现,岗位说明书既无法穷尽所有职责,也往往不能分清将该职责落实到哪个岗位、哪个人,于是新的职责往往成为无人管理的真空地带,到最后,花费大力气撰写的工作说明书最终被束之高阁。

基于上述原因，西方的人力资源工作者提出，应当以角色（作用）分析来代替传统的针对岗位的工作分析，提倡抛弃传统的职位说明书，代之以角色说明书，提倡在进行工作分析和编写说明书的时候，将重点放在角色（作用）上，更加强调结果而非过程。这种从关注"岗位"转变到关注"工作作用"的趋势更加适合研发团队、高层管理团队、销售团队、咨询团队等这种对以团队工作模式而非以个人为基础开展工作的组织。角色说明书与传统的岗位说明书的区别，如表1所示。

表1　岗位说明书和角色说明书的对比

	岗位说明书	角色说明书
内容	主要对岗位职责的具体说明	对职位员工所扮演角色的说明
侧重点	工作的过程	工作的效果
特点	静态	动态调整
构建方式	工作分析	角色分析
构建基础	职责	角色责任
适应环境	静态环境和单一任务	变化的环境和任务
适应类型	适合所有类型的工作	适合项目制和高管团队

二、角色模型

角色说明书的构建基础来源于角色模型。角色模型是指以团队内各角色的工作流程和职责为基础，通过角色的分析，动态地描述和说明一个人作为团队成员所应发挥的作用、所应承担的角色责任和应产出的工作效果。角色说明书可以用于对工作的指导，也可以用来判断产品、服务和工作方式的改变及其对团队成员的不同要求。

（一）核心领导团队的角色模型

角色模型可以应用到核心领导团队的构建中。现有管理理论更多地将眼光局限在诸如营销、财务、人力资源这些更为专业的领域，而实际上，从角色分工和统一的角度，可以将管理理解为企业在不同阶段发展的过程中，按照一定的顺序协调发展出合理的管理角色。因此，管理也是对各种角色的动态管理。

由于现实的复杂性，核心领导团队的角色搭配的标准是什么、缺少哪些角色、什么样的角色是适合目前的、什么是适合未来的等一系列问题都难以找到统一的标准以资借鉴。现实中的领导者更多的是不断尝试各种角色，尝试采取换位思考和职位的轮换模式，不断磨合，通过摸索找到一条合适的方式，追求一种动态的平衡。

（二）基于团队运作成功因素的角色模型构建

角色模型也可以具体应用到研发团队、销售团队、咨询团队等此类项目制团队的构建中。与岗位说明书不同，角色模型的构建来源于项目制工作的特点对内部运营的要求，其要求不仅仅是在岗员工必须实现的最终结果和职责的履行，而更加强调针对单一项目的效果。通过进行一种衍生，角色模型还可以在整个企业的中基层运用。

三、从角色模型到人力资源管理体系

在角色模型的指导下,我们来构建一套人力资源管理体系,其步骤如下。

步骤一:分析团队工作的关键成功因素。

"角色模型"中各指标中的具体内容来源于对部门/团队工作的关键成功要素的理解和进一步的分解,为了在组织层面确保项目的成功,角色模型的内容必须与部门/团队工作的成功因素保持一致。这样通过对部门/团队工作关键成功因素的战略性分析,层层分解到与岗位所扮演的角色挂钩,使得角色模型中的指标能衡量职位对企业关键成功要素的贡献程度和重要性(如,成本领先是企业关键成功要素之一,则对应的角色模型指标即对成本的责任)。

步骤二:运用平衡积分卡描述角色模型。

运用平衡积分卡,结合关键成功因素所确定的一套全面的衡量指标,从四个方面进一步规范化描述职位的角色和定位,在明确职责的基础上,描述清楚不同岗位所侧重实现的角色和要达到的目的(见图1)。

为公司确定主要指标

外部环境

	财务	市场
	• 成本责任	• 客户满意度
短期目标	……	…… 长期目标
	组织/流程	员工
	• 从事的工作,所需解决问题的复杂性	• 人员管理
	……	• 员工学习能力
		……

内部环境

- 以"综合评分卡"为基础确立一套全面的衡量指标,对每一个职位进行描述
- 确定的指标须与企业发展目标一致

图1 角色模型

步骤三:撰写角色说明书。

通过角色模型的构建,可以结合职责的梳理,最终撰写出角色说明书,如表2所示。

表2 角色说明书

财务	• 对销售收入的影响和贡献 • 对媒体内容的影响和贡献 • 对成本的责任 • 对股东满意度的影响	内部运营	• 对业务流程的共享
市场	• 与外部建立长期的良好关系的作用 • 对媒体产品吸引力的贡献 • 对市场认知度的影响	员工	• 与员工满意度的共享

四、角色模型在人力资源管理体系中的应用

（一）从角色模型构建技能模型

角色模型是技能模型的构建基础。通过角色模型中的不同维度能够对应总结出相关的技能。可以先按照头脑风暴法找出所有的技能能力，再对必要的技能进行重新组合、精简，从而确定团队工作总的技能需求，如表3所示。而通过团队工作关键成功业绩总结出来的角色模型为企业构建不同岗位的技能模型奠定了基础，也为后期的招聘、培训和员工发展提供了客观的依据。其操作模式类似于素质模型的构建在企业中的运用，但其侧重点有所不同。基于角色模型的技能培训使用范围更加广，效果更加明显，因为素质往往很难改变，但技能则可很快提高。

表3　角色模型-技能能力关系表

角色模型		所需技能	
财务	对销售收入的影响和贡献	• 以客户为导向的思维、行动技能 • 交流技能 • 客户管理技能	• 对市场的专业知识 • 信息获得和搜集技能 • 解决问题的技能
	对媒体内容的影响和贡献	• 对市场的认识 • 专业技能	• 信息获得和搜集技能 • 沟通表达技能
	对成本的责任	• 计划技能 • 控制技能	
	对股东满意度的影响	• 战略思维技能 • 沟通和表达技能	• 解决问题的技能
市场	与外部建立长期的良好关系的作用	• 人际关系技能 • 交流技能	• 社会关系建立和维护技能 • 理解技能
	对媒体产品吸引力的贡献	• 创新能力 • 战略思维能力	• 前瞻能力
	对市场认知度的影响	• 对市场的专有知识 • 敏锐把握市场和商业机会的技能	

（二）基于角色的评估

与岗位评估工具类似，可以按照类似的原理，在角色模型构建的指标基础上，通过分析项目的工作性质和组织方式等，总结出一套指标，构建对角色及其重要程度的相关评分体系，进而判断出不同角色在不同项目中的相对重要性和位置。当然，这种评价对方法的科学性提出了更高的要求。角色来源于指标，指标打分的高低区分了角色的重要性。

这样，同样职位负责类似职责的人，完全可能因为项目的不同，所扮演的角色和地位完全不同。例如，对于工程施工类的大型项目，有些对安全性要求不高，安全员只是扮演一种安全规范的指导作用，而可能对高难度的施工中，其扮演的则可能是对项目一票否决的角色。

（三）角色模型可以被用来设计薪酬体系和不同项目中的员工工资

通过对不同项目中职位角色的打分，判定出不同项目类型中不同职位的相对重要程度，克服了目前不同类型的项目，同一个人所负职责一样，扮演的角色不一样，却拿一样

的薪酬、遵守同一薪酬体系的弊端。进而，针对不同项目给予扮演不同角色的位置以不同的薪酬等级，保证了薪酬的对内公平性，是对传统基于岗位的薪酬体系和基于能力的薪酬体系的一种完善。

角色模型的构建目前在企业中的实践还不是很多，其范围也更加局限在职责和岗位变化比较大的相关岗位，如项目制的团队中，可以实现薪酬的浮动变化，体现了更强的针对性激励的特点，也能实现项目成功关键因素的有效对接，保证项目的成功。随着环境对组织要求越来越高，相信在不久的将来，角色模型和角色说明书会逐渐取代目前的岗位说明书，甚至成为构建新的人力资源管理体系的重要基础。

资料来源：《团队工作模式下角色模型的构建初探》，正略钧策管理咨询，倪龙腾、程功，2008 年，http://www.vsharing.com/k/HR/2008-2/609570.html。

思考题

1. 为什么传统的工作分析方法不适用团队的工作分析？
2. 团队与工作群体、团队与单个职位的区别是什么？
3. 团队工作的关键要素有哪三个？其主要内容是什么？
4. MAP 分析系统的核心思想和操作流程是什么？
5. MAP 分析系统与传统的工作分析方法最大的不同之处在哪里？

课后练习

一、名词解释

团队　网络团队　MAP 系统　团队的 KSAs

二、单项选择题

1. MAP 系统基于（　　）而设计。
   A. 团队培训内容　　　　　　　　B. 团队的目标
   C. 团队的类型　　　　　　　　　D. 团队的绩效
2. 在由群体向团队过渡的过程中，哪个阶段绩效水平下降？（　　）
   A. 由群体发展到伪团队　　　　　B. 伪团队发展到潜在团队
   C. 潜在团队发展到真正团队　　　D. 真正团队发展到高效团队
3. （　　）是根据团队存在的目的和拥有自主权大小进行划分的。
   A. 项目团队　　　　　　　　　　B. 工作或服务团队
   C. 自我管理团队　　　　　　　　D. 网络团队

4. 对团队成员的培训主要由（　　）提供。
   A. 基层员工　　　B. 管理层　　　C. 业务专家　　　D. 工作分析人员
5. （　　）是指团队成员喜欢以团队的形式进行工作，富有合作精神和分享意识。
   A. 团队分工　　　B. 团队组织　　　C. 团队合作　　　D. 团队偏爱

三、多项选择题

1. 一个团队至少具有的属性有（　　）。
   A. 多人组成　　　　　　　　B. 在一个组织
   C. 有共同的目标　　　　　　D. 工作相互关联
   E. 有相同的绩效标准
2. 团队的类型有（　　）。
   A. 问题解决型团队　　　　　B. 跨部门团队
   C. 项目团队　　　　　　　　D. 网络团队
   E. 自我管理型团队
3. 团队的功能不包括（　　）。
   A. 导向功能　　　B. 社交功能　　　C. 调节功能　　　D. 协同功能
   E. 培训功能
4. MAP 的模块包括（　　）。
   A. 描述因素　　　B. 信息源　　　C. 数据搜集方法　　　D. 分析单位
   E. 团队类型
5. 团队工作分析的信息来源主要有（　　）。
   A. 上级领导　　　B. 培训专家　　　C. 客户　　　D. 其他组织单位
   E. 其他做过类似业务的职员

四、判断题

1. 团队的绩效水平等于单个团队成员绩效的平均值。　　　　　　　　　　（　　）
2. 团队工作设计主要包括自我管理、参与、任务多样性、任务重要性和任务完整性。
   　　　　　　　　　　　　　　　　　　　　　　　　　　　　　　　　（　　）
3. 团队工作分析要从团队中每个具体的人入手。　　　　　　　　　　　　（　　）
4. 主题专家会议是仅指专家进行集思广益的过程。　　　　　　　　　　　（　　）
5. 团队中单个成员的职责难以确定，因此需要进入 MAP 系统进行分析。　（　　）

五、简答题

1. 简述群体向团队过渡的阶段及特征。
2. MAP 系统的基本思想是什么？

第十一章　整合的工作分析方法

工作导向的工作分析方法（如 FJA、TIA、CIT），是从工作入手，分析任务、工具、机器和工作环境，根据这些信息来得出对工作者的要求。人员导向的工作分析方法（如 PAQ、JEM、MPDQ）则是从胜任工作的员工入手，分析这些员工所具备的素质，从而推广得出该工作对任职者的要求。这两类工作分析方法，在很长的时间里，满足了企业对工作分析的要求。但随着社会和组织环境的不断发展，工作性质和法律规范都发生了变化，这给传统的工作分析带来了重大挑战。新的工作分析方法不仅要适应不断变化的竞争环境和技术进步所带来的新需求，同时要满足法律规范变化对新的工作分析信度和效度的要求。基于此，我们在本章中向大家介绍两种新的工作分析方法：整合性工作分析法（Combination Job Analysis Method，C-JAM）和多元工作设计问卷（Multimethod Job Design Questionnaire，MJDQ）。C-JAM 同时从工作和人员两个方面入手分析，得出任务清单和胜任人员特征，为工作分析提供了相对完整的信息。MJDQ 则为分析及改进现有工作提供了思路和方法。下面我们分别介绍这两种方法。

第一节　整合性工作分析法（C-JAM）

整合性工作分析法（Combination Job Analysis Method，C-JAM），是由莱文（Levine）在 1983 年所提出，该方法从工作和人两个角度来分析，既包含工作内容和工作方法，也包含任职者的相关资格要求，通过几个简单易懂的维度来明确完成工作最需要的任务要素和人员特征。整合性工作分析法，作为一种新兴的工作分析方法，不仅对任务描述得更加准确，而且对任务重要性进行了评定，对完成工作所需的知识、技能、能力和其他要素也进行了定义及重要性评价。

下面，我们依照整合性工作分析法的实施流程操作方法来作具体介绍。

一、工作内容分析

（一）任务描述（Task Statement）

总体来说，任务（Task）是指为了达到某种目的而进行的一系列工作要素，是工作分析的基本单位。

任务描述应包括以下内容：

（1）任务主体，即完成任务的人。明确任务主体是工人、一般员工还是管理者。

（2）任务活动。任务活动包括两部分内容：① 与任务有关的活动信息，如清洁、销售、讲授或绘画等。② 任务主体应如何完成、为什么完成以及何时完成每一项任务。

（3）任务对象，可以是数据、人、机器设备或者工具等。

（4）任务目的。

有时，任务描述可以很简短。例如，对工作分析成果文件的使用者来说，如果某项工作的目的显而易见或者众所周知，那么此项工作目的就可以省略。又如，我们从表述任务活动的动词中很容易就能明确使用的工具，那么任务对象也可以略去不写。下面我们给出一些任务描述的例子，如表 11-1 所示。

表 11-1 任 务 描 述

人员测评专家	● 针对具体工作，设计多选试卷来评价应聘者
	● 问答应聘者的问题，为应聘者提供信息。
绩效主管	● 制定、修改绩效考核制度
	● 监督、执行绩效考核制度
会计部经理	● 制定并监督会计制度的实施
	● 审核公司主要经济指标月报表

总体来说，每一项工作最终的任务清单里至少应有 30 项任务要素。多于 100 项时，合并相似的任务要素，将总量控制在 100 项以内。

（二）任务讨论

在明确了任务的定义之后，我们要召开任务讨论会，通过任务讨论会得出任务清单。任务清单是我们工作分析的成果文件之一。

参加任务讨论会的人员除了工作分析专家以外，还应包括 5~7 个工人和 2~3 个直线管理人员。会议地点应该远离工作场所同时方便会面，如果条件允许也可以借助电脑召开网络会议。会议的地点和媒介可以有多种选择，但是一定要有利于与会人员全心投入。参加任务讨论会的专家不仅应该有很强的分析能力，而且要有很好的口头交流和书面表达能力。如果条件允许，应尽量包括不同背景的工作分析专家，并且兼顾一定的男女比例。不同专家的意见能够为我们提供更加全面的工作相关信息，任务讨论会的目的就是要通过分析和讨论得出任务清单。

会议第一阶段要完成对工作环境的评价。工作环境的信息包括工作的物理环境（如高温、嘈杂、严寒等）、工作时间表以及组织和社会的环境，例如，员工通常需要接触的人员数量。

完成对工作环境的评价后，进入会议的第二阶段。首先，分发给所有与会成员一份有关任务描述的指导性文件，文件内容包括对任务的定义以及任务描述的例子。之后，每个与会成员要在一个小时之内独立得出一个至少 50 项任务的清单，并在各自的任务清单上署名。个人分析结束后，复印全部任务清单分发给所有的与会人员。

在第三阶段中，每个与会成员要根据所有的任务清单，进行增添、删减和修改，独立得出一份相对全面的任务清单。在这个过程中，对于某些不确定的任务，可以展开小组讨论，直至意见统一。这一部分结束后，由会议主持收回所有清单，至此，会议部分告一段落。

下一步的工作由会议主持负责。他需要仔细阅读收回的所有任务清单，进行增添、删减或修改，最后得出一个包含 30~100 个任务的工作清单草稿，并按照职责将任务分成 5~12 类。这个分类过程可以借助表格或利用电脑来完成。对于不确定的任务要素，可以与直线管理者或者任职者讨论决定。

如果不能有效地组织任务讨论会，我们还可以通过一系列单独访谈来得出任务清单。访谈对象包括员工代表和直线管理者。员工代表最好来自不同的工作地点且具有不同背景。有些员工的工作任务可能与之前的任务分类不同，这些员工也应该纳入访谈范围。

访谈员工的数量受到很多因素的影响，如任职者的数量、工作场所的数量等。通常情况下，访谈人员至少应该包括 6 名员工和 2 名直线管理者。此外，如果不同员工间新增任务不多，就不需要增加访谈人数。

访谈开始时，要向访谈对象简要介绍访谈的目的，如果访谈对象是任职者，在访谈过程中就应该让任职者回忆他最近的完整工作日（比如，昨天），描述那天从上班到下班他做了什么。在描述过程中，如果任务不是很清晰，访谈者应该再多问些问题以便获得更多的任务信息。这一段描述结束后，再让访谈对象回忆还有哪些任务，虽然在近期的工作日中没有做过，但是一年内某个特定的时间段里会做。相比之下，对于直线管理者，要让他们对其直接下属典型的一天的工作进行描述，并对特定时间内的工作任务进行补充。

所有访谈结束后，访谈者要复查所有笔录，列出一个任务清单草稿，清单中包含 30~100 个任务，并按照职责分成 5~12 类。同样，这个分类过程可以借助表格或利用电脑来完成。小组会议及访谈的成果就是这张按职责分类的任务清单。

（三）任务评价

在这一步骤中，5~7 个工作分析专家组成工作小组（这些专家基本上与上一次会议中的专家相同）进行任务评价。会议地点同样应选择远离工作场所且方便会面的地方。条件允许的话，也可以召开网络会议。

会议开始时，主持人要阐明会议目标，并分发任务清单草稿，由每位工作分析专家独立阅读以确定任务是否需要合并或分解。对于任务清单中的每一项任务都要依次进行讨论。现有任务讨论完后，再讨论有无必要添加新的任务条目。最后，要回顾整张任务清单，确定分类职责是否合适。

任务清单确定后，进入会议的第二阶段。在这一阶段，专家组要对所有任务进行排序。排序工作既可以借助电子表格，也可以使用纸张，在纸张上写明每个任务清单的编号。C-JAM 从"任务难度"和"关键度"两个维度对任务进行评价，其定义和等级如下。

(1) 任务难度：与完成其他任务相比，完成某项任务的难度。

1 = 最简单的任务之一

2 = 比大多数任务简单

3 = 任务难度适中

4 = 比大多数任务难

5 = 最难的任务之一

(2) 关键或不良工作产出带来的影响：错误工作行为可能导致的负面影响的严重程度。

1 = 几乎没有影响

2 = 有一定的负面影响

3 = 后果比较严重

4 = 后果严重

5 = 后果很严重

对任务的评价要着眼于整个工作，而不是某个人或某个职位。与会成员要依据以上两个维度对任务进行评价。

（四）任务重要性分析

主持人接下来要评估每一项任务的重要性。任务的重要性是任务难度和关键程度的简单加和，即：

$$任务重要性系数 = 任务难度系数 + 任务关键度系数$$

与会成员要依次评价每一项任务的重要性，某项任务重要性的平均值要根据所有与会成员的评分得出。任务重要性系数的可能范围是从 2 到 10。这份任务清单同样要按照职责进行分类，包括最重要的和最不重要的工作任务，并附上每项工作的重要性系数。这份任务清单是此阶段分析工作的最终成果。为了保证报告的完整性，任务清单中还应包含有关分析者的任职资格信息，他们的种族、性别、教育程度、工作经验等。表 11-2 是一份简单的任务清单。

表 11-2 文秘的简单任务清单

任 务	任务难度系数	任务关键度系数	重要性系数
会务管理			
发放会议通知单	3.5	3.7	7.2
做好会议签到工作	3.0	3.3	6.3
做好会议记录	4.5	4.5	9.0
文件管理			
制定文件收发、文件借阅和清退等规定并监督执行	2.2	3.3	5.3
负责外来文件的收发、呈阅、传递、编号、送批等工作	3.5	3.8	7.3

二、人员特征分析

(一) 员工的 KSAOs 要素

员工的 KSAOs 要素是指一个人为了完成某项特定的任务所必须具备的知识（Knowledge）、技术（Skills）、能力（Abilities）和其他要素（Other Characteristics）。知识是指完成某项任务所需要对具体信息、专业知识和岗位知识的掌握程度。技能是指完成任务所需要对机器、工具、设备的熟练程度，包括实际的工作技巧和经验。能力是指在工具、设备和机器不是完成工作的主体时，完成工作对员工身体和心理素质的要求，如空间感、反应速度、耐久力、逻辑思维能力、学习能力、观察能力等。其他要素则是指出色完成某一工作所需要的其他个性特征，如兴趣、价值观、气质和个性特点等，这些特征表明员工适合做什么，而不是员工可以做什么。

下面，我们给出一个简要的 KSAOs 的例子，例子内容与本章之前任务描述的例子内容相呼应（见表 11-3）。

表 11-3　员工的 KSAOs 要素

人员测评专家	• 掌握有关试卷结构的相关原则的知识
	• 熟练使用各种素质测评工具
	• 通过沟通化解应试者困惑和愤怒的能力
绩效主管	• 掌握人力资源管理、劳动经济学、劳动心理学的相关知识
	• 熟悉国家人力资源的法律法规
	• 熟悉各种绩效评价方法，熟练使用绩效考核工具
	• 人际沟通能力、协调能力、团队合作意识
会计部经理	• 掌握会计、财务、审计的相关知识
	• 精通国家财税法律规范，财务核算、分析、预测和管理等财务制度
	• 熟练运用财务软件
	• 良好的口头和书面表达能力

(二) KSAOs 小组会议

所有的人员特征都要由专家组召开 KSAOs 会议来拟定并进行评价。KSAOs 会议的与会成员与任务讨论会的成员可以是同一组人，也可以是有相同资历的另一组人。在这个会议中，培训人员和直线管理者的数量要多一些，因为他们比任职者更了解成功完成工作需要具备怎样的特征。KSAOs 小组会议需要一整天的时间，分为两阶段：第一阶段讨论得出 KSAOs 要素，第二阶段从多个维度对 KSAOs 要素进行评价。

1. 第一阶段会议

首先，主持人要向大家阐明会议目的，并将任务分析会的工作成果——任务清单分发给所有与会成员，每个成员都要详细阅读任务清单。阅读完后，主持人要向所有成员确认清单中的任务是否完整和准确、分类是否合理、任务重要性系数与他们的预期是否有出入。如有不妥，则进行讨论并修订。

然后，主持人分发给每位组员一份指导性文件，内容包括 KSAOs 要素的定义及示例。主持人要确定每个与会成员都掌握了要素的定义，并且能够独立对人员特征进行分类；此外，值得注意的是，对于某些特征要根据具体情况决定其分类，比如，"弹性"可以归入"其他"要素，但"弹性"又可以被写成"改变个人行为以应对不可预见的问题的能力"，那"弹性"又可以归入"能力"要素。

接下来，与会成员要从整个工作着眼，明确完成某项工作所需的基本的感官和身体要求。例如，与会成员不仅要考虑完成工作所需的视觉、听觉、嗅觉、触觉，如果可以的话，味觉也应该纳入考虑范围之内；同时还要考虑工作对力量的要求，如托举、搬运等需要的力量；还有工作内容对工作者的要求，如工作是否需要攀登、步行或者肢体灵活性。这里需要注意的是，考虑员工要素时不要想当然，不必要的条件就不要考虑，尤其是感官和运动能力的要求。例如，在对"彩照精加工"这一工作进行工作分析的时候，我们会想当然地认为对工作者的视觉要求是必需的。然而，研究表明，色盲也可以出色完成工作。实际上应要求的是员工校准机器的能力。只要在精加工之前或过程中能校准机器，那色彩就是正确的，对任职者的视觉并没有要求。

考虑完工作对感官和身体的要求，下面要依次考虑每个职责，每次讨论一个职责，然后确定完成该职责下的任务要素所需要的全部 KSAOs。若任务的总量不多，可以依次考虑完成每个任务所需要的 KSAOs 要素。KSAOs 会议的目标是要明确 30~100 个 KSAOs 要素，最低不可少于 30 个。会议记录员要把讨论所得的所有要素按照任务或职责分类列清。所有与会成员都要共同参与这个过程，这是非常重要的。例如，主持人可以把每一个 KSAOs 要素都列在白板上，这样可以帮助大家回忆起每个要素。整个会议过程的关键在于每个组员都能够兼顾所有的 KSAOs 要素。讨论完所有任务后，如果没有新任务出现，这个阶段的回忆就可以结束了。会议结束后，会议记录员要复印会议得出的 KSAOs 要素清单，在下阶段会议开始时分发给所有与会成员。

2. 第二阶段会议

会议开始时就为每位与会成员分发 KSAOs 要素清单，清单上要包括所有评价维度的名称及定义。每位成员都要审核清单的措辞并讨论所有需要修改的地方。修正确定后，主持人向所有与会成员解释说明各评价维度。

评价维度如下：

- 必要性——对新雇佣的员工，KSAOs 是否是非常必要的（是或不是）？
- 实际性——在劳动力市场上，KSAOs 是否可获得（是或不是）？
- 关键度——如果在甄选中忽视 KSAOs 要素，后果的严重程度怎样（与其他 KSAOs 要素相比）？

　　1＝非常小或没有影响

　　2＝有一定影响

3 = 有很大影响

4 = 有非常大的影响

5 = 有极大的影响

- 区分度——不同水平的 KSAOs 要素能在多大程度上区分优秀员工和普通员工（与其他 KSAOs 要素相比）？

    1 = 非常小或不能区分

    2 = 有一定程度的区分度

    3 = 能在很大程度上区分

    4 = 能明显的区分

    5 = 有极其明显的区分度

会议主持人要从 KSAOs 要素清单中挑出两个要素来演示整个过程。首先，对每个 KSAOs 要素在所有维度下的等级进行讨论并达成共识。然后，按照以上四个维度评价每个 KSAOs 要素。如果可能的话，在一个时间段只评价一个维度。在这一阶段的会议中，每位成员要独立评价每一要素，对于存在争议的问题要共同讨论。讨论结束后，形成如表 11-4 所示的 KSAOs 评价表格。同样，表格上应附有所有与会成员的教育经历和经验信息。

表 11-4　KSAOs 评价表格

KSAOs	必要性	实际性	关键度	区分度
1.（要素名）	是　否	是　否	1　2　3　4　5	1　2　3　4　5
2.	是　否	是　否	1　2　3　4　5	1　2　3　4　5
3.	是　否	是　否	1　2　3　4　5	1　2　3　4　5
4.	是　否	是　否	1　2　3　4　5	1　2　3　4　5

资料来源：《你想知道的一切有关工作分析的事》，E. L. Levine，1983，Tampa，FL：Mariner. 经作者同意后转载。

（三）KSAOs 要素分析

要素的分析并不复杂，就是要对上一部分各与会成员的分析结果进行整合。对于每一个用"是/否"回答的问题，清点回答"是"或"否"的专家人数。对于"关键度"和"区分度"两个维度，则计算所有专家评价的平均值。KSAOs 会议的最终成果是一个完整的要素清单，既包括 KSAOs 要素，也包括各要素的评价等级。得出 KSAOs 要素清单后，与会成员要再次确认清单内容完整并且要素的评价结果大体合理。

（四）分析结果的运用

至此，分析工作已经完成，下面更重要的是对分析结果的运用。C-JAM 的成果文件主要运用于人员甄选和培训。下面我们简单地概括 C-JAM 方法在这两个方面的应用。KSAOs 的分析结果为员工甄选和培训提供了关键信息，并说明某个 KSAOs 要素是否将会用于甄选和培训，以及怎样运用。

1. 甄选

每个用于甄选的要素都要符合三个标准：① 绝大多数与会成员都认同此项要素对新雇佣的员工是必要的；② 绝大多数与会成员都认同符合该要素的人在劳动力市场上能够获得；③ "关键度"维度的平均评分大于等于 1.5。只要任何一条不满足，该项 KSAOs 要素都不能用于甄选。

如果某项要素在"是/否"项上"是"和"否"的比例是 3 3，实际上，这样的结果就说明不是绝大多数专家认同，即没有达到"绝大多数专家认同"这一条件，因此这一 KSAOs 要素就不能用于甄选。假如某项 KSAOs 要素符合以上三个条件，此要素就可以用于员工甄选。再看该要素在"区分度"上的得分，如果大于或等于 1.5，该要素就可用于对员工进行分级，从最不熟练到最熟练。如果该要素在"区分度"上的得分低于 1.5，该要素就只能作为判断员工是否合格的标准。下面我们用一个具体的例子来帮助大家理解工作分析结果在人员甄选中的运用。

我们假设已有 3 个 KSAOs 要素可用于招聘专员的甄选测试：① 读写能力；② 试卷开发能力；③ 处理应聘者困惑和不满的沟通能力。下面我们用 KSAOs 要素评价表格对这 3 个要素进行说明（见表 11-5）：

表 11-5　KSAOs 要素评价表（示例）

KSAOs	必要性	实际性	关键度	区分度
① 读写能力	是	是	2.0	1.4
② 试卷开发能力	是	是	5.0	5.0
③ 处理应聘者困惑和不满的沟通能力	是	是	3.0	5.0

通过表 11-5，我们可以得出，①读写能力应该用于判断应聘者是否合格，②和③可作为评价要素对应聘者进行评价分级。

该项工作分析中有一项不用专门测试，即如果应聘者可以完成工作申请表格，就表明该名申请者具有读写能力。完成工作申请表格的申请者进入测试阶段，测试包括笔试和面试。通过笔试来测评员工的专业知识，通过面试来测评员工的沟通能力。在整个考试过程中，笔试和面试分占的比重可由 KSAOs 要素的评分来确定，即应聘者测评内容包括要素②和要素③，②项得分是 25（关键度×区分度＝5×5），③项 15 分（关键度×区分度＝3×5），两项总分是 40，则笔试所占比重就是 25/40，即 62.5%，面试占 15/40，即 37.5%。同样，对于整个测评中不同部分的重要性，也可以根据需要测评的 KSAOs 要素的重要性来评价。这个方法也有助于我们了解怎样设计试卷、面试和其他隐性测试。

2. 培训

要决定某个 KSAOs 要素能否用于培训，要看该要素在"必要性"和"区分度"两个维度上的评价结果。如果绝大多数与会成员认为该要素对新员工来说并非必要，且"区分度"得分高于 1.5，那么该项要素就可以用于培训，其对培训的重要性可以由"区分度"的等级决定。另外值得一提的是，如果计划用于培训的 KSAOs 要素在劳动力市场可以获得，则只需要对未达到理想工作绩效的员工进行此项要素的培训。反之，如果该项要素不能在劳动力市场获得，那么所有的员工都要接受该要素的培训。

在这里，我们没有讨论另一个用于培训和甄选的工作分析结果——任务清单。这是因为人员特征在培训和甄选中是最重要的，任务则相对次要。当然我们并不是说任务清单没有用处，在甄选方面，任务清单对工作样板设计非常重要。

在培训方面，与用于培训的 KSAOs 要素相关的任务条目可作为培训的基本内容，或者直接根据这些任务的重要性来设计培训内容。

三、C-JAM 小结

C-JAM 中两个重要概念是：任务和 KSAOs 要素。在这个方法中，由工作分析专家组（由在职者和直线管理者组成）来搜集信息，他们关注的是工作整体，而不是单个的职位。通过这个方法，我们得出了任务清单和 KSAOs 要素。对这些要素的评价方法和结果也可以用于甄选和培训。

第二节 多元工作设计问卷

一般情况下，工作分析是为达到人岗匹配而对职位进行的信息搜集及任职资格描述。我们所强调的还仅仅是了解工作是怎样做的、是以一种什么样的方式做的以及为了做这些工作需要达到怎样的技能要求。但有时候工作单位还不存在，需要从头开始设计；有时候，某个已有工作单位中的工作负担增加，或者是工作负担没有变化但工作人员减少。在所有这些情况下，管理者都会决定改变工作方式，从而使该工作能够更加有效且效率更高地完成，而这就要求对现有的工作进行再设计。

Campion 和 Thayer 通过对工作设计相关文献的回顾，开发出一套多元工作设计问卷（Multimethod Job Design Questionnair，MJDQ）。该问卷包含四个类型的工作特征：动机、机械、生理和知觉运动。每一类工作特征都会有不同的工作产出，都有自己的成本收益，没有哪一个方面是最好的，大多数情况下，我们需要平衡这些特征。

一、多元工作设计问卷的结构

多元工作设计问卷包括四个类型的内容：动机型、机械型、生理型、知觉运动型，每个类型都要考虑不同的要素。下面我们依次介绍各类型的具体内容和利弊。

（一）动机型工作特征

1. 内容

动机型工作特征的理论基础是组织心理学。动机要素的基本含义是：人们想要做有意义的工作。当人们觉得他们的工作很重要，工作可以给他们发展空间和锻炼机会时，人们就会觉得工作是有意义的。因此，工作应该包括多元化的技能，要让任职者有责任感，要让他们对工作结果负责。动机型所包含的工作要素内容见表 11-6。

表 11-6　MJDQ 中动机型工作特征描述

1. 自主性：在工作计划、顺序、方法、流程、质量控制或者其他决定中，员工是否自由、独立，或者有酌情决定权？
2. 内部工作反馈：工作活动本身能够提供有关工作绩效的有效性（用质量和数量说明）的直接而清晰的信息吗？
3. 外部工作反馈：组织中的其他人（如管理者和同事）能够提供有关工作绩效的有效性（用质量和数量来衡量）方面的信息吗？
4. 社会互动：这项工作提供了积极的社会互动（如团队工作或者同事协助）吗？
5. 任务/目标清晰度：工作的责任、要求、目标是否清晰明确？
6. 任务多样性：工作的责任、任务和活动具有多样性吗？
7. 任务一致性：工作要求完成一项具有一定整体性和具有可辨识性的工作了吗？任职者是否有机会从头到尾完成整个工作？
8. 能力/技术水平要求：工作是否需要高水平的知识、技术、能力？
9. 能力/技术多样性：工作是否需要不同的知识、技能和能力？
10. 任务重要性：与组织内其他工作相比该项工作是否重要且有意义？
11. 成长/学习：工作是否提供学习以及在能力和熟练程度方面成长的机会？
12. 晋升：有没有晋升的机会？
13. 成就：工作有没有给员工完成任务的成就感？
14. 参与：工作有没有给员工参与工作相关决策的机会？
15. 沟通：工作有没有提供相关的沟通渠道和信息获得渠道？
16. 报酬合理性：综合考虑工作要求和相似工作的报酬，该项工作的报酬是否合理？
17. 认可：做这项工作能不能获得其他人的认可？
18. 工作安全性：这项工作的任职者有没有很高的安全保障？

2. 动机型工作特征的利弊

动机型工作特征的好处是可以获得更高的工作满意度，使工作更具激励性，员工的参与度更高、工作缺席率更低、工作绩效更好。而提高工作动机性的负面影响是：胜任动机性高的工作需要更长的培训时间，对工作者的心理要求也更高；另外，在一个动机性高的环境中，员工要承受更大的心理压力，由于心理负担过重，犯错率也会随之提高。

许多管理工作和专业性强的工作都具有明显的动机特征，这些工作报酬丰厚，激励性强，工作满意度高。因为需要很高的专业技能，所以许多工艺性和技术性的工作动机特征也非常明显。另一方面，要胜任这些工作需要大量的培训和经验。动机特征不明显的工作，如低水平的工厂工作、体力劳动，它们的培训时间都很短，任职者很容易胜任。

从实践的角度来看，管理者可以通过提高工作的动机性来提高工作满意度，从而提高工作绩效和工作满意度。但与此同时，管理者必须要为任职者承受的心理压力支付成本。

（二）机械型工作特征

1. 内容

工作的机械型起源于科学管理思想，包括时间和动作研究以及工作简单化、专门化，其理论基础是经典工业工程学。引入机械型工作特征的主要目的是找到最有效的工作方法并普及，从而满足对工作效率的要求。机械型工作特征内容列在表 11-7 中。

表 11-7　MJDQ 中机械型工作特征的描述

1. 工作专门化：从工作目的或者工作活动角度来说，工作是高度专门化的吗？
2. 工具和程序的特定性：在工作目的方面，工作用到的工具、流程、原材料等是不是特定的？
3. 任务简单化：任务是比较简单、不太复杂的吗？
4. 单一动作：这项工作是否需要任职者在一个时间只做一个动作？或者是否不要求任职者在一个时间或者一个非常短的时间段里做多个动作？
5. 工作简单化：这项工作需要的技能和培训时间是不是很少？
6. 重复性：这项工作是否需要任职者重复相同的动作？
7. 空闲时间：在工作的各种活动之间只有很少的空闲时间吗？
8. 自动化：这项工作中是不是很多动作都是自动的或者由自动化设备辅助完成的？
9. 运动经济性：包括物料处理、物料预定位（Pre-Position of Materials）、工具（Tools）、眼部和头部的运动、肌肉运动的节奏和方式等。

2. 机械型工作特征的利弊

机械特征突出的工作可能任何人都能做，培训时间也相当短，因为这些工作的压力和心理负担都很小，犯错率也相当低。

机械特征突出的工作有很多弊端，包括工作满意度低、缺勤率高等。机械的高度重复的动作还会带来机器的有形损耗，并且容易造成员工疏忽，给员工的健康带来损害。

大多数的工厂工作都是机械型的。流水线上的工作是典型的机械型工作，这些工作都被流程化、标准化了，而许多工作的机械性都很低，如销售和谈判的工作，还有只有在紧急情况下才需要的工作（如消防员）。

（三）生理型工作特征

1. 内容

对生理型工作特征的关注起源于生物力学、工作生理学、职业医学和人体测量学。生理型工作设计法常常被叫作工效学（也称人体工程学，Ergonomics）。关注生理型工作特征的目的就是要把工作的有形成本和生理风险最小化，确定工作设计没有超过人的生理能力及生理极限。生理型工作特征的描述见表 11-8。

表 11-8　MJDQ 中生理型工作特征的描述

1. 力量：这项工作需要的肌肉力量是不是相当小？
2. 托举：这项工作要做的托举的工作是不是相当少？或者托举的东西是不是很轻？
3. 耐力：这项工作需要的肌肉耐力是不是相当小？
4. 座位设置：工作中安排的座位是否充足（包括重组的座椅数、舒适的座椅、坐姿很好等）？
5. 体型差异：从间隙距离、伸手距离、眼的高度以及腿的放置空间等方面来看，工作场所能够容纳各种不同体格的人吗？
6. 手腕运动：工作允许人的手腕伸直而没有过多的运动吗？
7. 噪声：工作场所没有过多的噪声吗？
8. 气候：从湿度和温度的角度看，工作场所中的气候舒适吗？是不是没有过量的粉尘和烟雾？
9. 工作间隔：根据工作要求，任职者有充分的工作间隔时间吗？
10. 轮班工作：工作不要求任职者从事轮班工作或者过多的加班工作吗？

2. 生理型工作特征的利弊

显然，生理性特征突出的工作对体力的要求很低，对任职者的健康损害较小，正因为如此，生理型工作特征使得工作满意度提高，员工缺勤率降低。因为工作的生理性特征似乎与工作设计的其他方面都没有关系，所以生理型特征好像没有什么缺点，但是为了达到生理要素的要求企业需要花费很高的成本来对设备和工作环境进行改进。

3. 生理型工作特征的应用

生理型要素已经广泛用于机器设备的再设计中，这样可以使更多的人可以操作设备。传统的重工业，如煤炭、钢铁、石油和建筑业中的工作都应该考虑生理型工作特征。在许多所谓"轻松"的工作中，考虑生理型特征也是非常重要的，比如，许多"轻松"的组装工作需要很多腕关节的动作，最后会导致慢性的腕部疾病；还有，对办公室人员来说，合适的座椅设计对长期的骨骼肌系统的健康非常重要。

（四）知觉运动型工作特征

1. 内容

这个方面的内容主要考虑人的因素，其理论基础是人体工程学和实验心理学。与生理型工作特征相比，满足知觉运动型要求的工作要确保工作没有超出人的心理能力和心理极限。这两种工作特征具有相似性，他们都把工作内容扩展到设备和工作环境。

知觉运动型工作设计的基本含义是要根据员工感知和处理信息的方法来设计工作和工作辅助方式。例如：在一个可视范围内，人们能够很好地感知色彩，但是在一个周边是黑白色彩主导的地方，可能对色彩就没有这么敏感。因此，如果一个工作地点要用颜色来传递信息，应该把这些色彩信息放在员工可视范围内。知觉运动型工作特征描述见表11-9。

表11-9　MJDQ中知觉运动型工作特征描述

1. 照明：工作地的照明是否充足并且不刺眼？
2. 显示：工作中所使用的显示器、量器、仪表以及计算机化的设备容易阅读和理解吗？
3. 程序：工作中使用的电脑设备的程序是否简单易学易用？
4. 其他设备：工作中其他设备是否易学易用？
5. 打印式工作材料：工作中要用到的打印材料是否易读易懂？
6. 工作场所布局：工作场所的布置能够使工作者在完成工作的过程中很好地看见和听见吗？
7. 信息投入要求：完成工作要关注的信息量是不是相当小？
8. 信息产出要求：从活动和沟通两个方面来说，雇员必须从工作中获得的信息产出是非常少的吗？
9. 信息加工要求：从思考问题和解决问题的角度来说，在工作中必须加工的信息数量是非常少的吗？
10. 记忆力要求：完成工作必须记住的信息量是不是相当小？
11. 压力：完成工作的压力相对较小吗？
12. 厌烦：对工作产生厌烦的可能性非常小吗？
13. 乏味：工作可能带来的无聊的机会是不是很小？

2. 知觉运动型工作特征的利弊

考虑到工作的知觉性可以降低员工犯错的可能性，同时，由于工作对心理承受能力的要求降低，精神负担和压力过大的可能性也随之降低，培训时间减少，员工利用率从而得到提高。

相反，知觉运动性程度低的工作会降低员工的工作满意度以及工作对员工的激励性，比如，对于空中交通管理员，这项工作必须关注且记忆大量的信息，犯错所带来的严重性也给了工作者很大的压力，这项工作必须吸收和加工很多信息，对警觉性的要求也很高，这就需要任职者有很强的心理素质。

一些知觉运动型工作特征几乎与所有的工作有关，如信息处理、记忆力等。然而，无论什么工作，管理者要了解任职者所必须关注、思考、记忆、沟通的信息量，同时也要清楚，对于潜力最低的任职者，这些要求能否达到。

二、MJDQ 的应用

MJDQ 方法的使用者是专业的工作分析员。在完成 MJDQ 问卷前，要观察工作、访谈任职者。随后，由任职者对问卷进行修订以保证其完整性。MJDQ 采用任职者自我陈述的形式。这种形式的优点在于其数据搜集的简易性，尤其对很难观察的管理工作，同时，采用这种形式还可以降低成本。当然，这种形式存在一些弊端，因为在评价目标工作时，任职者并没有分析员的视野开阔，换句话说，分析员和任职者在评价目标工作时所采用的评价标准不同。

MJDQ 包括的四个方面都有相应的工作设计问卷，可以对现有的工作进行评价，或者帮助管理者设计新的工作。问卷可以通过四个方面的内容来快速评价工作设计的质量。每一个方面得到的肯定回答越多，该项工作在这个方面设计的就越好，这类工作特征所能带来的产出就越有可能最大化。

例如，你觉得工作对员工的激励性不够，工作满意度低，缺勤率高，那就考虑下这个工作的动机型工作特征。如果为一个工作配备人手有困难，培训所需时间过长，或者工作中常常出现错误，又或者任职者承担的压力很大，那就考虑下这个工作的机械型或者知觉型工作特征。类似地，如果工作的体力消耗太大，那就要关注工作在生理型特征方面的内容，寻找解决方法。表 11-6 至表 11-9 不仅为我们指出问题，同样还提出了改进的建议。

MJDQ 至少有三个用途。

（1）可以用作组织诊断。正如前面所说，通常人们会认为有问题的是人，很少人会认为工作是问题的来源。工作设计问卷，和其他环境研究的方法一起，可以用来判断工作设计是否存在重大问题。

（2）可以用作工作设计。这个方法可以帮助我们识别需要重新设计的工作，明确哪些地方需要重新设计，并在改进之后对工作进行评价。

（3）可以用来开发新的技能或者工作组织。在工作设计阶段，MJDQ 中的问题为工作设计提出了建议，这些问题对组织发展有非常大的推动力。因为从一开始，这些问题就可以把工作设计引导到正确的道路上，可以帮助管理者规避可能出现的问题。

至此，我们始终没有明确任职者在整个工作设计中的角色，这是因为以前往往都是先有工作，再安排做工作的人，但是，随着时间的推移，一个工作可能不止一个人做。最初的工作设计是基于这样一种假设：此项工作必须普通人都可以胜任，然而，员工对工作设计结果的影响是显而易见的，比如，他们可能会发现一些额外的工作，会忽视一些工作，或者只关注有趣的工作以降低物理环境带来的不舒适感。任职者事实上是一个提供有关工作设计的关键信息及建议的专家，是表 11-6～表 11-9 中信息的根本来源。

三、实施 MJDQ 的关键点

MJDQ 的四个方面有相似也有不同，没有任何一个方面能满足所有的要求，表 11-10 总结了各种方法的优缺点。知觉运动型工作特征和机械型工作特征所带来的工作产出，无论正、负都是相似的；生理型工作特征相对独立，其效用与其他几类不同。

表 11-10 工作设计方法产出小结

工作设计类型	正 产 出	负 产 出
机械型工作特征	培训时间减少 员工利用率提高 犯错率降低 精神负担和压力过大的可能性降低	工作满意度降低 更低的激励性 更高的缺勤率
动机型工作特征	工作满意度提高 激励性提高 工作参与度提高 工作绩效提高 缺勤率降低	培训时间增加 利用率降低 犯错率提高 精神负担和压抑出现的可能性增大
生理型工作特征	体力劳动减少 身体疲劳度降低 健康申诉减少 医疗事故减少 缺勤率降低 工作满意度提高	由设备和工作环境的变化而带来财务成本的增加
知觉运动型工作特征	犯错率低 事故率低 心理负担和压力过大的可能性低 培训时间提高 员工利用水平提高	工作满意度降低 激励效果降低

我们发现，这几个方面在某些产出上存在冲突。机械型、知觉运动型与动机型的产出刚好相反，这是因为，机械型和知觉运动型工作特征强调工作设计的简单、安全，降低对员工的心理要求，动机型工作特征则倾向于复杂、有挑战性的工作。另外，只有动机型工作特征考虑了社交方面的因素。

尽管存在冲突，仍然可以通过设计来提高工作在某一方面的水平，同时保证该工作在其他方面的高水平，然而有时，必须保证各方面的平衡，从生理型工作特征来说，体力工作的需求与心理工作的需求是相对独立的，雇主可以减少体力劳动，同时不增加员工的心理负担。然而，要达到这一要求，对设备进行改进所需的成本是一个很大的阻力。

另外，在工作的心理需求中，平衡是非常重要的，表 11-11 向我们展示了一个心理要求的连续体，对可能达到的平衡进行了阐释。在连续体的一端，是高动机型的工作，对心理素质要求高，而且试图把工作满意度提高、激励性提高和缺勤率降低这些产出最大化。另一端则是按照机械和知觉运动型原则来设计的工作，对心理能力的要求较小，并且试图把一些组织化的产出最大化，如员工利用率提高、培训时间减少、出错率降低等。

表 11-11 心理需求连续体

动机型	机械和知觉运动型
满意度提高	培训时间降低
激励性提高	员工利用水平提高
缺勤率降低	犯错率降低
（个体产出）	（组织化产出）

工作设计中大多数的平衡都会涉及心理需求维度。应该往哪个方面侧重，要看管理者想要什么样的结果，而这是由个人的价值观所决定的。研究表明，大多数的管理者都会在个体产出和组织产出中选择一个折中的方法。换句话说，提高工作的动机性是关注组织目标，因为想要通过工作设计来提高工作绩效、提高工作质量、降低缺勤率，然而，提高工作的激励性，也可能会带来更多的错误、更多的压力以及人手安排方面的困难，此外，通过简化工作来提高工作效率又可能使员工觉得工作没有意义。

任何一种工作设计方法都可能会带来计划外的后果，因此，了解所有的设计方法以及他们的产出能够帮助企业作出工作设计方面的更加明智决定。

四、MJDQ 的总结

MJDQ 为工作设计和工作内部的平衡描绘了一个完整的、综合的画面，该方法可对现有工作进行分析，为改进工作提出建议，同时，它也提供了预测各种工作结果（满意度、有效性、舒适度）的方法。但是，就我们所知，MJDQ 到目前为止从未真正用于工作设计。到现在为止，对它在工作设计上的有效性的支持还是间接的。

本章小结

为适应不断变化的竞争环境和技术进步所带来的新需求，以及法律规范变化对新的工作分析信度和效度的要求，两种整合的工作分析方法：整合性工作分析法（C-JAM）和多元工作设计问卷（MJDQ）应运而生。

整合性工作分析法从工作和人两个角度来分析，既包含工作内容和工作方法，也包含任职者的相关资格要求，通过几个简单易懂的维度来明确完成工作最需要的任务要素和人员特征。该方法不仅对任务描述得更加准确，而且对任务重要性进行了评定，对完成工作所需的知识、技能、能力和其他要素也进行了定义及重要性评价。与人和工作两个角度相对应，该方法具体操作层面又分为工作内容分析与人员特征分析。工作内容分析，主要针对任务描述、任务讨论以及任务评价三个维度展开；而人员特征分析则主要围绕 KSAOs 要素的分析展开。

多元工作设计问卷包含动机、机械、生理和知觉运动四个类型的特征。每一类工作特征都会有不同的工作产出与成本收益，没有任何一个方面能满足所有的要求。研究者总结发现，知觉运动型工作特征和机械型工作特征所带来的工作产出，无论正、负，都是相似的；生理型工作特征相对独立，其效用与其他几类不同。作为一种整合型的工作分析方法，多元工作设计问卷在设计、开发等层面具有较为广泛的适用意义，主要应用在工作设计、组织诊断以及开发新的技能或者工作组织三个领域。

附 录

工作评价表

部门：　　　　　　　　　　　评价职务/岗位：
填写人（职务/岗位）：　　　　填写日期：

评价要素		评分等级						合计分数
		0	1	2	3	4	5	得分	
责任	1. 成本控制的责任								
	2. 风险控制的责任								
	3. 策划与综合计划的责任								
	4. 控制跨度与层次								
	5. 协调的责任								
	6. 决策的影响面								
	7. 对他人安全的责任								
	8. 财产安全责任								
	9. 法律事务的责任								
	10. 信息处理责任								
知识技能经验	1. 最低学历								
	2. 知识多样性								
	3. 专业知识的深度								
	4. 经验的多样性								
	5. 工作复杂性								

(续表)

评价要素		评分等级						得分	合计分数
		0	1	2	3	4	5		
知识技能经验	6. 工作多样性								
	7. 专业的熟练期								
	8. 人际交往								
	9. 管理技能								
努力程度	1. 体力努力								
	A. 体能消耗								
	B. 单项作业时间的持续性								
	2. 精神努力								
	A. 创新与开拓能力								
	B. 工作的紧张程度								
	C. 工作压力								
	D. 作业的非工作时间持续性								
工作环境	1. 危害程度								
	2. 危险程度								
	3. 外出危险性								
评价总分									

思考题

1. 整合性工作分析法的实施步骤？
2. 整合性工作分析法中，用于任务评价的两个维度是什么？
3. 整合性工作分析法中，人员特征包括哪些内容？
4. 评价 KSAOs 要素的维度是什么？
5. 多元工作设计问卷的四种类型的工作特征及其内容是什么？

一、名词解释

整合性工作分析法　多元工作设计问卷　任务　动机要素

二、单项选择题

1. 整合性工作分析方法从（　　）两个方面入手。
   A. 管理者和员工　B. 工作和人员　C. 薪酬和绩效　D. 组织内部和外部
2. 在整合工作分析中，（　　）是工作分析的成果文件。
   A. 按职责分类的任务清单　　　　B. 胜任特征
   C. 按目的分类的任务清单　　　　D. 任务重要性清单
3. 任务重要性等于（　　）。
   A. 任务难度系数
   B. 任务关键度系数
   C. 任务难度系数与任务关键度系数的和
   D. 任务难度系数与任务关键度系数的乘积
4. 机械型工作特征的主要目的是找到最有效的工作方法并普及，从而提高（　　）。
   A. 员工能力　　　　　　　　　B. 工作效率
   C. 工作专业化程度　　　　　　D. 员工满意度
5. MJDQ 的使用者是（　　）。
   A. 流水线工人　　　　　　　　B. 企业销售人员
   C. 企业管理者　　　　　　　　D. 专业的工作分析员

三、多项选择题

1. 在整合性工作分析中，任务描述应包括（　　）。
   A. 任务主体　B. 任务活动　C. 任务对象　D. 任务评价
   E. 任务目的
2. C-JAM 从（　　）维度对任务进行评价。
   A. 任务难度　B. 关键度　C. 任务参与者　D. 任务反馈
   E. 任务资金
3. C-JAM 主要应用于人力资源管理的（　　）方面。
   A. 人员甄选　B. 薪酬　C. 培训　D. 绩效
   E. 工作设计
4. 多元工作设计问卷的内容包括（　　）。
   A. 动机型　B. 生理型　C. 机械型　D. 应用型
   E. 知觉运动型
5. 下列说法正确的有（　　）。
   A. 动机要素的基本含义是人们想做有意义的工作
   B. 工作额机械型起源于泰勒
   C. 一些知觉运动性工作特征几乎与所有的工作有关，如记忆力、理解力
   D. 生理型特征突出的工作对体力要求高

E. 动机型工作特征的理论基础是组织心理学

四、判断题

1. "HRBP对应聘者进行面试,回答应聘者的问题"是一个完整的任务描述。（　　）
2. 通过任务讨论会得出的任务清单是工作分析的重要成果之一。（　　）
3. 通过单独访谈得出任务清单时,访谈对象最好有相似之处。（　　）
4. 机械型突出的工作培训时间短、犯错率高,但是工作心理负担小。（　　）
5. 知觉性程度低的工作会减低员工的工作满意度。（　　）

五、简答题

1. 整合性工作分析法整合了什么?
2. 请简述MJDQ的三个用途。

第十二章　O*NET 系统介绍

第一节　O*NET 的发展历史

一、O*NET 的开发目的

O*NET（Occupational Information Network）是由美国劳工部组织开发的工作分析系统，它吸收了多种工作分析工具（如 PAQ、CMQ 等）的优点，在美国日益得到广泛应用。

O*NET 的前身是同为美国劳工部组织开发的职业名称词典（Dictionary of Occupational Titles，DOT），简称职名典。这是一部百科全书式的词典，包含对 9 000 多个职位的工作描述，被政府和企业广泛应用于人职匹配和工作分析的信息搜集。DOT 主要是对功能性工作分析方法（FJA）进行编撰，基本编写方法是工作分析专家对在职者进行观察和访谈，继而利用观察访谈得到的信息，从工作职责和其他若干维度对工作进行描述。DOT 的最后版本（1991 年发表）所包含的职位信息浩如烟海，到了让人叹为观止的程度。

O*NET 的问世取代了 DOT 的地位，它的研究和开发旨在解决 DOT 的应用中出现的如下若干问题。

（1）DOT 的主要内容局限于对工作职责的描述上。尽管工作职责应该是职位描述的重点之一，但是把工作职责描述作为此系统的核心内容，却让 DOT 的应用受到局限，难以在职位之间进行定量比较，并且难以将各种职位根据定量指标的相似性进行系统整合。

（2）DOT 中的大量职位信息已经过时，重新搜集这些职位信息进行更新将非常耗时耗力。

（3）除了工作职责之外，DOT 所包含的信息十分有限，仅有性格和职位准备的相关信息。除此之外应该加入更丰富的要素，如兴趣和能力等。

美国政府成立了专门的委员会对 DOT 的修订以及未来发展提出建议。委员会认为，DOT 的后继者应该是易于查阅的信息库，包含大量对信息使用者有价值的要素，支持多层次的细节和摘要信息。多层次信息体现在，宽泛的要素能够支持跨职位的比较，细化的要素能够传递职位的具体内容信息。

如之前提到的，DOT 的修订是非常耗时耗力的工作，因此，此次的 DOT 后继者编写工作必须是快速和成本节约的，同时，没有一个单一的信息来源可以为 O*NET 提供所有信息。最终，解决方案定为在政府部门（DOL）和企业之间建立伙伴关系，企业为 O*

NET 的数据搜集提供职位在职者等资源。于是，O*NET 作为 DOT 的后继者，在美国劳工部的组织开发下问世。

二、O*NET 的十年发展

如今，O*NET 已经经历了十多年的风风雨雨，始于 1996 年，以电子数据库的形式取代了美国当时最重要的职位信息系统 DOT，O*NET 自身的更新换代也从 O*NET98 发展到 2008 年完成的 O*NET13.0。十年间，O*NET 经历了若干次里程碑式的发展。

（一）建立与标准职业分类体系（SOC）兼容的 O*NET-SOC 系统

建设之初，作为职位名称词典（DOT）的继任者，O*NET 摒弃了 DOT 超过 12 000 个职位的繁杂体系，在美国劳动力统计数据的职业雇佣数据（Occupational Employment Statistics，OES）编码的基础上，建立了用户界面友好的职位体系，包含 1 122 个职业单位（Occupational Units，OUs）。在最初的 O*NET98 系统中，用户可以随时查阅 DOT 中的职业名称与 O*NET 中的职业单位（OUs）之间的关联。

然而，以 OES 为基础的职位体系逐渐过时，面临淘汰。1999 年，美国管理和预算委员会在政府部门中大力推广新建的标准职业分类体系（Standard Occupational Classification，SOC），O*NET 首当其冲，在当时的新版本 O*NET3.0 的开发中，建立了与 SOC 兼容的 O*NET 系统（O*NET-SOC 系统）。新的 O*NET-SOC 系统允许 O*NET 用户（如美国职位银行 AJB，美国劳动力市场信息系统 ALMIS 等）方便地从 O*NET 系统转到其他以 SOC 为基础的工具和系统中，这样的转变让 O*NET 获得了与其他数据来源的协同效应。

为了实现与 SOC 的兼容，O*NET 减少了涵盖的职业数量，从 O*NET98 OU 体系转变到基于 SOC 的 O*NET-SOC 体系。O*NET3.0 体系（即刚实现转变的 O*NET-SOC 体系）拥有 1 094 个职业名称，其中 974 个职业包含具体数据。

（二）O*NET13.0 的问世

每一个 O*NET 升级版本的问世，都进一步丰富了 O*NET 的职位信息，为 O*NET 的用户带来了更大的便利。最近的一次重要升级是 O*NET13.0 数据库。在 13.0 版本中，用来自在职者或职位分析专家的最新职位信息更新了所有的 O*NET 职位，包括增加了最近一个时期新出现的职位。

三、O*NET 的成就和未来发展

问世以来，O*NET 就一直受到一些质疑和批评。例如，有人提出，O*NET 搜集数据时，在样本职位的代表性以及问卷可靠性上存在问题。在 O*NET98 的开发过程中，样本要求 80 个职业和每个职业 30 个在职者，以保证搜集到足够多的职业数据，以及每个职业有足够多的样本在职者可以为每个要素提供数据。然而，在研究的最后，只有少于一半的职业有 4 个或 4 个以上的在职者回答了所有要素问题。这暴露了 O*NET 数据搜集的职位代表性和问卷可靠性存在问题。另一个质疑是 O∗NET 的内容模型包含过多的量表,导致缺乏构念效度。最后,一些人力资源管理者用户提出 O∗NET 的工作分析专家评定的职位数据与职位的真正要求之间缺乏经验上的证据,即效度存在质疑。

然而,O∗NET 十多年来所取得的成就、做出的贡献是不容置疑的。O∗NET 的研究和开发队伍由美国顶尖的工业及组织心理学家和职位分析专家组成,O∗NET 系统的职位信息包含了 17 个类别的职位相关特征(O∗NET 内容模型),让各类用户群体的价值最大化,这些用户包括劳动力研究专家、人力资源管理专家、教育家、职业生涯咨询师等。这些努力使 O∗NET 被誉为同类数据库中的最成功者。O∗NET 在线和 O∗NET 资源中心网站拥有每年数以百万计的访问量,O∗NET 职位信息在美国乃至世界的公共部门和商业界都得到了广泛应用,O∗NET 信息的价值由此可见一斑。

第二节 O∗NET 内容模型

O∗NET 最大的特点是包含丰富而全面的要素,几乎涵盖个人和组织心理学家对一个职位感兴趣的所有方面。O∗NET 内容模型围绕 6 个系列的要素建立,包括:
- 任职要求;
- 经验要求;
- 工作特性;
- 职业要求;
- 职业特定要求;
- 职业特征。

下面的介绍将给出每一系列的大致定义,并且列举每个系列的部分要素清单。本书所列举的要素将帮助读者了解 O∗NET 内容模型的含义。

一、任职要求

任职要求旨在描述与工作相关的个人特征,这些特征可以随着经验增加而得到发展,并且对于履行多项工作职责都有所帮助。例如,阅读技能对于许多工作职责来说都非常有用,它随着多项不同的经验累积而不断发展。这一系列的要素分为三类,分别是基本能力和综合能力、知识以及教育;O∗NET 包括 59 个基本能力和综合能力的要素,42 个知识要素以及 19 个教育要素。每一类的要素在下文中均列举部分要素名称和要素描述。

(一)基本能力和综合能力

基本能力和综合能力帮助员工获得具体的职位知识。比如,阅读理解可以用于阅读培训手册或装配说明书。基本能力和综合能力也包括从事多种工作活动的能力,如说服技能就在销售和管理活动中都有用。表 12-1 列举了部分基本能力和综合能力要素及要素描述。

表 12-1　O*NET 基本能力和综合能力要素及要素描述（部分）

要素名称	要素描述
一、基本能力	能够促进学习和尽快掌握知识的既有能力
1　内容	工作所需的知识结构背景和在大量不同领域所需的更多专业技能
1.1　阅读理解力	理解公文中的书面语句和段落
1.2　积极倾听力	当别人发言的时候能专心致志，对重点进行思考，提出适当的问题，并且不贸然打断
1.3　写作能力	为满足受众需要以书面方式进行的有效沟通
1.4　口头表达	能够通过交谈与他人进行有效的信息沟通
2　方法性	通过某种程序以更快的速度有效掌握不同领域内的知识和技能
2.1　关键思维	运用逻辑推理确认不同问题解决的方法、结论和途径的优劣
2.2　信息感知	能够从新信息中捕捉机会用以当前或未来的问题解决和决策制定
2.3　学习策略	学习或教授新事物时，能够选择运用培训或指导的方式方法尽快掌握新知识
2.4　监控	对自身、他人、组织绩效进行监控和评估，以保证持续发展和永远采取正确的行为
二、综合能力	适用于不同工作需要，易于获得行为绩效的既有技能
3　社会能力	与人工作共同实现目标的既有技能
3.1　社会认知力	关注他人行为并理解行为背后的原因
3.2　协作	调整自我行为以适应他人
3.3　说服力	劝说别人改变他们的想法或行为
3.4　谈判能力	召集大家一起化解分歧的能力
3.5　指导	教别人做事情
4　复杂问题解决能力	在复杂的现实世界里解决新奇的、错综复杂的问题的既有能力
4.1　问题鉴定能力	鉴定问题的性质
4.2　信息搜集能力	知道如何搜寻信息，并能鉴别提炼基本信息
4.3　信息管理能力	对众多信息找到分门别类的方法
4.4　归整能力	整理信息，从中找出解决问题的更好方法
4.5　谋划能力	对于问题解决能够给出许多不同的方法
5　技术能力	在机器或机械系统的使用过程中，设计、安装、操作和排除故障所需的既有技能
5.1　运作分析	分析产品的供给与需求并描绘前景
5.2　技术设计	为满足客户需要设计并改进技术装备
5.3　装备选择	确定一项工作所需的工具和装备
5.4　装备安装	按照说明书安装设备、机器、线路、程序
5.5　程序设计	根据不同需要编写电脑程序
6　系统能力	理解、监控和提升社会技术系统所需要的既有技能
6.1　想象力	设想一个系统在理想环境下的运转
6.2　系统感知	确定重要变化在一个系统内何时发生或可能发生

（续表）

要 素 名 称	要 素 描 述
6.3 后续结果判定	确定某个变化对一个项目长期结果的影响
6.4 确定关键原因	确定为实现目标必须改变的事情
7 资源管理能力	有效配置资源所需的既有技能
7.1 时间管理	管理个人和他人的时间
7.2 财务管理	确认完成工作所需要的资金，并为这些开支建立明细账户
7.3 物料管理	为当前工作寻求合适的设备、工具和原料
7.4 人力资源管理	激励、开发、指导员工投身工作，并能寻找到最合适的人从事最适合的工作

（二）知识

知识指的是与一个领域或专业相关的信息，如艺术或音乐。在知识领域中的专业知识对许多工作来说很重要，如内科医生必须对人体解剖学、生理学、各种疾病以及疾病的治疗方法非常了解。表 12-2 列举了部分知识要素及要素描述。

表 12-2　O﹡NET 知识要素及要素描述（部分）

要 素 名 称	要 素 描 述
知识	关于一般领域中的系统原则和事实描述
1　商业与管理	是有关商业中的经营、财务、人事和资源的规则方法，是一系列组织、市场营销、经济运行、行政信息和系统组织化的管理活动
1.1　行政与管理	是有关商业和管理领域中的战略计划、资源分配、人力资源规划、领导艺术、生产方法、人与资源匹配的知识规则
1.2　文书	是有关行政文书工作程序和体系的知识，如文字处理、文件档案管理、速记和抄写、格式设计以及其他办公室的程序性工作
1.3　财务	是有关经济和会计方面规则与实践的知识，涉及金融市场、银行和对金融数据的报告分析
1.4　市场营销	是有关展示、推广和销售产品和服务的规则，包括市场战略制定、产品市场定位分析、营销技术以及营销控制系统
2　产品制造	有关生产、处理、库存、销售产品的规则方法
2.1　制造生产	有关原料使用、生产过程、质量控制、成本节约以及其他最有效生产的知识方法
2.2　作物生产	有关种植、生长、收获以消费为目的的食物产品（包括植物和动物）的技术知识，包括储存和操作技术
3　工程技术	有关设计、开发、运用技术从事特殊用途的知识
3.1　电子与计算机	有关电路板、元件、电器设备、计算机的硬件和软件的知识，包括应用和设计
3.2　工程运用	有关运用工程学原理进行实践的知识。包括运用原理、技术、工具、装备设计和生产不同的产品和服务
3.3　规划设计	有关设计技术、工具、规则的知识，涉及生产技术方面的精密技术设计、蓝图勾画、实际绘图和建模
3.4　结构建筑	有关建筑原料的使用、方法的运用和工具的采用方面的知识，如建造和维修房屋、修建高速公路等

要素名称	要素描述
4 理科知识	有关物理学、生物学、社会学、数学、心理学等方面的历史、理论、方法和运用的知识
4.1 数学	有关算术、代数、几何、统计以及相关应用方面的知识
4.2 物理	有关物理学方面的原理、关系的知识,要求理解流动、材料、大气动力、机械能、电能、原子能等
4.3 化学	有关化学组成、结构和反应方程式方面的知识
4.4 生物学	有关植物和动物的组织、器官、细胞功能结构,以及它们自身和与环境之间的相互作用关系的知识

(三)教育

这一类指普通教育而不是专门的职业教育。有些职位只需要很少的教育背景,如快餐店的收银员;有些工作却需要大学学历(如工程师),还有些需要更高等的学历(如大学讲师)。某种意义上,教育代表了基本能力和综合能力的集合。人们通常认为,在一些需要较高的批判性思维能力和沟通能力的工作职责中,大学毕业生会比高中毕业生有更好的绩效。表12-3列举了部分教育要素及要素描述。

表12-3 O*NET 教育要素及要素描述(部分)

要素名称	要素描述
教育	符合工作要求的高级教育经验
专业教育水平	是可能与工作有关的15项教育水平,包括初中、高中、大学和研究生教育以及其他培训中涉及的大多数课程
1 技术教育	有关培养非商业技能的课程,包括农业、工艺、自动化设计和电子等方面课程
2 商业教育	关注基础商业技能的课程,如文字处理、档案整理、记录和基本的会计知识
3 语言(英语)	有关(英语)阅读、理解和写作的课程,如阅读小说、文章、新闻报道以及自我写作
4 口语交流	有关口头沟通和表达的课程,如口头沟通、口头演讲和相互交流
5 其他外语	有关培养读、写、说其他外语能力的课程,如法语、汉语、德语、日语、拉丁语、俄语和西班牙语
6 基础数学	有关基础应用数学的课程,如一般数学和商业中运用的简单数学
7 高等数学	有关高等数学的课程,如代数、几何、概率和统计
8 理科学	有关研究物态变化和能量转化的课程,如物理、化学和天文
9 计算机科学	有关计算机及其使用的课程,如编程、系统设置、管理和软件开发
10 生物科学	有关研究生物的课程,如生命科学、生物学、解剖和生理学

二、经验要求

经验要求包括专门的职业培训、工作经验以及各类职业资格证书。经验要求与前面的教育要素区别在于,教育所指是普通的人力资本开发活动,得到的是可应用于广泛的工作需要的能力；而培训和经验通常应用于特定的职位和工作职责。培训通常指职业培训，如学徒制或者在职培训项目；工作经验通过某个职位的在职时间来反映，如作为汽车机修工的工作年限；职业资格证书用以证明员工具备完成某些工作职责的能力，如护士和起重机司机需要证书才能合法工作。O＊NET中共包括77项经验要求，部分如表12-4所示。

表12-4　O＊NET经验要求要素及要素描述（部分）

要　素　名　称	要　素　描　述
经验要求	专门的职业培训、工作经验以及各类职业资格证书
1　经验与培训	
1.1　工作经验	这项工作所需要的相关工作经验
1.2　现场工作培训	这项工作所需要的现场工作培训（如被组织的课堂教学）
1.3　在职培训	这项工作所需要的在职培训
1.4　实习期	这项工作所需要的实习期
2　基本能力要求	是为更好掌握所需知识对既有技能的基本要求
2.1　基本能力要求的指标内容	对工作有关的知识背景和对不同领域内特殊技能的要求
2.1.1　阅读理解的基本要求	理解与工作有关的公文语句和段落
2.1.2　积极倾听的基本要求	听清别人所说并能提出相适的问题
2.1.3　写作的基本要求	按照他人需要通过书面表达与之进行有效沟通
2.1.4　口头表达的基本要求	通过交谈有效传递信息
2.2　方法运用的基本要求	知道运用某种方法更快掌握知识和不同领域所需的综合技能
2.2.1　关键思维的基本要求	运用逻辑思维分析不同事物相比较的优劣
2.2.2　信息感知的基本要求	在新的环境条件下把握事物内在规律
2.2.3　策略学习的基本要求	当学习和教授新知识时能采用多种方法
2.2.4　监督能力的基本要求	评价一个人学习或从事某项事情时的优秀程度
3　综合能力的基本要求指标	对更好地完成综合性工作所需要的既有能力的基本要求
3.1　社会能力的基本要求	与他人工作并实现目标
3.1.1　社会认知力的基本要求	意识并理解他人行为产生的原因
3.1.2　协作能力的基本要求	依据他人行动调整自身行动
3.1.3　说服能力的基本要求	说服别人做另一件事情
3.1.4　谈判能力的基本要求	召集别人商谈并达成一致
3.2　复杂问题解决能力的基本要求	解决复杂现实状况下的新奇问题
3.2.1　鉴别问题能力的基本要求	确定问题性质
3.2.2　信息搜集能力的基本要求	发现并提炼信息
3.2.3　信息管理能力的基本要求	运用某种方法将大量信息进行归整分类
3.2.4　信息分析能力的基本要求	通过对信息的重新整理发现解决问题的更好办法

三、工作特性

这一系列要素关注那些成功完成工作所需的具有持久性的个人特征。O*NET 这一系列进一步细分为三类：能力、职业价值观和兴趣、工作风格，其中包括 72 个能力要素、36 个职业价值观要素以及 24 个工作风格要素。

（一）能力

这些要素指的是持久性的能力特征，这些特征相对基本能力和知识而言，较少受到经验发展的影响，如文字理解能力和手指灵巧度。表 12-5 列举了部分能力要素及要素描述。

表 12-5　O*NET 能力要素及要素描述示例（部分）

要素名称	要素描述
能力	影响绩效的个人持久属性
1　认知能力	掌握和运用知识解决问题的能力
1.1　文字理解能力	掌握和运用文字信息解决问题的能力
1.1.1　口头理解力	倾听和理解由语言传递信息和思想的能力
1.1.2　书面理解力	阅读书面材料并理解其中的信息和思想的能力
1.1.3　口头表达力	通过交谈与他人沟通信息和思想并被人理解的能力
1.1.4　书面表达力	通过写作与他人沟通信息和思想并被人理解的能力
1.2　思想的推理论证能力	运用和调动信息处理问题的能力
1.2.1　思维的流畅性	围绕一个主题提出大量想法的能力（这里强调想法的数量而不是它们的质量、正确性和创造性）
2　操控能力	操纵和控制物体的能力
2.1　人体操纵力	操纵物体的能力
2.2　手臂稳定力	在移动或举起手臂时保持手和手臂稳定的能力
2.3　手的灵巧性	快速移动手、连同手臂，或是两只手协同一起抓握、操控或装配物体的能力
2.4　手指的灵巧性	一只或两只手的手指协同运动，进行抓握、操控、装配细小物体的能力
3　身体能力	有关力气、持久性、弹性、平衡性和协调性的能力
3.1　力量	施加力气的能力
3.2　静态力量	施加最大的肌肉力量进行举、推、拉或是搬运物体的能力
3.3　爆发力	运用肌肉的短期爆发力量驱使自身（如跳高或速跑），或投掷物体的能力
3.4　力量的持续	长期再三或持续施加肌肉力量的能力，它涉及肌肉的耐力和对抗肌肉自身疲劳的能力
3.5　躯干力量	长期再三或持续运用腹部和后背下方肌肉毫不疲劳地支撑身体的能力
3.6　耐力	长时间施加身体力量而不会气喘吁吁

（二）职业价值观和兴趣

这类要素关注的不是一个人是否能够从事某个工作，而是是否愿意做这项工作。个人的兴趣和职业价值观对于组织作出人职匹配的决策很有用，如安全感和多样性。人们在经济危机时尤其重视工作安全感。安全感也随着年龄增长、建立家庭以及考虑退休而变得愈发重要;另外,员工通常认为工作中从事各种不同的活动更加有用和具有激励性,因为可以发展自身的更多技能。表12-6列举了部分兴趣要素及要素描述。

表12-6　O*NET兴趣要素及要素描述(部分)

要素名称	要素描述
兴趣	工作环境和成果的参数选择
1　职业兴趣	描述个性类型和工作环境之间的关系。不同职业的工作环境用6个兴趣维度描述——现实型、研究型、艺术型、社会型、企业型和常规型。每个职业维度分为6个记分级别,以此描述个性和工作匹配的程度。高分表示职业与兴趣更匹配,一个框架包含1~3个兴趣维度代码,具体选择代码的数量取决于该职业本身的需求
1.1　现实型	现实型工作常常是关于实践需要动手的工作,它们常常处理植物、动物和现实世界的物质,如木料、工具、机器等,这种职业多要求户外工作,较少涉及文案和与他人的合作
1.2　研究型	研究型工作常常是关于思维的工作,它们需要大量的思考,这种职业主要是探索事实的真相和用智力解决问题
1.3　艺术型	艺术型工作常常是关于外观设计和模式的工作,它们通常要求自我表现力,并且完成工作不必遵循太多规则
1.4　社会型	社会型工作常常是关于与他人进行沟通和教导人们的工作,这种职业通常涉及帮助及服务他人
1.5　企业型	企业型工作常常涉及开始和执行某种项目,这种职业包括领导和决策,有时需要承担风险,处理与商业有关的问题
1.6　常规型	常规型工作常常是关于遵循已建立的规章流程的工作,这种职业要求人按数据和细节工作而不需要有太多自己的想法,通常要求他们遵从某种清楚的、权威的规范
2　职业价值观	职业强化模型(ORPs)描述了从事一项工作可得以满足的工作价值观。利用工作价值观来描述职业是基于明尼苏达大学发展出来的工作调整理论,这种理论指出,工作满意度是与在某种职业的工作环境下,个人的工作价值观与需要能在多大程度上得到满足相关的。这个模型确认了6种工作价值观,每种价值观由一组需要构成,每种价值观用6个等级表示得到满足的不同程度,用21个等级分表示每种需要得到满足的不同程度
2.1　成就导向型	满足这种价值观的职业通常是结果导向,并且允许员工运用他们的突出能力,获得成就感;相应的需要是能力运用和成就
2.1.1　能力运用	从事这项工作的人使用他们的个人能力
2.1.2　成就	从事这项工作的人能有收获感
2.2　工作条件导向型	满足这种价值观的职业通常强调职业安全和良好的工作环境,相应的需要是活跃性、独立性、多样性、高报酬、职业保障和良好的工作环境
2.2.1　活跃性	从事这项工作的人通常都很繁忙
2.2.2　独立性	从事这项工作的人独立工作
2.2.3　多样性	从事这项工作的人通常每天都有不同的工作内容
2.2.4　高报酬	从事这项工作的人通常能得到较高的工资
2.3　认可导向型	满足这种价值观的职业通常能得到晋升的机会、能锻炼自身的领导能力和提高自身的声望,相应的需要是晋升、权力、认可和社会地位
2.3.1　晋升	从事这项工作的人通常拥有晋升的机会
2.3.2　权力	从事这项工作的人通常要给他人指明方向、提供指导

(三）工作风格

工作风格与能力较为相似，也指工作者自身的持久性能力特征。然而，能力指的是最大绩效测试（如词汇量测试），但是工作风格指典型绩效测试和个性测试。而且，这里的工作风格关注的也是职业意愿，而不是从事工作的能力，如坚持和正直。最有能力的人不一定是工作最努力的人。工作风格和职业价值观与兴趣有一定的重叠，区分两者的最简单方法是，职业价值观与兴趣考虑的是与个人满意度相关的工作来源，而工作风格是工作中最常出现的行为表现。表 12-7 列举了部分工作风格要素及要素描述。

表 12-7　O﹡NET 工作风格要素及要素描述（部分）

要素名称	要素描述
工作风格	工作风格
1　成就导向	工作要求设定个人目标，实现目标，并且胜任工作
1.1　成就/努力	工作要求建立和维持个人有挑战性的目标，并且全力实现目标
1.2　坚持	工作要求在困难面前坚定不移
1.3　主动	工作要求愿意承担责任和挑战
2　领导导向	工作要求对组织内的他人产生影响，并且展现充沛的精力和领导的才能
2.1　精力	工作要求充沛的精力
2.2　领导力	工作要求愿意领导、负责、提供建议和方向
3　人际导向	工作要求愉快、合作、互谅、易于相处，愿意与组织内其他成员交往
3.1　合作	工作要求和他人愉快合作并显示出良好的品质和合作态度
3.2　关心他人	工作要求对他人的需要和情绪变化敏感，能在工作中理解和帮助他人
4　社会导向	工作要求喜欢与他人合作而不是独自完成，并且通过工作关系与他人发展个人友谊
4.1　调整	工作要求成熟、稳重、灵活，并且能在压力、批评、挫折以及个人和工作相关问题面前控制情绪
4.2　自我控制	工作要求保持冷静，控制情绪，抑制怒气，避免争执，甚至在非常困难的情况下也能做到
4.3　忍受压力	工作要求接受批评，在高压环境下冷静和有效地处理问题
4.4　接受变化	工作要求以开放的心态接受变化并认为变化在工作中无处不在
5　尽职导向	工作要求可靠性，认真仔细完成已承诺的工作，值得信赖，有责任感，关注细节
5.1　可靠性	工作要求可靠地、负责地履行工作义务
5.2　关注细节	工作要求认真关注细节并不厌其烦
5.3　正直	工作要求诚实、道德
5.4　独立	工作要求建立自己做事的方式，自我管理，依靠自身完成任务
6　创新导向	工作要求能产生有用的思想并能对事物进行逻辑思考
6.1　创新	工作要求创造性，并能给出解决工作问题的选择性方案
6.2　分析思维	工作要求分析信息，运用逻辑阐述工作相关的问题和议题

四、职业要求

前面介绍的 O*NET 内容模型中的三个系列要素（任职要求、经验要求以及工作特性）都是工作分析的工作者层面。然而，职业要求的要素强调的是工作分析的工作层面。工作分析的工作层面通常关注员工所做的事情，表现为工作职责描述。在 O*NET 模型中，职业要求建立在三类要素基础上：一般性行为特征、工作情境和组织情境，其中，包括 56 个一般性行为特征的要素 101 个工作情境的要素以及 127 个组织情境的要素。

（一）一般性行为特征

一般性行为特征（GWA）在宽泛的层面上描述工作职责，便于这些工作职责可以应用于多个职业中，如获取工作所需的信息以及用电脑交流。这两项工作职责都宽泛到可以应用于多个职业中。例如，搜集工作所需的信息可以应用于搜寻案件相关法律的律师，或者分析水样本的地质学家。再如，电脑程序员和秘书都要使用电脑与其他人互动。在 O*NET 中，每个职位都可以在 GWA 中发展出自己独特的工作职责。例如，电脑程序员可以通过编写 C++ 编码来使用电脑与他人互动，而秘书通过发送信件来使用电脑与他人互动。这些工作特定职责属于职业特定要求的要素系列，而不是这里的职业要求系列。表 12-8 列举了部分一般性行为特征要素及要素描述。

表 12-8　O*NET 一般性行为特征要素及要素描述（部分）

要素名称	要素描述
一般性行为特征	在各种工作中表现出来的一般行为特征类型
1　信息输入	开展某项工作所需要的信息和数据从哪里获得以及如何获得？
1.1　工作相关信息的搜集/吸收	开展某项工作所需的信息如何获取？
1.1.1　信息获取	从所有相关环境发现、吸收及获取信息
1.1.2　程序、资料或环境监控	监控、审查来自资料、工作或环境的信息，以发现问题或评估问题
1.2　确认/评价与工作相关的信息	如何理解与开展工作相关的信息？
1.2.1　对事物、行动或事件的辨析	通过分类、推测确认信息，发现差异或相似性，并且辨识环境或事件中的变化
2　脑力活动	开展某项工作需要怎样的规划、计划、解决问题的方法、决策或创新活动？
2.1　信息/数据处理能力	开展某项工作需要如何处理信息？
2.1.1　判别事物、服务或人的特征	评估事物或人的价值、重要性或特征
2.1.2　处理信息	搜集、解码、分类、估算、制表、审计或核实信息或数据
2.1.3　评估信息以符合标准	利用相关的信息和人们的判断来确认事件或程序是否与法律、条款或标准相一致
2.1.4　数据或信息分析	通过剖析信息或数据来发现潜在的原则、推理或事实

（续表）

要素名称	要素描述
2.2 推理/决策	为开展这项工作需要做出什么决策或解决什么问题？
3 工作产出	为了实现工作产出，需要投入什么样的体力工作、操作/控制什么样的器具、从事什么样的复杂/技术性的活动？
3.1 体力与手工工作的投入	为保证工作的完成，需要投入什么样的体力和手工活动？
3.1.1 一般性体力工作	使用你的胳膊、腿脚或整个身体完成相关体力活动的能力，如攀登、举起物体、保持平衡、行走、俯身和传递物品等行为
3.1.2 传递和移动物品的能力	用手和胳膊来传递、安装、放置或移动物品的能力以及设备的操纵能力
3.1.3 机器和工序的控制能力	通过设备或者直接的身体活动，来控制机器或工序（不包括计算机或交通工具的操控）
3.1.4 交通工具、机器或设备的操控能力	对交通工具或机械设备的运行、操纵、驾驶能力，如升降机、公共交通工具、飞机或水艇的操控
3.2 开展复杂/技术性活动的能力	为了完成任务，需要应用什么样的技术活动来协调工作？
4 相互影响作用	在开展工作的时候，与其他人或监督部门有怎样的相互影响？
4.1 交流/相互影响	在开展工作的时候，与其他人有怎样的相互交流？
4.1.1 对他人解释信息的含义	翻译或解释信息的含义及其使用方法
4.1.2 与上级、同级或下级的沟通	运用电话、书信、电子邮件或面对面的交流方式来向上级、同事和下级提供信息
4.1.3 与组织外部的人进行沟通	代表组织向顾客、公众、政府等组织外部的人进行沟通。在交换信息的时候，可以运用电话、书信、电子邮件或面对面交流等方式
4.1.4 人际关系的建立和维护	与其他人发展建设性的、合作性的工作关系，并长时间加以维持
4.1.5 对他人的帮助或照顾	向其他人如同事、顾客或病人等，提供个人援助、医疗照料、情感支持及其他帮助

（二）工作情境

这类的要素关注工作必须在怎样的条件下完成。一个显而易见的例子是工作是否需要户外操作，是否会遇见，或者让人不愉快的人和持续的注意力。比如，监狱看守的工作会在遭遇让人不愉快的人的情境下进行。监狱看守有时会受到囚犯的攻击，因此可以被定性为与那些让人不愉快的人打交道。持续的注意力可以应用于空中交通管制员，这个职业需要在职者一直关注其负责的飞机，否则可能导致飞机失事，并造成人员和财产伤亡。表12-9列举了部分工作情境要素及要素描述。

表12-9 O*NET工作情境要素及要素描述（部分）

要素名称	要素描述
工作情境	影响工作的自然和社会因素
1 人际关系	这一类别描述了在人际交往方面的工作情境

（续表）

要素名称	要素描述
1.1 沟通	作为工作的一部分，与他人相互影响的类型与频率
1.1.1 沟通的正式性	工作人员发出和接收与工作相关信息的正式程度
1.1.2 沟通方式	工作需要运用下面列举的沟通方式的频率
1.1.2.1 人与人之间面对面沟通	人与人之间进行面对面的沟通
1.1.2.2 组织间的面对面沟通	面对面的沟通（组织/团队会议）
1.1.2.3 公开演讲	你做工作的时候经常需要发表公开演讲吗？
1.1.2.4 视频会议	视频会议
1.1.2.5 语音邮件	语音邮件
1.1.2.6 电话	为完成工作，你经常进行电话交谈吗？
1.1.2.7 在线沟通	利用计算机进行即时沟通
1.1.2.8 电子邮件	在工作中，你经常使用电子邮件吗？
1.1.2.9 手写的便条或留言	手写的便条或留言
2 自然的工作条件	这一类条件描述了与工作人员和自然工作环境有关的工作情境
2.1 工作环境	对工作人员所处工作自然环境的描述
2.2 工作要求的频率	这项工作是否要求员工工作的密度很大？
2.3 室内，环境控制	这项工作经常需要工作者在被控制的环境下进行室内工作吗？
2.4 室内，不被环境控制	这项工作经常需要工作者在不被控制的环境下进行室内工作吗（如没有供暖系统的仓库）？
2.5 室外，无遮挡条件下	这项工作经常需要工作者在任何天气情况下进行室外工作吗？
2.6 室外，有遮挡条件下	这项工作经常要求在有遮挡的情况下进行室外工作吗（如那种有顶而没有墙的建筑）？
2.7 在开放的交通工具或设备中	这项工作经常要求在开放的交通工具或设备中工作吗（如拖拉机）？
2.8 在封闭的交通工具或设备中	这项工作经常要求在封闭的交通工具或设备中工作吗（如小汽车）？

（三）组织情境

这类要素是 O∗NET 中最具实验性质的一类，在 DOT 中没有，是 O∗NET 的新增内容。其中的许多要素来自对"高绩效组织"的研究。它的基本思想是，组织的许多特征会影响工作完成的方式。比如，如果一个组织相对扁平化，即控制和监督的层级较少，那么许多在职者就会有更多作决策的权力，从而在所使用的工具和工作完成的步骤等方面有更多的选择（例如，扁平化组织会产生更多的自主性工作）。例如，风险承担价值要素指组织是否容忍那些相对冒险的工作相关行为。风险价值上的差异可以体现在类似的标语"Just Do It"和"Safety First"。这类要素与 MJDQ 动机量表具有一定的相似性。表 12-10 列举了部分组织情境要素及要素描述。

表 12-10 O*NET 组织情境要素及要素描述（部分）

要 素 名 称	要 素 描 述
组织情境	影响人们工作的组织特征
1　结构特征	构建组织结构的功能子系统，包括组织结构建设、人力资源系统和实践
1.1　工作所需技能的复杂性及水平	你的工作是否需要你具备复杂或高水平的技能
1.2　任务多样性	你的工作是否需要你完成不同的任务
1.3　任务重要性	你的任务对他人而言所具有的重要性
1.4　工作重要性	总的来说，你的工作重要程度如何？即你的工作成果多大程度地影响了他人的生活？
1.5　工作影响范围	你工作完成的好坏是否会影响很多人
1.6　工作本身的重要性	在更宽泛的范围来说，你的工作本身是否非常重要
1.7　任务特性	任务对最终产出的影响程度有多大
1.8　工作完整性	在多大程度上你的工作包括"完整的"和可确认的工作环节？即工作是否完整地从头到尾由你负责？或者它只是整个工作流程中的一小部分（如果你的工作包含许多不同的任务或环节，你可以考察你的典型任务或者你花最多时间完成的任务的完整性）？
1.9　所负责任务的完整性	根据你的工作安排，你可以自始至终地完成该项工作任务
1.10　是否全程负责某项工作	你的工作是否为你提供了可以完成你已经开始的工作的机会
1.11　自主性	在个人可以发挥自主性完成工作方面，工作所具备的自由度
2　社会关系	组织结构的功能子系统之一，它把人与工作、人与人联系在一起，而且还涉及价值、目标、领导与角色等要素
2.1　目标	个人的目标设定
2.1.1　个人的目标特征	个人目标的明确程度以及个人可以实现这些目标的可能性
2.1.2　实现大部分重要的个人目标	今年，你可以完成你大多数重要的个人目标的可能性
2.1.3　个人定性目标的数量	你有多少目标是定性的（例如，你的目标是销售价值 10 万美元的货品，而不是销售尽可能多的货品）？
2.1.4　目标反馈	员工对于目标的完成情况可以定期得到反馈的程度
2.1.5　具体的个人目标的数量	你有多少具体的个人目标，即你是否明确地知道你何时能够完成这些目标？

五、职业特定要求和职业特征

职业特定要求关注职业的工作方面，并且都是在一般性行为特征（GWA）下面的细分要素。前面曾经提及，O*NET 需要多个层次的职位摘要。GWA 将职位归入相似的较大类别中，而职业特定要求将职业进一步区分开。职业特定要求还包括特定的职业知识、技能以及机器、工具和设备，与 DOT 和功能性工作分析（FJA）中的已有描述相似。O*NET 中职业特定要求包含的要素大大多于 GWA，由于工作一直在发生变化，这一系列的要素可能永远不会开发完毕。

职业特征这一系列还未直接加入 O*NET 中。现在，O*NET 通过链接到其他包含此类信息的数据库来实现这方面功能。这一系列中的要素包括劳动力市场信息、职业前景以及工资。这类信息对于国家层面的职业计划和准备非常重要。表 12-11 列举了部分职业特定要求和职业特征要素及要素描述。

表 12-11　O*NET 职业特定要求和职业特征要素及要素描述（部分）

要 素 名 称	要 素 描 述
1　职业特定要求	具体的职业信息
1.1　任务	具体的职业任务
1.1.1　任务清单	每一职业的任务清单
2　职业特征	劳动力市场特征
2.1　劳动力市场信息	劳动力市场信息
2.1.1　职业的统计数据	与经济条件和劳动力职业特征相关的信息
2.1.2　职业预测	未来经济条件和劳动力职业特征的预测

第三节　O*NET 的数据搜集

O*NET 的数据搜集项目是整个 O*NET 开发过程中的关键一步，是一个复杂的完整系统。这一项目建立了一个持续性的数据搜集体系来充实和不断完善 O*NET 数据库。经过此套程序搜集而来的数据是有效、稳定、及时更新的。

一、预调查

在正式的数据搜集之前，美国劳工部、O*NET 国家开发中心与政府供应商三角研究所合作（Research Triangle Institute），首先实施了 O*NET 数据搜集项目的预调查，评估不同的问卷要素对填答率的影响。预调查的结果为 2001 年 6 月到现在一直使用的数据调查程序提供了有价值的信息。

二、正式的数据搜集

正式的数据搜集依据以下三个步骤进行。

（1）随机抽取一个企业样本，其中每个企业都有目标职位设置。

（2）从所抽取的样本企业的目标职位中，随机抽取一个员工样本，向这些员工发放四份标准化问卷搜集数据。

O*NET 数据搜集项目中包含数百个评定量表，都需要样本员工对 O*NET 问卷的填答。显然，不可能让每一个被调查者为所有的数据要素提供信息。为了减轻填答者的负担，所有问题被归类到四份问卷中去，每份问卷中的问题属于不同类别。每一职位的样本员工被随机分配填答四份问卷中的一份，需要根据自身在指定岗位上的工作经验评定 O*NET 要素的等级。除了所分配到的问卷需要填答外，被调查者还要填写一份任务问卷，并提供一些人口统计学信息。

（3）得到员工填答的问卷数据后，职位分析家使用这些问卷信息来填写第五份问卷，这份问卷主要聚焦于能力。

关于 O*NET 问卷请参见图 12-1 列举的问卷示例。

1. 阅读理解力 Reading Comprehension　　理解公文中的书面语句和段落。

A. 阅读理解力对衡量当前工作绩效的重要程度？

* 如果您选"不重要"，请跳过 B 直接进入下一题
B. 开展当前工作所需要的阅读理解力水平

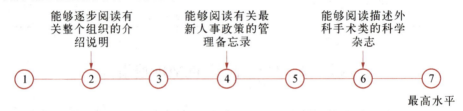

2. 积极倾听力 Active Listening　　当别人发言的时候能专心致志，对重点进行思考，提出适当的问题，并且不贸然打断。

A. 积极倾听力对衡量当前工作绩效的重要程度？

* 如果您选"不重要"，请跳过 B 直接进入下一题
B. 开展当前工作所需要的积极倾听力水平

图 12-1　O*NET 问卷示例

本章小结

美国劳工部组织开发的职业名称词典（Dictionary of Occupational Titles，DOT，也译为职名典）是一部百科全书式的词典，包含对 9 000 多个职位的工作描述，被政府和企业广

泛应用于人职匹配和工作分析的信息搜集。但随着时代的发展，主要描述工作职责的 DOT 存在信息有限和大量职位信息已过时的问题。

基于以上问题，O*NET 应运而生，它是由美国劳工部组织开发的工作分析系统，吸收了多种工作分析工具（如 PAQ、CMQ 等）的优点，取代了 DOT 的地位。

为了使数据库不断得到完善和充实，这一项目建立了一套完整的收集系统，包括三个部分或者说三个步骤：随机抽取一个企业样本、从企业样本中抽取一个员工样本并发放四份问卷、工作分析者利用得到的员工填写的问卷数据填写第五份问卷。

O*NET 所包含的要素丰富而全面，其内容模型主要围绕任职要求、经验要求、工作特性、职业要求、职业特定要求、职业特征六个系列的要素建立。经过数十年的发展，O*NET 建立了与标准职业分类体系（SOC）兼容的 O*NET-SOC 系统并推出了 O*NET13.0。

虽然 O*NET 的职位样本代表性、问卷的可靠性和其效度受到一些质疑，但是 O*NET 的职位信息广泛应用于美国乃至世界的公共部门和商业界，其中一个重要应用便是美国职业信息网，O*NET 的成就和贡献是不容置疑的。

案例研究

O*NET 的具体应用：美国职业信息网

一、内容结构

美国职业信息网的开发及其强大的信息功能，本身就是 O*NET 工作分析方法最为成功的应用。这个网站全面介绍了 O*NET 的功能、应用，包含了 O*NET 数据库的绝大部分信息。网站的主体内容包括以下六个板块。

（一）关于 O*NET

这一部分概述了 O*NET 的主要功能、基本内容，并且从 O*NET 数据、O*NET 应用、O*NET 受众三个方面简要介绍了 O*NET 系统，有助于网站使用者对 O*NET 形成系统性认识。

（二）O*NET 产品

包含 O*NET 的 7 类相关产品：职业生涯探索工具、O*NET 在线、O*NET 职位代码生成器、O*NET 研究和技术报告、测试和评价顾客指南、O*NET 问卷。

（三）开发商园地

开发商园地一栏用于推广 O*NET 数据库以及其他 O*NET 产品的使用，为那些有兴趣开发产品、软件或者包含 O*NET 信息的系统应用的企业提供支持。

（四）数据搜集

这一部分专门介绍了 O*NET 的数据搜集项目，从项目主要步骤到样本抽取、问卷发放等细目，并且附上在数据搜集中用到的所有问卷和相关文字资料供下载。

（五）使用 O*NET

网站展示了 O*NET 数据库可能提供以下三个方面的使用。

第一，其丰富的职位信息可以帮助个人使用者探索适合的职业生涯，这些个人使用者包括：

（1）寻找第一份工作、新工作或者更好的工作者；

（2）正选择或想要改变职业生涯的人；

（3）在校学生；

（4）职业生涯咨询师。

第二，O*NET 为企业中人力资源管理从业者提供了重要的工作绩效要素和相关的其他工作要素，这些人力资源管理从业者包括：

（1）雇主、经理；

（2）人力资源管理者；

（3）行业协会；

（4）工作配置专家；

（5）培训专员；

（6）工作分析者。

第三，O*NET 为相关的学术研究和开发的工作提供了基础的职位信息，有这方面需求的群体大致包括：

（1）劳动力市场信息专家；

（2）职业生涯信息管理系统开发者；

（3）软件开发者；

（4）工业、组织心理学家；

（5）课程设计者；

（6）管理咨询师；

（7）行业分析员。

（六）关于我们

这一栏提供了 O*NET 研究和开发机构的联系方式、O*NET 最新进展等信息。

二、实际应用

美国职业信息网站中指出 O*NET 信息库的三种主要应用方式，通过 O*NET 工作分析方法所搜集到的丰富的职位信息，为求职者、在职者以及用人单位都带来了巨大便利。

（一）O*NET 职业生涯探索工具。

O*NET 团队设计了一套自我指导的职业生涯探索、评价工具，帮助员工在职业生涯选择、准备以及转变时作出更有效的决定，同时也可用于在校学生完成从校园到职场的转变。O*NET 职业生涯探索工具帮助使用者识别这些职业：

(1) 与自身知识、技能、能力匹配；
(2) 对这些职业有基本的兴趣；
(3) 认为这些职业所带来的工作成果具有高价值。

为了完成职业生涯探索，使用者必须准确、可信地识别自身的能力、兴趣以及所重视的工作成果。搜集了足够的各方面信息后，职业生涯探索工具应提供与评价信息匹配的职业清单。O*NET 开发了五项职业生涯探索工具，以帮助使用者评价有关职业和职业生涯的重要信息：

(1) O*NET 能力分析——测量与工作业绩相关的能力，以基于纸笔、群体测验的方式进行，计算机计分；

(2) O*NET 兴趣分析——测量职业兴趣（如现实型、研究型、艺术型、社会型、企业家型以及传统型），以纸笔测验、自测的方式进行，被评者自己计分；

(3) O*NET 计算机化兴趣分析——测量职业兴趣，基于计算机的自测，计算机计分；

(4) O*NET 工作重要性探测器——测量重要的工作价值观（如成就感、独立性、认可、人际关系、支持或者工作条件等），以纸笔测验、自己操作的方式进行，被评者自己计分；

(5) O*NET 工作重要性分析——测量与工作价值观相关的重要工作成果（需要），基于计算机的自测，计算机计分。

每一个评价工具都将得出若干个分数，这些分数组成使用者的分数集。使用者可以仅用一个 O*NET 职业生涯探索工具得到的分数集，也可以混合使用两个或两个以上的职业生涯探索工具，得到一个总分数集。

1. 使用单个职业生涯探索工具

对于使用单个职业生涯探索工具的用户来说，需要实现使用工具得到的分数集（如 O*NET 能力分析）与 O*NET 职业库的职业分数集之间的匹配。最佳情况是，用户能够识别出那些与他/她的评价信息高度匹配的职业。由于 O*NET 职业生涯探索工具得到的分数集种类繁多（如 2 个兴趣分析分数可以匹配 21 个职业需要分数），需要掌握每个工具的匹配方法。下面我们就来列举几个职业生涯探索工具。

(1) O*NET 兴趣分析（纸笔测验）/O*NET 工作重要性探测器。

这两个工具的结果匹配方法较为简单，一方面因为用户手动计算得分，不可能使用复杂的数学公式得出结果；另一方面，用户需要亲自在浩繁的职业清单中寻找匹配的职业，这也要求简单的匹配方法。

对于这两个工具而言，只有用户和职业的最高或最主要的分数具有意义，而不是分数集中的所有分数。根据其分数集中的最高分数，职业被划分到若干个类别中，如 6 个兴趣区域（现实型、研究型、艺术型、社会型、企业家型或传统型）和 6 个工作价值观区域（成就感、独立性、认可、人际关系、支持以及工作条件）。而在用户方，用户将根据自己的最高得分决定所属兴趣和工作价值观区域。

(2) O*NET 计算机化兴趣分析/O*NET 工作重要性分析/O*NET 能力分析。

由于都是计算机计算得分，这三项工具的匹配方法相比上面要更加复杂，使用了多种数学方法，以求得尽可能精确的结果。

2. 使用多个 O*NET 职业生涯探索工具

对于使用多个 O*NET 职业生涯探索工具的用户来说，需要实现他/她使用各个工具（如 O*NET 能力分析和 O*NET 工作重要性分析）得到的所有分数集合与每个 O*NET 职位名称的相关职位总体分数集之间的比较。混合使用两个纸笔工具（如兴趣分析和工作重要性探测器）的匹配方法、混合使用两个计算机化工具（如计算机化分析和工作重要性分析）的匹配方法以及混合使用纸笔工具和计算机化工具（如能力分析和兴趣分析）的匹配方法都不相同。

(二) O*NET 在线

O*NET 在线是一个基于网络的应用方式，以用户友好的方式提供 O*NET 数据库中包含的职位信息。O*NET 在线可以为用户实现以下功能。

1. 搜索职位

这是得到 O*NET 中丰富的职位信息的最主要方式。用户可以使用 O*NET 职业名称、职位名称的关键词或职位定义来查询。他们可以查询职位的 O*NET-SOC 编码或者旧的 DOT 编码，另外，可以实现浏览职位族的功能。这一功能以美国劳动统计局编制的 23 个职位族为基础把职位分类，用户可以从这些较宽泛的职位族中查询到引起兴趣的相关职位。

2. 搜索需要已有技能的职位

这一功能允许用户使用已获得或计划通过教育、培训等方式获得的技能作为关键词，搜索需要这些技能的职业。用户可以先从若干技能分类中选择他们的技能，得到一个完整的相关职业清单，供进一步搜索和探寻。

3. 搜索相关职位

这一功能允许用户搜索与所选职位相关的其他职位。设定标杆职位后，与这一职位在特征上最相似的职位将会显示出来，最多不超过 10 个。用以比较的特征包括知识领域、技能、能力、工作情境以及一般性行为特征。

4. 职位快照

这一功能可以提供某一职位各个重要方面的概要信息，所提供的职位信息包括 O*NET 内容模型的 6 大领域（任职要求、经验要求、工作特性、职业要求、职业特定要求、职业特征），信息涵盖面广，可以为用户的人力资源决策提供全面的依据。

5. 细节

这一特征提供了职位所有相关要素的详细信息，这些要素包括：能力、知识、技能、工作活动、工作情境、任务、兴趣及工作价值观，所提供的要素信息反映了职位对此要素的程度、频率或重要性要求。

6. 与其他数据库的交互使用

这一功能允许其他职位分类系统或数据库与 O∗NET-SOC 职位系统交互使用，如职位名称词典（DOT）、标准职位分类系统（SOC）。由于还有其他的联邦项目在开发相关数据库，O∗NET 在线的交互使用功能必将越来越强大。

7. 在线资源

O∗NET 在线上提供了通往其他相关的 O∗NET 站点或信息源的途径，如美国职业生涯联盟（包括美国工作银行、美国学习交换协会、美国职业生涯信息网以及美国服务网）。用户还能使用这些通往美国职业生涯信息联盟的链接得到州劳动力市场的信息。

（三）O∗NET 职位编码生成器

此应用由美国劳工部开发，专门设计用于帮助人力资源专家为职位编码。O∗NET 编码生成器使用 O∗NET 数据库确定最好的职位代码。O∗NET 编码生成器使工作要求与 O∗NET-SOC 系统中的职位之间的匹配更加容易。通过使用有力的关键词搜索以及一个简明的、快速浏览的职位概览，这个网络应用方式使得互动的职位编码变得快速、简单。

要评价一个职位，可以输入一个关键词或者从首页的职位族中选择一个职位族，然后从中选择一个具体职位。最后的报告包含 O∗NET-SOC 描述、一份 O∗NET-SOC 任务清单、相关职位的信息（由 O∗NET 开发）、职位族（其他相似的 O∗NET 代码）以及细节的工作活动。这些信息可以帮助用户确定所选择的职位代码是否能够最好地匹配工作要求。

1. O∗NET 的开发动因是什么？
2. O∗NET 的内容模型包括哪几个部分？每一部分分别有哪些主干要素？
3. 对于不同的用户群体来说，O∗NET 的主要用途分别是什么？
4. 如何使用 O∗NET 的职业生涯探索工具？
5. 如何使用 O∗NET 在线？
6. 你认为 O∗NET 作为一个职位百科全书式的数据库，还需要完善哪些方面？

一、名词解释

O∗NET　DOT　一般性行为特征　任职要求

二、单项选择题

1. O*NET 的前身是（　　）。
   A. 职业名称词典　　　　　　　　B. 工作分析调查表
   C. 职位特征分析表　　　　　　　D. 基础分析工具

2. O*NET 是由（　　）劳工部开发的。
   A. 欧盟　　　B. 美国　　　C. 英国　　　D. 德国

3. O*NET 始建于（　　）年。
   A. 2000　　　B. 1996　　　C. 2006　　　D. 1968

4. 任职要求、经验要求是工作分析的（　　）层面。
   A. 工作　　　B. 管理　　　C. 工作者　　　D. 工作职责

5. 关于 O*NET 数据收集，以下说法错误的是（　　）。
   A. O*NET 数据收集是 O*NET 开发过程中的第一步
   B. 在正式的数据搜集之前，需要进行预调查
   C. O*NET 数据搜集项目中包含上百个评定量表
   D. 职位分析家使用样本员工填写后的问卷信息填写一份聚焦于能力的问卷

三、多项选择题

1. 在 O*NET 中，任职要求包括的要素有（　　）。
   A. 基本能力和综合能力　　　　　B. 知识
   C. 教育　　　　　　　　　　　　D. 性格
   E. 生理性要素

2. 下列哪些选项属于基本能力和综合能力范畴？（　　）
   A. 社会认知能力　B. 归纳能力　C. 运作分析　D. 财务管理
   E. 系统感知

3. O*NET 经验要求要素包括（　　）。
   A. 专门的职业培训　　　　　　　B. 工作经验
   C. 工作效率　　　　　　　　　　D. 身体素质
   E. 职业资格证书

4. 工作情境要素包括（　　）。
   A. 沟通　　　B. 人际关系　　　C. 电子邮件　　　D. 视频会议
   E. 工作环境

5. 关于组织情境要素，说法正确的有（　　）。
   A. 组织情境是指上下级、同事关系
   B. 组织情境要素与 MJDQ 动机量表具有一定的相似性
   C. 许多情境要素来自对"高绩效组织的研究"
   D. 组织情境的基本思想是组织的许多特征会影响工作的完成方式

E. O*NET 中，组织情境是最有实验性质的一类

四、判断题

1. 工作风格和职业价值观与工作兴趣有部分重叠。（   ）
2. O*NET 数据库一旦形成，其更新成本很高。（   ）
3. O*NET 中任职要求-教育中包括普通教育和专门的职业教育。（   ）
4. 程序设计、设备安装包含在 O*NET 经验要求要素中。（   ）
5. 一般性行为特征在宽泛的层面上描述工作职责。（   ）

五、简答题

1. 简述 O*NET 内容模型。
2. 简述 O*NET 相对于 DOT 有哪些优势？

第五部分　工作分析的操作实务

第十三章　工作分析系统的比较评估

工作分析是人力资源管理的一项最基础的工作。工作分析结果为组织的一系列职能活动提供支持与依据，如人员甄选、培训与开发、薪酬设计、工作设计、绩效考核、工作分类等。可以说，工作分析是促进所有人力资源管理活动高效开展的核心因素。在工作分析过程中搜集到的信息的质量将直接影响到人力资源管理决策和实践的质量。

从组织角度说，工作分析是提高工作效率、增强组织价值的工具。工作是组织中最基本的组成单元，是企业一切行为的出发点和落脚点。对工作的管理是否有效，如工作范围是否界定清晰、工作设计是否合理、是否配备了合适的人在合适的岗位上，无疑影响到组织工作效率的高低，进而影响着组织的利润。

工作分析的作用是重大的。然而，有效地进行工作分析、全面地获取工作信息、准确地预测胜任人员的类型、实现对各项职能活动的有效支持并不是一件容易的事。经过几十年的发展，人们从不同角度研究出了多种工作分析系统来完成对工作的分析与研究。本书所介绍的几种系统只是其中有代表性的一小部分。

不同的工作分析系统一方面为工作分析人员提供了多种选择；另一方面也增加了工作分析人员的选择难度：我们难以判断哪种系统更优、效度更高，哪种系统更适合自己企业的环境，哪种系统更能帮助我们解决特定的问题。因为每种工作分析系统都是在特定的历史背景下，针对特定的问题开发研究出来的，它们在实现管理职能和实际应用上各有侧重。一个普遍的结论就是任何一种工作分析系统都不是最好的，一种系统可能在某种应用上优于另一种系统（如在绩效评价上），但在别的应用上可能并不如另一种系统（如在工作分类方面）。在这种情况下，多种工作分析系统的综合使用可能是最好的选择。但是，调查表明，在实际工作中很少有人将这种想法付诸实施，一方面有成本的考虑；另一方面也有有效性的怀疑，而且系统的组合本身也需要对已有的系统进行取舍。因此，企业在进行工作分析之前往往需要明确各种系统的优缺点，然后才能根据需要和自身特点选择工作分析系统。然而，到目前为止，国内外对工作分析系统的对比研究屈指可数，现有的研究也大多侧重于个案分析而且比较零散，很少有系统的分析研究。企业在选择工作分析系统时也往往只能凭个人经验或个人偏好，而工作分析系统选择的偏颇将直接影响工作分析结果的准确性和组织管理目标的实现。

因此，本章将基于对现有文献的整理、分析，从信度、效度、应用性和实用性等方面对本书介绍的工作分析系统进行对比，以供参考。由于现有关于信度、效度的研究文献多集中在 PAQ、JEM 和 TTA 三种系统上，因此，本章中的信度、效度比较也仅限于对 PAQ、JEM 和 TTA 三种系统的比较。

第一节 信度比较

一、信度概述

信度是指使用相同研究技术重复测量同一研究对象时得到相同研究结果的可能性。对工作分析系统而言，就是重复使用某工作分析系统分析同一工作，是否能得到同样的结果。我们应该重视对工作分析系统信度的测量，因为如果没有信度的证明就谈不上效度，更谈不上对工作分析结果的有效利用。测量信度的方法有很多种，最常用的包括再测信度、评分者一致性信度和内部一致性信度等。

再测信度（Test-retest Reliability）反映的是以同样的测评工具、同样的测评方法在不同的时间、测量同样的对象时所获得的测评结果之间的变异程度，通常用两种评定之间的相关系数来表示。为了使第一次测量的记忆对第二次测量产生的影响减至最低限度，通常两次测量要相隔较长一段时间。莱瑟姆和韦克斯利（Latham & Wexley, 1981）提出，这种信度的相关系数应为0.70或更高。

评分者一致性信度（Inter-rater Reliability）表示的是两个评定人分别评定同一对象时，所得到的两组数据之间的相关程度。由于不同的评定人对被评定对象有某种不同的看法，因此，其间的相关也比同一评定人作出的两组评定之间的相关程度要低。莱瑟姆和韦克斯利（Latham & Wexley, 1981）提出，评分者之间的相关系数至少应为0.60。

内部一致性信度适用于衡量系统中反映同一因素的几个或多个项目之间的一致性。分析方法常用的是项目折半分析和α系数分析。莱瑟姆和韦克斯利（Latham & Wexley, 1981）建议，内部一致性信度可接受的最低相关系数为0.80。

二、工作分析系统信度比较

（一）PAQ信度分析

麦考密克（McCormick, 1972）指出了对PAQ评分者一致性信度的测量方法，即由一对工作分析人员运用PAQ分别独立分析同一份工作，且独立完成对PAQ的评定，然后利用统计手段计算他们关于PAQ中189（194）个要素评定结果的相关系数，再将多对工作分析人员分析后得到的相关系数综合，即可得到PAQ的此类信度系数。让纳雷（1980）根据此方法利用PAQ分析了303份工作，得到的信度系数都处于0.80以上，有的甚至达到了0.90。麦考密克（1976）还分析了不同类型人员进行工作分析分别能达到的一致性信度，不同类型的人员包括两位工作分析专家的组合、一位工作分析专家和一位主管的组合、一位工作分析专家和一位任职者的组合以及一位主管和一位任职者的组合，他们同时分析同一份工作，得到的信度系数如表13-1所示。

由表13-1可以看出：当主管与任职者都参与工作分析时，所得到的信度相对于其他类型的组合信度最高。

表 13-1　不同类型人员进行工作分析的信度

每 组 成 员	组 的 数 目	平均信度相关系数
两位工作分析专家	44	0.74
一位工作分析专家和一位主管	4	0.83
一位工作分析专家和一位任职者	4	0.84
一位主管和一位任职者	10	0.89
所有组汇总	62	0.79

资料来源：E. J., McCormick; P. R. Jeanneret, A Study of Job Characteristics and Job Dimensions as Based on the Position Analysis Questionnaire (PAQ), *Journal of Applied Psychology* 56, 1972 (4): 347–368.

另外，也有许多研究对 PAQ 的再测信度进行了测量，测量结果都达到了 0.70 以上或 0.80 以上。当参与分析的人员是任职者、主管或者独立的工作分析专家时，再测信度的结果趋于稳定（E. J. McCormick，1972；L. R. Taylor，1978），尽管任职者和他们的主管对要素的评定普遍高于独立的工作分析专家（J. E. Smith，1975；M. D. Hakel，1979）。

PAQ 中工作维度的一致性也通过比较不同的工作分析专家独立分析同一工作所得的各维度分值得到测量，这样的信度系数平均在 0.60 多，具体数值依赖于所采用的计算方法（A. P. Jones，1982）。

（二）JEM 信度分析

利用 JEM 对工作进行评价是完全建立在主题专家小组成员（SMEs）对工作进行观察的基础之上的，因此，增加观察的次数将有利于提高 JEM 的信度。

在将近 50 项研究中（Tordy，1976），研究者从不同的角度对单个人之间的评价结果进行分析，结果是：如果单个评定者分别评定，他们之间的一致性很低，相关性的平均值仅为 0.47，引入斯皮尔曼-布朗（Spearman-Brown）公式后，两个评价者之间的信度仍然为 0.47。

普利默夫（Primoff，1978）在一项研究中，组织了 34 位来自不同企业的人员对电话接线员（Telephone Operator）进行分析。之所以选择接线员作为分析的对象是因为该工作稳定性较强，而且使用工具单一。研究者随机抽取了 12 位人员，组成两组主题专家小组，每组 6 人，分别利用 JEM 对该工作进行评定；然后对结果进行统计分析，得出两组结果之间的相关性为 0.84。当两组成员分别增加为 8 人时，分析结果相关性为 0.88；当增加为 10 人时，相关性为 0.90；增加为 12 人时，相关性为 0.91。

也就是说，单个人利用 JEM 进行工作分析时信度很低；而当由 6 个或更多人组成主题专家小组进行分析时，信度便能达到可接受的范围。

（三）TTA 信度分析

对 TTA 信度的研究并不多。典型的是罗派兹（F. E. Lopez，1977）分析了 TTA 的评分者一致性信度。他组织若干工作分析专家对 100 个工作进行分析，每分析一个工作，都把工作分析专家分为两组，然后比较他们对每一个特质的评定。在分析了 100 个工作后，经过斯皮尔曼-布朗公式修正到两个评价者的水平，得出平均的评分者一致性信度系数为

0.86（最低为0.74，最高为0.93）。

（四）结论

通过以上分析我们可以看出，在同等情况下，即比较两个单独评分者的一致性方面，PAQ 和 TTA 明显优于 JEM，前两者都达到 0.80 以上，而 JEM 只达到 0.47。如果要提高 JEM 的信度，必须增加评价人的数量，这样在实践中必然会增加工作分析的各项成本。再者，对国内企业而言，找到多名熟悉同一工作同时熟悉 JEM 工作分析系统的人并不是一件容易的事，而且通过多位专家进行头脑风暴式的讨论需要投入大量的时间，否则很难取得满意的效果。利用 PAQ 和 TTA 进行分析就不存在这样的问题，单个的工作分析人员进行分析就能得到较高的信度。另一方面，PAQ 的再测信度也达到了莱瑟姆和韦克斯利（Latham & Wexley, 1981）通过研究确定的最低可接受范围。因此，总的来说，PAQ 的信度较高、TTA 次之、JEM 再次。

这一结论在利维（Levine, 1983）对 7 种工作分析系统的比较研究中得到了验证，利维的研究与上述文献的研究不同，他并不是通过实际测量工作分析系统的信度来进行比较，而是通过若干工作分析专家根据自己多年的实践经验对 7 种工作分析系统信度的主观评定（五分评定）来进行判断，与本文相关的结果如表 13-2 所示，从表 13-2 可以看出，专家们认为 PAQ 的信度最高，JEM 的信度最低。

表 13-2 信 度 比 较

项　　目	TTA	PAQ	JEM	F	$P<$	η^2
对信度的评价	3.04 (0.93)	3.84 (0.86)	2.93 (0.88)	27.68	0.0001	0.18

注：表中上行的数字表示的是评估的平均值，下行括号中的数字为标准差。

第二节　效　度　比　较

一、效度概述

效度是指测量在多大程度上反映了所要测量内容的真实含义，对工作分析系统而言，就是指某工作分析系统能在多大程度上真实地反映被分析工作的内容以及工作对任职者的要求。测量效度的方法常用的有：内容效度、构念效度和效标关联效度等。

内容效度（Content Vadility）反映测量在多大范围内包含了概念的含义，比如，测量是否涵盖了被测对象的所有组成成分。

构念效度（Construct Vadility）的基础是变量之间的逻辑关系，即用来测量构念的变量与构念本身的一致性程度。

效标关联效度（Criterion-related Validity）指测评结果与某种标准结果的一致性程度。根据效标结果与测量结果获得时间的相同与否，可以分为同时效度（Concurrent Validity）

和预测效度（Predictive Validity）。同时获得的，称为同时效度；效标结果后获得的，即为预测效度。

二、工作分析系统效度比较

（一）PAQ 效度分析

PAQ 工作分析系统通过搜集关于任职者工作行为的信息分析任职人员需要具备的各项能力。那么，在不考虑工作所包含的技术特征的差异程度的情况下，PAQ 能否应用它的维度和要素准确分析出任何一种工作对任职者的要求是效度分析要解决的问题。研究者们侧重于应用效标关联效度对 PAQ 的有效性进行分析。

麦考密克（1972）运用美国就业服务机构（The United States Employment Service, USES）开发的常规能力题库（General Aptitude Test Battery, GATB）分析了 PAQ 的效度。GATB 包括 9 套反映 9 种能力的试题：

(1) G：智力（Intelligence）；
(2) V：口头表达能力（Verbal Aptitude）；
(3) N：数学能力（Numerical Aptitude）；
(4) S：空间能力（Spatial Aptitude）；
(5) P：形式感觉（Form Perception）；
(6) Q：书面能力（Clerical Perception）；
(7) K：运动协调性（Motor Coordination）；
(8) F：手指灵活性（Finger Dexterity）；
(9) M：身体灵活性（Manual Dexterity）。

为了进行比较，麦考密克将 PAQ 的维度与这 9 种能力进行了匹配。研究者选取了 163 种工作作为研究样本，利用 PAQ 对每种工作进行分析，并邀请每种工作的多名称职任职者参加 GATB 的测试。研究者指出，如果某工作的称职任职者在某项能力上平均分较高，表明该工作需要此项能力较强的人员担任才能取得好的绩效，反之亦然。另一方面，PAQ 的分析结果被用来预测任职者在 GATB 中的测试成绩。研究者整合与 GATB 能力相对应的 PAQ 维度的得分，从而估计出称职的任职者在该能力上应达到的水平，这是根据 PAQ 分析得到的分数。最后，研究者对比了两种途径所得平均分数的相关性，如表 13-3 所示。

对于认知方面能力（如 G、V、Q、N），利用 PAQ 进行预测准确度很高；对于感知方面的能力（如 S、P），

表 13-3 GATB 测试结果与 PAQ 分析结果相关性
（工作样本 $N=163$）

能　　力	相关系数
G：智力	0.79
V：口头表达能力	0.83
N：数学能力	0.77
S：空间能力	0.69
P：形式感觉	0.61
Q：书面能力	0.78
K：运动协调性	0.73
F：手指灵活性	0.41
M：身体灵活性	0.30
中位数	0.73

准确度较高；而身体方面的能力（F、M）准确度偏低。

由于私营企业一般得不到 GATB 的试题，因此另一项研究（E. J. McCormick, A. S. Denisi & J. B. Shaw, 1979）利用类似的商业试题做了同样的研究。他们找来了相当于 GATB 中 G、V、N、S、Q 的商业性试题，并选取了 202 个工作作为样本，任职人员的商业试题得分与 PAQ 预测得分之间的相关系数都在 0.67 与 0.74 之间。

可以说这些研究一定程度上证明了 PAQ 的效度，即能准确地反映被分析工作对任职人员的要求范围及水平。

（二）JEM 效度分析

国际人事管理协会手册在阐述工作分析系统的内容效度时指出：JEM 工作分析系统是少数几个被公认为能获得较高内容效度的工作分析系统之一（S. J. Mussio & M. K. Smith, 1973）。哈恩等人（Hahn, Brumbach, Romashko & Fleishman, 1974）用问卷的形式，从 13 个方面对 JI、CIT、ARS、JEM 和 PAQ 等工作分析系统进行了评估，其中内容效度（Suitability for Content Validity）方面，JEM 的得分最高。利维等（Levine, Bennett & Ash, 1979）在对人员甄选专家进行调查以对比分析工作分析系统时，同样也得出这样的结论：为获得高内容效度，JEM 是最有效的方法。

JEM 的内容效度高是指通过 JEM 得到的分析结果能比较全面地反映该工作对任职者提出的要求，包括最低的任职要求以及优秀员工应达到的要求等。利维（Levine, 1980）认为 JEM 的高内容效度是与它特有的开放性分不开的。

研究者们对 JEM 的效度研究侧重于对效标关联效度的研究。他们通过效标关联效度考察用 JEM 筛选出来的子要素的准确性以及子要素定义的准确性，也就是说，通过某种效标（如测试、绩效考核等）考察是否那些达到子要素要求的员工就能取得可接受（或优秀）的工作业绩。通常研究者都通过反推的形式进行证明，即考察已经取得可接受（或优秀）业绩的员工是否在子要素描述的方面有过人之处。

最早对 JEM 效标关联效度进行研究是外斯和海恩斯（Wise & Haynes, 1963）。研究人员首先组织 22 名轮船装配工参加了轮船装配测验，然后在不告知研究目的的情况下，由考官针对工作分析得到的各要素和子要素对装配工进行评价。每个装配工的总分等于所有要素得分的和，22 分为合格，合格员工的分数会被转化为百分制。为了与所得到的分数进行比较，在不知道装配工得分的情况下，主管独立地对他们的工作绩效进行评价。结果是：在被主管评价为"称职"的 13 名装配工中有 11 名的测验得分在 80 分以上，只有 2 名装配工的测验得分不合格；被主管评价为"不称职"的 19 名装配工中，有 16 名的测验成绩也不合格。研究结果从正面证明了 JEM 的效标关联效度。麦克利普和普利莫夫（Mckillip & Primoff, 1978）也做了类似的研究，他们的研究对象是为士兵提供有关各项保险咨询服务的咨询工作者。通过 JEM 的分析，研究者发现学习能力（Ability to Learn）这项要素对这类工作人员的绩效起着非常重要的作用，它的子要素包括：理解各种文件的能力、将各类规定熟记于心的能力、灵活运用制度的能力等。然后研究者挑选了 52 名工作人员作为测试的对象,其中,27名的表现良好,25名的表现不够称职,表现是否良好是以工作中为士兵提供的建议和意见是否出现过错误来区分的,因为他们的工作与一些法律的因素相联系,如果提供的咨询出现了错误将会带来十分严重的后果。研究者组织这些工作人员参加了考察学习能力的测试,结果如表13-4所示。

表13-4 测试结果

分数	称职员工（$N=27$）			不称职员工（$N=25$）		
	人数	比例%	累计比例%	人数	比例%	累计比例%
56~70	12	44	44	0	0	0
55	0	0	44	1	4	4
51	1	4	48	0	0	4
48	0	0	48	2	8	12
45	3	11	59	0	0	12
43	0	0	59	1	4	16
40	2	8	67	2	8	24
36	3	11	78	0	0	24
35	0	0	78	1	4	28
33	2	7	85	3	12	40
25	3	11	96	0	0	40
22	1	4	100	1	4	44
12	0	0	100	8	32	76
1	0	0	100	3	12	88
0	0	0	100	3	12	100
合计	27	100	100	25	100	100

从表13-4可以看出,44%的称职员工在学习能力方面优于不称职员工,而且有56%的不称职员工低于所有称职员工的分数。研究再一次证明了JEM分析结果的准确性。

(三) TTA效度分析

TTA工作分析系统通过分析任职人员的33个特质了解工作以及工作对人员提出的任职要求。对TTA有效性的分析首先面临的问题便是对每个特质构念效度的分析,即特质的称谓是否能够准确代表需要它代表的含义。研究者对这方面的研究都得到了正面的结论:即对这些特质的评估确实能够准确地预测特质所代表的要求(G. C. Theologus, 1976; G. A. Kesselman & Lopez, 1981)。

德罗哥斯(G. C. Theologus, 1976)通过7种甄选测试验证了"智力的"以及"学识的"两类特质的构念效度,每种测试与特定特质相对应。他们组织在18种制造型岗位上工作的 561 名任职人员参与了这 7 种测试。研究结果显示，每种测试的平均得分与对应特质在工作分析中的得分呈相关关系，相关系数的中位数为 0.51，测试的成绩也与主管对任职人员的绩效评价显著正相关，这说明对于工作分析结果显示需要某特质达到高水平的工作，它的任职人员在相应测试中的得分也明显地高于不需要这种高特质的岗位的任职者，从而证明 TTA 的特质是有效的。凯瑟曼和罗派斯（Kesselman & Lopez, 1981）也做了类似的研究，验证所有特质并得到了同样的结论。

罗派斯（F. E. Lopez, 1977）通过 4 个项目研究 TTA 的效标关联效度。研究者以 2 575 名公共事业单位和零售行业的非管理人员为测试对象，让他们参加一系列测试。这些测试是根据 TTA 所包含的特质而设计的，部分应试者还参加一些商业性的智力测试。另一方面，应试的主管对他们的工作绩效作了两种评价：一种是一般性的、概括性的评价；另一种是针对 TTA 特质所作的评价。项目 1 和项目 2 的结果显示 TTA 系统在区分工作与特质是否相关的问题上的有效性比在评估特质与工作的相关程度或相关水平上的有效性高；项目 3 证明根据特质设计的测试效度系数高于普通的商业测试；项目 4 表明针对特质的绩效评价标准比一般的评价标准更有效，更能准确、全面地反映员工的绩效。

（四）结论

对工作分析效度的研究，西方学者通常采用这样的方法：先选择或设计反映工作分析要素的试题对任职人员进行测试，再与特定的效标（通常采用绩效评价结果）相对照，然后测算它们之间的相关性，从而达到考察工作分析结果准确性的目的。

对于 PAQ、JEM、TTA 工作分析系统而言，都有过检验它们的效度方面的研究，而且研究结果都从正面证实了它们的有效性，即这些工作分析系统都能准确地对工作进行分析，能准确地预测具备什么条件的任职人员能够胜任工作、具备什么条件的人员能够在该岗位上取得出色的成绩，当然有效性的前提是工作分析人员能正确地使用所应用的工作分析系统。

但是，在考察内容的全面性方面，即内容效度上，PAQ、TTA 均不如 JEM。也就是说，PAQ、TTA 工作分析系统能对所包含的要素作出准确判断，但在是否全面地反映了工作的问题方面比 JEM 略逊一筹。这是由 JEM 工作分析系统的开放性所决定的（Levine, 1980）。与 PAQ、TTA 不同，JEM 对工作进行分析的要素是采取头脑风暴法针对特定工作量身定做的，因此，如果得到正确使用就能更全面、更准确地反映工作的要求，因而内容效度较高，但这种做法无疑增加了 JEM 的使用成本，同时也提高了对工作分析人员的要求。

第三节 应用性比较

工作分析是组织管理中的一项基础性工作，它的分析结果可以应用到人力资源管理的各个领域，也可以说，服务于人力资源管理的某项或某几项职能是进行工作分析的主要目的（Sidney Gael, 1988）。因此，许多研究者试图对工作分析结果在人力资源管理中所有可能的应用领域进行归纳总结并作出明确的分类（E. J. McCormick，1976；T. E. Christal，1974；M. D. Dunnette & W. C. Borman，1979；E. J. Rouleau & B. F. Krain，1975；M. Wilson，1974），艾斯和利维（Ash & Levine，1980）整理分析了所有这方面的文献，他们力求在确保简洁的同时，涵盖所有以前研究的结果，最后得出了11个应用范围（其中最后一个范围与法律相关，本书不予考虑），包括：

（1）工作描述（Job Description）：对工作职责、权责、范围等的描述；

（2）工作分类（Job Classification）：按照一定的标准将类似的工作进行分类，以便于对不同类型的工作采取不同的管理策略；

（3）工作评价（Job Evaluation）：薪酬确定的基础，确定组织中各个工作的相对价值；

（4）工作设计/重组（Job Design/Restructuring）：将原有工作所包含的工作任务聚集在一起，根据工作任务的难易程度或内容进行重新组合；

（5）人员录用（Personnel Requirement/Specifications）：包括人员招聘、甄选、配置等；

（6）绩效评估（Performance Appraisal）：对员工取得的绩效进行评价；

（7）人员培训（Worker Training）：主要表现在确定人员培训需求方面；

（8）人员流动（Worker Mobility）：对组织而言，主要是为员工设计职业生涯，并为员工职业生涯发展提供通道，便于他们向适合的岗位流动；

（9）工作效率/工作安全（Efficiency/Safety）：工作职责范围明确、人事匹配无疑能提高工作效率；

（10）人员规划（Workforce Planning）：确保合适的人在合适的时间地点做合适的事情。

但是，任何一种工作分析系统的结果都不可能在所有的应用范围中都表现出良好的效果，不同的工作分析系统在不同的应用领域表现出不同的价值。

研究说明，与其他的工作分析系统相比，PAQ应用得最广泛、也最有效的领域是工作评价（E. J. McCormick，1972；P. R. Jeanneret，1980）。对于一份特定的工作，只要得出PAQ各个维度的分值，就能利用一套公式换算成工作评价的点值，进而得出该工作的薪资额（E. J. McCormick，1977）。P. R. 珍妮特（P. R. Jeanneret，1980）选择了29个小时工（Hourly Job）、10个一般职位和26个管理职位作为样本，用PAQ对它们进行了分析评价，并将得出的分值转化为工作评价点值。通过与现实情况的对比，可以看出分析结果准确地反映了所分析工作之间的相对价值。9个有代表性的工作分析结果如表13-5所示。

表13-5　利用PAQ得到的工作评价结果

工 作 名 称	利用PAQ得到工作评价点值
小时工：	
保洁员	308
机器操纵员	370
初级维修员	539

（续表）

工 作 名 称	利用 PAQ 得到工作评价点值
一般职位：	
办公室服务员	295
打字员	381
客户服务代表	452
管理职位：	
值班主管	611
维修主管	694
控制间主管	787

实践表明：PAQ 的分析结果可以很好地应用于各种组织的工作评价中，无论是公有还是私有企业，也无论是营利的还是非营利的组织。而且，PAQ 的结果对分析初级工作直至中级管理职位甚至高级技术职位都很有效，但对于高级管理人员效果并不是太好（Sidney Gael，1988）。

许多关于工作分类的研究（Cornelius，Carron & Collins，1979；Levine et al.，1981；Sackett，Cornelius & Carron，1981）告诉我们，PAQ 在为工作分类提供信息方面也优于其他系统，它能提供涵盖所有工作特征的维度和要素，便于按照某个标准对一个企业中所包括的各种类型的工作进行分类。相比之下，JEM 提供的是关于工作的个性化的要素，难以比较并归类；而 TTA 只有利于按任职者的特征进行工作分类，难以全面反映工作的特征，作出细致的分类。利用 PAQ 的分析结果对工作进行分类是利用职务维度剖面图的方法（参见本书第三章）。

利维等人（Levine，Bennett & Ash，1980）对四种工作分析系统，即 CIT、JEM、PAQ 和 TIA 在设计甄选计划、提高甄选质量方面的效果做了研究。在研究中，他们先分别用每种工作分析系统对四种工作进行分析，得到 16 份工作说明书（4 种工作分析系统×4 种工作）；然后再由 64 位人员甄选专家根据工作说明书中的描述设计相应工作的测试题，以测试挑选适合该工作的人，每 4 位专家分析同一份工作说明书；最后由职业专家和研究者对得到的测试题进行评价。研究结论表明，根据 JEM 分析的工作说明书设计出来的测试题，无论在完整性方面还是在测试效果方面，都比 PAQ 略胜一筹。另外，也有许多研究（V. W. Urry，1978；J. W. Hamilton，1981；J. W. Hamilton，1987；M. H. Trattner，1982）表明 JEM 可以用来辨别某测试题与某工作要素之间的相关性，从而为人员甄选测试题目的挑选提供了有力的证据。TTA 也被十分广泛地应用于招聘、晋升和管理者评价中心的评价过程中，并且取得了良好的效果。在一项研究中（Sidney Gael，1988），一家企业将 TTA 应用到初级管理人员的选拔过程中，结果有效性系数达到了 0.60，而原来所用的选拔系统有效性系数仅仅为 0.25。

人们在对 JEM 进行分析时，还发现应用它进行工作分析的结果对组织培训需求、确定培训范围有很大的帮助（E. S. Primoff，1975）。通常对一般的工作而言，以工作任务为基础的工作分析系统有利于辨别哪些是重要的、关键性的工作任务，为将来的培训作好准备（R. K. Branson, G. T. Rayner, 1975）。而当需要确定知识、能力和技能的培训范围时，JEM表现出最强的有效性（E. S. Primoff, 1975），人们可以利用JEM特有的工作要素表判断任职者的培训需求。

利维等人（1983）通过对93位资深工作分析专家的访谈，利用五分量表对7种工作分析系统（包括本书所研究的三种系统），在这些应用范围上的有效性进行了评估。这些工作分析专家至少有两种不同工作分析系统的使用经验，并且在过去的工作中分析过至少两类工作。他们对各种工作分析结果的评估结果如表13-6所示。

表13-6 工作分析系统应用性比较

工作分析系统 应用范围	TTA	PAQ	JEM	CIT	TIA	FJA	F	$P<$	η^2
工作描述	2.95A (1.01)	2.86A (1.09)	2.66A (1.03)	2.59A (1.15)	4.20B (0.94)	4.07B (0.97)	54.58	0.0001	0.32
工作分类	3.11A (1.00)	3.67A (0.97)	2.73A (1.11)	2.19 (0.95)	4.18B (1.00)	3.81B (0.97)	50.82	0.0001	0.30
工作评价	2.80A (0.93)	3.70B (1.03)	2.72A (1.06)	2.37 (1.13)	3.46B (1.08)	3.52B (0.90)	26.91	0.0001	0.18
工作设计	2.73A (1.03)	2.99A (1.13)	2.59C (1.08)	2.52C (1.10)	3.72B (1.13)	3.64B (0.99)	28.25	0.0001	0.18
人员录用	3.68A (0.87)	3.36 (1.03)	3.64A (1.19)	2.86B (0.98)	3.19B (1.13)	3.58A (0.94)	9.24	0.0001	0.07
绩效评估	2.80A (1.11)	2.72A (1.06)	3.07A (1.12)	3.91 (1.12)	3.24B (1.15)	3.58B (1.13)	18.07	0.0001	0.13
人员培训	2.74A (1.13)	2.76A (1.03)	3.33B (1.06)	3.42B (0.96)	3.65B (1.03)	3.63B (1.07)	16.03	0.0001	0.12
人员流动	2.67A (1.01)	2.78A (1.05)	2.62A (0.98)	2.2 (0.96)	3.34B (1.09)	3.07B (0.94)	18.60	0.0001	0.11
工作效率	2.34A (1.02)	2.46A (1.09)	2.30A (1.07)	3.08B (1.30)	2.79B (1.05)	2.81B (1.08)	14.28	0.0001	0.10
人员规划	2.61A (0.98)	2.83A (1.06)	2.60A (1.11)	2.24 (0.88)	3.41B (1.14)	3.11B (1.06)	20.65	0.0001	0.12

注：1. 第二到第七列中上行的数字表示的是评估的平均值，下行括号中的数字为标准差；
2. 平均值上如有相同的字母表示两个数值之间没有显著的差异。

资料来源：Edward, L. Levine, Ronald A. Ash, Hardy Hall, Evaluation of Job Analysis Methods By Experienced Job Analysts, *Academy of Management Journal*, 1983, Vol. 26, No. 2, pp. 339-348.

由表13-6可以得出以下结论：

（1）在工作描述方面，工作导向性的工作分析系统要优于人员导向性的工作分析系统，其中TIA和FJA在工作描述方面的有效性要显著高于其他系统。

（2）在工作分类方面，仍然是TIA和FJA高于其他分析系统，而CIT被认为在工作分类上的有效性显著低于其他工作分析系统。

（3）在工作评价方面，PAQ、FJA 和 CIT 显著优于其他分析系统。

（4）在工作设计方面，CIT 和 FJA 要优于其他分析系统。PAQ 的得分显著高于 JEM、CIT，但并不显著高于 TTA。

（5）在人员录用方面，JEM 和 TTA 有明显的优势。

（6）在绩效评估方面，CIT 的得分显著高于其他所有工作分析系统，因为它对于确定工作的关键业绩领域有很大的帮助。

（7）在人员培训方面，TIA 和 PAQ 不如其他四种工作分析系统。

（8）在人员流动方面，TIA 和 FJA 应用得比较有效，而 CIT 的作用相对于其他三种工作分析系统较低。

（9）在工作效率方面，工作导向的工作分析系统优于人员导向的工作分析系统。

（10）在人员规划方面，TIA 和 FJA 的作用较大。

第四节　实用性比较

工作分析系统的实用性是指运用某种工作分析系统进行工作分析的可行性与难易程度。以往的研究者们通常从如下几个方面对工作分析系统的实用性进行考察：

（1）职业适用的广泛性（Occupational Suitability），即工作分析系统所适用职业范围的大小；

（2）被调查者接受的难易程度（Respondent/User Acceptability），即工作分析系统，包括信息搜集的要求和分析结果的形式，是否容易被被调查者或者系统的使用者所接受；

（3）工作分析人员学习使用该方法所需要的培训（Amount of Job Analyst Training Required），即工作分析人员需要多长的培训时间才能独立操作该工作分析系统；

（4）可操作性（Operational），即工作分析系统是否经过了足够的提炼和检验，使它在当前的条件下就能操作；

（5）所需样本的规模（Sample Size），即该工作分析系统需要多大规模的被调查者或者信息提供者才能获取足够的信息进行准确的分析；

（6）可即时使用性（Off-the-shelf），即该工作分析系统是否可即时使用还是要经过个性化修改才能用来分析特定的工作；

（7）成本花费（Cost），即运用该工作分析系统大约需要多少成本（这里所指的成本包括材料费用、培训费用、咨询费用、人工成本等）；

（8）时间花费（Time to Completion），即运用该工作分析系统从搜集信息到得到最后的结果需要多长时间。

典型的对工作分析系统实用性进行对比研究的是埃斯和郝尔（Ash & Hall，1983）。他们同样通过问卷的形式对 90 多位工作分析专家进行了调查，问卷同样采用五分量表。被调查的工作分析专家需要至少满足两个条件：至少有两种不同工作分析系统的使用经验；在过去的工作中至少分析过两类工作。只有满足这两个条件的人员才有可能对工作分析的实用性作出评价。专家们对工作分析系统实用性的评估结果如表13-7所示。

表13-7 工作分析系统实用性比较

	TTA	PAQ	JEM	CIT	TIA	FJA	F	$P<$	η^2
职业范围	3.74B (1.04)	3.82B (1.09)	3.58B (1.12)	3.86B (1.22)	4.13A (1.04)	4.06A (0.94)	3.29	0.01	0.02
被调查者接受的难易程度	2.96B (0.98)	3.12B (1.00)	3.16B (1.03)	3.19B (1.10)	3.43A (1.09)	3.44A (0.98)	3.09	0.01	0.03
分析人员所需培训①	2.73B (1.07)	2.78B (1.04)	2.68B (1.06)	3.04B (1.08)	2.39B (1.21)	2.57B (1.04)	2.60	0.05	0.02
可操作性	2.96C (1.09)	4.20A (1.01)	3.52B (1.08)	3.42B (1.26)	4.04A (1.12)	3.85A (0.95)	20.59	0.0001	0.14
样本规模②	2.78B (0.84)	3.53A (1.15)	3.16A (0.92)	3.04B (1.26)	2.08 (1.21)	3.26B (0.86)	18.02	0.0001	0.13
可即时使用性	3.20B (1.17)	4.51A (0.93)	3.03B (1.28)	2.43 (1.33)	2.98B (1.36)	3.28B (1.29)	28.58	0.0001	0.19
成本花费③	2.87B (0.87)	3.29A (1.15)	2.96B (1.07)	2.57B (1.00)	2.29 (0.96)	2.80B (0.84)	14.54	0.0001	0.11
时间花费④	3.31A (0.95)	3.43A (1.07)	2.93B (1.05)	2.17C (0.97)	1.93C (1.11)	2.57B (0.90)	42.70	0.0001	0.25

注：第二到第七列中上行的数字表示的是评估的平均值，下行括号中的数字为标准差；
平均值上如有相同的字母表示两个数值之间没有显著的差异。
① 平均值越高表示分析人员所需要的培训越少；
② 平均值越高表示所需样本的规模越小；
③ 平均值越高表示成本花费越小；
④ 平均值越高表示时间花费越少。
资料来源：Edward, L. Levine, Ronald A. Ash, Hardy Hall, Evaluation of Job Analysis Methods By Experienced Job Analysts, *Academy of Management Journal*, 1983, Vol. 26, No. 2, pp.339-348.

由表13-7可得出以下结论：

（1）对于职业范围和被调查者接受的难易程度，专家们认为TIA和FJA适用的范围稍广于其他四种工作分析系统。

（2）对于分析人员所需培训，各工作分析系统之间没有明显的差异。

（3）对于可操作性，PAQ、TIA和FJA相比较易于操作。

（4）对于样本规模，PAQ、JEM比FJA所需要的样本量相对较少。

（5）对于可即时使用性，PAQ的得分最高，说明相对其他工作分析系统，PAQ的即时使用性最高。CIT被认为是最不具有即时使用性。其他四种系统之间没有显著的差异。

（6）对于成本花费，专家们认为PAQ耗费的成本相对最低，TIA要耗费较高的成本，其他四种系统的成本花费没有显著差异。

（7）对于时间花费，PAQ、TTA花费的时间相对其他系统较少，TIA和CIT需要花费较长的时间才能完成。

通常，人们认为多种系统的组合使用比单独使用一种系统更有效。在这项研究中，研究者同样征求了93位专家这方面的意见，其中80位专家偏向于使用多种工作分析系统的组合使用；而仅仅9位专家喜欢单独使用一种系统。最常见的系统组合是：① PAQ和TIA；② CIT和FJA；③ CIT、TIA和FJA；④ PAQ和CIT。使用系统组合进行工作分析的专家指出，组合多种系统的方式所带来的好处要大于它们导致的成本增加。在申明使用过组合系统进行工作分析的74名专家中，有50名认为是值得的，有7名认为不值得，还有17名不能肯定。

本章小结

本书大部分篇幅都在介绍不同种类的工作分析系统。不同的工作分析系统一方面为工作分析人员提供了多种选择，另一方面也增加了工作分析人员的选择难度。在人力资源管理实践中，我们需要判断哪种系统更优、效度更高，哪种系统更适合自己企业的环境，哪种系统更能帮助我们解决特定的问题。

本章从工作分析不同方法的不同适用情境引入，基于对现有文献的整理、分析，从信度、效度、应用性和实用性等方面对本书前述的工作分析系统进行对比。

信度是指使用相同研究技术重复测量同一研究对象时得到相同研究结果的可能性。对工作分析系统而言，就是重复使用某工作分析系统分析同一工作，是否能得到同样的结果。针对PAQ、JEM和TTA三种工作分析方法，PAQ的信度较高，TTA次之，JEM再次。

效度是指测量在多大程度上反映了所要测量内容的真实含义，对工作分析系统而言，就是指某工作分析系统能在多大程度上真实地反映被分析工作的内容以及工作对任职者的要求。PAQ、JEM和TTA都能准确地对工作进行分析，准确地预测具备什么条件的任职人员能够胜任，但在内容效度上，PAQ、TTA均不如JEM。

服务于人力资源管理的某项或某几项职能是进行工作分析的主要目的。工作分析系统的应用性比较主要围绕工作描述、工作分类、工作评价、工作设计/重组、人员录用、绩效评估、人员培训、人员流动、工作效率/工作安全、人员规划这十个方面展开。任何一种工作分析系统的结果都不可能在所有的应用范围中均表现出良好的效果，不同的工作分析系统在不同的应用领域表现出不同的价值。

工作分析系统的实用性是指运用某种工作分析系统进行工作分析的可行性与难易程度。学者对工作分析系统进行考察时，可以从职业适用的广泛性、可操作性等方面切入。人们通常认为多种工作分析系统的组合使用比单独使用一种工作分析系统更有效。

探讨工作分析结果可靠性的两种视角

近年来,对工作分析结果影响因素的研究日益成为该领域的重要发展趋势。此类研究不仅具有重要的理论和方法学意义,而且对管理实践也至关重要:如果不能证明工作分析结果是有效可信的,那么以此为基础的其他人力资源管理活动,如选拔招聘、绩效考核等,其可靠性就会受到质疑;运用这些措施的组织甚至还可能受到法律诉讼。归纳起来,在这方面的研究主要在以下三个层面展开。

一、对个体水平影响因素的探讨

关于工作分析结果影响因素的早期研究并没有得到一致的结论。较早的研究(McCormick,1976)认为工作分析的结果是高度可信的。但随后的研究却发现,工作分析结果不仅受评价者的人口统计学变量,如性别年龄、种族和教育程度的影响,而且还受评价者的其他特征,如任职经验、绩效水平和认知能力等的影响。此外,工作分析工具、工作分析信息来源等其他因素也都会对工作分析的结果造成影响。

然而,上述因素的影响作用是否往往较小呢?由于研究结果不完全一致,并缺乏系统研究和充分的理论解释;并且,这些差异反映的是评价者对相同工作要求的认知差异,还是说明他们从事工作的内容或者方式确实是不同的,这一问题也没得到好的解决,因此我们也无法对此作出定论。

值得指出的是,Morgeson 和 Campion(1997)根据对社会和认知心理学的研究,从工作分析评价的信息加工过程出发,提出了系统的理论框架,阐述了影响工作分析准确性的社会和认知因素。其中,社会因素主要从社会影响过程和自我表现过程分析;而认知方面主要从信息加工系统的局限以及信息加工系统的偏差来阐述。在其后来的研究中,他们也一直努力验证这些影响因素的作用,这极大地推动了工作分析结果准确性的研究。

同时还需要指出的是,最近有研究者开始探讨一些态度变量,如工作满意度、组织承诺和工作卷入对工作分析结果的影响,并且发现它们具有显著的作用。

有趣的是,虽然前人对于工作分析信息准确性进行了大量的研究,但仅仅是在不久前,研究者才开始直接探讨可靠有效的工作信息的定义。Morgeson 和 Campion 提出了 Inference-based 模型,建议研究者从探讨工作分析结果的效度转移到研究从工作分析结果得出的推论(如任职者的 KSAs 的要求等)的效度上来;Sanchez 和 Levine 批评了传统工作分析中以评价者评价一致性等指标来研究准确性的做法,指出应该探讨工作分析结果的推论的有效性,从而提出工作分析的结果效度(Consequential Validity)的概念。这些都是对工作分析准确性研究意义的质疑。但是 Harvey 和 Wilson 却不同意他们的看法,他们认为研究工作分析的准确性具有重要的意义,因为只要应用可靠的工作描述指标和高信效度的量表并控制其他影响因素，就能够得到准确的工作分析结果。

由此可见，对工作分析的准确性的讨论似乎还会延续下去；但这些影响因素是确实存在的，并在一定程度上是可控的，因此关于工作分析结果的影响因素的研究，对于证实工作分析信息的可信性、解决可能引起的法律问题仍具有重要价值。

二、组织水平影响因素的探讨

前面介绍的研究关注的仅仅是个体水平因素对工作分析的影响。在有关组织水平影响因素的探讨中，影响较大的是 Lindell 等人的研究。该研究探讨了组织结构的规范化程度、组织规模、计算机技术的应用和与外部组织的接触次数等因素对工作任务重要性和时间花费的影响作用。结果发现，组织因素对任职者工作任务的时间花费评价方面有重要影响。

到目前为止，似乎仅有一个研究同时探讨个体水平的因素（如评价者的性别、任职年限等）和组织因素对工作分析信息影响：Van Iddekinge，Putka，Raymark 和 Eidson（2005）运用方差成分模型（Variance Component Model）探讨工作分析的差异是源于真实差异，还是源于评价者的职位或者组织的因素。研究结果表明，组织水平的变量是工作分析差异的重要来源之一。无疑，在一个快速变化的环境中，在组织不断调整自身以适应竞争以及工作性质不断变化的情况下，同时从个体水平和组织水平探讨对工作分析结果的影响因素，具有重要的意义，而这可以通过采用新的测量理论和测量方法实现。

在管理实践方面，上述个体水平和组织水平的研究结果提醒人力资源管理者在进行工作分析的时候，应该全面搜集信息，不仅要考虑到个体水平的影响因素，同时还要考虑信息搜集的组织情境和工作情境。

三、新测量理论在工作分析研究中的应用

在传统的工作分析中，经典测量理论一直居于统治地位，真分数模型被广泛应用于所有职业的工作分析中。研究者认为可以通过平均的方法消除误差，因此在工作分析的信息搜集方面，他们常采用大样本取样的方法，通过计算评价者的评价一致性来获得工作分析工具的信度指标等。

随着经济的发展、技术进步以及组织变革，工作处于不断的变化之中。工作的动态性使得任职者的工作任务具有变化的特征。这样一来就出现了一个问题：如何找出某种特定职业工作分析结果的变异源，确定引起工作变化的影响因素，进而把握职业的发展方向？

真分数理论似乎不能满足这种需要。因为经典测量理论假设，特定的工作存在真实分数，它是固定而不随时间改变的；此外，经典测量理论也不能同时估计多种测量误差来源。相反，概化理论（Generalizability Theory）则可以满足这种研究需要。它能够将工作分析结果的变异来源进行分解，进而不仅能够对 Morgeson 和 Campion 提出的影响工作分析准确性的社会和认知因素进行综合分析，而且也为同时探讨不同水平的变异源提供了有效工具。

资料来源：李文东，时勘，《工作分析研究的新趋势》，《心理科学进展》，2006，14（3）：418-425。

 思考题

1. 信度是什么？如何比较各种工作分析系统的信度？
2. 效度是什么？如何比较各种工作分析系统的效度？
3. 如何对各种工作分析系统的应用进行比较？
4. 什么是工作分析系统的实用性？如何比较各种工作分析系统的实用性？
5. 如果你是某企业的工作分析人员，根据本企业的特点，你觉得应该采取哪种工作分析系统？为什么？

 课后练习

一、名词解释

信度　效度　再测信度　内容效度

二、单项选择题

1. 专家们认为（　　）的信度最低。
   A. TTA　　　　B. PAQ　　　　C. JEM　　　　D. MPDQ
2. 表示两个评定人分别评定同一对象时，所得到的两组数据之间的相关程度的指标是（　　）。
   A. 再测信度　　　　　　　　B. 评分者一致性信度
   C. 内部一致性信度　　　　　D. 表面一致性信度
3. 以下三种工作分析方法，信度由高到低依次为（　　）。
   A. PAQ>TTA>JEM　　　　　　B. TTA>JEM>PAQ
   C. PAQ>JEM>TTA　　　　　　D. JEM>TTA>PAQ
4. 用来反映测量在多大范围内包含了概念的含义的效度测量方法是（　　）。
   A. 内容效度　　B. 构念效度　　C. 同时效度　　D. 预测效度
5. 效标关联效度反映的是（　　）。
   A. 测量在多大范围内包含了概念的含义
   B. 用来测量构念的变量与构念本身的一致性程度
   C. 测评结果与某种标准结果的一致性程度
   D. 重复测量同一研究对象时，得到相同研究结果的可能性

三、多项选择题

1. 工作分析的结果可以应用到人力资源管理的许多领域，其中包括（　　）。
   A. 工作描述　　B. 工作分类　　C. 人员录用　　D. 绩效评估

E. 人员流动

2. 下列说法正确的有（　　）。
   A. PAQ 应用得最广泛的领域是工作评价
   B. PAQ 的分析结果只能应用到营利性组织中
   C. PAQ 的结果对分析高级管理岗位效果不是很好
   D. PAQ 相对 JEM 信度更高
   E. PAQ 相对于 TTA 信度较低

3. 下列关于 JEM 说法正确的有（　　）。
   A. 单个人利用 JEM 进行工作分析时信度较高
   B. 增加观察的次数有利于提高 JEM 的信度
   C. 在内容效度上，JEM 高于 PAQ
   D. 在人员录用上面，JEM 相对于 PAQ 有较大优势
   E. 最早对 JEM 效标关联效度进行研究的学者是外斯和海恩斯

4. 下列说法正确的有（　　）。
   A. 对于可操作性，PAQ 相对于 FJA 更易于操作
   B. 对于成本花费，PAQ 耗费的成本最低
   C. 多种工作分析系统的组合比单独使用一种系统更有成效
   D. CIT 相对于其他工作分析系统对于确定工作的关键业绩更有帮助
   E. 在人员规划方面，TIA 和 FJA 作用较大

5. 测量信度的方法有（　　）。
   A. 再测信度　　　　　　　　B. 评分者一致信度
   C. 时间信度　　　　　　　　D. 内部一致性信度
   E. 矩阵信度

四、判断题

1. 6 个以内的专家组成的主题专家小组利用 JEM 进行分析时，信度就能达到可接受的范围。（　　）
2. 效标关联效度分为同时效度和预测效度。（　　）
3. 为了获得高内容效度，JEM 是最有效的方法。（　　）
4. PAQ 信度最高，JEM 次之，TTA 最低。（　　）
5. 不同的工作分析系统在人力资源不同领域进行应用时，有其独特的价值。（　　）

五、简答题

1. 请简述信度与效度的含义，并对 PAQ、JEM、TTA 三种工作分析系统进行比较。
2. 辨析工作分析系统的应用性与实用性。

第十四章　工作分析流程

在人力资源管理的各个环节中，工作分析应该说是最为基础的工作，但同时它也是非常复杂、繁琐和极具挑战性的工作。第一，它对工作分析的实施者有较高的专业素质要求，如果缺乏必要的专业常识和专业经验，很有可能需要多次的返工。第二，工作分析不是一项立竿见影的工作，虽然它对人力资源管理其他功能的影响是巨大的，但它很难为企业产生直接和立即的效应。这种特点可能会使企业高层领导和人力资源经理们将工作分析工作一拖再拖，使得整个工作分析的时间跨度远远超过立项时的预期。第三，工作分析工作不是人力资源管理部门单独可以完成的，它涉及企业每一个部门、每一级管理者，甚至需要每一位员工的协助才能顺利开展，而且有时还会不可避免地影响到正常工作。除此之外，还有些企业的高层管理者并不了解工作分析的作用和意义，认为工作分析可有可无，从而使整个工作分析工作得不到他们实质性的支持，这都会影响到工作分析的开展；最后，工作分析是一个连续的、动态的工作，工作描述和任职资格要求都要随着组织架构的调整和部门职能的转变而相应地变化，所谓"一劳永逸"的工作描述和任职资格要求只能是一纸空文，发挥不了任何作用。

工作分析的复杂性不但决定了它在实施中需要有较高的专业素质作为保证，而且必须要对工作分析的流程有清晰的认识，要对整个工作分析工作进行统筹规划和对工作分析过程进行有效的控制。一套科学适用的工作分析程序可以有效地指导企业的工作分析活动，避免企业走弯路，大大节省操作成本。作为一项复杂的系统工程，企业进行工作分析必须统筹规划，按计划、按步骤进行。不同性质的组织有着不同的工作分析流程，即使是同一家企业在不同时期所使用的工作分析程序也未必完全相同，这是与组织的发展阶段和运作特征密切相关的。但我们还是可以根据多年为企业提供人力资源管理咨询服务和指导的经验，从中概括出企业进行工作分析的一般流程，希望能够借以帮助和指导企业工作分析的有效实施。

第一节　工作分析的流程

一、确定工作分析目的

工作分析信息的价值对于不同需求对象是不一样的，在企业管理过程中，解决不同的管理问题（如员工缺席率高、事故多、劳动生产率低、培训效果甚微、太多的牢骚等）所需要的信息及其组合各不相同，因此，在进行工作分析时，首先要明确目的，做到有的放矢。

工作分析的目的也就是工作分析所获得信息的用途，直接决定了需要搜集何种类型的信息，以及使用何种方法来搜集这些信息。工作分析一般是出于以下目的：

（1）对各种特定工作进行如实的描述，正确认识这些工作；

（2）对工作进行设计或再设计，编制或修订工作说明书；

（3）明确对工作的岗位任职者资格、素质的要求，制定招聘标准和招聘测试方案；

（4）制订有关工作任职者的培训计划，提高培训的针对性和培训的效果；

（5）明确工作任务、职责、权力及其与相关工作的关系，杜绝争权和推诿责任等现象的出现，实现协调合作；

（6）进行工作比较，平衡薪资待遇，实现公平、公正；

（7）工作绩效评价，提高评价的客观性、公正性等。

目的不同，所需要采集、处理的工作信息内容和工作分析的工作量也就不同；工作分析人员的选择不同，所需费用也不相同，因此，进行工作分析首先需要的就是要明确工作分析的目的。

但是在明确工作分析的目的之后，也并不是说就可以立即推进这项工作了。作为一个复杂的系统工程，工作分析的顺利开展需要具备一定的前提条件：组织的工作流程已相对清晰和稳定；组织结构已确定，并具有相对稳定性；各部门已有的工作职位相对明确；组织近期内不会进行大的结构调整；已有充分的人力资源，不仅在数量上而且更是在质量上，来保证工作分析的开展；等等。如果这些条件都不具备，而非要在时机不恰当的情况下进行工作分析，那么工作分析的效果将大打折扣，甚至是费时费力惹得怨声载道却无法为企业的人力资源管理做出应有的贡献。所以企业在考虑工作分析的具体目的之前，还必须就企业是否满足工作分析开展的各项前提条件进行确认。

二、确定工作分析系统

工作分析是一个多层次、多种类，适应面非常广泛的管理技术。二战以后，工作分析的理论和方法日趋成熟完善，工作分析作为人力资源管理基础的地位逐步确立。在20世纪70年代，工作分析已被西方发达国家作为人力资源管理现代化的标志之一，并被人力资源管理专家视为人力资源管理最基本的职能。工作分析的传统方法，也是最基本的方法有观察法、访谈法、问卷调查法、工作日志法、典型事例法、工作实践法等。这些方法都有各自的优缺点以及各自的主要适用对象和范围。但如果把两种或两种以上方法综合使用，优势互补，适用面就更为宽广了。而且这些基本的工作分析方法再加上各种各类的工作分析系统方法，其适应性是非常强大的。而所谓工作分析系统，就是指具有特定目的的，围绕工作、人和组织的相互关系，基于相关理论的工作分析工具、工作分析技术（方法）的应用性组合。

工作分析系统的开发研究始于20世纪四五十年代，在20世纪七八十年代趋于成熟，获得了广泛应用。工作分析系统一般分为两大类：工作导向性工作分析系统和人员导向性工作分析系统。工作导向性工作分析系统侧重于分析提供产品和服务所需要的任务和行为，如 FJA（职能工作分析）、TI/CODAP（任务清单/综合职业数据分析系统）、MPDQ（管理职位描述问卷调查法）、WPSS（工作执行调查系统）、OMS（职业测定系统）等，把工作分析的目的直接对准工作目标、任务和其他有关工作实质性特征的事项，即以工作本身作为工作分析的出发点和落脚点；而人员导向性工作分析系统则强调成功完成工作任务和行为所需的个体工作者的知识、经验、技能、能力、天赋和性格特征等，如 PAQ（职位分析问卷）、CIT（关键事件法）、JEM（工作要素法）、BCM（行为一致性分析方法）、TTA（临界特质分析）、ARS（能力需求尺度分析）等，以任职者为工作分析的出发点，即通过了解任职者的潜质、能力和执行工作中表现出来的人格性向特征来了解工作。

工作导向与人员导向的工作分析系统，在本质上是不同的，它的选用第一取决于工作的结构性。当组织内的工作是高结构性的时候，采用工作导向性分析系统往往是有效的；而当工作的结构性低的时候，人员导向工作分析系统就具有优势。第二，工作分析系统的选择与产业的类型相关。传统产业的分工是非常细化的，标准化和程序化程度高，组织机构庞大而复杂，其产品和生产工艺相对固定，对外在环境的变化不敏感，因此，采用工作导向性分析系统。而对于知识性产业，要求对外部环境的变化快速适应，工作的内容和方法始终处于变化之中。由于知识性产业的这种特征，我们无法清楚界定始终处于变化中的工作特征，因此多采用人员导向性的工作分析系统。第三，工作的结果和过程特征也影响工作分析技术的选择。当一个组织输出的结果是大量的和一致性的时候，输入向输出的转化一定是标准化的，可以采用工作导向的工作分析系统；当一个组织输出的结果是充分个性化的时候，输入向输出的转化就是多样化的，致使这种转化更多地依靠工作执行人员的智慧和努力，采取人员导向性的工作分析系统几乎是唯一的选择。第四，工作分析系统的选择取决于企业价值观中对人的假设。当我们把人视为被动的时候，为了便于监督和控制，组织采取规范化的管理方式，因此往往适合采取工作导向的工作分析系统。当我们假设人是主动性的时候（特别当工作结果的评估困难的时候），只要人是有能力而且又是愿意承担责任的，工作的结果就是可靠的，此时，人员导向性工作分析系统是有效的。最后特别需要指出的是，当我们对某类特定人员进行研究的时候（如销售人员、技术人员、税务人员、会计等），采取人员导向性工作分析系统是首选。

尽管工作分析的理论与方法技术已经相当成熟，但并没有哪一个工作分析系统可以适用于所有的组织，也没有哪一个工作分析系统是无可挑剔的，它们都有其各自的适用条件和优缺点。在管理实践中，关键是要根据工作分析的目的，考虑企业自身的实际情况，选择最适合的工作分析系统。本书已在前面各章中详细介绍了以人员为导向和以工作为导向的多种工作分析系统，并就各种工作分析系统的开发、适用范围、操作步骤与关键控制点、优点与缺点等进行了详细的论述，在此不再作过多介绍。

三、确定并培训工作分析小组

工作分析的顺利进行需要有较高的专业知识和技能要求来作保证，而工作分析人员的数量和专业知识、经验结构则视工作分析的目的、任务、工作量而定。企业在进行工作分析时，通常要选择工作分析人员并成立工作分析小组来对整个工作分析的过程和结果负责。工作分析是一个复杂的系统工程，它不是人力资源部门单独所能够解决的，工作分析必须获得企业高层及各级管理人员的认可和支持。因此在工作分析小组的构成上，除了工作分析人员之外，一般会由企业高层领导任组长，而且部分核心部门的负责人也会参与进来，以使工作分析在组织内获得最大限度的支持。

工作分析人员就是那些接受专门培训以系统地搜集和分析工作信息的个体。工作分析人员通常接受过关于一种或者多种工作分析方法的正式培训，他们通常使用访谈法、问卷法或者观察法来搜集资料。工作分析人员既可能是组织内部成员也可能是从组织外部聘来的工作分析专家。当使用内部工作分析者时，他们通常来自人力资源部门或者其他相关部门，而外部工作分析者则往往是专业的咨询顾问。使用经专门训练的、有能力的工作分析人员的最主要优点，就是由于他们的专业训练，可以使他们比起那些完全没有经过正规训练的工作分析人员，其分析结果通常更客观、有效和可信。

工作分析人员通常有三种类型：工作分析专家（咨询顾问）、主管和任职者。三种人员各有优点和缺点。工作分析专家在分析过程中的优点是最客观公正，保持信息的一致性，在分析方法的选择上有专长；缺点是价格昂贵，而且他们可能会因对企业的情况缺乏了解而忽略工作中某些无形的方面。主管人员参加分析的优点是对所要分析的工作具有全面而深入的了解，搜集信息的速度也比较快；缺点是需要首先对他们进行工作分析的方法、技巧等方面的培训，而且工作分析需要占用他们大量的时间，从而影响他们的积极性，使分析的客观性没有保证。由任职者分析的优点是他们对工作最为熟悉，搜集信息的速度也最快；缺点是所搜集到的信息的标准化程度和职责的完整性较差，而且如果不是承担该类工作的所有员工都承担分析任务，那么就会引起那些被要求分析的员工的抵触。

就专业的人力资源咨询顾问而言，企业不可避免会涉及这样一个问题，即，决定何时应该从外部聘请咨询顾问来进行工作分析而不是利用企业的内部资源来进行。对这个问题并没有具体的、确定性的回答，因为这取决于特定的情景。其关键性问题就是：组织中是否可以找到合适的、有资格的人来完成工作分析？对于是否要请外部咨询专家介入，一般情况下，以下一些原则可以作为决策的参考：

（1）如果工作分析只是一时之需，那么聘用外部咨询专家可能要比使用内部资源开发工作分析能力更经济。

（2）企业往往会低估使用内部资源进行工作分析的成本。聘用咨询顾问并按照协议的工作范围进行工作分析所需要支付的酬金要比使用内部资源所花费的成本更容易预测。

（3）对于组织中那些对工作分析方法不在行的工作人员而言，自己动手做工作分析经证明是一种有价值的学习经验。然而，可以预料这会带来较慢的项目进展、较低的工作质量以及出现较多错误的可能性。

（4）内部工作人员与外部咨询专家相比进行的工作分析，信度相对较低。

（5）出于甄选标准开发与确认的目的，工作分析必须遵循合法性和技术性标准，因此使用内部人员进行工作分析（他们往往缺乏经验），出现错误而给企业带来损失的可能性就比较高。由于这些严格的合法性和技术性标准，使得企业必须要用受过专业技能训练的人来进行工作分析，咨询顾问无疑是一个比较好的选择。

在正常情况下，在工作分析小组中至少需要一名工作分析专家，他应该有着良好的专业知识技能和相当丰富的工作分析经验，这是保证工作分析有效进行的基本保证。在工作分析小组组成之后，需要对他们（尤其是在工作分析过程中承担实际操作任务的成员）就如何进行工作分析进行培训。培训时，主要由专家对工作分析的意义、使用工具的特点进行讲解，对项目用语的标准含义、施测指导语、施测过程的引导和控制进行统一规定，回答成员的质疑，并对有歧义的地方进行讨论和确定。在培训过程中，应提供给每位分析人员有关操作的书面材料，此外还要组织他们实际分析一份他们熟悉的、与正式分析无关的工作，如足球运动员、舞蹈演员等，毕竟实际操作能够帮助工作分析人员更好地使用工作分析工具和处理分析过程中出现的各种问题。

四、搜集工作信息

工作分析的目的不同，工作信息搜集的范围也不同，不一定每次工作分析活动都要采集全面的信息和涵盖所有的相关内容，即不应漏掉必须搜集的信息，否则我们就无法得出正确的结论；也不必搜集与工作分析目的无关的信息，毕竟所有的信息搜集都是需要付出成本的。

工作信息的价值对于不同工作分析需求对象而言是不一样的，在企业管理过程中，解决不同的管理问题（如工作流程不畅、岗位设置不合理、岗位职责不清晰等）所需要搜集的信息种类及其组合都不尽相同。因此，在进行工作分析时，首先要明确工作分析的目的，才能对工作信息搜集的范围进行选择，也就是说，选择哪些信息源，找哪些人访谈，看哪些现场，记录哪些活动，调阅哪些资料，都应根据工作分析的目的和任务来进行具体设计和选择，力求做到有的放矢。

为了确保工作信息的搜集质量，减少信息分析的工作量，我们有必要对工作分析所需要的各类工作信息有一个概括的认识。基本上讲，工作分析所需信息的主要类型有：① 工作活动，包括工作任务的描述，如工作任务是如何完成的、为什么要执行这项工作、什么时候执行这项工作，以及与其他工作和设备的关系，进行工作的程序，承担这项工作所需要的行为、动作与工作的要求等；② 工作中使用的机器、工具、设备、辅助设施和材料等；③ 工作条件，包括人身工作环境、劳动强度、工作背景、工作进度安排、报酬信息等；④ 对任职者的要求，包括与工作有关的特征要求、特定的技能、特定的教育和训练背景、与工作相关的工作经验、身体特征、态度等。概括而言，工作分析所需要搜集的信息一般包括以下诸项内容：

（1）工作的范围与主要内容；

（2）工作的具体职责；

（3）胜任工作所需的相关知识；

（4）胜任工作所需具备的技能；

（5）工作要求的灵巧与正确程度；

（6）工作要求具备的相关经验；

（7）与工作设备相关的操作技能；

（8）必要的年龄限制；

（9）所需的教育程度；

（10）技能的培养要求；

（11）学徒（见习期）要求；

（12）与组织内其他工作之间的关系；

（13）作业身体姿态；

（14）有关作业环境的信息；

（15）作业对身体的影响；

（16）劳动强度；

（17）特殊心理品质要求，等等。

在此需要强调的一点是，对上述所列各种信息的搜集，其中很重要的一个信息来源就是调用组织原有的背景资料，这些背景材料包括企业组织图、岗位配置图、工作流程图以及原有的工作说明书等。有效利用这些背景资料，不仅可以有助于工作分析人员很快地对组织现状进行了解，更重要的是它可以在很大程度上降低工作信息搜集的难度和工作量，比如，组织图可以显示出当前工作与组织中的其他工作的关系，以及它在整个组织中所处的地位，组织图不仅确定了每一职位的名称，而且用相互联结的直线明确表明了各职位间的相互关系，诸如谁应当向谁汇报工作、工作的承担者将同谁进行信息交流等；岗位配置图能够清晰地反应组织中现有岗位的人员配置情况，有助于工作分析者更好地对那些诸如一人多岗和一岗多人的问题进行判断和处理；工作流程图可以提供比组织结构图更详细的有关工作方面的信息，它可以清晰地反映在现有条件下，组织中各岗位的工作输入与输出关系，这对现有工作流程进行优化和调整是非常重要的；而原有的工作说明书则是提取工作信息、审查并重新编写工作说明书的一个很好的起点。除此之外，与企业高层领导就原工作系统运行中存在的问题进行深入探讨、获取他们实质性的支持，对整个工作分析而言也是非常重要的。

五、分析工作信息

对工作信息进行分析就是将利用各种搜集信息方法所搜集到的信息进行统计、分析、研究、归类的一个过程。对工作信息进行分析是为了获得各种规范化的信息，如重点工作项目、任职资格要求、工作族等，并最终形成格式统一的工作说明书。在信息分析阶段除了利用所搜集到的第一手资料，还可以参照企业以前的职务分析资料和同行业相同职位其他企业的相关职务分析资料，以提高信息分析的可靠性。而且在工作信息分析的过程中，工作分析人员如果对工作信息产生疑问，应主动请求基层管理者提供帮助，确保没有任何疑点。

在就工作信息进行分析之前，有一个步骤是不可以忽略的，即工作分析小组所获得的信息必须送交领导人或委托人进行审查确认。工作分析提供了与工作的性质和功能有关的信息，这些信息必须与从事这些工作的人员以及他们的直接主管进行核对才可能不出现偏差。这一核对工作有助于确定工作分析所获得的信息是否正确、完整，同时也有助于确定这些信息能否被所有与被分析工作相关的人所理解。此外，由于所搜集的工作信息是反映工作承担者的工作活动的，所以这一审查步骤实际上还为这些工作的承担者提供了一个审查和修改工作描述的机会，而这无疑会有助于赢得大家对你所搜集到的工作分析资料的认可。

对工作信息进行分析，不仅仅是针对某一个岗位或是某一个工作而言，通过对所搜集的工作信息进行归纳、整理、分类等处理，可以按照工作流程发生的先后顺序或者是按照不同工作之间逻辑上的一致性，将整个工作团队乃至部门甚至组织的全部工作信息进行梳理，可以得出部门的工作任务清单，并在组织内部岗位确认的情况下，进一步分析权限关系，形成部门工作任务及权限分配一览表，这对组织理清内部工作和权限关系、分析工作流程的合理性、对绩效形成过程进行有效控制以及组织架构的优化和调整等都具有重要的意义。

工作信息分析的另一个重要的作用就是通过对相关信息的整理、归纳和标准化，对包括工作基本信息：工作名称（工作名称既要准确反映工作内容，又要易于引起人们的认同和好感）、工作编码、所属部门、职务等级的分析；工作任务（包括该项工作所包含的各种活动及其相互联系、所要达到的目的、完成任务的标准等）的分析；工作责任（包括风险责任、过错责任、领导责任等）分析；职责权限划分（为完成工作任务、承担责任所必需的自主权力）分析；工作强度、复杂性及危险性分析；工作关系（包括内部关系、行政关系、对外关系等）分析；工作环境（包括物理环境、安全环境、社会环境等）分析；以及任职资格条件（包括知识、经验、能力、心理等）分析等，并最终在分析的基础上形成规范性的工作说明书，为工作分析结果的利用奠定基础。

通过对工作信息整理、归纳和分析，可以得到组织中具体某一工作的任务清单，见表14-1。但是仅仅得到工作任务清单，显然不是工作信息分析的目的。一般来说，专业工作分析人员可以通过进一步的分析，如选择时间消耗和工作任务的相对重要程度为分析的两个维度，来获取决定某一岗位工作绩效的重点工作项目（见表14-2），并以这些重点工作项目为基础对工作责任、任职资格等作出进一步的分析，根据编制工作说明书的要求得出各类经过加工分析的规范信息。

表 14-1　人力资源部工作任务及权限分配一览表（部分）

序号	项目区分	职　责	权限				相互联系	
			职员	主管	经理	总监	总经理	协作单位	通知
一	组织管理	1. 根据公司长期战略，设计组织结构		议案	承办	审核	核决		
		2. 划分部门职责		议案	承办	审核	核决		
		3. 工作设计与人员编制		议案	承办	审核	核决		
		4. 拟订组织规程		议案	承办	审核	核决		
		5. 组织规程的公告通知			承办				所有部门
		6. 组织规程的解释说明	议案	承办					
		7. 监察组织规程实施情况			承办	承办		有关部门	
		8. 调整与修订组织规程		议案	承办	审核	核决	有关部门	
二	人事制度	1. 根据国家政策，拟定人事制度及规章	承办	审核	审核	审核	核决		
		2. 人事制度的解释说明		承办	承办				
		3. 监督各部门人事制度的实施情况		承办	承办			有关部门	
		4. 调整与修订人事制度	承办	审核	审核	审核	核决		
三	工作分析与评价	1. 进行工作分析与工作评价	议案	承办	审核	核决		有关部门	
		2. 编制职务说明书	议案	承办	审核	核决		有关部门	
		3. 负责职务说明书的解释说明		承办	承办				
		4. 调整与修订职务说明书	议案	承办	审核	核决			
四	人力资源规划	1. 预测公司的中长期与年度人力资源需求		议案	承办	核决			
		2. 统计分析公司现有人力资源的情况	议案	承办				有关部门	
		3. 预测组织内部人员流动及异动情况	议案	承办				有关部门	
		4. 预测人力资源净需求		承办					
		5. 制定公司人力资源规划		议案	承办	审核	核决		
五	招募选拔	1. 汇总各部门人才需求信息	承办	核决				有关部门	
		2. 制订公司招聘录用计划		承办	审核	审核	核决		有关部门
		3. 编制招聘工作的费用预算		承办	审核	审核	核决		
		4. 负责招聘准备工作	承办	核决					
		5. 组织招聘工作	承办					用人部门	
		6. 组织新进员工的身体检查	承办						
		7. 办理新进员工聘用手续	承办						
		8. 新进员工的试用期管理		承办				用人部门	
		9. 建立、维护并分析求职人才信息库	承办						
		10. 临时人员的选拔录用		承办				用人部门	
		11. 与外部人才机构保持长期联系	承办	承办	承办				
		12. 员工招聘资料的整理归档	承办						

（续表）

序号	项目区分	职责	权限					相互联系	
			职员	主管	经理	总监	总经理	协作单位	通知
六	培训与开发	1. 汇总各部门培训需求信息	议案	承办	核决			有关部门	
		2. 研究制订公司整体的培训开发计划	议案	承办	审核	核决			
		3. 编制公司培训经费的预算		承办	审核	审核	核决		
		4. 开发培训课程，拟定培训科目	承办	审核	核决				
		5. 准备培训所需资料与教材	承办						
		6. 备课	承办						
		7. 安排培训相关事宜	承办						有关部门
		8. 实施员工培训计划	承办						
		9. 培训器材的维护与管理	承办						
		10. 联系、接待外部培训、咨询机构有关人员	承办	承办					
		11. 跟踪调查外来培训师授课效果	议案	承办	审核				
		12. 搜集、整理培训工作的反馈意见	承办						
		13. 撰写培训工作的总结报告	承办	审核	核决			有关部门	
		14. 公司普通员工外培、进修申请的汇总与复核	承办	审核	核决				
		15. 公司主管及以上人员外培、进修申请的汇总与复核		承办	审核	核决			
		16. 监察各部门在职培训情况	承办					有关部门	
		17. 提炼并宣传公司的企业文化	议案	议案	承办	审核	核决	有关部门	
		18. 负责监察各部门员工个人职业生涯设计的管理工作	议案	承办	审核	核决		有关部门	
		19. 员工培训档案材料归档	承办						
七	奖惩考绩	1. 拟定绩效考核计划	议案	承办	审核	核决			
		2. 为直线经理提供相应的咨询、指导	承办	承办	承办				
		3. 监察各部门绩效考核的实施		承办	承办			有关部门	
		4. 监察各部门绩效改进计划的实施		承办	承办			有关部门	
		5. 汇总各部门考核结果	承办					有关部门	
		6. 整理有关考核的反馈信息	承办						
		7. 汇总各部门奖惩人员名单	承办	审核	核决			有关部门	
		8. 组织受奖励人员的表彰事宜	承办						
		9. 办理员工奖惩手续	承办	审核	核决				
		10. 奖惩事件的登记与统计分析	承办						
		11. 绩效管理工作的总结汇报	承办	审核	核决				
		12. 绩效管理、奖惩资料的归档	承办						

（续表）

序号	项目区分	职责	权限					相互联系	
			职员	主管	经理	总监	总经理	协作单位	通知
八	薪资管理	1. 薪资调查		承办	核决				
		2. 新进员工的薪资定级	承办	审核	审核	核决			
		3. 根据绩效考核与异动结果，调整员工薪资	承办	审核	审核	核决			
		4. 计算企业员工薪资、福利和社会保险费	承办	核决				有关部门	
		5. 编制并核定薪资与福利报表	承办	审核	核决			计财部与总务部	
		6. 负责缴纳社会保险费事宜	承办	审核	核决				
		7. 人工成本分析		承办	核决				
		8. 编写薪资管理工作的总结报告	承办	审核	核决				
		9. 拟定薪资管理体系调整方案	承办	审核	审核	审核	核决		
		10. 监督薪资管理体系调整方案的实施	议案	承办	审核	核决		有关部门	
九	员工异动管理	1. 汇总、复核公司各部门员工的异动申请	承办	核决					
		2. 与异动当事人进行异动面谈		承办	承办			有关部门	
		3. 办理人员异动的相关手续	承办	核决					
		4. 员工异动的登记	承办	核决					
		5. 监督工作交接办法的实施	承办					有关部门	
		6. 员工离职移交清册的审核、提报、保管	承办					有关部门	
		7. 调查分析公司员工流动情况及原因	承办						
十	劳动关系	1. 劳动合同条款的解释说明	承办	承办					
		2. 劳动合同的管理	承办						
		3. 与工会协调沟通	承办	承办					
		4. 员工满意度调查	承办	审核	核决				
		5. 劳动争议的调查与处理	承办	审核	审核	核决			
		6. 员工合理化建议的搜集整理、反馈、奖励	承办	审核	核决			有关部门	
		7. 联系并定期组织员工的身体检查	承办	核决					
		8. 编制员工健康情形的调查分析及统计报告	承办	审核	核决				
		9. 与法律以及政府劳动人事部门建立和谐关系	承办	承办	承办				

(续表)

序号	项目区分	职责	权限					相互联系	
			职员	主管	经理	总监	总经理	协作单位	通知
十一	人事资料、档案的管理	1. 人事资料与报表的归档与日常管理	承办						
		2. 对人事资料进行统计分析	承办						
		3. 重要的协议及敏感性文件的妥善保管和控制			承办				
		4. 建立并管理员工人事档案	承办					有关部门	
		5. 办理人事档案的查询事宜	承办						
		6. 办理员工异动过程中的人事档案转交	承办	审核	核决				
		7. 负责废弃人事档案的销毁	承办	审核	核决				

表14-2 人力资源部招聘专员工作任务清单

功能	职责		细目
人力资源规划	人力资源规划管理	1	制定管理体系图
		2	制订阶段性实施计划
		3	根据阶段性实施计划，制定人力资源管理制度
		4	解释人力资源管理制度
		5	监督执行人力资源管理制度
		6	向公司各部门提供咨询
组织管理	组织结构管理	7	根据公司发展规划建议调整组织结构
		8	根据公司统一部署，参与组织结构的调整
	编制管理	9	参与制订各部门岗位编制方案
		10	根据公司核准的岗位编制进行日常管理
		11	根据实际情况，对各部门岗位编制提出调整意见
	关键工序人员管理	12	建立各生产车间及工装制造中心关键工序人员管理台账
		13	编制各生产车间及工装制造中心关键工序人员明细表
		14	定期监督关键工序管理制度执行
人员选聘	员工的外部招聘	15	根据公司人力资源规划编制人员招聘计划
		16	根据人员招聘计划，制作招聘广告文案
		17	制作招聘计划书，确定招聘方式、时间、地点及费用
		18	预订现场招聘展位
		19	确定参加现场招聘的人员
		20	准备现场招聘的资料
		21	布置招聘现场并进行现场招聘
		22	对各类求职者的资料进行整理

（续表）

功能	职责		细目
人员选聘	员工的外部招聘	23	组织相关部门对求职者的资料进行初步筛选
		24	根据初选结果确定复试时间、地点及参加人员
		25	组织复试
		26	根据复试结果确定录用人员名单
		27	招聘总结
		28	对录用者，与其签订就业协议
		29	办理录用者的引入手续
		30	接收安置新员工，对其进行岗前培训
		31	安排新员工见习
		32	收集见习部门对见习员工的评价
		33	组织对见习员工的跟踪评估
		34	组织对到期的见习员工进行转正考核
		35	发员工转正定级表到员工见习部门
		36	对合格者，办理转正手续
		37	对不合格者，办理延期转正手续
		38	根据公司人员招聘计划到学校招聘大中专、技校毕业生
		39	根据国家指令性计划，安置复、转业军人，办理相关接收手续
		40	根据公司人员招聘计划对引进调入人员，组织体检及考核，合格后办理有关调入手续
		41	办理上岗证
劳动合同管理	劳动合同的签订	42	建立劳动合同台账
		43	统计年度内劳动合同到期人员明细，细分到月
		44	根据工作需要，结合员工意向，签订（续签）劳动合同
		45	按国家规定，鉴证劳动合同

在表 14-3 中，根据对工作任务的时间消耗和重要程度进行 5 级评定，从工作任务清单中判断哪些工作任务才是决定该工作绩效结果形成的重点。

- 重要程度：根据发生问题对工作的影响程度和影响的持久性程度进行判断，划分为 5 个等级：5（极为重要）、4（非常重要）、3（比较重要）、2（不重要）、1（轻微）；
- 时间消耗：根据该项工作占总作业时间的比例进行评估，划分 5 个等级：5（极多）、4（非常多）、3（比较多）、2（相对少）、1（极少）。

确定的重点工作项目需要我们进行进一步的分析，通过分析可以获得各项重点工作任务对学历、特定知识、特定经验以及特定能力的要求，这样一个思路就是将复杂的工作分

表 14-3　重点工作项目评定表

部门：　　　　　　　　职位名称：　　　　　　　　　　　　　　　职位编号：

时间消耗＼重要程度	5	4	3	2	1
5	填写工作任务清单的对应标号				
4					
3					
2					
1					

解为一个个相对简单和独立的工作单元，因为对一个复杂的工作组合体而言确认其任职资格要求是难度很高的，而将他们分解开来相对独立地进行分析则容易得多，可操作性也会强很多（见表14-4）。对各项重点工作任务分析完毕后，就可以对完成各项工作任务的必备要求进行分析，将这些要求进行汇总归并（如有相同要求，选取要求最高者），可得到完成某一工作所需要的各项学历、经验、能力等要求。

表 14-4　重点工作项目分析表

重点工作项目	学历要求	特定知识（专业）要求	特定经验（经历）要求	特定能力要求

随后就是要对这些经验、知识、能力等进行系统分析（见表14-5），确认从事某一工作所必须具备的各项任职资格，这些内容是工作说明书的重要组成部分，可以在人力资源管理实践中用来指导员工的招聘与录用、考核要素确认以及培训要素确认等重要活动。

表 14-5　任职资格确认表

评估项目＼评估内容		是否是招聘时必须具备的要求	是否是区分优秀员工的重要标志	若不具备是否会给工作带来麻烦	如果不具备这一要素是否可以勉强接受
特定知识要求		是　否	是　否	是　否	是　否
		是　否	是　否	是　否	是　否
		是　否	是　否	是　否	是　否
		是　否	是　否	是　否	是　否

（续表）

评估项目 \ 评估内容		是否是招聘时必须具备的要求		是否是区分优秀员工的重要标志		若不具备是否会给工作带来麻烦		如果不具备这一要素是否可以勉强接受	
		是	否	是	否	是	否	是	否
特定经验要求		是	否	是	否	是	否	是	否
		是	否	是	否	是	否	是	否
		是	否	是	否	是	否	是	否
特定能力要求（例）	1. 领导力	是	否	是	否	是	否	是	否
	2. 协调力	是	否	是	否	是	否	是	否
	3. 计划力	是	否	是	否	是	否	是	否
	4. 亲和力	是	否	是	否	是	否	是	否
	5. ……	是	否	是	否	是	否	是	否

六、制定工作说明书

工作说明书是工作分析的最终结果，它包含了工作分析所获得的所有信息，并把它们以标准化的形式编制成文。全面地讲，一份完整的工作说明书应该包含以下五个部分：

（1）工作描述；

（2）工作者说明书（任职资格要求）；

（3）工作执行标准；

（4）报酬因素；

（5）工作族等。

我们一般意义上讲的工作说明书，多是指工作描述和工作者说明书的合并，而较少涉及工作执行标准、报酬因素和工作族等。工作执行标准是指工作在执行过程中必须遵循的操作规范与指南以及完成某项工作所必须达到的绩效要求，有时要求不高的时候，它也可能出现在工作描述中。报酬因素不是一般意义上我们所说的"多少钱"，而是指在工作评价基础上，某一工作在组织薪酬体系中的相对价值。工作族则是一些工作性质相同、工作内容相近、任职资格要求相差不大的工作的组合，员工可以在工作族中选择适当的工作进行工作轮换，它也是解决组织扁平化所带来的员工成长空间减少问题的一个对策。由此也可见，工作执行标准、报酬因素以及工作族等已经不完全是工作分析所能够解决的问题了，它们往往需要在流程分析、工作评价、薪酬体系设计以及绩效指标体系设计等的基础上才可以获得。

工作说明书的编写也并没有一个标准化的模式，根据不同的目的和用途，以及适用的对象不同，工作说明书可以选取不同的内容和形式（见表14-6、表14-7），但正如上面所说的，大多数的工作说明书都包含以下两大部分内容。

表14-6　工作说明书范例：人力资源部经理的工作说明书

职务名称：人力资源部经理	职务编码：AR-01
隶属部门：人力资源部	直接上级：人事行政总监
职　级：	薪资幅度：
批 准 人：	批准日期：
工作描述	
一、工作概要 　　在公司经营方针政策和人事行政总监的领导下，根据相关管理制度和业务流程要求，通过履行下列工作职责，对公司的人力资源管理活动进行计划、组织、指挥、协调、控制与监督	
二、组织中的位置 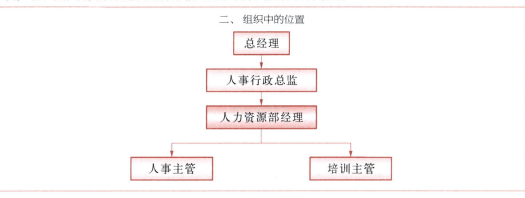	
三、工作职责描述	
1. 根据公司中长期计划，拟定本部门工作计划 2. 编制部门工作计划的具体实施方案 3. 编制部门财务预算提请人事行政总监审核 4. 核决人事主管与培训主管拟定的短期工作计划 5. 指导下属员工处理重要的、困难的管理或专业性问题 6. 对下属人员进行必要的培训 7. 激励下属员工提高工作效率 8. 根据公司绩效管理制度，考核人事主管与培训主管的工作业绩，并协助其制订绩效改进计划 9. 根据绩效考核结果，向人事行政总监提出人事主管和培训主管的奖惩建议 10. 核决、监察人事主管和培训主管提出的一般员工的奖惩建议 11. 在人事行政总监的指导下，协调本部门或部门之间的工作 12. 将本部门工作中对公司或其他部门有重大影响的事项向人事行政总监汇报 13. 提出本部门人事安排的调整建议，并呈报人事行政总监审批 14. 贯彻实施公司的各项规章制度 15. 编写有关工作执行和完成情况的报告，并呈交人事行政总监 16. 根据公司长期战略，设计组织结构并划分部门职责，并呈交人事行政总监审核 17. 进行工作设计与人员编制，并呈交人事行政总监审核 18. 拟订与调整组织规程，并呈交人事行政总监审核 19. 监察组织规程实施情况 20. 审核下属员工拟定的公司人事制度及规章 21. 负责组织规程与人事制度的解释说明 22. 监督并指导下属进行工作分析、工作评价，并审核其编制的职务说明书 23. 根据公司战略与组织结构，预测公司的中长期与年度人力资源需求 24. 根据有关分析与预测，制定公司的人力资源规划 25. 审核招聘与培训经费预算，并呈交人事行政总监审核 26. 审核下属制订的公司招聘计划、整体培训开发计划、绩效考核计划 27. 核决培训主管提交的培训科目	

（续表）

28. 管理公司员工外培与进修申请的复核工作
29. 与本部门人员研究，提炼、宣传公司的企业文化
30. 审核公司员工职业生涯设计的管理工作
31. 监察并协助各部门进行绩效考核、制订绩效改进计划
32. 核决员工奖惩事宜
33. 审核新进员工的定资与在职员工的调资工作
34. 审核薪资调整方案，并呈交人事行政总监
35. 监督与指导下属处理劳动争议问题
36. 与异动员工（主管及以上人员）进行异动面谈
37. 管理员工合理化建议的搜集、反馈与奖励工作
38. 负责重要、敏感文件的保管与控制
39. 负责核决档案管理工作中的重大事宜，如人事档案的转交与销毁
40. 审核或核决公司人力资源管理中形成的报告与报表，如薪资调查报告、薪资与福利报表、人工成本分析报告、外来培训师授课效果的调查等
41. 核决人事与培训主管的工作总结
42. 负责与外部人才机构、培训机构、高等院校、政府和法律部门保持联系
43. 搜集、整理、分析各部门及员工对人力资源管理工作的意见与建议
44. 积极完成人事行政总监布置的其他任务

基本任职资格		
一、普通教育程度——13~16年		
具体描述 · 推理能力	数学能力	语文能力
1. 应用逻辑或科学的方法思考问题、界定概念、搜集数据、确定事实，并作出有效的结论 2. 阐释在书籍、文本中以数学或图表形式表述的各类技术性指标 3. 能够处理一些抽象和具体的变量	1. 应用高等数学和统计技术 2. 运用许多与本职业相关的数学概念 3. 能够应用解决相关问题的数学方法	1. 撰写报告、文章或编审文献 2. 起草契约和合同 3. 能够为各类人员提供咨询意见
二、职业培训要求 6年以上相关工作经验		
三、精力和体力要求		
类别	等 级	
精神努力程度 工作压力 繁重程度	（低）5 4 3 **2** 1（高） （低）5 4 3 **2** 1（高） （低）**5** 4 3 2 1（高）	
从业人员职能		
类别	程度	说明
数据 人 物	协调 交涉 无关紧要	以数据分析为基础，确定操作或行动的时间、地点、顺序，执行决定和/或报告发生的事件 与他人交流思想、信息和意见，以制定方针政策、工作计划及共同决定、结论或解决办法 没有明显关系
一、职业能力倾向		
代号	能力名称	能力等级	分级说明
G V N	智力 语言表达能力 数学计算能力	5 4 3 **2** 1 5 4 3 **2** 1 5 4 3 **2** 1	1. 最高的10% 2. 较高的1/3，但不包括最高的10% 3. 中间的1/3

（续表）

代号	能 力 名 称	能 力 等 级	分 级 说 明
S	空间能力	5 **4** 3 2 1	4. 较低的1/3，不包括最低的10%
P	形体感	5 **4** 3 2 1	5. 最低的10%
Q	文书处理能力	5 4 **3** 2 1	注：百分比表示在从业人口中所达到
K	动作协调	5 **4** 3 2 1	的相应水平人口比例
F	手指灵活性	5 **4** 3 2 1	
M	手工灵巧性	5 **4** 3 2 1	
E	眼、手、足配合	**5** 4 3 2 1	
C	颜色辨别能力	**5** 4 3 2 1	

二、职业兴趣因素

1. 与相关人员进行业务接触
2. 与他人交往并交流思想
3. 谋求享有威望和受人尊重的工作

三、职业性格因素

1. 指导、控制和规划自己或下属的工作
2. 在职责范围内与相关人员打交道，而不只限于发出和接受指示
3. 对他人在思想或事务方面的意见、态度或判断施加影响
4. 根据感觉或判断标准，对信息进行评价（作出归纳、判断或决策）
5. 职责多种多样，往往变换频繁

四、职业能力要求

1. 学习能力：理解组织规程、人事制度和实际操作办法，并具有成功地指挥人力资源部活动所必需的专门知识
2. 语言表达能力：能够有效地与人交往，并与不同背景、不同层次的人明确无误地交换意见
3. 数学计算能力：能够估计财务预算，预测人力需求，并能够有效地审查本部门活动以保证资源有效分配
4. 办公（文书事务）能力：能够掌握语言或数字资料中的重要内容，并发现文电或报告中的错误
5. 电脑操作能力：能够熟练使用电脑和常用办公软件

五、培训与录用要求

1. 大学毕业（相关专业），并有4年以上相关工作经验
2. 或者，高中毕业，并有6年以上相关工作经验

六、晋升与职务轮换可能性

晋升

可以晋升为人事行政总监或其他需要类似任职条件、责任更重、报酬更高的经理职位

职务轮换

可以调任行政或总务部经理，但须具有必要的教育程度、培训和经历

七、备注

制表时间：2018年11月28日

表14-7 工人岗位工作说明书（样板）

车间： 填表日期：＿＿＿＿年＿＿＿＿月＿＿＿＿日

1	岗位名称		2	填表人：		3	检查人：	
4	工作概要							

（续表）

5	工作种类	1) 单独作业； 2) 共同作业； 3) 连续作业； 4) 间断作业		
6	工作姿势	1) 以站为主； 2) 以坐为主； 3) 以走动为主； 4) 以弯腰为主； 5) 以蹲为主		
7	使用设备和工具			
8	所需最低学历	1) 初中； 2) 高中； 3) 中技； 4) 中专； 5) 专科		
9	所需技能训练	1) 不需要； 2) 3个月以下； 3) 3~6个月； 4) 6个月~1年； 5) 1~2年		
10	所需技能说明	（本岗位应知应会的内容）		
		技能要求	1) 很高； 2) 高； 3) 较高； 4) 低； 5) 较低	
11	质量难度	1) 很难； 2) 难； 3) 较难； 4) 一般； 5) 简单		
12	劳动责任	生产责任	1) 影响全局； 2) 影响局部； 3) 影响班组； 4) 影响工序； 5) 无	
		安全责任	1) 重大； 2) 大； 3) 较大； 4) 一般； 5) 较小	
		质量责任	1) 重大； 2) 大； 3) 较大； 4) 小； 5) 无	
		设备安全责任	1) 重大； 2) 大； 3) 较大； 4) 一般； 5) 较小	
13	经验	1) 不需要； 2) 需要		
		说明：		
14	证照	1) 不需要； 2) 需要		
		说明：（以市级以上或公司人力资源部发放的证照为准）		
15	危险性	高空	1) 是； 2) 否	
		电击	1) 高； 2) 低； 3) 无	
		爆炸	1) 高； 2) 低； 3) 无	
		放射性	1) 强； 2) 弱； 3) 无	
16	粉尘	1) 严重； 2) 较重； 3) 轻； 4) 轻微； 5) 无		
17	有毒	1) 剧毒超标； 2) 有毒超标； 3) 剧毒不超标； 4) 有毒不超标； 5) 无毒		
18	温度	1) 高温； 2) 自然温度； 3) 恒温		
19	噪声	噪声	1) 很大； 2) 大； 3) 较大； 4) 小； 5) 无	
		震动	1) 很强； 2) 强； 3) 较强； 4) 弱； 5) 无	

（续表）

20	空气	通风	1）很差；	2）差；	3）较差；	4）一般；	5）良好
		气味	1）很浓；	2）浓；	3）较浓；	4）淡；	5）无
		烟雾	1）很浓；	2）浓；	3）较浓；	4）淡；	5）无
21	体力负荷	举	1）很重；	2）重；	3）轻；	4）很轻；	5）无
		带	1）很重；	2）重；	3）轻；	4）很轻；	5）无
		推	1）很重；	2）重；	3）轻；	4）很轻；	5）无
		拉	1）很重；	2）重；	3）轻；	4）很轻；	5）无

（1）工作描述。

① 工作标志：包括工作名称、工作代码、所属部门、直接主管的职位名称、工资等级等；

② 工作分析日期：目的是为了避免使用过时的工作说明文件；

③ 工作任务综述（概述）：描述工作的总体性质，简要说明工作内容、工作的价值和要实现的目的；

④ 工作联系：说明工作承担者与组织内或组织外的其他人之间的联系情况，包括汇报对象、监督对象、工作合作对象、接触的外部公司人员等；

⑤ 工作的任务与责任：详细罗列每一项任务及每一项任务的主要职责；

⑥ 工作的权限：包括决策的权限、对其他人实施监督的权限以及经费预算的权限等；

⑦ 工作的绩效标准：说明每一项任务在执行时所应达到的标准；

⑧ 工作条件：对工作环境中各种因素的标准化要求和劳动保护的标准化要求，包括噪声水平、危害程度、热度等一般工作条件。

（2）工作者说明书（任职资格要求）。

① 教育程度或学历；

② 必备的工作经验；

③ 必备的职业培训及资格证书等；

④ 职业能力倾向；

⑤ 必备的职业能力；

⑥ 知识与技能要求；

⑦ 个性特征等。

七、工作分析结果应用

工作分析是现代人力资源管理的基础，工作分析结果在人力资源管理各项功能中发挥着不可或缺的作用。工作分析结果集中体现于工作说明书中，工作说明书所包含的内容在上一小节已有所介绍，这一小节主要介绍的是工作说明书在人力资源管理系统中的具体应用，归纳起来如下所示。

（1）职位分类：利用工作说明书，可以根据各种职务的工作内容性质或任职资格要求的共通性，将不同的工作归纳到相应的类别中去，如工勤系列、职员系列、财务系列、营销系列、技术系列、技工系列等。对职位进行分类，是组织薪酬体系设计的一个基础要求，通过职位分类可以为不同的职位系列设置不同的成长通道，有利于企业确定薪酬的倾斜政策以及培养专门的人才。

（2）工作设计与再设计：通过工作分析，可以对工作的内容、工作职责、工作关系、工作流程、工作环境和条件等各个方面进行系统的审视，通过改进不合理之处来提高员工的工作满意度，提高员工的工作效率。而且利用工作分析提供的信息，可以对工作所要完成的具体任务及采用的方法进行重新确认，有助于组织通过工作的丰富化和工作的扩大化来对工作进行再设计，使得人与工作能够更好地匹配。

（3）人力资源规划：组织需要确认是否有合适数量的员工在合适的时间出现在合适的位置上，为组织和客户产生最大的效益。同时，要保证人力资源的储备能够满足组织不断成长的要求。工作说明书所提供的信息中包括工作的任务有哪些，以及具备什么样条件的人才能完成这些工作任务，这实际上决定了需要招聘和雇佣什么样的人来从事此种工作，从而也就确定了招聘甄选计划和甄选条件。因此可以：

① 根据公司的总体设计计划、公司各部门的需求以及工作分析的结果来确定所需要的人员配备及组织内已有的人力资源状况；

② 如果两者相互匹配，则无须外部招聘，只需做好内部人力资源调配工作；

③ 如果两者相互不匹配，则需确定需要招聘的岗位，根据该岗位的工作说明书要求进行招聘工作。

（4）招聘与录用：通过工作分析，明确不同工作的任职资格，规定符合工作要求的人员录用标准，可以客观、公正地评价求职人员，从而使甄选录用工作科学化、正规化，避免经验主义和录用中的盲目性，保证了人适其职，从源头上对工作绩效的影响因素进行控制。

（5）工作评价：工作说明书是工作评价的基础性文件，没有标准的工作说明书来提供标准化的工作信息，在组织中，尤其是在规模庞大、层级关系复杂的组织中就不同工作在组织中的相对价值进行排序，简直是不可想象的。工作评价是建立健全薪酬体系的关键所在，而工作分析又是工作评价的基础，从这一意义上说，一个系统而科学的工作分析过程是薪酬体系建设的必由之路。

（6）绩效评价：绩效评价的过程就是将员工的实际工作绩效同要求其达到的工作绩效标准进行对比的过程。而雇员应当达到何种绩效标准，以及需要完成哪些特定活动都需要通过工作分析来确定。工作分析可以帮助我们确定一项工作的具体内容，根据这些内容，可以制定出符合组织要求的绩效标准，根据这些标准对员工工作的有效性进行客观地评价和考核。

（7）员工培训：工作分析以及作为工作分析结果的工作说明书显示出了工作本身要求

雇员具备哪些技能，可以帮助我们判断从业人员是否符合工作的要求以及员工目前的能力与工作要求的差距，从而自然也就能够了解雇员的培训需求，并根据培训需求制订培训计划，确定培训方针、培训内容和培训方式，决定受训人员，评价培训效果等，真正使培训具有针对性、及时性和有效性。

（8）员工调动与安置：通过工作分析，有助于我们根据组织与个人情况判断一个人是否适合一项工作，在不需要培训的情况下，可以为员工提供不同的工作机会，提高人与工作的适应性，使每一个员工在既能胜任、又符合自己特点的工作中发挥作用。

（9）劳动安全：通过工作分析，可以全面了解不同工作的危险程度，从而采取有效的安全保护措施。同时，一旦发生事故，也可以根据工作分析的信息，科学地分析和判断事故的原因，为事故的处理提供有效的依据。

工作分析是人力资源管理活动的基础，它是组织进行公平管理的基础，工作分析提供的信息集中体现于工作说明书，它所提供的信息对员工的薪酬、考核、晋升、职业发展等具有直接的影响。一般来说，工作分析结果的应用都不是独立进行的，不同的应用之间互相联系、互为支撑，例如，工作分类和工作评价常常是交织在一起的，两者又同时为绩效评价提供支持。

第二节　搜集工作信息的方法

工作分析所需工作信息的搜集方法有多种，最常为使用的是访谈法、问卷法、观察法以及工作日志法，就一般情况而言，在工作分析中很少只使用单独一种信息搜集方法来作为支撑，往往都是将不同的工作分析方法加以组合，取长补短，以求更好地获得各种所需要的工作信息。但就具体每一种工作信息的搜集方法而言，又都有其适用条件和具体操作时的注意事项，企业在选定工作信息搜集方法之后，一般也需就具体的操作步骤和注意事项对信息搜集（调查）人员进行相应的培训。下面就几种最为常用的工作信息搜集方法进行介绍。

一、访谈法

访谈法又称面谈法，它是通过工作分析者与被访人员就工作相关内容进行面对面沟通来获得工作信息的方法。访谈法是应用最为广泛的工作信息搜集方法，在很多工作分析系统中也是一个非常重要的步骤。访谈法对工作分析人员的语言表达能力和逻辑思维能力有较高的要求，针对的对象较适合于脑力工作者，如开发人员、设计人员、高层管理人员等，它可以对其工作态度、动机等深层次内容有详细和比较深刻的了解。

有效的工作分析需要从访谈中得到尽可能完全和清晰的工作信息，在进行正式的访谈之前，对整个访谈过程进行事先计划是非常必要的。

（1）在访谈进行之前，对手头能找到的信息进行了解，如之前相关的访谈记录、有关该工作的文件记录等。除此之外，访谈之前我们往往需要确定以下几个方面的问题：

① 访谈的对象是什么，访谈对象的差异程度如何？
② 访谈的目的是什么，要提取的工作信息有哪些？
③ 访谈的结构化是什么（访谈的标准化程度）？
④ 所需的材料与工具有哪些？
⑤ 时间安排与地点安排是怎样的？

（2）确定所使用的访谈方法：一般来说，根据访谈的对象，访谈法可以分为个别员工访谈法、群体访谈法以及主管人员访谈法：

① 个别员工访谈法，适用于工作分析的时间充分，各个工作之间差别明显的情况下，员工作为某一工作的直接承担者，往往可以提供最为直接和完整的工作信息；

② 群体员工访谈法，在多个员工从事同样或者类似的工作的情况下，可以运用群体访谈法来搜集更全面的资料，而且可以避免过多的时间消耗；

③ 主管人员访谈法，当工作分析的时间紧张，往往可以同一个或多个主管进行较深入的访谈，以此在相对短的时间内最大限度地获得有效的工作信息。

（3）就访谈所需的技巧进行培训。并不是每个人都可以主持好访谈，访谈需要一系列技巧，如积极的倾听与沟通技巧、在引导谈话内容的同时使受访者处于放松状态的能力、引导受访者提供真实信息的能力、对访谈内容随时进行准确记录的能力等。这些技能或者经验，对于专业的工作分析专家而言可能不是问题，但就多数访谈者而言，如果有条件，应该事先有针对性地进行访谈技巧培训，尤其是专门针对工作分析的访谈技巧培训，这对获得有效的工作信息而言是非常重要的。

访谈法作为在工作分析中最为常用的信息搜集方法，即使访谈者具有良好的专业素质，也往往会因为访谈所得信息的不确定性强、量大且条理性差而在随后的整理过程中倍感头疼。访谈过程中涉及的问题往往较多，为了避免遗漏，保证信息采集的质量，最好事先拟定一份比较详细的访谈问卷或访谈提纲，以结构化或半结构化方式来进行访谈，这样便于记录、归纳和比较信息，并能更好地将访谈内容限制在与工作有关的范围内。以下给出了结构化和标准化程度不同的两个工作分析访谈表的样例，如表14-8、表14-9所示。

表14-8 工作分析访谈表1（结构化和标准化程度相对较低）

访谈人：＿＿＿＿＿＿ 访谈时间：＿＿＿＿＿＿
被访谈人：＿＿＿＿＿＿ 职位：＿＿＿＿＿＿
在本公司任职时间：＿＿＿＿年＿＿＿月
在本职位任职时间：＿＿＿＿年＿＿＿月
工作地点：＿＿＿＿＿＿ 联系电话：＿＿＿＿＿＿

工作输入： 工作行为： 工作输出：

（续表）

所需资源：	技能与能力要求：	补充说明：

表 14-9　工作分析访谈表 2（结构化和标准化程度相对较高）

职位名称：_____　　　主管部门：_____
所属部门：_____　　　工作地点：_____
间接主管：_____　　　直接主管：_____
访 谈 人：_____　　　日　　期：_____

1. 职位设置的目的和对该职位功能的简要描述

_____
_____
_____

2. 工作职责
按顺序举例说明本职位的工作责任及其重要性，或按工作发生的频率高低来列出该职位所承担的工作任务。

例常性的工作	时间消耗与任务的相对重要程度 1、2、3、4、5 （1 为最少/最不重要，5 为最多/最重要）
1	
2	
3	
4	
5	
……	

偶然性的工作	时间消耗与任务的相对重要程度 1、2、3、4、5 （1 为最少/最不重要，5 为最多/最重要）
1	
2	
3	
4	
5	
……	

3. 权限与相互关系
　　权限：在本职工作中的关键工作内容上，工作者的权限是什么？

工 作 内 容	权限（承办、审核、核准、复核等）

相互关系：本职位有哪些内部外部的关系？

工 作 内 容	相互关系（协作、通知、上报等）

4. 教育和知识要求

对于本职位的具体工作而言，所需要的一些教育与知识可以从学校获得，也可以通过自学、在职培训或从以往的工作经验中获得。请确定下列教育或知识中哪些是必要的，或指出胜任该工作所需要的教育要求是什么。

教育和知识要求	若是必需项目，请标示"√"
任职者能够读写并理解基本的口头或书面的指令	
任职者能够理解并执行工作程序以及理解上下级的隶属关系，并能够进行简单的数学运算和办公室设备的操作	
任职者能够理解并完成交给的任务，具备每分钟至少输入50个汉字的能力	
具备相近专业领域的一般知识	
具备商业管理与财政等方面的基础知识与技能	
具备商业管理与财政等方面的高级知识与技能	
其他方面的具体要求：	

5. 经验要求

本职位要求任职者具备哪些经验？请确定下列哪些经验是必要的，或指出胜任该工作所需要的经验要求是什么。

等 级	水 平
1	只需要短期的简单培训或实习即可；
2	只需要1个月的工作实习或在职培训即可；
3	只需要1~3个月的工作实习或在职培训即可；
4	只需要4~6个月的工作实习或在职培训即可；
5	只需要7~12个月的工作实习或在职培训即可；
6	只需要1~3年的工作实习或在职培训即可；
7	只需要3~5年的工作实习或在职培训即可；
8	只需要5~8年的工作实习或在职培训即可；
9	需要8年以上的工作实习或在职培训才可以胜任工作。

(续表)

6. 能力与技能
请大致叙述顺利完成该职位工作所需的关键能力或者技能是什么。

能力或技能	掌握程度

7. 体力活动
请简单叙述该职位对从业人员体力上的主要要求。
_____
_____
_____

8. 环境条件
请简单叙述从业人员主要的客观工作环境条件。
_____
_____
_____

9. 工具与设备

工具设备名称	一直使用	经常使用	偶尔使用

10. 附加说明
对本职位还要哪些需要补充说明?
_____
_____
_____

运用访谈法来搜集工作信息，是需要访谈者具有一定专业素养和实际操作经验的，了解在访谈过程中一些具体的注意事项和访谈技巧，对于我们更好地进行访谈和组织工作分析是很有帮助的。一般来说，使用访谈的方法来搜集工作信息，需要注意以下几点：

（1）事先须征得被访者直接上级的同意，尽量获取直接上级的支持；

（2）在无人打扰的环境中进行面谈，即选择合适的访谈环境；

（3）向被访者介绍工作分析的意义，必须让他们清楚面谈的大体内容；

（4）营造轻松的气氛，使被访者畅所欲言，鼓励被访者真实、客观地回答问题，不必对面谈的内容产生顾忌；

（5）工作分析人员应按照面谈提纲的顺序，由浅至深地进行提问；同时注意把握面谈的内容，所提问题要和工作分析的目的有关，防止跑题；

（6）提问人语言表达要清楚、含义要准确；所提问题必须清晰、明确，不能太含蓄；

（7）所提问题和谈话内容不能超出被访人的知识和信息范围；

（8）所提问题和谈话内容不要引起被访人的不满，或涉及被访人的个人隐私；

（9）敏感问题需要经过引导后再行提问，重要的问题先问，并给被访谈者留出充分的时间进行信息补充；

（10）当员工对工作内容或管理者不满，向访谈者诉苦时，不要发表意见，但要认真倾听，及时将谈话内容引回正题；

（11）在不影响被访者放开说真话的前提下，进行谈话记录，并在面谈结束时，让被访者查看和认可谈话记录。

任何一种信息搜集方法都不是完美的，它总是优点和缺点共存的，根据访谈法应用的实践，我们可以对此种信息搜集方法的优缺点简单概括如下。

（1）访谈法的优点：

① 可搜集到较多的信息，对工作方面的信息可以了解得更为深入，尤其可以对工作者进行心理特征分析，如工作态度、工作动机等；

② 可以简单而迅速地搜集工作分析信息，应用面广；

③ 能够及时进行控制和引导；

④ 得到的信息具体准确，直观性强；

⑤ 能够有机会使受访者更了解工作分析的目的和必要性。

（2）访谈法的缺点：

① 受访者会将个人利益与访谈联系起来，尤其是对任职者本人的访谈，他们往往容易夸大工作的难度与重要性；

② 工作的时间成本较高；

③ 如果工作分析人员没有专门的面谈沟通技巧，就会导致工作信息的不完全甚至失真，比如，任职者可能会将工作描述得比实际情况更复杂、更重要，而访谈者却没有能力对此种信息进行判别。

二、问卷法

问卷法是工作分析中通用的一种方法，本书前面所介绍的多种工作分析系统也多是通过问卷来搜集工作信息的。问卷法就是使用预先设计好的调查问卷来获取工作分析的相关信息，从而实现工作分析的目的。使用问卷法获得的工作信息，其质量取决于问卷本身设计的质量，同时还受到被调查者文化素质的高低以及在填写时的态度等因素的影响。使用问卷可以快速而有效地从许多员工那里获得工作信息，但必须要强调的一点是，问卷的设计和编制需要较高的专业水平和花费较多的时间，而且问卷的设计和编制取决于所选用的工作分析系统，并不是说随意设计和选择一个问卷就可以满足工作分析的要求，只有设计良好的问卷才能保证对各类信息进行有效的归纳和分析，并最终形成合格的工作说明书。因此，一般来说，用于工作分析的问卷最好请有关专家进行设计与编制，或者是借鉴已经被广泛使用的工作分析问卷来提取工作信息，并在问卷发放和填写时给出具体的说明和指导，从经验上来讲，附上一个范例可以有效地减少填写人在问卷填写过程中的疑惑。

工作分析调查问卷的设计直接关系着整个工作分析的成败，所以问卷一定要设计得完整、科学、合理。针对不同的工作分析系统，国外的组织行为专家和人力资源管理专家研究出了多种系统、科学、往往也很庞大的问卷调查方法，本书前面各章节以人员导向和工作导向为划分详细地向读者介绍了多种工作分析系统，并就支撑这些工作分析系统所用的问卷进行了详细的说明，在此不再赘述。

三、观察法

观察法是指工作分析人员通过对员工的正常工作状态进行直接观察而获取其在某一时期内工作的内容、形式和方法，并在此基础上通过比较、分析、汇总等方式来提取有效的工作信息。观察法一般会与访谈法结合使用，比较适用于短时期的外显行为特征的分析，常用于相对简单、重复性高且容易观察的工作分析，而不适合于隐蔽的心理素质分析以及那些没有时间规律与表现规律的工作的分析。

由于不同观察对象的工作周期和工作突发性有所不同，所以观察法具体可分为直接观察法、阶段观察法和工作表演法。

（1）直接观察法：工作分析人员直接对员工工作的全过程进行观察，适用于工作周期很短的职务。比如，保洁员的工作基本上是以一天为一个周期，工作分析人员可以一整天跟随着保洁员进行直接工作观察。

（2）阶段观察法：有些员工的工作具有较长的周期性，为了能完整地观察到员工的所有工作，必须分阶段进行观察。比如行政文员，他（她）需要在每年年终时筹备企业总结表彰大会，工作分析人员就必须在年终时再对该职务进行观察。有时由于阶段间跨度太长，工作分析无法拖延很长时间，这时采用"工作表演法"更为合适。

（3）工作表演法：对于工作周期很长和突发性事件较多的工作比较适合。如保安工作，除了有正常的工作程序以外，还有很多突发事件需要处理，如盘问可疑人员等，工作分析人员可以让保安人员表演盘问的过程，而不一定进行该项工作的观察。

在使用观察法进行工作信息搜集时，要选择不同的工作者在不同的时间内进行观察，因为面对同样的工作任务，不同的工作者会表现出不同的行为方式，相互对比平衡后，有助于消除分析者对不同工作者行为方式上的偏见。对于同一工作者在不同时间和空间的观察分析，也有助于消除工作情境与时间上的偏差。

观察法的操作方法简单，对观察人员的培训要求也相对容易，对那些常规性的工作可以很快地以比较直观的形式获得主要的工作信息，但是被观察者的反应会影响观察结果的有效性，而且使用的范围有一定限制，如脑力活动较多或工作周期太长的工作就不太适于观察法。特殊地，如果观察者与被观察者为同一个人的时候，对工作的观察分析就成了工作者的自我记录，也就出现了另外一种常用的工作信息搜集方法——工作日志法。

四、工作日志法（Detailed Record of Work Days）

工作日志法也称现场工作日记法，是由员工本人自行记录的一种信息搜集方法，由任职者将自己每天所从事的每一项活动按时间顺序以日志的形式记录下来，要记录的信息一般包括所要进行的工作任务、工作程序与方法、工作职责、工作权限以及各项工作所花费的时间等，一般需要填写工作日志10天以上。这种方法提供的信息完整详细，且客观性较强，适用于对管理或其他随意性大、内容复杂的工作进行分析。需注意的是，工作日志应该随时填写，比如，以10分钟为一个周期，而不应该在下班前一次性填写，以保证填写内容的真实性和有效性。

就工作本身而言，从事这项工作的人对这一工作的情况和要求最为清楚，因此，由工作者本人来进行记录是最为有效和经济的，而且对于那些有经验的工作者而言，即使某些工作没有在工作日志填写期内发生，也可以根据以往的经验将一个完整工作周期内的主要工作内容补充完全。当然这种方法也可能会因记录者本身或多或少的主观色彩而造成记录偏差，这一问题可以通过由工作者的直接上级来进行必要的检查和校正得以解决。

工作日志的对象可以是先进的、一般的或后进的工人，也可以是对设备的运转进行的记录。工作日志记录的范围，可以是个人的，也可以是集体的；记录的内容，可以是典型的，也可以是全面的。采用工作日志的方法，甚至可以对全体员工的工作信息进行采集、整理和分析，并在个人工作信息整理和分析的基础上，形成岗位工作清单和部门工作清单，具体要采用何种形式搜集哪些信息，都要根据工作分析的目的和要求来决定。

工作日志法的概念和操作乍看起来十分简单，但在实际操作过程中经常会出现涉及人员多、员工个人素质参差不齐、信息记录需要有一定的规范和要求、过程枯燥易导致填写人推诿应付等现象，这些都会直接影响到工作日志是否能够获得真实有效的工作信息，并进而影响到其后的工作信息汇总以及对工作信息的各类分析。因此，在采用工作日志法来搜集工作信息时，必须做好充分的准备工作，确保整个日志填写及随后信息整理分析过程的顺利进行。在本章末的"案例研究"中，我们将会列举某企业在使用工作日志法进行工作信息搜集时所编制的工作日志填写指南，希望读者能够有所借鉴。

五、工作信息搜集的其他方法

（1）参与法：也称职务实践法，顾名思义，就是工作分析人员直接参与到员工的工作中去，扮演员工的工作角色，体会其中的工作信息。参与法适用于专业性不是很强的职务。参与法与观察法、问卷法相比较，获得的信息更加准确。要注意的是，工作分析人员需要真正地参与到工作中去体会工作，而不是仅仅模仿一些工作行为。

（2）文献资料分析法：如果工作分析人员手头有大量的工作分析资料，比如，类似的企业已经做过相应的工作分析，则比较适合采用本办法。这种办法最适用于那些比较常见而且非常正规，并已有一定历史的工作。

（3）专家讨论法：专家讨论法是指通过与一些相关领域的专家或者经验丰富的员工进行讨论来进行工作分析的一种方法。这种方法适合于发展变化较快，或岗位职责还未定型的企业。由于企业没有现成的观察样本，所以只能借助专家的经验来规划未来希望看到的职务状态。

上述各项方法都是比较常见的搜集工作信息的方法，他们都能提供关于工作承担者事实上在做什么的比较真实的信息。这些工作分析方法既可单独使用，也可结合使用。由于每个方法都有自身的优点和缺点，所以在实际的工作分析过程中，每个企业应根据本企业的具体情况适当选用其中一种或几种方法，许多情况下若将它们结合使用，效果会更好。不管采用何种工作信息的搜集方法，其最终的目的是一致的，那就是为了得到尽可能详尽、真实的工作信息。

工作分析是一项复杂的系统工程，组织在进行工作分析时必须统筹规划，按计划、按步骤进行。不同性质的组织有着不同的工作分析流程，同一组织不同时期所使用的工作分析程序也未必完全相同。所以工作分析的流程与组织的性质、发展阶段和运作特征密切相关。

一般来说，工作分析的流程主要分为以下几个部分：确定工作分析目的、确定工作分析系统、确定并培训工作分析小组、搜集工作信息、分析工作信息、制定工作说明书、工作分析结果应用。但工作分析并不是一劳永逸的，要充分适应组织的发展情况，适时地按步骤开展工作分析工作，以便为变革中的组织的人力资源管理系统提供基础支撑。

工作信息的搜集是工作分析的一项重要的基础性工作。工作分析所需工作信息的搜集方法有多种，最常使用的是访谈法、问卷法、观察法以及工作日志法等。一般而言，在工作分析过程中很少只使用一种信息搜集方法来作为支撑，往往是将不同的工作分析方法加以组合，以求更好地获得各种所需要的工作信息。

案例研究 ·+

××企业工作分析指南（部分）

一、填写工作日志

各部门组织员工填写 10 个正常工作日的工作日志，即时记录员工的工作任务，提取相关工作信息。工作日志表的具体格式参见表 1，填写说明如下：

（1）工作日志表摆放在工作台上，每做完一件事立即填写；

（2）各主管领导进行巡查，监督工作日志填写的完成情况；

（3）每日填写后由主管领导检查、签字，当日工作日志填写不合格的，需增加填写天数，直至完成10个工作日的合格工作日志；

（4）在填写期间，如有员工加班的（非工作日），仍需填写工作日志，视同工作日；

（5）在填写期间，如有员工请假造成不能填写工作日志的，需补填工作日志，直至完成10个工作日的合格工作日志；

（6）将填好的工作日志汇总，交人力资源部门审查、保管；

（7）根据工作日志填写中的问题，对填写不正确的给予指导，对填写不认真的要批评教育，以下状态属填写不合格：

——表格填写不完整，存在空漏项，如不填写时间消耗、未对重要程度进行判断等；

——不能准确描述工作的；

——用词不当，容易引起误解的；

——使用缩语使他人不可理解的；

——字迹潦草、无法辨认的；

——未按规定要求随时填写，而事后一次性填补的。

表1　员工工作日志表（示例）

200×年4月2日　　　　上午：8时10分至11时30分　　　　下午：12时30分至18时45分
部门：集团办公室　　　职务：助理主任　　　　　　　　　姓名：王小玲

序号	工作活动名称	工作性质（例行/偶然）	时间消耗（分钟）	重要程度（一般/重要/非常重要）	备注
1	给本部门人员分配临时性工作任务	偶然	5	一般	
2	汇同集团人力资源部向集团各部门负责人征求关于4月份生日方案	偶然	40	一般	
3	到集团领导办公室检查办公设备是否正常	偶然	5	重要	
4	集团领导审签文件交办公室秘书转达相关部门	例行	10	非常重要	
5	与出版社张×签订集团认刊《东莞市道路交通图》合同	偶然	30	重要	
6	通知相关部门到集团办公室取文件	例行	2	非常重要	
7	审核车队司机支出证明单	例行	5	一般	
8	新入职外勤秘书面试并签署"入职表"意见	例行	10	重要	
9	审阅投诉信并转人力资源部张经理	例行	5	重要	
10	……	……	……	……	

（8）每日工作日志填写的起、终时间以实际工作时间和下班时间为准，中间休息时间要分开；

（9）工作性质分为"例行"和"偶然"两种类型，本工作职责范围内重复发生的称

为"例行",属于本工作职责范围但极少发生或非本工作职责内的称为"偶然";

（10）时间消耗：按每项活动单独计算；

（11）重要程度：根据在本职工作内对本人工作业绩影响的相对重要程度来判断；

（12）备注栏：对某一工作活动进行特殊说明，如填写"应属他人职责，但由于他人不在而替做的工作活动"；

（13）在工作日志的填写过程中，相同的工作任务应使用同一种表达方式进行描述。

二、填写个人工作任务汇总表

个人对 10 个工作日的工作日志进行汇总。个人工作任务汇总表的具体格式见表2，填写说明如下：

（1）按工作日志填写的时间顺序和工作任务发生的先后顺序，将各项工作任务填入个人工作任务汇总表中，相同的工作任务不进行重复填写，但需记录该任务每次发生的时间消耗，最后累积计算某项工作任务的总消耗时间；

（2）汇总之后，将遗漏的、未发生的、以及应做而从未做过的、未来发展需要做而现在未做的工作任务添上，注明原因，不记录时间消耗。

表2 个人工作日志汇总表（示例）

自 200×年4月2日至4月16日
部门：集团办公室　　　　职务：助理主任　　　　姓名：王小玲　　　　总工作时间：_____

序号	工作任务名称	时间消耗（分钟）	时间累计
1	给本部门人员分配临时性工作任务	3+1+5+3+3+2+3+5+5+10+2+2+2+5+5+5+3+2+4	70
2	汇同集团人力资源部向集团各部门负责人征求关于4月份生日方案	40	40
3	到集团领导办公室检查办公设备是否正常	5+5+5+5+5+5+5+5+5+5+5+5	60
4	集团领导审签文件交办公室秘书转达相关部门	10+8+5+10+5+10+5+8	61
5	与出版社张×签订集团认刊《东莞市道路交通图》合同	30	30
6	通知相关部门到集团办公室取文件	2+3	5
7	审核车队司机支出证明单	5+10	15
8	新入职外勤秘书面试并签署"入职表"意见	10	10
9	审阅投诉信并转人力资源部张经理	5	5
10	审签本部门领料单	3	3
11	审核车队司机调休单	2+2	4
12	审核总部宿舍用电情况统计表	10	10
13	请电脑工程师检查电脑并排除故障	5	5
14	……	……	……

1. 企业在进行工作分析前需要就哪些信息进行分析，以确认是否具备工作分析的条件？
2. 工作分析的目的一般有哪些？不同的工作分析目的对工作信息搜集和工作分析系统的选择有什么不同要求？
3. 工作导向和人员导向的工作分析系统有什么差异？企业在选择时可以从哪些方面进行考虑？
4. 工作信息搜集的方法有哪些？它们的适用条件和操作要求是什么？
5. 工作说明书的内容构成有哪些？工作说明书作为工作分析结果的集中体现，它在人力资源管理活动中有哪些具体应用？

一、名词解释

观察法　工作日志法　职务实践法

二、单项选择题

1. 工作分析的实施步骤是（　　）。

   ① 确定工作信息的用途　② 选择有代表性的工作进行分析　③ 搜集相关的信息　④ 同承担工作的人共同审查所搜集到的工作信息　⑤ 搜集工作分析的信息　⑥ 编写工作说明和工作规范

   A. ①③⑤②④⑥　　　　　　B. ①③②⑤④⑥
   C. ①③⑤④②⑥　　　　　　D. ③①⑤④②⑥

2. 下面哪种工作分析方法适合对保洁员进行信息获取？（　　）

   A. 直接观察法　　　　　　B. 问卷调查法
   C. 访谈法　　　　　　　　D. 专家讨论法

3. 下面哪种工作分析方法适合对新行业内的组织员工进行信息获取？（　　）

   A. 直接观察法　　　　　　B. 问卷调查法
   C. 访谈法　　　　　　　　D. 专家讨论法

4. 工作分析最为核心和基础性的工作是（　　）。

   A. 确定并培训工作分析小组　　B. 明确工作分析的目的
   C. 分析方法的确定　　　　　　D. 编写工作说明书

5. 对于高度专业化的工作，在选用工作分析方法时不宜采用（　　）。

A. 面谈法　　　　　　　　　B. 问卷分析法
C. 工作参与法　　　　　　　D. 工作日志法

三、多项选择题

1. 工作分析的内容有（　　）。
   A. 工作职责分析　　　　　　B. 工作流程分析
   C. 工作权限分析　　　　　　D. 工作关系分析
   E. 工作环境条件分析
2. 最常见的工作分析技术系统方法主要有（　　）。
   A. 工作分析问卷　　　　　　B. 任务清单分析系统
   C. 访谈法　　　　　　　　　D. 能力需求分析系统
   E. 关键事件法
3. 最常见的工作信息获取方法主要有（　　）。
   A. 问卷法　　　　　　　　　B. 观察法
   C. 访谈法　　　　　　　　　D. 能力需求分析系统
   E. 关键事件法
4. 面谈法的具体形式有（　　）。
   A. 与员工个别面谈　　　　　B. 与员工集体面谈
   C. 与客户面谈　　　　　　　D. 与供应商面谈
   E. 与主管领导面谈
5. 工作分析的结果应用包括（　　）。
   A. 工作设计与再设计　　　　B. 人力资源规划
   C. 招聘与录用　　　　　　　D. 绩效评价
   E. 员工培训

四、判断题

1. 工作分析的专家是指对组织内各项工作有明确概念的专家。（　　）
2. 有工作说明书的岗位就不必再做工作分析。（　　）
3. 工作分析项目小组中协调员主要负责信息分析处理，形成结果的工作。（　　）
4. 工作分析目标为招聘与甄选时，所需的信息主要是工作目的与工作职责、职责的重要程度、工作权限。（　　）
5. 工作分析形成的结果是工作说明书。（　　）

五、简答题

1. 请简要说明工作分析的流程。
2. 请简要说明问卷法和访谈法的优缺点。
3. 工作分析的结果通常可以应用在人力资源管理的哪些方面？

第十五章　工作分析与劳动合同法

第一节　劳动合同法带来的新挑战

《劳动合同法》的出台，标志着我国的劳动法律制度不断走向健全和完善。自宣布立法伊始，《劳动合同法》就引起了社会上的广泛关注。作为与人力资源管理关系最为密切的一部法律，其对企业人力资源管理的各个方面都产生了深远的影响。综合各方面因素，《劳动合同法》对人力资源管理的影响主要表现为以下三个方面。

一、人力资源管理的地位得到提升

企业中永远存在着雇佣双方的力量博弈。从经济角度来看，企业无疑是强势的一方。也正是因此，在法律的视角里劳动立法才会向弱势的一方倾斜，即保护劳动者原则，并以此取得劳动者在法律上强势和企业在经济上强势之间的平衡。而《劳动合同法》的出台无疑加大了对劳动者保护的力度，比如，《劳动合同法》规定，企业在制定和修改涉及劳动者切身利益的规章制度时，须与工会或职工代表平等协商，经达成一致后方可施行。这就在法律层面上规定了劳动者获得并分享了企业制定制度的权力。《劳动合同法》向劳动者的进一步倾斜使得在法律上劳动者更加强势，企业更加弱势，这无疑对企业提出了更大的挑战。而这样的挑战就在客观上促使人力资源管理的地位获得了提升。在失去了居高临下的优势后，企业该如何有效地吸引、激励和保留员工则成为人力资源管理亟待解决的新课题。

正是因为《劳动合同法》削弱了企业的强势地位，企业的人力资源管理工作才更应正规化、系统化。例如，《劳动合同法》规定若员工不能胜任工作，须在经培训或者调整工作岗位后仍不能胜任工作的情况下企业才能解除劳动合同。这就要求企业必须拿出证据证明员工不能胜任工作，而最确凿的证据就是绩效考核结果。由此，企业必须建立起系统化的绩效管理体系，不仅要有考核，还要有帮助员工提升绩效的改进措施方能满足法律的要求。此外，要有考核，则必然要有指标。为了保证指标的合理性和有效性，其制定必须建立在科学的工作分析基础上，只有这样，才能保证绩效考核的信度和效度。

二、人力资源管理难度加大

《劳动合同法》的出台提高了劳动标准，增加了劳动者的权利，同时加强了政府监管的责任，这些变化对企业人力资源管理的各个方面都提出了更高的要求。而符合法律要求是人力资源管理工作的底线，正是因为人力资源管理工作的底线要求得到提高，使得其难度相对以往大幅提升。比如，招聘作为企业用人的入口关卡，其重要性毋庸置疑。无固定期限的相关条款以及解雇成本的大幅增加对招聘技术和过程的有效性提出了更高的要求，如何帮助企业在有限的时间内找到最合适的人则成为人力资源从业者所必须接受的考验，而科学、有效招聘的基础仍是工作分析。

此外，《劳动合同法》对劳动者的保护加大了企业的用人风险。例如，《劳动合同法》规定劳动者只要提前30天书面通知用人单位即可解除劳动合同，这意味着劳动者不需要任何理由和企业的批准，只需提前30天书面通知即可解除劳动合同，这无疑增大了企业的人员流失风险。而相应地，管理上对风险的控制难度就大幅提升。科学的人力资源管理体系是企业管理用人风险的最佳措施，如何完善体系并予以合理运用，将用人风险控制在最小范围内则成为企业和人力资源管理从业者日益关注的问题。

三、人力资源管理成本提高

《劳动合同法》给企业带来的最明显的影响就是人力资源管理成本的提升，因为这直接关系到企业的赢利。随着人力资源管理难度的加大，其成本也相应提高，这表现在以下几个方面。

（1）招聘成本提高。《劳动合同法》对试用期的严格限制，对于劳动者辞职权的扩大以及劳动合同终止经济补偿的增加等变化均提高了对招聘有效性的要求，因此对招聘这一入口环节的控制就要下更大的力度，工作量必然增加。此外，还有一些工作，如与高水平猎头公司的接洽等都使得招聘成本不断提高。

（2）培训成本提高。大部分工作，尤其是高层次的工作都需要经过培训后才能正式上岗，而《劳动合同法》规定若劳动者违反服务期约定的，支付的违约金数额不得超过企业提供的培训费用。企业要求劳动者支付的违约金不得超过服务期尚未履行部分所应分摊的培训费用。相对法律出台之前企业要求的高额违约金而言，《劳动合同法》实施之后企业的培训风险和成本均有所提高。此外，《劳动合同法》规定若劳动者不能胜任工作，须在培训或者调整工作岗位后仍不能胜任工作的情况下才能解除劳动合同。因此，相对法律颁布之前提高了对培训的需求，使得培训成本相应提升。

（3）使用成本提高。《劳动合同法》规定在企业制定涉及劳动者切身利益的规章制度时，须征求职工代表大会或者全体职工讨论，经平等协商、达成一致后方可实施。这不仅意味着企业制定规章制度的难度加大，还意味着规章制度的内容相对立法前更有利于劳动者，从而使得劳动者的工资、福利、休假、奖惩等使用成本加大。此外，对于劳务派遣人员同工同酬的规定、无固定期限劳动合同的规定，以及特殊劳动者的解雇保护等都加大了劳动者的使用成本。

（4）解雇成本提高。《劳动合同法》的规定使得企业解雇更加困难，比如，法律规定除非用人单位维持或提高劳动合同约定条件续订劳动合同，而劳动者不同意续订的情形外，固定期限合同期满时用人单位均须支付经济补偿。这使得以前无须支付经济补偿的企业现在却需要支付,这无疑增加了企业的解雇成本。

第二节 工作分析如何帮助企业满足法律要求

工作分析的最终成果是工作说明书,因此能否有效运用工作说明书帮助企业进行绩效管理、薪酬管理、培训等各方面人力资源管理工作则成为检验工作分析有效性的唯一标准。本节将从工作说明书的组成部分出发,探寻工作分析如何帮助企业的人力资源管理工作满足法律要求。

工作说明书是工作分析最常见的表现形式,其主体内容包括工作职责描述和任职资格界定两大部分,本节综合工作说明书构成部分和《劳动合同法》相关条款,将从工作职责描述、任职资格界定、工作环境三个方面进行详细的阐述。

一、工作职责描述

工作职责描述是工作分析的主要成果之一,是人力资源管理其他各个模块工作的基础。依据《劳动合同法》相关条款,本部分将从绩效管理(解雇)、培训、薪酬管理、竞业限制与保密要求四大部分阐述工作职责描述如何帮助人力资源管理满足法律要求。

(一)绩效管理(解雇)

根据《劳动合同法》的相关条款,绩效管理可以分为试用期和试用期后两个阶段。《劳动合同法》第二十一条规定:在试用期中,除劳动者有本法第三十九条和第四十条第一项、第二项规定的情形外,用人单位不得解除劳动合同。用人单位在试用期解除劳动合同的,应当向劳动者说明理由。

第三十七条 劳动者提前30日以书面形式通知用人单位,可以解除劳动合同。劳动者在试用期内提前3日通知用人单位,可以解除劳动合同。

第三十九条 劳动者有下列情形之一的,用人单位可以解除劳动合同:

(一)在试用期间被证明不符合录用条件的;

(二)严重违反用人单位的规章制度的;

(三)严重失职,营私舞弊,给用人单位造成重大损害的;

(四)劳动者同时与其他用人单位建立劳动关系,对完成本单位的工作任务造成严重影响,或者经用人单位提出,拒不改正的;

(五)因本法第二十六条第一款第一项规定的情形致使劳动合同无效的(以欺诈、胁迫的手段或者乘人之危,使对方在违背真实意思的情况下订立或者变更劳动合同的);

(六)被依法追究刑事责任的。

第四十条 有下列情形之一的,用人单位提前30日以书面形式通知劳动者本人或者额外支付劳动者1个月工资后,可以解除劳动合同:

(一)劳动者患病或者非因公负伤,在规定的医疗期满后不能从事原工作,也不能从事由用人单位另行安排的工作的；

（二）劳动者不能胜任工作，经过培训或者调整工作岗位，仍不能胜任工作的；

（三）劳动合同订立时所依据的客观情况发生重大变化，致使劳动合同无法履行，经用人单位与劳动者协商，未能就变更劳动合同内容达成协议的。

……

当劳动者无法达到企业所要求的绩效目标时，企业通常会选择解雇。然而《劳动合同法》对于解雇的方式进行了限定，在试用期内还可以因为不符合录用条件而解雇，而试用期外，最常用的解雇方式就是不能胜任工作而解除劳动合同。根据法律条款，这也是企业绩效管理唯一合法的解雇方式。所谓的"不能胜任工作"根据劳动部的规定[①]是指劳动者不能按要求完成劳动合同中约定的任务或者同工种、同岗位人员的工作量。而劳动合同中约定的任务就是工作说明书中具体的工作职责描述的内容。由此，工作职责描述是不能胜任工作而解除劳动合同的唯一依据和基础。

绩效管理体系可以大致划分为绩效目标的设定、绩效过程的指导、绩效结果的评估和绩效改进四大阶段。工作职责描述与这四大阶段均有密切的联系，也只有通过这四大阶段才可以使不胜任工作解雇的理由合法。

1. 绩效目标的设定

首先，绩效目标的设定基础应当是企业的经营战略计划和工作职责。由此可见，工作职责是绩效目标设定的重要依据之一。因此，工作职责描述的质量直接影响到目标设定的结果。只有详细、清晰、完备的工作职责描述才可以帮助企业设定出清晰且可操作的绩效目标。而只有清晰和可操作的绩效目标才能够避免雇佣双方在理解上的歧义，便于达成共识，并使得员工清晰地知道如何才能实现这样的目标。

其次，在设定绩效目标的过程中，企业应高度重视与员工的沟通。面对面的沟通是确保双方思想达成一致的最有效途径，同时，沟通可以帮助企业获取员工对绩效目标的认可，必要时可以要求员工在相关书面文件上签字以避免法律风险。同时，在沟通中，企业还需要告知员工在未达成目标时需要接受的惩罚。达成目标后的奖励通常无可厚非，然而，未达成目标后的惩罚却经常是劳动争议的高发区域，如果企业事先将未达成的结果告知员工，并要求员工在绩效目标文件上签字则会大大降低争议发生的概率。

2. 绩效过程的指导

绩效过程的指导的依据是设定的绩效目标和达成的具体方法，因此自然与工作职责有密切的联系。绩效指导是企业帮助员工实现目标所进行的努力，因此，在指导过程中，应对具体的指导内容、时间和结果进行详细的书面记录，并获得员工的认可。如若员工因不能胜任工作而遭解雇时，相关的书面记录亦可作为辅助的材料证明绩效管理过程的严

[①]《劳动部关于〈劳动法〉若干条文的说明》第二十六条……本条第（二）项中的"不能胜任工作"，是指不能按照要求完成劳动合同中约定的任务或者同工种、同岗位人员的工作量。用人单位不得故意提高定额标准，使劳动者无法完成。……

谨性。

3. 绩效结果的评估

绩效结果的评估是认定员工能否胜任工作的关键环节。在具体的司法实践中，对绩效结果评估的证明要求有量化、细化、外化的特征，因此，在具体执行绩效评估的过程中应重点关注以下几部分内容：

一是绩效考核的指标要清晰、具体。可以量化的部分一定要用量化的指标予以考核，无法量化的指标也要力求细化以保证考核的客观性和准确性。而绩效考核指标的提取同样要依据绩效目标，因此同样要以工作职责描述为重要依据之一。

二是绩效考核的标准要明确、合法。企业可以与员工约定绩效评估结果不合格视为"不能胜任工作"的情形之一，由此赋予绩效评估结果明确的法律意义。此外，《劳动合同法》的出台使得"末位淘汰"的方法不再适用。"不能胜任工作"的标准可以是绩效评估结果不合格，但绝不可以仅仅是业绩表现靠后，因为业绩排名靠后并不一定意味着不能胜任工作，只有不能胜任工作才是合法的解雇理由。因此，企业应在评估前确立清晰的考核标准并明确告知劳动者，避免法律风险。而清晰的考核标准是以清晰的工作要求为基础的，而清晰的工作要求又是以明确、具体的工作职责描述为依据的。

三是绩效考核的过程要公平、有据可查。过程的公平性是保证结果公平至关重要的一方面，如果员工认可绩效评估的过程，则会大大提高其对评估结果的接受性。此外，企业在具体评估的过程中可以及时搜集各种可作为证据使用的辅助材料，如顾客的投诉信等，同时要求员工在相关文件如绩效评估报告上签字，以证明员工对其绩效结果的知晓和认可。

4. 绩效改进

企业最终追求的目标是高绩效，因此，帮助员工进行绩效改进是企业为了达成此目标需要进行的工作之一。根据法律要求，在绩效评估之后，企业可以采取如下行为：

一是适当调整员工的岗位。对不能胜任当前岗位工作的员工，企业有权进行合理地调整。但要注意调整后的岗位要和原岗位有一定的联系，能够保证员工的能力和工作经验对胜任新的工作岗位有所帮助，即，应将员工调整到具有相似或相关的工作职责描述的岗位上。例如，若将采购专员调整为采购助理是可以接受的调岗，但将采购专员调整为销售专员则通常被认为是不合理的。

二是对员工进行培训。对于无法胜任目前岗位工作的员工，如果企业没有其他岗位适合调换，可以对员工进行培训以提高其胜任力。而具体的培训内容应针对员工表现出来的不足进行设计，因此必然要以工作职责描述为参照依据，具体设定并执行。此外，在培训过程中企业也要注意保留与培训相关的过程文件和档案，以证明企业向员工提供了培训。

三是解除劳动合同。如果员工绩效始终没有改进，则企业一般选择解除劳动合同。《劳动合同法》的出台使得企业的单方解除劳动合同更加困难，根据法律要求，企业在解除劳动合同的过程中应注意以下三点：首先，企业必须收集"员工被证明不能胜任工作"

"经培训或者调整工作岗位""仍不能胜任工作"三重证据方可解除劳动合同，而绩效考核中的相关书面文件，如绩效评估报告、绩效过程指导相关记录、培训记录、调岗后的绩效评估报告等均可作为有效证据证明上述情形。其次，解除合同时要及时支付经济补偿金。若以"不能胜任工作"为由解除劳动合同，需提前30日以书面形式通知员工或额外支付一个月工资，并支付经济补偿金。最后，对于某些特殊人员，即使不能胜任工作，企业也不得解除劳动合同。这些特殊人员包括从事接触职业病危害作业的劳动者未进行离岗前职业健康检查，或者疑似职业病病人在诊断或者医学观察期间的；在本单位患职业病或者因工负伤并被确认丧失或者部分丧失劳动能力的；患病或者非因工负伤，在规定的医疗期内的；职工在孕期、产期、哺乳期内的；在本单位连续工作满15年，且距法定退休年龄不足5年的和法律、行政法规规定的其他情形。

（二）培训

培训是人力资源管理的重要工作之一，也是企业对员工的重要投资方式之一，包括岗前培训、专业技术培训、管理能力培训等各方面内容。《劳动合同法》的出台对培训进行了诸多规定，使得具体实践中的培训工作需要更多技巧。具体来说，培训工作需要注意以下几方面内容。

（1）培训内容要以工作职责为基础有针对性地进行设计。企业投资期望的是员工以高绩效作为回报，因此除了入职前讲解企业制度、文化、纪律的培训外，其他培训均须聚焦于具体的工作职责。只有这样，企业才能获得满意的投资回报率。由此可见，详细、清晰、完备的工作职责是培训内容设计合理性的重要基石。

（2）企业要建立、健全培训制度、体系。《劳动合同法》规定若员工不能胜任工作，需进行培训或者调整工作岗位，这在客观上提高了培训的重要性。因此，只有科学、合理的培训制度和体系，才能帮助企业应对各种情形，有针对性地系统开展培训工作，同时也使得培训有据可依，并确保培训工作的合法性。

（3）企业要注重在培训过程中获得员工的反馈和认可。在员工入职时，企业应清晰、明确地告知其本企业的培训制度、体系。同时可以根据具体情况和员工约定专项培训及服务期。由于在司法实践中，企业需要出具相关证据方可证明向员工提供了培训，因此在过程中应及时获取并保留员工对培训的反馈和认可，如培训过程中的考勤记录以及培训后的总结报告等。

（三）薪酬管理

《劳动合同法》规定，用人单位在制定、修改或者决定有关劳动报酬、工作时间、休息休假、劳动安全卫生、保险福利、职工培训、劳动纪律以及劳动定额管理等直接涉及劳动者切身利益的规章制度或者重大事项时，应当经职工代表大会或者全体职工讨论，提出方案和意见，与工会或者职工代表平等协商确定。法律规定使得企业和员工共享薪酬的制定权，由此更加突出了企业的薪酬制度应获得员工认可的重要性。在具体的薪酬实践中，薪酬水平一般由两部分决定：其一是根据职位评价确定员工的薪酬区间；其二是根据绩效评估结果确定员工所能获得的具体薪酬数额。

（1）职位评价。职位评价是确定岗位相对价值的一种常见方法，通过职位评价可以确定出各个岗位上员工大致的薪酬范围。职位评价的依据是企业的战略和具体的工作职责，由此可见，工作职责描述是职位评价的重要基础之一。只有详细、清晰、完备的工作职责描述才能保证职位评价的科学性和准确性，从而确定出合理的薪酬范围。除此之外，企业还应确保职位评价过程的公开性和公平性，促进员工对职位评价结果的认可，使得由此确定的薪酬范围具有合法性。

（2）绩效评估。企业通常采取的是复合式薪酬结构，即员工的薪酬包括固定和浮动两大部分。而浮动部分通常和绩效挂钩，由此决定了员工最后实际能得到的薪酬数额部分取决于绩效评估的结果。如前所述，绩效评估又是以工作职责描述为核心依据的，所以，详细、清晰、完备的工作职责描述同样是决定薪酬管理质量的重要因素。

（四）商业秘密与竞业限制

（1）商业秘密。根据《反不正当竞争法》[①] 规定，商业秘密是指不为公众所知悉、能为权利人带来经济利益、具有实用性并经权利人采取保密措施的技术信息和经营信息。商业秘密包括技术信息，如生产配方、工艺流程、设计图纸等，也包括经营信息，如货源信息、管理方法、客户名单等。根据上述定义，若要成为商业秘密需要符合以下三个条件：

其一是不为公众所知悉，即该信息不能从公开渠道直接获得；

其二是实用性，即能为权利人带来现实的或潜在的经济利益或竞争优势；

其三是权利人采取保密措施，包括签订保密协议等相关措施。

知识经济的时代中，商业秘密是企业获取竞争优势的命脉，所以企业必须保证涉密人员遵守义务，保守商业秘密。由此，商业秘密内容和涉密人员的确定至关重要。

工作职责描述是确定企业商业秘密的重要来源。工作职责中任何符合商业秘密条件的内容均应列入该企业商业秘密的范畴并予以保护。相应地，那些从事涉密岗位的人员则必然成为企业的涉密人员，须与企业签订保密协议。

（2）竞业限制。《劳动合同法》第二十三条规定：

用人单位与劳动者可以在劳动合同中约定保守用人单位的商业秘密和与知识产权相关的保密事项。对负有保密义务的劳动者，用人单位可以在劳动合同或者保密协议中与劳动者约定竞业限制条款，并约定在解除或者终止劳动合同后，在竞业限制期限内按月给予劳动者经济补偿。劳动者违反竞业限制约定的，应当按照约定向用人单位支付违约金。

第二十四条规定：

竞业限制的人员限于用人单位的高级管理人员、高级技术人员和其他负有保密义务的人员。竞业限制的范围、地域、期限由用人单位与劳动者约定，竞业限制的约定不得违反

---

① 《中华人民共和国反不正当竞争法》第十条　本条所称的商业秘密，是指不为公众所知悉、能为权利人带来经济利益、具有实用性并经权利人采取保密措施的技术信息和经营信息。

法律、法规的规定。

在解除或者终止劳动合同后，前款规定的人员到与本单位生产或经营同类产品、从事同类业务的有竞争关系的其他用人单位，或者自己开业生产或经营同类产品、从事同类业务的竞业限制期限，不得超过两年。

之所以要限制涉密人员去与本单位经营同类产品、从事同类业务的有竞争关系的其他用人单位工作，或者自己开业生产或经营同类产品、从事同类业务，其核心原因就是若涉密人员到相应单位工作，则必然从事与原单位原工作职责类似的工作，由此很容易采取类似的工作方法和手段，从而泄露原单位的商业秘密。

所以，商业秘密和竞业限制的设定均须依据工作职责描述而进行。由此，详细、清晰、完备的工作描述是科学、合理地确定商业秘密和竞业限制的有力保证。

二、任职资格界定

任职资格界定是工作分析的另一主要成果，其描述的是能够完成工作的最低要求，因而是人力资源管理工作中招聘环节的主要依据之一。《劳动合同法》的实施提升了企业的用人成本和解雇成本，由此法律对招聘环节的科学性和有效性提出了更高的要求，从而间接地提升了任职资格的重要性。

任职资格决定了企业的招聘条件和录用条件，因而只有合理、清晰、完备的任职资格才能帮助企业找到合适的人才。《劳动合同法》的出台强化了录用条件的地位。录用条件是指候选人符合某一职位的具体要求所包括的全部条件。而招聘条件是指企业招收员工的基本条件，两者有联系但又有所区别。

其一，两者的适用主体不同。招聘条件面向的是所有的潜在候选人，而录用条件则只适用于符合招聘条件且企业准备聘用的特定候选人。

其二，两者的适用阶段不同。招聘条件适用于招聘阶段签订劳动合同前，录用条件则适用于签订劳动合同至试用期结束前。

其三，两者的法律性质不同。《劳动合同法》规定若员工在试用期间被证明不符合录用条件的，企业可以解除劳动合同。此处规定的是录用条件而非招聘条件，即只有不符合录用条件才可以作为合法理由解除劳动合同。

在具体实践中，若企业根据"试用期间劳动者不符合录用条件"为由解除劳动合同，则企业对此负有举证责任，即证明劳动者确实不符合录用条件。所以，录用条件的设定尤为重要。然而，招聘录用的过程是一个"好中选优"的过程，因此脱颖而出的候选人必然存在独特的优势，由于候选人的多样性和职位的不同要求，使得录用条件有着动态变化的特点。所以，为了使录用条件更加量化和细化，可以将其与试用期的考核内容相联系，以满足法律的举证要求。

就业歧视是劳动争议的高发区域，也是社会所关注的焦点。其根本原因就是招聘和录用条件中包含的部分信息不是依据任职资格而得出的，因为不是胜任工作所必需的要求，从而不具有合法性。

例如，性别歧视是就业歧视中最常见的形式之一。就以女大学生为例，随着普通高校的扩招，女大学生所占比例也在逐年提升。1998年，在校女大学生占学生总数的39.75%，而教育部2007年公布的高校女生比例中，普通专本科女生比例已高达48.06%，研究生中女生比例也已达44.01%。由于性别歧视的存在，女大学生就业比男生更为困难。江苏省妇联曾进行了一次专题调研，下发了1 300份调查问卷，在反馈的1 100多份答卷中，有80%的女大学生表示自己在求职过程中遭遇性别歧视，有34.3%的女生有过多次被拒绝的经历。许多被调查者指出，很多用人单位在招聘中明确要求"只要男生"或"同等条件下男生优先"。在同等条件下，男生签约率明显高出女生8个百分点。[1] 2006年3月3日由全国妇联妇女研究所组织国内权威专家撰写的我国首部妇女绿皮书——《1995—2005年：中国性别平等与妇女发展报告》在京发布。绿皮书中针对2004年上海部分高校女大学生就业状况进行了详细调查分析，报告指出，在实际求职过程中，大学生尤其是女生对性别歧视的感受依旧很强烈。55.8%的女生认为求职时遭遇到了性别歧视，63.7%的女生和47.6%的男生认为用人单位存在着"很歧视"或"比较歧视"女生的现象。

只有依据任职资格界定确定出的招聘和录用条件才能成为合法的理由帮助企业确定谁才是最适合的人，否则就会给企业留下严重的法律隐患。在公众维权意识淡薄的时期或许不会给企业带来很大的困扰，但随着《就业促进法》的颁布，社会公众的维权意识不断增强，若企业仍然不重视招聘和录用条件设定的科学和合理性，则必会引发企业陷入不断的法律纠纷的严重后果。

三、工作环境

工作说明书除了对工作职责描述和任职资格界定以外，还描述了具体的工作环境。工作环境是员工职业安全管理的基础，《劳动合同法》由于存在保护劳动者的倾向，使得职业安全管理的重要性和关注度得以提高。

《劳动合同法》在职业安全方面有如下规定：

第八条　用人单位招用劳动者时，应当如实告知劳动者工作内容、工作条件、工作地点、职业危害、安全生产状况、劳动报酬，以及劳动者要求了解的其他情况；用人单位有权了解劳动者与劳动合同直接相关的基本情况，劳动者应当如实说明。

第十七条　劳动合同应当具备以下条款：

……（八）劳动保护、劳动条件和职业危害防护；……

第三十二条　劳动者拒绝用人单位管理人员违章指挥、强令冒险作业的，不视为违反劳动合同。

劳动者对危害生命安全和身体健康的劳动条件，有权对用人单位提出批评、检举和

---

[1] 乔虹：《2003年高校80万女生的就业前景与危机分析》，人民网，http://www.cer.net.

控告。

第三十八条　用人单位有下列情形之一的，劳动者可以解除劳动合同：

（一）未按照劳动合同约定提供劳动保护或者劳动条件的；……

用人单位以暴力、威胁或者非法限制人身自由的手段强迫劳动者劳动的，或者用人单位违章指挥、强令冒险作业危及劳动者人身安全的，劳动者可以立即解除劳动合同，不需事先告知用人单位。

第四十二条　劳动者有下列情形之一的，用人单位不得依照本法第四十条、第四十一条的规定解除劳动合同：

（一）从事接触职业病危害作业的劳动者未进行离岗前职业健康检查，或者疑似职业病病人在诊断或者医学观察期间的；

（二）在本单位患职业病或者因工负伤并被确认丧失或者部分丧失劳动能力的；

第四十五条　劳动合同期满，有本法第四十二条规定情形之一的，劳动合同应当续延至相应的情形消失时终止。但是，本法第四十二条第二项规定丧失或者部分丧失劳动能力劳动者的劳动合同的终止，按照国家有关工伤保险的规定执行。

第八十八条　用人单位有下列情形之一的，依法给予行政处罚；构成犯罪的，依法追究刑事责任；给劳动者造成损害的，应当承担赔偿责任：

（一）以暴力、威胁或者非法限制人身自由的手段强迫劳动的；

（二）违章指挥或者强令冒险作业危及劳动者人身安全的；

（三）侮辱、体罚、殴打、非法搜查或者拘禁劳动者的；

（四）劳动条件恶劣、环境污染严重，给劳动者身心健康造成严重损害的。

上述条款赋予员工在签订劳动合同时对工作环境的知情权，因此，企业负有告知义务。若企业违章指挥或强令冒险作业，员工有权拒绝执行，且不视为违反劳动合同。员工也可据此解除劳动合同，企业须支付经济补偿金，同时员工可以向相关部门提出检举、控告。此外，法律还为那些遭受职业伤害的员工予以充分的就业保证，并对企业规定了严厉的法律责任。

对此，企业首先应在工作分析过程中合理地分析工作环境以及其对员工可能造成的伤害，并在签订劳动合同时明确告知员工，以获得员工的认可，最好能让员工在相关书面文件上签字以避免不必要的法律隐患。

其次，企业应建立、健全完善的职业安全保障体系，确保员工安全。员工安全是其完成工作的基础，因此，企业为了达成目标理应保障员工的安全。

本章小结

《劳动合同法》的出台标志着我国的劳动法律制度不断走向健全和完善。其对人力资源管理产生了重要的影响,主要包括人力资源管理的地位得到提升、管理难度加大和管理成本提高三个方面。而成本的提高主要体现在招聘成本、培训成本、使用成本和解雇成本的提高中。

为适应新的法律环境,工作分析需要在工作职责描述、任职资格界定、工作环境三个方面帮助企业满足法律要求。工作职责描述是工作分析的主要成果之一,可以帮助企业从绩效管理(解雇)、培训、薪酬管理、竞业限制与保密要求四个部分满足法律要求。任职资格界定是工作分析的另一主要成果,决定了企业的招聘条件和录用条件。若企业仍然不重视招聘和录用条件设定的科学和合理性,则必会引发企业陷入不断的法律纠纷。工作环境是员工职业安全管理的基础,《劳动合同法》由于保护劳动者的倾向,使得职业安全管理的重要性和关注度得以提高。

附 录

中华人民共和国劳动合同法(部分)

(2007年6月29日第十届全国人民代表大会常务委员会第二十八次会议通过,根据2012年12月28日第十一届全国人民代表大会常务委员会第三十次会议《关于修改〈中华人民共和国劳动合同法〉的决定》修正。)

第一章 总 则

第一条 为了完善劳动合同制度,明确劳动合同双方当事人的权利和义务,保护劳动者的合法权益,构建和发展和谐稳定的劳动关系,制定本法。

第二条 中华人民共和国境内的企业、个体经济组织、民办非企业单位等组织(以下称用人单位)与劳动者建立劳动关系,订立、履行、变更、解除或者终止劳动合同,适用本法。

国家机关、事业单位、社会团体和与其建立劳动关系的劳动者,订立、履行、变更、解除或者终止劳动合同,依照本法执行。

第三条 订立劳动合同,应当遵循合法、公平、平等自愿、协商一致、诚实信用的原则。

依法订立的劳动合同具有约束力,用人单位与劳动者应当履行劳动合同约定的义务。

第四条 用人单位应当依法建立和完善劳动规章制度,保障劳动者享有劳动权利、履行劳动义务。

用人单位在制定、修改或者决定有关劳动报酬、工作时间、休息休假、劳动安全卫生、保险福利、职工培训、劳动纪律以及劳动定额管理等直接涉及劳动者切身利益的规章制度或者重大事项时,应当经职工代表大会或者全体职工讨论,提出方案和意见,与工会或者职工代表平等协商确定。

在规章制度和重大事项决定实施过程中,工会或者职工认为不适当的,有权向用人单位提出,通过协商予以修改完善。

用人单位应当将直接涉及劳动者切身利益的规章制度和重大事项决定公示,或者告知劳动者。

第五条 县级以上人民政府劳动行政部门会同工会和企业方面代表,建立健全协调劳动关系三方机制,共同研究解决有关劳动关系的重大问题。

第六条 工会应当帮助、指导劳动者与用人单位依法订立和履行劳动合同,并与用人单位建立集体协商机制,维护劳动者的合法权益。

第二章 劳动合同的订立

第七条 用人单位自用工之日起即与劳动者建立劳动关系。用人单位应当建立职工名册备查。

第八条 用人单位招用劳动者时,应当如实告知劳动者工作内容、工作条件、工作地点、职业危害、安全生产状况、劳动报酬,以及劳动者要求了解的其他情况;用人单位有权了解劳动者与劳动合同直接相关的基本情况,劳动者应当如实说明。

第九条 用人单位招用劳动者,不得扣押劳动者的居民身份证和其他证件,不得要求劳动者提供担保或者以其他名义向劳动者收取财物。

第十条 建立劳动关系,应当订立书面劳动合同。

已建立劳动关系,未同时订立书面劳动合同的,应当自用工之日起一个月内订立书面劳动合同。

用人单位与劳动者在用工前订立劳动合同的,劳动关系自用工之日起建立。

第十一条 用人单位未在用工的同时订立书面劳动合同,与劳动者约定的劳动报酬不明确的,新招用的劳动者的劳动报酬按照集体合同规定的标准执行;没有集体合同或者集体合同未规定的,实行同工同酬。

第十二条 劳动合同分为固定期限劳动合同、无固定期限劳动合同和以完成一定工作任务为期限的劳动合同。

第十三条 固定期限劳动合同,是指用人单位与劳动者约定合同终止时间的劳动合同。

用人单位与劳动者协商一致,可以订立固定期限劳动合同。

第十四条 无固定期限劳动合同,是指用人单位与劳动者约定无确定终止时间的劳动合同。

用人单位与劳动者协商一致,可以订立无固定期限劳动合同。有下列情形之一,劳动者提出或者同意续订、订立劳动合同的,除劳动者提出订立固定期限劳动合同外,应当订立无固定期限劳动合同：

（一）劳动者在该用人单位连续工作满十年的；

（二）用人单位初次实行劳动合同制度或者国有企业改制重新订立劳动合同时，劳动者在该用人单位连续工作满十年且距法定退休年龄不足十年的；

（三）连续订立二次固定期限劳动合同，且劳动者没有本法第三十九条和第四十条第一项、第二项规定的情形，续订劳动合同的。

用人单位自用工之日起满一年不与劳动者订立书面劳动合同的，视为用人单位与劳动者已订立无固定期限劳动合同。

第十五条　以完成一定工作任务为期限的劳动合同，是指用人单位与劳动者约定以某项工作的完成为合同期限的劳动合同。

用人单位与劳动者协商一致，可以订立以完成一定工作任务为期限的劳动合同。

第十六条　劳动合同由用人单位与劳动者协商一致，并经用人单位与劳动者在劳动合同文本上签字或者盖章生效。

劳动合同文本由用人单位和劳动者各执一份。

第十七条　劳动合同应当具备以下条款：

（一）用人单位的名称、住所和法定代表人或者主要负责人；

（二）劳动者的姓名、住址和居民身份证或者其他有效身份证件号码；

（三）劳动合同期限；

（四）工作内容和工作地点；

（五）工作时间和休息休假；

（六）劳动报酬；

（七）社会保险；

（八）劳动保护、劳动条件和职业危害防护；

（九）法律、法规规定应当纳入劳动合同的其他事项。

劳动合同除前款规定的必备条款外，用人单位与劳动者可以约定试用期、培训、保守秘密、补充保险和福利待遇等其他事项。

第十八条　劳动合同对劳动报酬和劳动条件等标准约定不明确，引发争议的，用人单位与劳动者可以重新协商；协商不成的，适用集体合同规定；没有集体合同或者集体合同未规定劳动报酬的，实行同工同酬；没有集体合同或者集体合同未规定劳动条件等标准的，适用国家有关规定。

第十九条　劳动合同期限三个月以上不满一年的，试用期不得超过一个月；劳动合同期限一年以上不满三年的，试用期不得超过二个月；三年以上固定期限和无固定期限的劳动合同，试用期不得超过六个月。

同一用人单位与同一劳动者只能约定一次试用期。

以完成一定工作任务为期限的劳动合同或者劳动合同期限不满三个月的，不得约定试用期。

试用期包含在劳动合同期限内。劳动合同仅约定试用期的，试用期不成立，该期限为劳动合同期限。

第二十条　劳动者在试用期的工资不得低于本单位相同岗位最低档工资或者劳动合同约定工资的百分之八十，并不得低于用人单位所在地的最低工资标准。

第二十一条　在试用期中，除劳动者有本法第三十九条和第四十条第一项、第二项规定的情形外，用人单位不得解除劳动合同。用人单位在试用期解除劳动合同的，应当向劳动者说明理由。

第二十二条　用人单位为劳动者提供专项培训费用，对其进行专业技术培训的，可以与该劳动者订立协议，约定服务期。

劳动者违反服务期约定的，应当按照约定向用人单位支付违约金。违约金的数额不得超过用人单位提供的培训费用。用人单位要求劳动者支付的违约金不得超过服务期尚未履行部分所应分摊的培训费用。

用人单位与劳动者约定服务期的，不影响按照正常的工资调整机制提高劳动者在服务期期间的劳动报酬。

第二十三条　用人单位与劳动者可以在劳动合同中约定保守用人单位的商业秘密和与知识产权相关的保密事项。

对负有保密义务的劳动者，用人单位可以在劳动合同或者保密协议中与劳动者约定竞业限制条款，并约定在解除或者终止劳动合同后，在竞业限制期限内按月给予劳动者经济补偿。劳动者违反竞业限制约定的，应当按照约定向用人单位支付违约金。

第二十四条　竞业限制的人员限于用人单位的高级管理人员、高级技术人员和其他负有保密义务的人员。竞业限制的范围、地域、期限由用人单位与劳动者约定，竞业限制的约定不得违反法律、法规的规定。

在解除或者终止劳动合同后，前款规定的人员到与本单位生产或者经营同类产品、从事同类业务的有竞争关系的其他用人单位，或者自己开业生产或者经营同类产品、从事同类业务的竞业限制期限，不得超过二年。

第二十五条　除本法第二十二条和第二十三条规定的情形外，用人单位不得与劳动者约定由劳动者承担违约金。

第二十六条　下列劳动合同无效或者部分无效：

（一）以欺诈、胁迫的手段或者乘人之危，使对方在违背真实意思的情况下订立或者变更劳动合同的；

（二）用人单位免除自己的法定责任、排除劳动者权利的；

（三）违反法律、行政法规强制性规定的。

对劳动合同的无效或者部分无效有争议的，由劳动争议仲裁机构或者人民法院确认。

第二十七条　劳动合同部分无效，不影响其他部分效力的，其他部分仍然有效。

第二十八条　劳动合同被确认无效，劳动者已付出劳动的，用人单位应当向劳动者支付劳动报酬。劳动报酬的数额，参照本单位相同或者相近岗位劳动者的劳动报酬确定。

第三章　劳动合同的履行和变更（略）

第四章　劳动合同的解除和终止（略）

第五章　特别规定（略）

第一节　集体合同（略）

第二节　劳务派遣（略）

第三节　非全日制用工（略）

第六章　监督检查（略）

第七章　法律责任（略）

第八章　附则（略）

案例研究一

某建筑公司农民合同制工人的维权之路

建军是某建筑工程公司招用的农民合同制工人，是一名塔吊司机。1998年2月，建军在一施工工地作业时发生工伤事故，被送入急救中心住院治疗，出院后他又在多家医院治疗。经北京市法庭科学技术鉴定研究所、北京市劳动鉴定委员会鉴定，结论均为七级伤残，丧失部分工作与生活能力。

现建军除要求建筑公司支付其医药费、伤残补助费、误工费等，还要求该公司继续履行劳动合同，负责为其安排工作。但该建筑公司称公司因用工情况发生变化，且认为建军的伤口已愈合，伤情基本稳定，欲解除与建军的劳动合同关系，通知其到公司办理解除合同及结算领款手续。建军到劳动仲裁委员会申请仲裁，仲裁委认为公司与建军就解除劳动关系已达成一致，故裁决公司支付其经济补偿金、养老保险金、工伤伤残补助金、伤残就业补助金及返乡路费共计4万元。建军不服此仲裁裁决，要到法院讨个说法。

经北京市西城区法院审理查明，建军为该建筑工程公司招收的农民合同工，合同期限自1998年1月起至2002年1月止。合同签订后，建军一直在该公司工作。1998年的春天因塔吊在作业中大钩绳跳槽，致使变幅小车钢丝绳拉断，建军的左胸和脖子挤在变幅小车及大臂横梁之间，挤压胸部致其昏迷，当时呼吸停止，经现场抢救于4分钟后恢复呼吸，并急送医院，诊断为胸部挤压伤、双肺挫伤、双侧吸入性肺炎、脑水肿、声带麻痹及多处骨折，经抢救脱离危险。从1998年年初至1999年4月，建军又先后在友谊医院等八家医院治疗及检查，公司为他报销了住院费用。同年9月，北京市科学技术鉴定研究所对建军作出了七级伤残的鉴定结论。第二天,该公司就通知建军解除劳动合同,让他到公司办理结算手续。1999年2月,建军申请劳动仲裁,年底劳动仲裁委员会作出了仲裁裁决。

根据《中华人民共和国劳动法》第二十九条第一款规定,患职业病或者因工负伤并被确认丧失或者部分丧失劳动能力的劳动者,用人单位不得解除劳动合同。同时,北京市劳动局《关于印发〈北京市企业职工工伤范围和保险待遇暂行办法〉的通知》中还规定,职工因工负伤医疗终结或医疗期满经劳动鉴定委员会确定致残五级至十级的,原则上由企业安排适当工作。如本人愿意自谋职业并经企业同意的,或者劳动合同期满终止合同后本人另行择业的,企业发给一次性伤残就业补助金,补助标准为本市上年度职工月平均工资,七级伤残为20个月。北京市西城区人民法院判决建筑公司与建军继续履行劳动合同,并为其安排工作,按标准支付建军相应的工资、医药补助费及伤残补助金。

资料来源:劳动合同法资料网,http://www.laodonghetong.org/355a.html。

案例研究二

有关竞业限制的劳动合同纠纷

2001年7月28日,金普斯北京分公司与何某签订无固定期限的《劳动合同》,其中双方对保护商业秘密、竞业禁止义务作出约定,在劳动关系结束后的12个月内,在中国境内何某应不参与任何与金普斯北京分公司的业务及相关业务有直接(间接)竞争关系的雇佣或者其他经营活动,何某有权在不竞争期间每月获得不低于前12个月平均月工资50%的补偿。

2006年6月23日,双方签订英文文本的《友好离职协议》,次日,双方解除了劳动合同。6月27日,何某向北京市劳动争议仲裁委员会申诉,要求金普斯北京分公司支付竞业禁止补偿金及25%的经济补偿金,并赔偿失业救济金损失。经劳动仲裁后,何某不服,诉至法院。

金普斯北京分公司辩称,在解除劳动合同时双方签订的《友好离职协议》明确约定,何某离职后不需再遵守竞业禁止义务,故该公司无义务支付竞业禁止经济补偿金。然而,何某主张《友好离职协议》中"友好协议"项下约定的聘用函即指劳动合同,故在《劳动合同》中约定的竞业禁止的权利义务对双方仍有约束力,金普斯北京分公司则主张双方未签订过聘用函,劳动合同解除后的权利义务仅包括《友好离职协议》中约定的内容。

北京市第二中级人民法院认为,双方当事人签订的《劳动合同》约定,解除劳动合同后何某应当遵守竞业禁止义务,金普斯北京分公司应依照约定每月支付何某不低于前12个月平均月工资50%的补偿。此约定不违反有关劳动法律、法规,为有效条款。2006年6月23日双方解除劳动合同后,何某如约遵守了竞业禁止义务,故金普斯北京分公司应支付何某每月不低于前12个月平均月工资50%的补偿。另外,关于双方签订的《友好离职协议》中"除本离职协议书中或者聘用函中相关内容作出的规定"的理解,"聘用函"与《劳动合同》在英文中确实非同一词语,但是"聘用"一词具有建立劳动关系的含义,何某主张"聘用函"即指《劳动合同》，符合一般人的理解；又考虑到《友好离职协议》为金普斯北京分公司起草，且双方均未出具协议约定的"聘用函"，法院采信何某的解释，故判决金普斯北京分公司支付何某竞业禁止经济补偿金16万余元。

资料来源：中国法院网，http://www.chinacourt.org/html/article/200903/25/350195.shtml.

1. 《劳动合同法》对企业的人力资源管理工作有哪些影响？
2. 工作分析对招聘过程的科学性和合理性有什么作用？
3. 工作分析对企业确定涉密人员和竞业限制要求有什么影响？
4. 相对《劳动合同法》出台之前，企业对员工的解雇方式和要求有哪些新的变化？
5. 为什么工作分析对于不能胜任工作的员工解雇方式来说是重要的？

一、名词解释

竞业限制　招聘条件　录用条件　就业歧视

二、单项选择题

1. （　　）使我国的劳动法律制度不断走向健全和完善。
   A. 人社部的建立　　　　　　　B. 《劳动合同法》的出台
   C. 双休日的确立　　　　　　　D. 《反不正当竞争法》的出台
2. 复式薪酬指的是（　　）。
   A. 基本工资和加班费　　　　　B. 基本工资和奖金
   C. 固定和浮动　　　　　　　　D. 基本工资和饭补
3. （　　）不是成为商业秘密的必要条件。
   A. 不为公众所知悉，该信息不能从公开渠道直接获得
   B. 具有实用性，能为权利人带来现实的或潜在的经济利益或竞争优势
   C. 具有国家颁发的专利证书
   D. 权利人采取保密措施，包括签订保密协议等相关措施
4. 竞业限制条款适用于企业的（　　）。
   A. 高级管理人员　　　　　　　B. 普通员工
   C. 基层管理人员　　　　　　　D. 秘书人员

5. 劳动合同必备的条款是（　　）。
   A. 试用期
   B. 工作内容和工作地点
   C. 补充保险
   D. 福利待遇

三、多项选择题

1. 下列说法中正确的有（　　）。
   A. 招聘条件就是录用条件
   B. 任职资格决定招聘条件
   C. 任职资格决定录用条件
   D. 招聘条件是指企业招收员工的基本条件
   E. 录用条件是指候选人符合某一职位的具体要求所包括的全部条件

2. 下列关于竞业限制的说法中，正确的有（　　）。
   A. 竞业限制的约定不得违反法律、法规的约定
   B. 竞业限制的人员限于用人单位的高级管理人员、高级技术人员和其他负有保密义务的人员
   C. 竞业限制的设定需要依据工作职责描述进行
   D. 竞业限制的范围、地域、期限由用人单位与劳动者约定
   E. 对负有保密义务的劳动者，用人单位可以在劳动合同或者保密协议中与劳动者约定竞业限制条款

3. 绩效管理体系大致划分为（　　）几个阶段，工作职责描述与这几大阶段均有密切的联系，通过这几大阶段可以使不胜任工作解雇的理由合法。
   A. 绩效目标的设定
   B. 绩效过程的指导
   C. 绩效结果的评估
   D. 绩效奖金发放
   E. 绩效改进

4. 劳动者有（　　）情形，用人单位可以解除劳动合同。
   A. 在试用期间被证明不符合录用条件的
   B. 女性职工因为怀孕身体不适多次请假的
   C. 与直线经理有矛盾的
   D. 严重违反用人单位劳动制度的
   E. 年龄35岁以上没有拼搏精神的

5. 在解除或者终止劳动合同后，竞业限制的人员到与本单位生产或者经营同类产品的有竞争关系的其他用人单位的竞业限制期限，可以为（　　）。
   A. 三个月
   B. 六个月
   C. 三年
   D. 二年
   E. 十年

四、判断题

1. 劳动保护、劳动条件和职业危害防护不是劳动合同的必备条款。　　　（　　）

2. 劳动者患病或者因工负伤，在规定的医疗期内劳动合同期满的，劳动合同当即终止。（ ）

3. 劳动法的出台加大了对劳动者保护的力度。（ ）

4. 企业应在工作分析中合理地分析工作环境及其对员工的可能造成的伤害，并在签订劳动合同时明确告知员工。（ ）

5. 就业歧视不具有合法性的根本原因是招聘和录用条件中包含的部分信息不是根据任职资格得出的，不是胜任工作所必需的要求。（ ）

五、简答题

1. 简述《劳动合同法》给企业带来的影响。

2. 工作分析的最终成果是什么？工作分析如何帮助企业的人力资源管理工作满足法律的要求？

参考文献

［1］董保华、杨杰：《劳动合同法的软着陆》，中国法制出版社，2007年。
［2］加里·德斯勒著，曾湘泉译：《人力资源管理》（第十版），中国人民大学出版社，2007年。
［3］李文东，时勘：《工作分析研究的新趋势》，《心理科学进展》，2006，14（3）：418-419。
［4］陆敬波：《劳动合同法HR应用指南》，中国社会科学出版社，2007年。
［5］雷蒙德·A.诺伊、约翰·霍伦拜克、拜雷·格哈特、帕特雷克·莱特著，刘昕译：《人力资源管理：赢得竞争优势》（第三版），中国人民大学出版社，2007年。
［6］肖胜方：《劳动合同法及实施条例下的人力资源管理流程再造》，中国法制出版社，2008年。
［7］惠青山、凌文辁、何花：《任务清单分析法的变通之道》，《中国人力资源开发》，2008（2）：46-48。
［8］赵柯：《工作分析在公共职位分类管理的应用研究》，复旦大学硕士论文，2013。
［9］龙彦君：《人工智能（AI）技术在人力资源管理信息系统的应用》，《自动化与仪器仪表》，2016（10）：187-188。
［10］范飒潇：《工作分析在当代人力资源管理中的发展趋势》，《人力资源管理》，2017（3）：39-40。
［11］李建敏：《工作分析在当代人力资源管理中的发展趋势》，《人力资源管理》，2017（7）：390-391。
［12］俞蕾：《基于胜任力模型的管理层员工的工作分析》，《企业改革与管理》，2016（2）：56。
［13］Brannick, Michael T. & Levine, Edward L., *Job Analysis: Methods, Research and Applications for Human Resource Management in the New Millennium*, London: International Educational and Professional Publisher, 2002.
［14］Brannick Michael T. & Levine Edward L., *Job Analysis*, London: Sage Publications, 2002.
［15］Boese Ron, Lewis Phil, Frugoli Pam, Litwin Karen, *Summary of O∗NET 4.0 Content Model and Database*, Working paper of National Center for O∗NET Development. 2001.10.
［16］C. Joinson, Team at Work, *HR Magazine*, May 1999; and P. Strozniak, Teams at Work,

Industry Week, September 18, 2000.

[17] Campion, Michael A. and Thayer, Paul W., *Job Design: Approaches, Outcomes, and Trade-offs*, Organizational Dynamics, 1987: 66-79.

[18] Dymmel Mike, *O*NET Online: Interactive and Accessible for all*, The MAPAC, Jan 2001 Conference, 2001. 1. 18.

[19] Erich, Dierderff C.; Jennifer, Norton J.; Donald, Drewes W.; Kroustalis M. C., *Greening of the World of Work: Implications for O*NET - SOC and New and Emerging Occupations*, Working paper of National Center for O*NET Development, 2009. 2. 12.

[20] Katzenbach, Jon R.; Smith, Douglas K., The Discipline of Teams, *Harvard Business Review*, Vol. 71 Issue 2, pp. 110-120, 1993.

[21] Levine, E. L. and Baker, C. V., *Team Task Analysis: A Test of the Multiphase of Performance System*, Contract No. DAAL03-86-D-001, Orlando, FL: Naval Training System Center, 1990.

[22] Levine, E. L.; Brannick, M. T.; M. D. Coovert; J. M. Llobet, *Job/task Analysis Methodologies for Teams: a Review and Implications for Team Training*, Contract No. DAAL03-86-D-001, Orlando, FL: Naval Training System Center, 1988.

[23] Levine Jonathan, Nottingham John, Paige Bruce & Lewis Phil, *Transitioning O*NET to the Standard Occupational Classification*, Working paper of National Center for O*NET Development. 2000. 3.

[24] McCloy Rodney, Campbell John, Oswald L. Frederick, Lewis Phil & Rivkin David, *Linking Client Assessment Profiles to O*NET Occupational Profiles*, Working paper of National Center for O*NET Development, 1999.

[25] Sundstrom, E.; Meuse, K. P.; Futrell, D., Work teams: Application and Effectiveness, *American Psychologist*, February 1990.

[26] Stevens, M. J. and Campien, M. A., The Knowledge, Skill and Ability Requirement for Teamwork: Implications for Human Resource Management, *Journal of Management*, 1994.

[27] Scott, S. G. and Einstein, W. O., Strategic Performance Appraisal in Team-based Organization: One Size Does Not Fit All, *Academy of Management Executive*, pp. 110. 2001.

[28] www.onetcenter.org.

图书在版编目(CIP)数据

工作分析/付亚和主编.—3版.—上海：复旦大学出版社，2019.9(2024.1重印)
(复旦博学.21世纪人力资源管理丛书)
ISBN 978-7-309-14309-6

Ⅰ.①工… Ⅱ.①付… Ⅲ.①人力资源管理-高等学校-教材 Ⅳ.①F243

中国版本图书馆CIP数据核字(2019)第084242号

工作分析(第三版)
付亚和　主编
责任编辑/张美芳

复旦大学出版社有限公司出版发行
上海市国权路579号　邮编：200433
网址：fupnet@fudanpress.com　http://www.fudanpress.com
门市零售：86-21-65102580　　团体订购：86-21-65104505
出版部电话：86-21-65642845
常熟市华顺印刷有限公司

开本787毫米×1092毫米　1/16　印张23　字数477千字
2024年1月第3版第4次印刷
印数7 801—9 900

ISBN 978-7-309-14309-6/F·2568
定价：55.00元

如有印装质量问题，请向复旦大学出版社有限公司出版部调换。
版权所有　　侵权必究